辽宁大学历史学部历史学院研究生系列教材

史学理论
专题教程

焦润明　编著

辽宁人民出版社

图书在版编目（CIP）数据

史学理论专题教程 / 焦润明编著. — 沈阳：辽宁
人民出版社，2023.6
辽宁大学历史学部历史学院研究生系列教材
ISBN 978-7-205-10723-9

Ⅰ . ①史… Ⅱ . ①焦… Ⅲ . ①史学理论—高等学校—
教材 Ⅳ . ①K0

中国国家版本馆CIP数据核字（2023）第028139号

出版发行：辽宁人民出版社
　　　　　地址：沈阳市和平区十一纬路25号　邮编：110003
　　　　　电话：024-23284321（邮　购）　024-23284324（发行部）
　　　　　传真：024-23284191（发行部）　024-23284304（办公室）
　　　　　http://www.lnpph.com.cn
印　　　刷：辽宁新华印务有限公司
幅面尺寸：170mm×240mm
印　　张：26
字　　数：408千字
出版时间：2023年6月第1版
印刷时间：2023年6月第1次印刷
责任编辑：贾　勇
封面设计：高鹏博
版式设计：隋　治
责任校对：吴艳杰
书　　号：ISBN 978-7-205-10723-9

定　　价：98.00元

前　言

史学理论是历史学最重要的组成部分，甚至可以说是其最核心的部分，没有理论的历史学犹如没有灵魂的躯体。一篇史学论文中的观点，很大程度上体现出史学工作者个人的理论素养，是作者史学理论水平、历史认识在论文当中的具体体现。那种轻视史学理论，只重视史料梳理，不重视理论阐释的史学成果，就如同湖中的浮萍，只见阔叶不见根茎，只知史事不知来由。史学求真固然重要，但是在史学理论指导下的求真就更为重要，因为在史学理论指导下的求真不仅不妨碍求真，反而会提升求真的层次。即使在梳理材料、构思论文写作之时，仍然离不开史学理论。我们著史时，在选择撰写某个题目时，首先要弄清楚它的价值，这是著史的意义所在。我们著史的目的是什么？即我们不仅要把史实弄清楚，还要研究清楚史实背后的原因，不仅要知其然，还要知其所以然，如此，方能给读者提供准确的知识，这就是史学的功夫。在这个过程中，若没有史学理论的参与，我们就会像在大海中失去航向的轮船，就会像迷失在深山老林里的旅行者，没有方向，没有路径。

其实每篇史学论文的写作都离不开史学理论的指导，论文需要有思想，需要有观点，需要有观点的凝练和价值的提升，否则是不可想象的。实际上我们所写的每一篇论文都要告诉人们为什么要写这篇论文，这篇论文的观点是什么，价值在哪里，这篇文章有什么用。这种历史价值的考量，实际上就是建立在史学理论基础上的思考。

历史研究需要理论的指导，而指导理论就是马克思的历史唯物主义和辩证唯物主义。中国的马克思主义史学理论需要发展，需要与时俱进。改革开放以来，随着思想解放，海外史学理论流派的引入与吸收，史学观念、理论词汇、理论范畴的借用，已使中国史学理论有了相当大的改观。西方史学有思辨理论，如黑格尔、斯宾格勒的历史哲学；也有实证理论，如兰克的实证史学；有区域史学还有全球史学，有唯心主义史学也有唯物主义史学。各种学派纷争，各领风骚。西方史学就像百花园中盛开的五彩斑斓的花朵，任人采摘。所以在史学理论领域，有无数个概念工具供人使用，有众多理论范畴为我借用。在新时代条件下，我们还应继续这一进程，并充分吸收中国传统史学精华，进一步提升中国史学理论的水平。西方史学有很多流派，各有优长短缺，不可一概而论，重要的是要把一些新思想、新内容、新方法整合到中国的史学理论话语体系中来，丰富并充实中国史学理论的话语表达体系。

西方的思辨史学理论即历史哲学，仍然值得我们进一步学习，因为这是我们史学理论中最薄弱的部分。但凡撰写论文，只要达到了一种高级的理论形态，毫无例外都必须进入思辨层面。历史学除了考证历史材料的真假之外，还要对历史过程进行建构，这个过程需要严密的逻辑论证，要充分考虑时间逻辑、事实逻辑、叙事逻辑以及事物之间的因果关系，对历史事件的价值和意义进行追问，使历史学从单纯的叙事，向历史阐释，向思辨史学方向发展，这些都要运用哲学思维，并达成思辨状态。对具象化的历史故事进行抽象化的价值提升，方知其意义，给出的历史知识才是有思想、有价值的真知识。

史学理论是一门非常有张力的学问，史学理论是史学的灵魂。对史学理论的研究与传授，能够使人感受到史学内在的精神力量，能够知道我们为什么研究，怎样去研究，怎样去表达。史学研究没有理论相伴随，这样的研究是一种没有深度、没有灵性的研究。

笔者偏好史学理论，本史学理论教程就是为增加自己学术研究的"灵性"和精神力而长期致力于史学理论前沿学说的追踪，并将心得体会运用于历史学硕士研究生"史学理论专题"课的讲授，是历经20年而结成的成果。全书共由十六讲组成，基本上覆盖了目前史学界所讨论的主要理论问题。

第一讲，阐述了历史和历史学的关系，强调了历史的客观性和规律性，比较了历史与历史学的不同，论述了历史学的学科精神。

第二讲，讨论了历史观的多样性及其选择问题。古往今来，历史观众多。

有正统的历史观，也有非正统的历史观；有普适性的历史观，还有民族的历史观，更有代表某一集团、某一阶级的历史观。我们到底需要一种什么样的历史观，这是需要讨论、需要确定的。在本讲中提出了当下亟须解决的历史观问题。

第三讲，论证了唯物史观。唯物史观是马克思主义史学的灵魂，是务必要讨论的。全球史观与马克思主义史学有着密切的关系，本讲从世界一体化形成的角度讨论了全球史观提出的原因，特别强调马克思主义史学中的全球史观。马克思和恩格斯在《共产党宣言》这份经典文献中就已经明确提出了全球史观。此外本讲也对当下流行的全球史观进行了讨论和回顾。

第四讲，探讨了史学的功能问题。从历史学的认知功能、传承功能、资政功能、育人功能、借鉴功能、预测功能等六个方面介绍史学功能的内容，提出新看法和新认识。

第五讲，阐释了历史时间和历史空间问题。严格来说，历史学是一门时空科学，如果抽出了具体的时间和空间，历史就不称其为历史了。本讲除了介绍历史时间和历史空间的概念外，还特别探讨了历史空间的折叠性、多样性问题，包括民族生存空间问题。探讨了时间感受、时间的共识性和历时性等概念，提出了一些有新意的个人见解。

第六讲，讨论了历史发展动力问题。人民群众的物质生产、生活需要是社会历史的推动力量，这些都不错，但是，如果进一步追问的话，就要归纳到人本身的欲望和需求上了。我们认为，作为历史主体的人们为了生存与生活而从事的各种各样的生产活动，是受人的欲望和需求支配的，可以将此视为历史发展的原始动力。这是社会最底层、最基础的活动，由此展开理论讨论。

第七讲，探讨历史创造主体问题。马克思主义史学强调人民群众是历史的创造者，人自己创造自己的历史，而这种创造又与他的动机有密切关系。本讲将历史创造主体与动机放在一起思考，强调任何创造都是有意识、有动机的创造。动机与欲望有关，动机与善恶有关，都会产生相关的后果，我们从历史哲学角度讨论这样的理论问题。

第八讲，论述历史人物评价的理论和标准问题。对历史人物应站在不同维度上进行评价，时代维度、阅历维度、阶级维度、身份维度，都是评价历史人物的不同侧重点。同时也提出了人物评价的标准，即是否有利于社会进步，是否符合人类的基本规则，是否有利于民族生存发展，这是评价人物的基本准则。

第九讲，关于历史重演问题。历史重演是历史演进中普遍存在着的历史现象，是历史或然性的一种具体表现。研究历史重演现象有现实意义，能提供一种新的研究领域。

第十讲，介绍历史偶然性、历史或然性和历史必然性的概念及其联系。学术界对历史偶然性、历史必然性问题讨论得比较多，但对历史或然性讨论得比较少。

第十一讲，讨论历史想象、历史假设和历史预测的概念、内容及在历史研究中的运用。历史研究不能没有想象，没有想象的参与，历史学研究就缺乏生动性；历史研究也不能没有假设，客观历史是不存在假设的，但是研究历史却是需要假设研究方法的。历史预测则是由已知的历史知识推测未来走向的研究方法。这些都是史学理论较新的话题。

第十二讲，论证历史叙事和历史阐释的概念及其在历史研究中的功用。它们实际上是历史书写当中涉及的很重要的理论问题。历史叙事重在叙述表达历史过程，历史事件的来龙去脉是通过历史叙事来完成的。历史阐释重在说明历史价值，它是一个在历史研究中有更多主观介入的概念。对历史事件背后的因果关系以及价值层面内容的提炼，都需要历史阐释的参与。

第十三讲，介绍四种史学范式。史学范式是目前学术界比较热门的讨论话题，其中，革命史范式和现代化范式讨论得比较充分。本讲没有完全局限于这个范围，把视野放到近100年中国历史变迁过程中进行考察，讨论了"新史学"范式、"科学史学"范式、革命史范式、现代化范式等四种比较有代表性的史学范式，并进行了理论概括及价值评价。

第十四讲，探讨历史概念的形成规律与概念史学作为一个分支学科研究的可行性。概念史学是从概念入手，通过概念工具的使用来展开历史的研究。一是借助于历史概念工具，开展历史研究；二是把概念作为研究对象，通过考证，追寻历史中某一特定历史概念的产生、发展与演变。

　　第十五讲，探讨环境史学问题，讨论了环境史学的概念、理论与方法及价值意义。论证了环境文明史观的理论内涵，当前生态学及其他自然科学的研究方法是环境史学的常用方法，它是历史学中最接近自然科学的部分。

　　第十六讲，论述了历史书写与史学话语体系建设问题。历史书写，就是如何去撰写历史，如何去建构历史的问题。史学话语体系作为历史表达语言体系，是与历史学科体系相联系、相配套的。在总体历史价值观的指导下，由核心概念、相关概念群组成，进而形成范畴，由此才能建立起话语表达体系。任何史学都有自己独特的话语体系，并且由此表达思想，输出历史价值观。本讲也是目前比较热点的史学理论问题。

　　本书基本涉及了当前史学界探讨的一些主要史学理论问题。有些问题，学术界已经进行了比较深入的讨论；有些问题，讨论得还不是很深入；有些问题则刚刚进入讨论视野。本书力图通过这种大信息量的史学专题呈现，使读者对当前的史学理论有一个全方位的宏观了解。

目　　录

第一讲　历史、历史学与历史学精神

　　研究历史，首先要了解什么是历史，什么是历史学以及它们之间的关系。对于初学历史的人来讲，历史与历史学往往是容易造成混乱的概念。即使对于研究历史学多年的人而言，如果不注意这方面的思考，也容易忽略其深层次的思考与追问。基于此，本讲重在阐释历史与历史学的概念以及它们之间的对应关系，并重点讨论历史学的学科精神。

一、何为历史

　　客观历史，为历史学的研究对象。历史是人类社会演进的历程，是过往人们活动的舞台。研究历史就是研究过去人类群体在各种不同历史环境下活动与发展的轨迹，探讨进化规律。马克思曾说："我们仅仅知道一门唯一的科学，即历史科学。历史可以从两方面来考察，可以把它划分为自然史和人类史。但这两方面是密切相联的：只要有人存在，自然史和人类史就彼此相互制约。"[1] 历史上各家各派都有对于历史的不同解释和不同看法，其中认为历史存在着客观性和规律性是马克思主义史学派的基本看法。

---

①［德］马克思、恩格斯:《费尔巴哈》,《马克思恩格斯选集》（第一卷）上，人民出版社，1972年，第21页。

（一）关于历史的解释

许慎在《说文解字》中说，历史的"历"字（繁体字为"歷"）为"过也，从止历声"。指经历，经过之意。《说文解字》中对"史"字的解释是："记事者也，从又持中。中，正也。凡史之属皆从史。""太史、内史，掌记言记行。""史，掌书者，小史掌邦国之志。"概括地讲，史，为记事者，为秉笔直书之意。什么是历史呢？历史是人类社会演进的客观过程。历：过去。史：事实的记载。过去事实的记载是历史的书面定义。引申为已过去的事实；经历，底细；自然界和社会的发展进程、沿革、来历；历史学科，即记载和解释作为一系列人类活动进程的历史事件的学科。历史在广义上是指客观世界运动发展的过程，可分为自然史和社会史两类；狭义上是指人类社会发生、发展的过程。

历史是客观存在的事实，真相只有一个，然而记载历史、研究历史的学问却往往随着人类的主观意识而变化、发展、完善，甚至也有歪曲、捏造。

历史是什么？我们常说历史是人类社会发展过程。广义的历史包括宇宙的形成、发展及演变史；狭义的历史主要指人类社会的演进发展过程史。我们一般做学术研究的，单指狭义的人类社会演进发展过程。黑格尔认为，"'理性'统治世界"，"而且'理性'向来支配着世界"[1]，历史是理性的发展过程。在黑格尔那里，"理性"相当于自然法则。这个观点有它的积极意义，也就是只有人类有意识、有目的参与的演进过程，才能作为历史学的研究对象。

历史有广义与狭义之分。我们历史学研究对象主要是人类社会的发展史。

历史是指过去、现在和未来，昨天、今天和明天。因此，客观的历史是在特定的历史时空中发生发展的。没有脱离时间的历史，也没有脱离空间的历史。历史的主体是人、人群，历史的演进是在人的整体意志所形成的综合合力的推动下前进的。历史绝不是线性的运动。时间有历史性特征，但同时也有共时性特征。故具体的历史事物在演进过程中有时会重演以前的事物。历史空间也具有伸展性，更具有折叠性或重叠性、压缩性。

历史演进中具体的历史事件看似是偶然的，其实都是必然的，都有自己

---

[1]［德］黑格尔：《历史哲学》，王时造译，上海书店出版社，1999年，绪论，第15页。

的因果关系，都能找到其内在的动因和规律。

历史是有规律的，但并不意味着历史一定会从低级阶段到高级阶段迈进这么简单的类推，它其实是历史规律中的"理性"成熟过程的外化表现。

历史是我们人类社会延续的一个过程。在中国，古代人对自然规律、对人类社会自身的认识具有主观性，历史作为一个过程，它具有时间和空间的特性。没有任何离开时间的历史，离开时间的历史是不存在的，即不存在无时间的历史，也不存在无空间的历史，没有独特的时间和空间的历史都不存在。历史是在特定的时间和空间所产生和发展的，我们说历史具有独特时间和空间的印记，这是我们说的客观历史，客观历史是一个不断延续着的客观自然过程。

历史的时间性。我们所说的历史，主要是指人类社会发展延续活动的整个过程。我们常说的在时间历程当中的昨天、今天和明天，实际上标志着历史整个演进过程中的三段式发展历程：过去，我们已经经历过的；现在，我们正在经历的；未来，是无限的、永恒的、永续的发展。实际上昨天、今天、明天都是我们要经历的，是我们历史时间的标志。也就是说，历史是有时间断限的，时间是依附于历史实践过程当中的。同时历史也是在特定的空间当中发生的。如果历史超出了特定的时间和空间，也就不复存在了。

从时间区别来讲，历史是指过去、现在和明天的一个不断演进永续的过程。从空间上来讲，历史是一个立体化的、多维的演进过程。历史离不开时间，没有时间的历史是不可想象的。所以任何一个历史都是在特定的时间当中发生的。

历史的空间性。历史的空间是什么？就是历史发生的场景空间和地域，即"场域"。历史也是在特定的空间当中演进的，如果没有空间，我们所谈的历史就没有发生的地点；空间和时间不可分割，时间就是过程，如果没有时间，历史就没法展开，也就不存在有始有终，也不存在整个过程。它的前因后果，其整个延续过程、事件之间的联系，实际上都是时间的永续性问题，而所有历史事件的发生都是有特定场域的，这是我们所说的历史时空问题。离开特定空间的历史也是不存在的。所以历史具有两个维度，一个是时间的维度，一个是空间的维度。历史是在时间和空间的坐标当中演进的。我们理解的历史必须要有具体时间、地点（时间就是时间维度、刻度，地点就是空间维度），场景、人物、事件的过程、始末、延续、对未来的影响，等等。

历史的永续性。历史是一个永续存在的过程，没有人能够阻止它，而它永远在不断地流淌和前行。只要有人类社会的存在，只要有人的活动，历史就不会停止。历史也是不以人的意志转移的，虽然人是社会的人，是历史的主体，但是无数个人有意识的活动过程就变成了一个客观过程，就不是某个人的意志能够转移和左右了的。所以无数个人的意志相互博弈，凝结成一种合力，推动了历史的进步和前行。马克思主义史学把历史分为五个阶段，认为人类社会必然经历原始社会—奴隶社会—封建社会—资本主义社会—社会主义社会，直至共产主义社会，这是人类社会发展的必由阶段。尽管这是一个科学的大胆假设，但毕竟预测和说明了人类社会发展的过程。这种思想对人类社会发展持积极态度，是抱着人类社会越来越发展、越来越进步的一种必信信念来断定历史进步的。尽管马克思、恩格斯也认识到任何事物的发展决不会是一帆风顺的，历史有时会呈螺旋式发展，然而总的趋势是不断上升、不断进步的。在这个过程中也有反复，也有沉沦，也有后退，但总的来讲是不断前进的。一般的理论家都认为，人类社会由原始社会发展到现代社会确实是进步的，这是不争的事实。特别自工业革命以来，资产阶级在一百年时间里所创造的财富超过了人类以往几千年创造的财富的总和，并大大地推动了社会的进步，形成了近代欧美文明和现代文明。自地理大发现后，麦哲伦、哥伦布环绕地球的航行，证明了地球是圆的，使科学获得胜利。西方殖民者的对外扩张，逐渐打破了各民族生存空间壁垒，在客观上推动了人类社会各群体各民族各国家相互交往的扩大，使历史范围从某一个局部地区扩大到整个地球，形成了地球各部分的联系。其结果使整个世界联系为一个整体，扩展了人类社会的地理视线，这在过去是不可想象的。现在，随着科学的发展，人类又冲出地球走向了宇宙，对世界的认识不断升华。总的来讲，人类社会进步是一个必然趋向。

（二）关于历史的客观性

历史是客观的，它的客观性表现在，历史过程一经发生即不可改变，就会按照自身的规律延续着，这种历史的不可更改性，不以人的意志为转移，就体现着历史的客观性。历史是在特定的时间和空间中产生和发展的，时间和空间的背景都是客观的，所以在客观场景下发展的历史过程也都是客观的。人作为一个类群的存在也是客观的，它延续到今天，也是一种客观自然历史演进的结果。但人不同于其他动物，它具有极强的主观能动性和创造性，有对社会改造的意识，这大大增加了人与自然社会的互动关系以及对历史投射的主观色彩。但无论怎样都改变不了历史总的发展趋向，所以，从这个意义上说历史是客观的、永续的。

既然我们说历史是客观的，那么怎样去感知这个客观的历史呢？实际上我们每时每刻都在感知历史，我们每时每刻都在创造历史，我们每时每刻都置身在这种不断流淌的历史长河之中。过去的已经定格的历史，对于当下的我们来讲，实际上是过去历史的演进，我们在过去的历史上进行延续、创造和发展，感受自己有意识地在世界上生存。我们忙碌着、延续着历史，但实际上我们仍然是在前人的基础上延续着历史。我们现在的思维方法、生活方式、历史环境条件，都是受历史上过去的影响，这就是历史对我们现在生活的规定。同时也意味着我们还要影响未来，所以历史是昨天、今天和明天，是永续的过程。在这个历史舞台上我们扮演着各自的角色，演绎着我们自己的历史。每个人演绎的历史集合在一起，即形成了客观的历史。这个客观历史固然有许多看不见摸不着的东西，但更多的是看得见摸得着的，它会有大量的东西来证明其客观存在。

在人类诞生以前，特别是有文字记载以前，历史已经演绎很久了，在我们的祖父辈出生以前历史就已经存在了。所以历史的客观性我们是能够感知到的。

那我们怎样来证明历史的客观存在呢？如下三个方面可以证明历史的客观性。

第一，历史遗迹存在的证明。已存在的各种建筑物，各种固化的实物，包括历史时代遗留下来的一些遗迹，这些都是客观历史的证物。对我们来讲，在我们出生之前就已存在的所有客观实物，都可以证明客观历史的存在，都是历史上遗存下来的遗物。考古发现可以追溯到遥远的远古时代，历史时代的遗存通过考古发现，可以确认几千年前真实历史的存在，并且能借助考古资料还原那些历史的片段。客观历史就是历史上遗存下来的物化的有形的东西，如古城墙、古驿道、古代服饰以及各种生产生活用品，现在的高楼大厦、汽车、物质固化的东西、有形的东西，凡是能够给后世留存下来的东西都可以证明客观历史的真实性。

第二，人类社会各个群体保留下来的历史记忆的证明。历史记忆就是口口相传的历史，由长辈向晚辈叙述的历史，父祖辈对自己家族历史的讲述，包括口口相传的各种神话故事，我们称之为口述史，它保存着历史族群的记忆。古代的神话，民间的叙述故事，由历史时代流传下来的各种历史传说、神话传说，如古希腊神话《宙斯神》《普罗米修斯盗火》《斯芬克斯之谜》，西方基督教神话《创世纪》《诺亚方舟》，古印度神话《罗摩衍那》《摩诃婆罗多》，古巴比伦神话《咏世界创造》《吉尔伽美什史诗》，中国神话《女娲补天》《精卫填海》《后羿射日》等都可以看成历史，并从不同的侧面反映着历史的真实性。

第三，书写的历史，包括历史上各种政权留下来的档案资料等。这是我们用来证明客观历史存在的另一种内容，即客观的历史记录。汉代许慎的《说文解字》对历史的解释是"史也者，左手持中中正也"，也就是忠实地来书写记录的叫史，我们也可以解释为，历史是客观记录书写下来的，但不能代表整个历史，它有个人的观点，反映的也是历史的一部分，可以作为一种客观史料，所以我们说凡是具有客观性的史学资料都可以构成历史的重要组成部分。由历史时代遗留下来的典籍、史书，如《左传》《史记》等皆是。这方面中国历史典籍留下来的最多，通过这些历史著作大体上可以了解中国古代历史的真实呈现。书写的内容还包括家谱，它在本质上是一个家族的血亲延绵史，就是从现在向前追溯，从父辈追溯到祖辈，一直上溯到曾祖，在追溯本身家族历史会旁射到其他社会背景，是不可多得的微观史料，反映历史的微观真实。还有就是个人日记、游记经历、笔记小说、随笔、个人家庭生活账目等，这都构成了客观的历史。

书写史料中历史档案是最重要内容。在历史上各个时代、各地政府、各个群体皆留下了不少档案资料，保留了大量历史信息，他们并无意影响历史，只是对当时人事、政治、经济、生活各方面的记录，比较客观真实，它们本身又是历史真实的一部分。

必须强调，档案、书写、记忆、历史遗迹所反映的都不是整体的历史，而是局部的历史，特别是档案史料，它仅仅体现为历史的一种记忆残片，即档案是历史记忆残片，它只能够成为历史的某一个部分，所有的一切都只能构成历史的某一个部分。所以客观历史是需要我们加工还原的，这样才能构建出整体的历史。但必须强调这些东西都是不以人的意志为转移的。档案本身是客观真实的存在，但档案书写的内容并不一定都是客观真实的，不管当时是不是伪造的，一旦留存下来，即变为历史，即成为客观存在，不以人的意志为转移，也就是说，档案文件一经公布就立即变成了历史的一部分，不管真历史还是假历史，都是客观历史的重要组成部分。历史的很多后果，是人为"合力"作用的结果，一旦产生历史结果，作为真实历史的组成部分就不会改变了。

（三）关于历史的规律性

客观历史过程是否有规律？对此学界争论较大。有人说历史是杂乱无章的，历史就是一堆散乱的大钱，可随意摆放；历史就是一个美丽的少女，可以随意打扮，对历史完全持不可知论，完全否认历史存在规律性。但是我们认为，历史是存在着某些内在规律的，这个规律是历史本身就有的，是我们在研究历史的过程中发现和总结出来的，比如说马克思研究历史时提出的五种社会形态理论，就是对历史曾出现过的历史现象的理论概括。

从总的趋向来看，历史不断地从蛮荒走向文明，人类社会是不断进步的。人类社会从没像今天这样紧密联系、互相影响，历史确实也是不断走向进步的，符合马克思的预见。同时，我们也必须认识到，作为历史主体的人是有自我能动性的，是有善恶观的，故人类社会在演进过程中一直存在着文明与野蛮、进步与落后的纠葛和斗争，经济条件、阶级斗争都在这一过程中表现出来，推动并影响着历史进程。历史是在文明战胜野蛮、先进战胜落后的过程中前进的，历史发展具有规律性。

二、何为历史学

历史学是研究客观历史产生的学问，它是以客观历史作为研究对象而产生的一门学科。本节着重介绍历史学的概念、学科结构及学科属性。

（一）历史学的概念

研究历史的学问，简称史学。历史学是以已经逝去的、不能再以原貌重现的客观历史过程作为研究对象的一门人文学科，体现的是历史学家们本于人类理性判断、以独特的逻辑建构起来的主体化的历史内容。与历史概念相对应，历史学也有广义与狭义之分，这主要依其研究对象的广义与狭义来决定。广义的历史学，在哲学的意义上可称为历史本体，例如宇宙历史、地球历史、鸟类历史等。而狭义的历史则必须以文字记录为基础，即文字出现之后的历史才算历史，在此之前的历史被称为史前史。与人类社会相关的历史，又可以称为人类史或社会史，而脱离人类社会的过去事件称为自然史。一般来说，历史学仅仅研究人类社会演进的历史。

各种文献都对历史学下有定义。《新不列颠百科全书》定义为："这是一门研究事件（影响国家和民族的事件）的编年纪录之学科，它奠定于对原始史料的考证基础之上，并对这些事件的缘由做出解释。"《苏联大百科全书》定义："История，来自希腊语 historia，意味对于过去事件的叙述，对于已认知的、研究过的事件的叙述。1. 自然界和社会上任何事件的发展过程。宇宙史、地球史、各个学科史——物理史、数学史、法律史等均可列入这一含义。2. 一门研究人类社会具体的和多样性的过去之学科，以解释人类社会具体的现在和未来远景作为宗旨。"尹达《中国史学发展史》将历史学定义为："史学是通过利用史料来研究和描述人类历史的学科。它包括人们占有史料、认识历史以及历史研究、历史编纂的理论和实践。"

关于"历史"的语源。英语历史（history）一词与故事（story）一词共同源出希腊文 historia，意为"一个人的调查记录"。汉语的"历史"是历和史两个单音节词的合成词，汉代许慎《说文解字》云：历，过也，传也。史，记事者也；从又持中，中，正也。两个词综合起来的意思，就是"对过去的事情所做的客观的记录"。这与西方史学观点不同，从而也使黑格尔产生了"中国古代只有记录而没有历史"的看法。

历史学是人类所发展创造的自然科学和社会科学的重要组成部分，是人文社会科学各学科的基础科学，它是以人类客观活动的历史过程作为研究对象的一门人文学科，是历史学家们本着理性精神，按照学科规定的基本原则所建构起来的独特的知识体系，所以具有主观性。其在某种意义上是历史学家们在书写和整理资料过程中，个人对世界认识、对人类历史社会认识的价值观的一种外化表现。说历史学是客观的，其客观性主要体现在它的材料的客观性，客观历史的结果只有一个，但是关于这个结果所描述的知识材料却是多元的，所以历史学家在选材过程中不可能没有主观的喜好，会根据他自己的需要和要求来选择材料，也会按自己的价值观进行剪裁，所以历史学也是很难做到绝对客观的。诚然，历史学的客观性是历史学家在尊重客观历史的前提下无限接近历史真相、复原历史真相，这是作为历史学家基本价值观的要求。我们前面说过，历史学家书写的主观性难以避免，所以从这方面来讲，历史学实际上是价值学，是人学，是道德学，是裁判学。

历史是过去客观事实的真实存在。这些曾经存在着的重大的客观事实，被人们以各种方式留存下来，更多采用的是文字的或实物的记载形式，这些东西是人类在生产生活的社会实践活动中所遗传下来的宝贵文化财富。人们了解它、研究它、记住它，是为了吸取经验，以指导现在和今后的生产生活和社会实践。

需要说明的是，史书记载的所谓"史实"，由于它是当时或过后的社会人执笔所记，书写者由于其自身经历或思想认识局限，难免在表述上会带有主观片面性，这样，史书记载的东西也不一定都是真正的历史事实。例如，关于"商纣王"，在商朝，臣民称他为帝辛（商朝继前人称最高统治者为帝，不称王，王是周朝以后的称呼）。因为商被周灭了，帝辛成了商朝的亡国之君。周朝以后的"天下谓之纣"，因此被后人称为商纣王，暴虐之君、暴行之君。其实真实的历史是，帝辛天资聪颖、领悟力奇高，还是少见的大力士，是很有作为的一位帝王。假若商朝人写他的历史，决不会是后来大多数史书所写的样子。新朝撰写前朝的历史都会有意识、有目的地丑化或抹黑前朝君主，这方面有无数事实可以证明，傅斯年对此曾有过精辟的论述。所以对历史典籍的真伪不可不察。

总之，历史学作为一门以客观历史过程作为研究对象的学科具有客观性、主观性、多样性、时代性、阶级性、民族性、人类普适性等特征。同时，它作为人类两大知识体系当中社会科学体系的重要组成部分，是所有社会科学、人文科学的基础，值得深入讨论。

（二）历史学的结构

历史学也有不同的构成和分类。中国学界在 20 世纪 90 年代曾有过把历史学分为基础史学和应用史学的讨论，而且盛行一时。其实，著名德国哲学家黑格尔就曾在他的《历史哲学》一书中，把历史分类为原始的历史、反思的历史、哲学的历史。他是从历史哲学角度讨论这种客观历史的。

黑格尔把历史分为三种类型，即"（一）原始的历史。（二）反省的历史。（三）哲学的历史"[1]。

第一种历史为"原始的历史"，也叫"原史学"。其资料来源多是耳闻目睹或亲身经历的事件，像我们现在的田野调查、现场访问，这样的历史叫原始的历史。在黑格尔看来，像希罗多德、修昔底德和其他同样的历史学家们的撰述都属于此类。"他们的叙述大部分是他们亲眼所看见的行动、事变和情况，而且他们跟这些行动、事变和情况的精神，有着休戚与共的关系。他们简单地把他们周围的种种演变，移到了精神观念的领域里去，这样外在的现象便演成了内在的观念。"[2] 当然，这些历史学家也利用别人的报告和叙述，因为一个人决不能耳闻目睹一切事情。不过他们只把这些资料当作一种组合的元素，"凡是在他们的环境里出现的和活动的，就是他们主要的资料。那位历史作家所受的种种影响，也就是形成他作品骨干的那些事变所受的影响。作家的精神和他记述的那些动作的精神，是一般无二的。在他所描绘的一幕一幕的剧情中，他本人曾经亲自参加做一名演员，至少也是一个休戚相

---

[1]［德］黑格尔：《历史哲学》，王时造译，上海书店出版社，1999 年，绪论，第 1 页。
[2]［德］黑格尔：《历史哲学》，王时造译，上海书店出版社，1999 年，绪论，第 1 页。

关的看客。他所绘画的只是短促的时期，人物和事变个别的形态，单独的、无反省的各种特点。他的愿望无非是要把他亲自观察各种事变的所得，留下一个最清楚的影像或者栩栩如生的描绘，给后世的人。他既然生活在他的题材的精神中间，不能超出这种精神，所以他毫无反省的必要"①。黑格尔认为原始的历史，主要还是来自亲身采访、访问和调查的材料，固然也要参考当事人的记述和当事人的著作来构建他的历史，但只是照录，没有"反思"。主要是指眼睛能看到的、具有现场感的历史内容。但眼睛看到的毕竟有限，只能反映某些局部的微观的历史，不能反映整体的历史，参考他人材料也是按照自身需要进行的。所以，其表现出的历史意识还在朦胧状态，有现场感，无反思，是原历史的特征，所以他把这一类历史叫原始的历史。

第二种历史为"反省的历史"，也叫"实验史学"或"批判的历史"。反思的历史要比第一类层面的历史更进了一步，原始的历史是当事人亲身经历的历史记录，而反思的历史则是在他人见闻的基础上，在他人资料的基础上梳理出来的历史，是一种空间思维更为开阔的历史，也就是"历史资料的整理"。历史学家通过对历史资料的梳理体现出自己的价值观，"进行工作的人用了他自己的精神来从事这种整理工作，他这一种精神和材料内容的精神不同。因此，那位作家在叙述各种行动和事变的意义和动机时，他所依据的若干原则以及决定他的叙事方式的若干原则，是特别重要的"②。这种反省的治史方法，黑格尔称为实验史学、批判史学，它的特征是根据间接的材料来建构自己的历史内容。构建这样的历史，更多的是依据历史学家个人的构建，具有实验性，而这个历史更多地带有历史学家的主观色彩。这就是反思的历史，也就是实验史学。

关于实验的历史，黑格尔讲道："当我们研究'过去'的时代，研究遥远的世界，这时候一种'现在'便涌现在我们心头——这是精神自己活动后产生的，作为它自己劳苦的报酬。历史上的事变各个不同，但是普遍的、内在的东西和事变的联系只有一个。这使发生的史迹不属于'过去'而属于现在。

---

① [德] 黑格尔:《历史哲学》，王时造译，上海书店出版社，1999年，绪论，第2页。

② [德] 黑格尔:《历史哲学》，王时造译，上海书店出版社，1999年，绪论，第4页。

所以实验的反省，它们的本质虽然是非常抽象的，但是它们属于'现在'是确确实实的。"这种历史研究采取了抽象的反省，而把历史看成现在的内容。对于包罗万象的历史，史学家必须真正放弃对于事实的个别描述，必须用抽象的观念来缩短他的叙述，要用思想来概括一切。这里必须特别注意那种道德的反省，人们常从历史中希望求得道德的教训，因为历史学家治史常常要给人以道德的教训。"任何著史的人都可以利用各种资料，各人都自信有能力去整理这些资料，而且每个人大概都把他自己的精神，算是那时代的精神。"①把自己的精神观念投射到历史研究中去，等于把自己的思想当成了那个时代的思想，这是实验史学的特征。

关于批判的历史，黑格尔指出："它并不是我们这里所提出的历史的本身，而是一种历史的历史。它是对于各种历史记述的一种批判，和对于它们的真实性、可靠性的一种检查。它在事实上和旨趣上的特质，在于著史的人的锐利的眼光，他能从史料的字里行间寻出一些记载里没有的东西来。""但是他们没有努力把这一种纯属批评的方法算做一种真正的历史。"批评史家从史料的字里行间找寻没有的东西，但还没有将批评当成真正的历史，所以批评史学较"哲学的历史"还差关键的一步。

第三种历史为"哲学的历史"。在黑格尔看来，这是史学三个层次中的最高层面，也就是他写的历史哲学。他说："我们所能订立的最普通的定义是，'历史哲学'只不过是历史的思想的考察罢了。'思想'确是人类必不可少的一种东西，人类之所以异于禽兽者以此。所有在感觉、知识和认识方面，在我们的本能和意志方面，只要是属于人类的，都含有一种'思想'。但是只凭这层理由，就说历史必须和思想发生联系，还是不能令人满意。就历史来说，'思想'似乎隶属于已存的事物——实际的事物，并且以这种事实为它的基础和南针。"在他看来，"理性"是万物的无限的内容，是万物的精华和真相。它交给它自己的"活力"去制造的东西，便是它自己的素质，而且也展开在"精神宇宙"这一世界历史的现象中。"这一种'观念'是真实的、永恒的、绝对地有力的东西。它已经把它自己启示于世界，而且除了它和它的光

———————————

① ［德］黑格尔：《历史哲学》，王时造译，上海书店出版社，1999年，绪论，第7页。

荣以外，再也没有别的东西。""从世界历史的观察，我们知道世界历史的进展是一种合理的过程，知道这一种历史已经形成了'世界精神'的合理的必然的路线——这个'世界精神'的本性永远是同一的，而且它在世界存在的各种现象中，显示了它这种单一和同一的本性。"他还强调："哲学用以观察历史的唯一的'思想'便是理性这个简单的概念。'理性'是世界的主宰，世界历史因此是一种合理的过程。这一种信念和见识，在历史的领域中是一个假定，但是它在哲学中，便不是一个假定了。"认为理性是世界的主宰，哲学就是评论理性支配世界的问题，而用哲学去观察世界，就是要证明理性的"无限权力"，因为理性是"万物的无限权力的内容，是万物的精华和方向"[1]。在黑格尔那里，哲学的历史或历史哲学只能用于证明"理性"在世界的发展。

从我们理解的角度看，达到历史哲学这一层次，历史材料对于历史学家来说已经不重要了，历史资料已经算是一个可有可无的附属品，只是作为历史学家论证或证明自己的一些观点的材料。就是用历史材料来服务于历史学家的观点。在这类历史研究中，历史学家主要是建构一种自己的理想以及对历史的独特认识，反映出历史学家的一些哲学思考，一些价值取向，他想说明自己的一些思想。再概括地讲，就是用哲学的思维和观念来组织材料，至于材料的真实性、可信性都无关紧要，仅仅是他要说明问题的附加条件，他要把自己的价值观哲学化，提出一些哲学的结论，并通过历史来回答或来证明他的终极目的，他的历史追问。这就是黑格尔所说的"哲学的历史"或曰"历史哲学"。以上是黑格尔对历史学的分类，有一定的启发性。

我们认为，历史学在结构上可以分为五个层次。应从宏观的角度去讲历史，历史学是历史学家本着人类的理性精神，在尊重客观历史真实的基础上，运用人类既有的学科工具、理论方法，例如考证法、实践法、分析法、训诂法、心理分析、比较分析等构建起的知识体系。据此，可以把历史学分为五个层级结构，即第一个层面是历史学的哲学层面、价值层面，也就是历史哲学；第二个层面是一般史学理论及史学方法层面，如考证法、实践法、分析法等；第三个层面是历史学的基础学科；第四个层面是历史知识；第五个层

---

[1]〔德〕黑格尔：《历史哲学》，王时造译，上海书店出版社，1999年，绪论，第4—9页。

面是历史资料。从结构上去分析，对历史学也就能更好地理解了。

第一，历史学的第一个层次：历史哲学。历史哲学应包括历史观、历史的基本价值观以及人类普适精神这些东西。历史观对一个民族之民族精神的形成起到非常重要的作用。尽管不同时期、不同民族、不同党派的历史观都有不同，但一定也有共同的东西。在这里我们主要讨论的是普世性的历史观，即站在人类历史发展的高度去看待人类历史文明进步的历史观。历史哲学要用哲学的思维、哲学的方式去探讨历史发展演进中的问题，历史时间与历史空间，历史的基本规律，历史的动力问题以及谁是创造历史的主体等，这些都是历史哲学所要探讨的话题。

第二，历史学的第二个层次：史学理论与方法。历史学涉及的史学理论非常之多，有马克思主义史学理论，有进化论史学理论，有文化模式理论，还有文明类型理论；史学方法就更多了，有考据法、辨伪法、目录法，还有精神分析、比较法，更有全球史研究方法、计量方法等。历史学方法既有历史上积累下来的传统的研究方法，更有现代自然科学发展为历史学研究提供的方法，比如我们在历史研究中要采用傅斯年提出来的历史互证八法：把地上材料和地下材料互证、中外互证、民间和官方的互证、正史和野史的互证、正说和曲说的互证等；还有自然科学所提供的新研究方法，比如碳14测定方法、地质学理论方法、天文学理论方法、气象学理论方法、环境学理论方法等，这些都可以应用到历史研究中来。

第三，历史学的第三个层次：历史学的具体学科。历史学的学科非常庞大，历史学的学科门类可以分为三个大的一级学科：中国史、世界史、考古学。这里还有很多的二级学科。可以按照时间断限区分为近代、古代、中世纪、现当代。还有很多边缘学科，比如环境史、政治史、经济史、文化史等具体学科。具体学科的研究方法及研究内容皆有不同，都有自己的学科思路。这些学科都是总体历史学科门类背景下的分支学科，有的是按照时段来研究的，研究不同时段空间的历史内容；有的是按照某一类的问题展开研究的，如研究某一段及某一类的历史问题。

第四，历史学的第四个层次：历史知识与历史常识。历史学本身就是一门庞大的知识体系。当历史学工作者按照一定的问题思路把原始材料进行提炼，转换成一般人们都能够理解的符号之时，历史研究所获得的成果就变成了历史知识或历史常识了。我们需要一个最通常的历史知识与历史常识，才能不断地进行分析综合，不断地进行上升。这些历史知识是历史研究学者在研究历史过程中所得到的结论性的东西。把这个历史研究按照纪事本末的方式，把来龙去脉、因果关系都梳理清楚后再进入知识体系当中，就成为公众可以获取的历史知识，这些知识对一般人来说是理解历史问题，形成历史观的重要基础。同时它也能大大地提高和丰富我们的认识水平和信息来源，对于构建普罗大众的知识符号体系至关重要。通常来讲，历史知识或历史常识就是构成我们日常生活当中泛化的、非专业的历史知识的信息，可以被文学家、艺术家进行加工的素材，可以被普罗大众利用的知识能量。现实生活当中的口述材料，包括能够提高文化素养的、成为社交谈资的知识，几乎都是历史常识。历史知识非常重要，可以说是大众理解历史的主要桥梁，通过通俗历史读物，用非学术性的语言告诉人们历史上发生的一些事情，使人们知道整个历史的梗概和线索，使历史上的民俗、人物、事件等能成为普罗大众的谈资，丰富人们的阅读生活和精神世界，这应是历史学工作者的一项重要使命。

第五，历史学的第五个层次：历史资料。历史资料是指经过历史学工作者初步加工而形成的诸如历史资料汇编、各种文集等，它是一种粗线条的关于同一类或同一事物内容历史叙述的汇总。在这个基础上我们才能够深入地研究，它提供大致的线索，也是需要经过进一步考证的。历史材料非常庞大，包括大量的档案、回忆录、文史资料、笔记、小说，凡是能够为历史研究提供信息的材料都能构成历史资料。

（三）历史学的属性

"史虽旧域，其命常新。"历史学虽然是一门古老的学科，但"史学之树常青"，它会随着时代的进步而不断地迎接新挑战，不断地变换自己的存在形式，具有极强的生命力和适应能力。这主要由历史学的客观性、主观性、时代性、知识性等属性决定的。

历史学的客观性。历史学是历史学家本着人类的理性精神，在尊重客观历史真实的前提下所建构的知识体系。这种知识体系不是凭空产生、无中生有的，它是在尊重客观历史材料的基础上，在符合逻辑的前提下，建构起来的知识体系，这种建构的历史，是无限接近客观历史的。展示客观历史事件的原貌，是需要历史学家的想象和技巧的，这种重现肯定是有想象的主观因素参与的，这些是难以避免的，但它毕竟能够再现过去的历史，尽管不是绝对的再现，而是尽可能地再现。越是尊重历史，材料越客观，就越接近历史的真实，越接近客观真理。所以说历史学是具有客观性的。需要注意的是，历史学的客观性是指研究对象的客观性，历史学家尊重客观历史资料，再经过严格的学术规则进行操作，采用严谨的学术程序进行历史资料真实性的考证，在这个前提下构建起来的历史知识体系是具有客观性的。因为时间、地点、人物、历史过程是不可能伪造的。一旦伪造，在公众面前是经不起时间和逻辑检验的。如果历史学没有客观性，那就不能称之为历史学了，可以称文学，称小说，只要称历史学就一定有客观性，这是我们必须强调的特征。

历史学的主观性。历史学具有客观性，也具有主观性，历史学既然是历史学家们主观的知识建构，就一定带有历史学家们的主观色彩。主观性由于认识上的差异，构建历史当中想象的成分、个人的好恶都具有主观色彩，这是我们难以回避的。比如我们传统史学当中的为尊者讳，为亲者讳，中国古代有避讳学，这些都说明它具有主观的色彩。历史学家只要涉及当政者或现政权主要领导人物，或者自己的亲族，或者自己崇尚的人物，或者本民族当中的象征性人物，都难以百分百地尊重客观事实。历史学中的主观性，还有历史学工作者"主观恶意"的成分，如日本修改历史教科书问题，这是日本历史学家们站在日本人的立场上，代表日本的民族意识，恶意歪曲历史的结果。站在这种民族主观性立场上所得出的结论肯定是不一样的，从日本学术界右翼学者否定侵略、否定南京大屠杀，就可以充分证明这一点。

我们这里的主观性主要是讲与客观性相对应的历史学家的主体性。在历史学书写当中不可能是完全客观的，因为客观材料在梳理过程中有个理解过程，历史学家不可能不把自己的民族感情、文化程度、价值观、阶级立场、时代特征、时代局限投射到他所书写的历史当中去。历史学家选择历史也是有目的性的，他要回答在生活当中遇到的问题，只有部分历史问题是与他切身利益攸关的，只有自己感兴趣的内容，才可能作为自己研究的主要方向。当然这只是一般意义上的，不是绝对的。总之，历史学具有主观性是不可避免的。从某种意义上说，有一百位历史学家就会有一百种历史展现方式，尽管我们说历史是客观的，但历史学家们从不同的角度去看待、去审视、去解读，所得出的结论一定是不同的。

历史学的时代性。任何符合时代潮流的历史学著作的产生都是特定历史时期的历史学家应时而为。历史学的时代性是历史学本身存在形式的时代性。比如中国古代书写方式用竹简，用毛笔，用刀刻在薄薄的竹简上，因为那个时候用绢书写的成本太高，后来发明了造纸术，书写在纸上成本相对较低，再后来随着书写工具的发展、近代印刷术的发达，更由于发明了钢笔和圆珠笔提高了书写效率。在当代有纸质的也有大量电子的方式，现在我们书写的工具是电脑。书写方式的变化极大地改变了史学的存在形式。

时代的进步特别是科学的进步对史学的存在方式影响更为巨大。历史学存在方式上具有时代性。一是历史资料大量电子化，各种大型数据库的出现，大大改变了历史学的研究方式，使史料获得方式发生了重大变化。二是互联网的出现，改变了史学的存在形式，出现了"网络史学"，精英史学开始向公众史学转化，小众研究开始向大众研究方式转化。人们借助网络可以较以前更为自由地发表历史观点，非专业人士从事史学研究群雄并起，史学研究出现了多元化研究倾向。三是史学研究内容及表现方式也出现了多元化，图像史学异军突起，借助声光化电的影像史学，日益走入公众，受到人们的重视。四是家谱写作形成风气，微观史学走入民间，这是除了国家史之外的家族史，更能代表当前史学的另一走向。

历史学的时代性还表现在历史学家们的时代性方面。历史学家是时代的人，生活在不同的时代条件下。由于生活在不同的文化背景下，受到不同的教育，所以历史学家们也会形成不同的价值观。

自近代以来，历史学经过几次大的变动，出现了传统史学、近代史学、现代史学的不同传递。1902 年梁启超提出"史界革命"口号，主张用进化论作为史学研究的指导理论，重点关注和研究民族群体的历史变迁，研究国民的日常生活。以进化观点来书写历史，在史观上强调要重点描写人类社会进化的过程。他倡导的新史学是与中国近代社会转型、近代国民国家的建设息息相关的。

20世纪30年代在中国崛起的科学史学派主张采用西方自然科学的方法来研究历史，提出了"史料即史学，有一分材料说一分话，有十分材料说十分话，没有材料就不说话"的原则。绝不允许任意去说，或越过去说，尊重历史资料的真实性，基本符合中国传统的言必有据的治史原则。科学史学实际上继承了中国乾嘉考据史学的基本思想，同时吸纳了德国兰克史学的基本精神，受西方自然科学实验理性主义的影响，在中国影响很大。该史学流派的出现显然是与19世纪末20世纪初西方科学思潮在中国的传播密切相关的。1915年，在中国近现代史上有重要影响的《东方杂志》第12卷第7号发表的一篇署名"造五"撰写的《科学之价值》一文，系统地论述了科学的概念及价值，公开提出"科学为万能的"的口号，最有代表性。"科学史学"就是对科学思潮的回应，这种在中国形成影响的科学思潮反映在历史学领域，就是科学史学的提出。

马克思相关理论在20世纪20年代传入中国，特别是50年代以后马克思主义在中国大陆居于统治地位，对史界影响巨大。马克思主义史学的崛起与近代的中国革命有直接关系。马克思主义史学用阶级斗争理论和经济决定论重新研究历史，对我们中国人历史观、价值观的形成影响深刻。

从世界范围上看，历史学的时代性更表现为与时代相呼应的各种新史学流派的涌现，各种新奇史学观点的提出，等等。

历史学的知识性。知识性是历史学的另一个特征，历史学是有关人类历史演进规律及现象的知识体系，它展现的是百科全书式的、综合性的研究。它不同于其他的具体学科，历史时代的重要内容，诸如政治、经济、文化各个方面都可以成为历史学家的研究对象，所以他得出的结论是综合性的，对其他学科具有奠基作用。历史学家提供的历史知识越完整，对一个民族历史观的形成所产生的影响作用也就会越大。历史学知识体系会对一个民族的民族认同提供强大的文化背景，是生成文化理念、提高民众人文素养的重要法宝。

三、何为历史学精神

历史学是一门以传承人类文化和民族传统为使命，并以总结过去、面向未来、关怀人类社会进步为取向的人文学科。因而，其学科精神也与之相适应。历史学精神主要包括尊重客观历史事实的求真精神、探究社会治乱规律的理性精神、学科方法上的兼容精神、品评历史人物的褒贬精神、记录人类文化和民族传统的传承精神、培植民族凝聚力的聚合精神、与文明共进的时代精神、关怀社会生态的人文精神、总结过去面向未来的尚智精神。

历史学是以已经逝去的、不能重现的客观历史过程作为研究对象的一门人文学科，体现的是历史学家们本于人类理性判断、以独特的逻辑建构起来的主体化的历史内容。正是基于人类所具有的求知的欲望、探秘的好奇心和保留历史记忆的观念、面向未来的自信心，才赋予了作为自身总结过去、面向未来的一种意识手段的历史学独特的精神——历史学精神。探讨历史学精神这一课题，无论是对重估历史学的价值，还是强化对历史学重要性的认识，都具有重要意义。

（一）尊重客观历史事实的求真精神

求真精神是历史学的内在要求，尊重客观历史事实是中外历史学家们普遍认同的价值准则。作为客观的历史内容，毕竟是已成为历史定格的内容，不管其内容好坏、喜欢不喜欢、愿意不愿意，谁都无法改变。历史学尽管是经过历史学工作者主观加工过的主体化的历史，却只能对客观历史进行评价和选择而不能杜撰。文学作品可以夸张虚构，历史著作则不允许虚构，写史贵在求实、求真，只有秉笔直书才能反映真实的历史事实。

中外史学家都曾强调过求真、直书的重要性。刘知几认为，史学家具有"仗气直书，不避强御"的能力和品德，才能写出信史来。在西方，著名实证主义历史学家兰克也主张必须尊重客观事实，重视第一手历史资料。此外，在研究历史的过程中，敢于对过去的史学成说大胆怀疑，并依据真实史料进行修正和批判，也是史学求真精神的一种体现。求真精神在史学家那里还典型地表现为一种责任，一种秉笔直书的精神。为了求得真实，使历史更为可信，就要有勇气不避灾祸，甚至不怕杀头。中国古代就有齐太史兄弟不惜牺牲生命而直书"崔杼弑其君"，晋太史董狐不畏赵盾权势而书"赵盾弑其君"的直书楷模，成为千古美谈，并且成为史学传统。求真是史学的生命，也是它基本的存在形式，因为无史学之求真，即无史学之真；无史学之真，则无史学之真之用，史学也就没有存在的必要了。

（二）探究社会治乱规律的理性精神

探究社会治乱规律是历史学的一种基本精神，"穷探治乱之迹，上助圣明之鉴"，讲的就是这种精神。

理性活动是接近真理的手段，借此可以获取严密的知识。历史学作为探讨、认识人类社会发展奥秘的一门人文学科，它反映的是历史学家对人类社会发展规律的一种独特的理性认识。换句话说，它反映的是历史学家们用自己独特的方式所建构起来的一种主观的逻辑的表述体系，因此，尽可能真实地复制历史，无限地去接近客观历史并且说明历史，就成为历史学家的责任。这就赋予了历史学以探究社会发展规律为目的的理性精神。

历史研究作为一种理性活动并非只是一种观念性的内在心理或精神的过程，它本质上是人们认识世界和改造世界的现实实践活动的一种基本特征。我们用我们的理想来塑造历史，我们用我们的想象的普遍性来提升特殊性，我们的科学理性就在这个过程中不断地得到发展，我们的理智能力也在这个过程中不断得到提高。理性活动毕竟是一种有规范的行为或思考，尽管历史学家们受时代以及本身认识水平等方面的局限，在探讨历史发展治乱兴替规律时难免会出现各种各样的结论，然而"通古今之变，成一家之言"，阐明历史发展的因果关系却是共同的。

历史学在本质上就是探讨历史上兴替规律的一门学问。例如，有的史学家提出循环历史观，认为天下治乱兴衰具有循环性，由天下大乱而达天下大治，历史遵循着分久必合、合久必分、一兴一衰的发展规律；还有的史学家认为历史遵循着进化规律，历史不断地由低级走向高级，人类社会不断地从野蛮草昧走向文明繁昌。在马克思那里，人类社会也是不断进步的，只是不遵循非线性路线，而是遵循螺旋式上升的轨迹。这些观点都体现着不同时代历史学家们在探讨历史过程中提出的对人类社会发展规律的认识成果，其中无不渗透着一种理性精神。在符合人类道德理性和社会规范的前提下，采摘历史，探究历史奥秘，找出推动历史发展背后的动因，梳理出历史发展不同要素之间的因果关系，为人类提供经验教训，这既是人类之所以重视历史的原因之一，亦是历史学真正价值之所在。

（三）学科方法上的兼容精神

历史学是以人类社会发展过程作为自己研究对象的，它有许多独特的个性。其一是时空性。讲述历史如果离开了时间和地点，便失去了它的真实性。其二是描述性。历史是具象的，因此，它没办法做到像数学那样的抽象化和符号化，如果想把历史表述清楚，那就离不开对历史过程的描述。其三是它的逻辑性。由于历史学本质上是一种主体化的历史，因此，对材料的选择，对事件、人物真伪的辨析等都离不开逻辑推论。当然，在历史学中所运用的逻辑离不开时间、空间以及材料的对比推导。

历史学与许多学科都有千丝万缕的联系，从狭义上看，历史辅助学科包括语言学、文字学、古文字学、古文书学或公文学、印章学、钱币学、族谱学或家世学、徽章学或纹章学、年代学、地理学、历史地图学等；从广义上看，历史辅助学科比狭义的历史辅助学科更多，其中政治学、社会学、经济学、心理学、文化学、新闻学、图书馆学、版本学、档案学等学科，都被近代以来的史学界视为辅助历史研究的最重要的学科。自然科学诸如数学、地质学、天文学、化学等学科理论和方法也被广泛地吸收到历史学研究中来。被称为科学史学派领军人物的傅斯年就曾主张广泛吸纳自然科学方法。他说："现在的历史学研究，已经成了一种各种科学方法之汇集。地质、地理、考古、生物、气象、天文等学，无一不供给研究历史者以工具。"[1] 至今，他的这一观点已被学界广泛接受。

现代史学突飞猛进，吸收并应用了自然科学及社会其他学科的成果和方法。如观察方法、归纳方法、比较方法、分析方法、综合方法等科学方法，

---

[1]《历史语言研究所工作之旨趣》，《傅斯年全集》第4册，台湾联经出版公司，1980年，第265页。

都被广泛地应用到历史研究中来。对于远古的年代，用科学的放射性碳素测定法，就能使模糊的年代得以精确；对于浩如烟海的历史文献，通过计算机技术的引入，进行科学的编目、清理，能使其井然有序；对于历史上人口消长、社会变迁、经济荣枯，通过科学的数理统计，就能使其得到清晰的呈现。总之，历史学随着其他学科的发展而发展，也由于其本身所具有的兼容精神，历史学总能随着时代的进步而进步，不断地改变形态，生命常青。

（四）品评历史人物的褒贬精神

人是社会的主体，因此，研究人类社会发展过程的历史学就必然要以人为核心，从而品评、褒贬历史人物就成为历史学所特有的精神。

历史犹如一个大舞台，在这个舞台上，每个人都扮演着不同的角色，各种人物都做过不同的表演，在历史长河中留下不同的足迹。其中有些重要的历史人物还会给历史留下里程碑式的痕迹。因此，历史学家在撰写历史时，就必然要把他们的事迹如实地记载下来，并按照自己的价值判断和道德标准，或歌颂或批判或贬斥。

褒贬历史人物当然要依据一定准则。纵观古今中外历史学科的发展历程，褒贬历史人物大致有如下标准：一是以人类社会进步为标准，即凡是有利于人类社会进步和文化发展的就褒，反之就贬；二是以特定时代的民族的伦理道德观为标准，凡是符合这个标准的就褒，反之就贬；三是以个人所属阶级的或集团的利益准则为标准，如党派的利益、阶级的利益等，凡是有利于特定阶级或党派利益的就褒，反之就贬。尽管品评人物的标准大致有以上三点，但是基于人类本性的真、善、美，本于人类文明进步的标准却始终是主导性的标准。

品评历史人物的褒贬精神在中国传统史学中曾得到充分的体现。刘知几说过："史之为务，申以劝戒，树之风声。"即认为历史具有通过劝善惩恶的手段，以树立良好社会风尚的责任。孔子作《春秋》就是以褒贬作为劝惩手段的。司马迁评价说："春秋之义行，则天下乱臣贼子惧焉。"孔子这种著史价值观，为后世史家所效仿，成为中国史学一大传统。自《史记》立《循吏传》

《佞幸传》《酷吏传》之目以后，《汉书》以下诸史，大多援此例分别立有诸如《忠义传》《孝义传》《奸臣传》《叛臣传》《阉逆传》等，历史学家用他们的道德观对各色人物进行善恶判断。当然这些不仅仅为中国史学所独有，在各国史学，特别是现代史学中，"春秋笔法"（褒贬笔法）已成为历史学独有的话语系统，如征、讨、侵、进入、支援、文化渗透等都有其特殊含义。当然，历史上还有些御用史家出于政治目的，将其所处时代的暴君说成明君的也大有人在，还有出于某种政治目的颠倒黑白，把好人说成坏人、把坏人说成好人的情况，然而这毕竟是史学逆流，难见天日，不足为训。从总体上讲，史学的褒贬精神，在于凭借历史书法的力量，使人类惩恶而扬善，减少野蛮行为，维护人类文明进步。

（五）记录人类文化和民族传统的传承精神

记录人类文化和传承民族传统是历史学特有的精神，人类文明得以延续至今，长盛不衰，各民族的文化传统连绵不绝，史学的功绩最大。

在人类历史上，历史学担负着记录并保存人类生活中的每一件大事的职能。在科学不发达的时代，历史学本身就是内容广博的百科全书，历史记载成为保存人类文化和民族传统的主要方式之一。中华文明作为四大文明古国中唯一的五千年文化一脉相承、没有中断的古老文明，其原因固然是多方面的，然而，发达的治史传统以及保存完好的历史典籍，是中华文明得以无限传承而不中断的一个重要原因。发轫较早的中国史学，在先秦以前各诸侯国就已设有专门的史官，使史学真正担当起文化传承的重任。我国系统的国史（正史）已有26种，共计4022卷，上起传说时代，下至清朝灭亡，4000多年的历史演变，此外还有大量的私史和野史。中国传统史书记载的历史内容非常广泛，从政治活动一直到生活起居、自然现象，几乎无所不包。具体记录的范围就有杂史、故事、传记、仪注、刑法、目录、谱牒、地理、食货、职官、时令、医药卜筮、河渠工程、民族关系、中外关系等。至于历代保存下来的诸如风俗、神怪、别传等史杂著作，更全面广泛地保留了古代先民的文化传统和民间信仰。总之，中国史学的发达、历史记载的连续性，保证了我们民族虽经劫难，却能衰而复兴，蹶而复振。中华民族这种强烈的历史感，其实质就是重视民族自身的由来、发展，并且自觉地将其延续下去的精神，而史学作为其得以延续的重要载体起到了它应有的作用。

当然，历史记录和保存文化是有一定价值标准的，这就是美善的标准、鉴戒的标准、新异的标准、文化价值的标准。即凡是美的、善的就宣传就传播，凡是丑的、恶的就批判就贬斥，凡是新的、奇的就记载就介绍。总之，提倡有利于人类进步和社会发展的事物，这是史学最基本的价值标准，也是使人类文化中的优秀成分不断得以光大和发扬的人文力量。以中国史学为例，中国经典中所提倡的文化精神和社会伦理道德准则，如循天道、尚人文的精神，远鬼神、近俗世的精神，通变易、持循环的精神，追先祖、垂世范的精神，重伦常、崇教化的精神，觅治道、求经世的精神以及中庸的思想，和的精神，德治与民本的传统，等等，都经历代历史学家的概括、提炼而融入历史的表述之中，从而使中华民族的文化传统得以传承和延续。

历史学这种传承精神仍然保存在近现代史学中。尽管近百年来随着科学的发展，人类保存文化的手段日益多样化，更多地借助于电影、电视、广播、计算机等先进手段，但这种情况仍然代替不了历史学的传承功能，反而使文化传承作为历史学的精神，愈发得以彰显。有一点是可以肯定的，只要人们企图系统地了解过去的历史，那就必须求助于历史著作，或者靠以历史著作为版本的历史学变形体或现代形式的历史音像资料等。历史学的功能丝毫没有减弱。历史是不能重新复制的，但我们通过历史著作，就可以对过去的历史有比较清晰的了解；虽然我们祖先开荒辟莽，创制典章礼仪的经历不可重复，但我们却可以通过史籍了解他们的奋斗历程。

（六）培植民族凝聚力的聚合精神

培植民族凝聚力的聚合精神也是历史学重要的精神品质之一。历史学不仅有人类共性，也具有民族特性。因为历史学家是属于特定民族、特定文化的。作为特定民族文化哺育出来的历史学家，其在撰写历史的过程中，不可能不把自己民族的价值观投射到历史著作中去，从而使历史学明显地打上自己民族的烙印。因此，对于特定民族而言，历史学在强化民族认同、培养爱国精神和民族凝聚力方面具有不可替代的作用。

第一，历史学在形成民族意识方面具有重要作用。"灭人国者先灭其史"明确地强调了历史著作在强化民族认同意识方面的显著作用。可以断言，中国传统史学的发达和史学著作的连续性，是中华民族凝聚力得以不断强化的重要因素。正是由于历代史家执着而翔实地记录了自己民族有史以来的文化典籍、价值观念和生活方式，介绍先哲的原创思想和发明创造才使得自己民族的文化传统不至于因时间的久远而失落。只要史籍在，民族意识就不会泯灭。

第二，渗透于中国史学中的大一统观念培植了中华民族的凝聚力和向心力。一是历代史学家都注重写多民族国家的历史，如《春秋》《左传》等，尤其注重写统一的多民族国家的历史，如《史记》《汉书》；二是即使写分裂时期的历史也大多以统一的国家观念撰述，如《三国志》、《南史》、《北史》、新旧《五代史》等；三是尊重少数民族所建朝代的正史地位，《魏书》《周书》《北齐书》《辽史》《金史》《元史》《清史》等都是为少数民族所建政权而写的；四是为前朝写正史的传统，二十四史是这方面辉煌的记录；五是重视各种体裁的通史撰述，从各个方面反映中华文明发展的连续性和丰富性。这些内容既是历史学家们大一统观念在历史著述中的反映，反过来，这些历史著作又强化了民族认同意识，培植了民族的凝聚力和向心力。

第三，任何一位历史学家，在撰写史著的过程中，都会有意识地培植民族认同意识和爱国主义传统。在中国史籍中这种寻根和认祖表现非常明显，其中无不把自己的祖先归同于炎、黄二帝，记述他们在民族发展中开荒辟莽的伟大业绩。这种民族认同以及由此而产生的自豪感，进一步强化了中华民族心理和文化的内聚力。尤其是当民族遭受磨难之时，历史学更成为激发民族意识和爱国主义精神的重要手段。保持坚定民族气节的苏武、抗金英雄岳飞、"留取丹心照汗青"的文天祥都成为历史学家讴歌赞颂和树碑立传的历史人物。特别在近代，当民族灾难深重之时，新史学思潮的涌起，对于激发爱国主义和推进思想启蒙的意义尤为重大。梁启超就曾认为史学是"国民之明镜也，爱国心之源泉也"。历史学是促进国民团结的"群治进化"的科学。章太炎强调历史学可以激发民族意识和爱国主义，"用国粹激动种姓，增进爱国的热肠"。曾鲲化也说历史学是"社会上之龟鉴，文明开化之原理，国民爱国心之主动力也"。

（七）与文明共进的时代精神

历史学既是一门古老的学科，也是一门不断焕发青春的与时代俱进的学科。很多人以为历史学是一门逃避现实的学科，其实不然。以古喻今，关怀现实，积极入世的时代精神，也是历史学一种无法剥离的学科品质。

第一，历史学的形式及表述方式会随着时代的变迁而不断更新和改变。历史学是一门古老的学科，只要人类社会存在，历史学就不会消失，而且还会以全新的姿态不断适应社会发展，完成它记载和传承人类文化的使命。人类文明不发达的时代，历史学也以不完备的形式存在；而当人类社会文明日臻发达之时，历史学在学科方法上也日益完善。它不仅广泛地吸纳其他学科的理论和方法，甚至计算机也被历史学所用，参与到历史资料的整理与编纂中来。

第二，历史学所表达或承载的内容能及时地反映社会的新变化。人类社会的种种新变化都会投射到历史著述中来，关怀现实、反映现实，也是历史学的一项主要功能，历史学常用的"借古喻今"笔法即此表现。从表面上看，历史学家们好像远离现实，讲一些很久远的历史内容，其实他们是解释现实问题。现实问题引发历史学家们的思考，促使他们对历史上的相关事物和现象进行研究，寻找解决现实问题的方案或途径。如明清之际，经世致用史学思想的发展；近代外患深重，强化了对边疆史地的研究；救亡图存需要，加强对亡国史、独立史、改革和革命史的研究和介绍。改革开放以后，对世界各国现代化道路的研究和探讨等，都反映了时代内容在史学中的表现和反映。此外，撰写当代史更体现了史学的时代精神。中国史学素有治当代史的传统，如司马迁的《史记》中的很大部分写的就是他所处的时代。

第三，作为历史学主体的历史学家们，其本身就是时代的人、社会的人。其思想观念和文化素质都是由特定文化所塑造的，谁也超越不了时代的局限，从而表述历史时，便明显地并不可避免地印上了时代的和个人所归属的民族的、阶级的、文化上的痕迹。从这种意义上讲，所有经过历史学家们加工过的"主体化历史"都可算作是当代史，都具有明显的时代性。

（八）关怀社会生态的人文精神

历史学在本质上是一门总体人学，关怀人、尊重客观事实，历史地探讨人类所处的自然和社会的生态环境，体现了历史学所独有的人文精神。

人与自然、人与社会的关系构成了"社会生态"的基本内容，因此，作为"人学"的历史学，在研究探讨人类社会变迁演进的过程中，就不能不对诸如地震、风暴、洪水、干旱、寒冰等自然现象和人口、能源、污染、贫富、战争、专制与民主、自由与平等、社会结构等人文现象进行广泛深入的研究。当然，历史学对社会生态的研究是从宏观上和过程中来探讨的，如人口发展史、战争史、社会结构演变史、灾荒史等都是大跨度地从历史进程入手进行探讨的专门史。一座城市的兴衰、一座工厂的兴建、一条铁路的修筑等，都需要研究有关的历史，取得必要的借鉴。一座城市的兴衰取决于地壳的变迁、资源的荣枯、气候及交通等环境的改变、人口的变迁、经济的发展和技术的开发等种种因素，历史学都可以从宏观上整体上对其进行说明。

所谓人学的历史学，其研究的取向和目的是对人本身的关怀。因此，历史学立论的一个最基本、最普遍的标准，就是对符合人类文明进步、符合人性的标准、符合人类生存和民族生存与发展的标准进行价值判断。当然，历史学所具有的这种人文精神在多大程度上得以体现，还取决于历史学家们自身的素质和修养，不过有一点是可以肯定的，那就是历史学具有的关怀社会生态环境、通过历史的阐释而为人类健康发展提出可资借鉴的研究成果所渗透的人文精神，是永远不会失落的。

（九）总结过去、面向未来的尚智精神

总结过去、面向未来的尚智精神也是历史学的一种基本精神，司马迁的"稽其成败兴衰之理""前事不忘后事之师也"，讲的就是这种精神。历史学是以逝去的过程为研究对象的，这既是历史学的特点，也是受人攻击或被人误解的地方。许多人认为，现实问题还研究不过来，哪还有时间去研究过去的历史问题，他们恰恰忘记了我们今天所犯的错误往往是过去错误的重演，一个重要的原因是我们没有很好地总结历史。因此，可以肯定地说，探讨民族在过去的奋斗历程、兴衰成败，有助于提高民族的文化自觉，确立新的奋斗

目标。

历史学的尚智精神具体体现在如下几个方面：一是以伦理或道德的准则警醒人们，教育人们，协调或维护一定的社会秩序；二是以历史经验启迪人们的心智，丰富人们的智慧，更好地利用自然管理国家和社会；三是以历史上的种种制度模式与思想模式，提供现实选择的参考；四是以众多的历史人物的事迹、言论，向人们提供做人的标准。人类过去的历史，其本身就是巨大的思想和智慧的宝库，历史学就是开发这一宝库的工具和方法，"学史可以使人明智"讲的就是这个道理。20世纪80年代在中国风行的托夫勒的《第三次浪潮》一书，被认为是未来学的名著，其实，该书所用的资料绝大部分是历史资料，整个书的逻辑构架基本上是通过已知的历史事实去推测未来发展的趋向，基本属于总结过去、面向未来的历史笔法。这本书在80年代中期对中国人观念的更新曾发挥过很好的启蒙作用，其实这种作用应该归功于它的尚智精神。

尚智精神在历史学中是无处不在的。在中国进行现代化建设的今天，更应该很好地发挥这种精神。比如，改革开放以来，我们面临着许多从未遇见过的新情况、新问题。其实，有些问题虽然对我们来说是新的问题，但作为历史却曾在其他国家经历过，我们只要对此进行研究，总结其经验教训，就可以少走许多弯路。

人类社会都是从过去走过来的。历史上的灾难曾使人类付出过惨痛的代价，对于一个民族乃至一个国家而言，总结历史上曾经发生过的人为灾难的原因及其影响，吸取其经验教训，不仅可以避免再次发生这样的灾难，而且这些经验教训作为人类宝贵的精神财富又可淀积为我们的文化。

思考题

一、试论历史的客观性及其表现。

二、何为历史学？试论历史学与历史的区别。

三、谈谈历史学精神。

第二讲　历史观的多样性及选择

历史观是人生观、价值观、世界观的基础。有什么样的历史观，就有什么样的世界观，就会有什么样的价值观、人生观。因此，历史观对一个民族尤为重要。本讲重点探讨历史观的概念及其影响因素，同时介绍各种主要历史观，明确我们需要一个什么样的历史观等问题。

一、历史观的多样性

人们在观察与研究历史的过程中形成了比较系统的看法，即为历史观。由于人们所处的时代不同、所归属的阶级不同，对历史的认识及看法也会不同，由此必然产生历史观的多样性。

（一）历史观的概念

历史观也可以称为历史认识，对历史的看法、历史感知等，它是建立在价值判断基础上对历史的认识及看法。历史观的核心是价值判断，有特定民族所主张的历史观，有特定阶级所主张的历史观，有在特定时代背景下由个人所表现出来的独特的历史观，有以狭义的强烈的民族主义意识为基础的历史观。可见历史观是多种多样的，具有极其强烈的主观色彩。这样我们就明白了历史观其实是具有强烈的国家意识形态特色和民族特色以及个人主义色彩的主观性极强的一种观念，因此，基于不同的价值判断就会有相应的历史观，所以历史上出现的形形色色的历史观也就不足为奇了。自古以来就有正统史观问题、非正统史观问题、英雄史观问题、人民史观问题，我们现在通行的是唯物史观。一般来讲，一直存在着国家强制推行的统一标准历史观和民间自己主张的一元化和多元化的历史观的并存现象。

（二）正统史观

所谓正统史观，就是由国家主流意识形态所主导，或被主流价值观所接受认可的历史认识，这种历史观也叫正统历史观，在中国传统社会是普遍存在的。由传统王朝国家修史机构或史馆专门撰写的官修史籍，采用的即是正统历史观。因为官修史籍是按照皇帝的意志进行书写的，最能体现其正统史观，有利于本朝的文功武治，对上朝的鞭挞，特别强调上朝的残暴，包括很多末世君主，夏桀、商纣都是暴君等。官修史书的一些价值观念、篇章结构、指导思想都是正统史观。正统史观还有一个特点，就是在历史书写中以汉族王朝为正统。若在某一个时段同时并列好几个朝代，则以汉族王朝作为正统进行书写，这种写法才具有正统性。当然，中国的正统史观还有个特色，不管是少数民族还是汉族，只要你掌握了正统的中央政权，你就可以成为皇帝，成为凌驾于地方诸侯的正统王朝，就可以书写自己的正史，清朝也是这样。为此，梁启超特别强调指出，一部二十四史就是二十四部家谱，它实际上是皇帝的家谱。在历史书写中体现封建正统性的，就是所谓春秋笔法。它是按照中国传统的三纲五常等伦理价值观作为基本准则和判断标准。皇帝杀大臣叫"诛"，大臣杀皇帝叫"弑"；农民起义不叫"起义"，叫"叛乱"；朝廷对地方平叛，不叫"镇压"，叫"征讨"。实际上，过去讲皇帝无德、君主无道可以杀之，可以取而代之。这个在正统史观中也是有的。

（三）非正统史观

非正统观也叫民间观念，或叫边缘史观、非主流史观，是与正统史观平行或对立的一种历史观。

非正统史观，一般来讲是处于边缘或在野状态的不被主流价值观所认可的历史观。它表明支配历史观的价值体系存在着与主流价值体系不相容的状况。非主流历史观在认识历史及历史判断、历史结论等方面都可能不被主流意识形态所接受。历史上由于存在着秉持非主流历史观之民间史学家的大量存在，从而保存了大量野史。也就是说，中国古代有很多野史，都是由民间史学家撰写的，他们大都是非主流价值观与非主流历史观的秉持者。很多野史中因此保留下来历朝历代皇帝的秘史及宫廷传闻。在信息极不发达的时代，皇帝与宫廷的决策内幕、内部消息是很难流传出来的，即使现在，国家很多大事的决策过程，普通百姓也不是很清楚的。有些档案会被销毁，有些秘密事情人们也是不知道的，只能通过政策实行过程中的信息来进行判读，即黑箱判断，从后来实施的结果来进行推测。但野史也有很多优点，如会保留大量民间说法、民间故事和民间史料等。

民间野史还能提出大量的预测或辑存大量道听途说，当然道听途说也有消息来源，民间野史里讲清朝有的皇帝为汉女所生、同治皇帝死于天花等，这些在正史中都是找不到的。还有很多奇闻逸事，也是正史没有记载的。所以民间史学有机会流传社会，能在一定程度上保留丰富的史料，保留人们对历史的多元判断。当代社会这种历史的非主流就更多了。各个国家之间意识形态多元乃至对立，保留了大量敌对档案或不利于对方的材料，随着历史资料的解密国际化以及世界的开放、互联网的发达，我们可以看到更多的历史记录，听到不同的声音，多元环境从学术上来看是一个好现象，可以为我们保留大量不同的历史材料。

（四）普适性历史观

普适性的历史观就是超越本民族视阈，站在人类发展的高度，以历史的进步、人民的福祉作为判断历史事件、历史人物的标准，遵从人类社会所普遍认可价值的历史观。比如认同自由、平等、博爱、科学、民主的基本理念，以有利于人类社会文化发展和进步作为基本价值标准，在这个基础上所建构的历史观就是普适性的历史观。

从理想状态上讲，在理论上是存在的。这种历史观首先要尊重历史事实。同时，要以有利于人类文明进步和社会发展、有利于绝大多数人民福祉、以能够推动社会进步的原则作为价值判断的准绳，在此基础上形成的历史观，我们称其为普适性的历史观。在当代，此类历史观涉及对世界一体化的体认，对西方近代工业文明的学习与追赶。在当代，世界近代化理念普及后所形成的人类基本准则和标准，越来越受到重视和普及，人类普适性的历史观也就会越来越有市场，越来越会被大多数学者所认可。第二次世界大战以后，建立在大西洋宪章、波茨坦公告、雅尔塔会议等一系列纲领性文献及国际会议确立的国际准则以及在联合国宪章基础上确立的第二次世界大战后的国际秩序安排，在这一基础上所论述的世界历史都是具有普适性的，这种历史观就超越了国家观念，具有人类普适的意味。

二、从英雄史观到人民史观

英雄史观与人民史观皆为世间流行的两大历史观，人们崇拜英雄，把能够超出常人的力量、能力的人视为崇拜对象，这是英雄史观产生的心理基础。人民史观，强调人民群众整体的作用，多为民史以及马克思主义史学所提倡。

（一）英雄史观与人民史观的概念

把英雄视为世界创造的主体，凡是认为人类社会是由英雄推动的历史观，即英雄史观。

把人民视为世界创造的主体，凡是认为人类社会是由人民群众推动的历史观，即人民史观。毛泽东说："人民，只有人民，才是创造世界历史的动力。"党的文献也多次指出"人民群众是推动新中国发展进步的力量源泉"。

英雄史观由来已久，从先民时期到现在一直流行并以各种形式存在于人们的意识层面，或以一种变形的形式存在。在早期的人类历史认知中就认为历史是由英雄创造的，世界上各个民族早期先民保留下来的大量的神话故事，都是以英雄为主体进行描述的。"历史是英雄创造的"观念不仅存在于中国，并且广泛存在于世界各民族的神话故事之中。中国神话故事中的女娲造人、女娲补天、后羿射日、大禹治水、黄帝炎帝等讲的都是英雄人物的悲壮故事，保留了先民在历史创造上的英雄崇拜意识、英雄崇拜情结。英雄史观根植于我们的基因，已形成一种牢固的历史观，像小时候我们最崇拜英雄，认为其无所不能；长大后我们崇拜英雄，崇拜那些年长的，心里总有自己美好的追求，这就是英雄史观的由来。英雄史观的产生和先民对自然的敬畏，对超能力的崇拜是密切相关的。在专制时代，在等级制度之下，权力无限大，各级官员都有生杀大权，人们由此形成敬畏意识，认为历史的发展和一般的草根小民没有关系，这也有利于英雄史观的形成。历代对帝王将相的颂扬，歌功颂德也在文化上普及和强化了这种历史观，所以英雄史观是有历史缘由的。纵观世界，各民族各国都有英雄史诗，对自己祖先丰功伟业的赞美，对自己民族英雄人物的歌颂，把英雄描绘成一个力大无穷、智慧超群、能力出众的"超人"，这是从文化上产生英雄史观的缘由。

（二）英雄史观仍然拥有广泛市场

现实中可以找到对伟人的崇拜，对榜样、对权力的崇拜，哲学上讲凡是存在的就是合理的，所谓的存在主义，不尽然全对，但仍有它的合理性，英雄史观是在历史上大部分时代占主流的一种观念，即使到现在仍然有市场就说明它具有合理性。中国思想史上一个最著名的典故即对孔子的评价，所谓"天不生仲尼，万古长如夜"，说上天如果不赐给我们孔子，那么中国还将是在漫长的黑夜之中。因为有了孔子的文化创造，才提升了我们社会的文明层次，给了我们现代文明社会的基本准则。说明思想家及伟大人物的重要性。同样，邓小平在评价毛泽东的时候也说过，中国革命如果没有毛泽东的领导，还将在黑暗中探索。这也是一种评价，强调了伟人的重要性。政治家毛泽东是伟人，作为思想家的孔子是巨人，是中国文化的象征，梁启超曾说，两千年来中国的思想学术文化无不受赐于孔子，"其有学问，孔子之学问也；其有伦理，孔子之伦理也；其有政治，孔子之政治也；其人才皆由得孔子之一体以兴，其历史皆演孔子之一节以成"[1]。假如中国历史中没有孔子其人，也就没有中国文化的现在。"苟使无孔子其人者坐镇其间，则吾史殆黯然无色。且吾国民两千年来所以能搏控为一体而维持于不弊，实赖孔子为无形之枢轴。"[2] 若没有孔子，中国文化也就不能称为文明。我们一方面批评文明史观，

---

[1] 梁启超：《世界伟人传第一编·孔子》，《饮冰室合集·专集》36，中华书局，1989年，第65页。
[2] 梁启超：《孔子教义实际裨益于今日国民者何在欲昌明之其道何由》，《大中华》1915年第1卷第2期。

另一方面我们却在鼓励英雄史观的发展。比如榜样，学习榜样，宣传神化伟人、政治领袖。一方面，这些都在客观上促进了英雄史观的泛滥；另一方面，我们也须认识到，我们为什么崇拜英雄呢？在远古时代，身材伟岸健壮，力量硕大无比的英雄，就是人们崇拜的，因为他们有无与伦比的神力，能开山劈石，力量是常人所不具备的；人们崇尚思想家，因为他们赐予人们以深邃、高远、能洞窥古今的思想，能够启迪人们，能够指点迷津，就像黑暗中的灯塔一样，这是人们要崇拜的。我们还崇拜权力，权力崇拜也是英雄崇拜的一种变种，崇拜帝王将相及各级握有权力者。因为权力者能够决定我们的命运、改变我们的生活处境。我们对权力神秘崇敬，其实是对自身不可预见命运的恐惧使然。

崇拜英雄的方式随着时代的变革也发生了变化，古代人们崇拜一些神秘人物、传说中的人物，崇尚祖先崇拜。现在我们崇拜历史伟人，崇拜民族英雄人物，崇拜权力者。由于我们对领袖的塑造，神化领袖，客观也导致了领袖崇拜，领袖崇拜也是英雄崇拜的一种。在科技时代，我们崇拜科技明星，因为他们的智慧达到了我们人类的极限，能够发明创造。在革命建设年代，我们崇拜技术能手，崇拜像孟泰这样的工人阶级榜样，崇拜雷锋这样的革命建设榜样。在当代，还出现了另一种形式的英雄崇拜，青年人崇拜歌星、影星、体育明星，孩子们以他们为榜样；我们崇拜品牌，品牌也具有影响力。随着英雄崇拜的泛化、世俗化，崇拜对象和方式不断变形，但是英雄崇拜是深入骨髓的，我们很难隔离或抹除。所以英雄崇拜有广泛的市场，是有其合理性的。

既然英雄崇拜如此普遍，对这种深入骨髓的具有强烈的文化传承的文化基因，我们怎样进行文化应对呢？这是一个非常值得思考的问题。我们建议正确看待、正面评价、疏导与利用。英雄是民族强大的精神力量，西方和中国都有自己的英雄时代，各民族都有自己的民族英雄。英雄有神话时代的、历史时代的，也有现代的。英雄崇拜作为一种民族崇拜实质上已发生了变化，这种变化是时代的要求，任何民族都需要有自己本民族的时代英雄，这是强化一个民族自我意识和民族责任心的必要条件，而且也是一个客观历史根据，看看各个民族都有本民族自己所尊崇的英雄，并且什么样的民族英雄就决定了本民族什么样的意识形态。日本民族崇尚武士道精神，在近代日本法西斯化的过程中，也使日本民族崇尚武力，富于对外侵略扩张。

近代中国屡遭列强欺凌，在近代思想家看来，除了武器之外，更多的是制度、体制的原因，还有更深层的文化原因，那就是中国人文弱不武、缺乏刚健有为精神，需要改变这样的精神状态，重新把民族精神塑造为刚毅、有为、进取、不怕牺牲的民族精神。梁启超感愤于日本武士道精神，写出了《中国之武士道》一书，宣传中国历史上的英雄，他列出70余位中国历史上的英雄，如孔子、曹沫、弘演、晏婴、伍子胥、申包胥、蔺相如、毛遂、平原君、张良、项羽、田横、樊哙、田叔、赵午等，过去很多史书把刺杀秦王的荆轲当成"图穷匕见"的小丑，而在梁启超笔下那可是杀身取义、舍生忘死的大英雄。近代思想家有意识地塑造自己的民族英雄，其动机就是为了改造国人的颓废意志，弘扬阳刚正气，强调"文明其精神，野蛮其体魄"的"军国民主义"，勇敢地抗击帝国主义侵略，这是在近代中国特殊时代背景下提倡民族英雄的动机。可见英雄崇拜可以激励民族精神。

既然如此，我们就应当树立正确的历史观，为"英雄史观"增添新的内容，将中国青少年的英雄崇拜情结向崇拜"科技英雄""劳模英雄"方面引导。我们需要正确的历史观，需要有自己的民族英雄，这是我们民族精神的象征，是一种符号的体现，也是我们精神的归属和皈依的家园。

从荆轲、岳飞、文天祥到近现代抗击异族侵略中涌现出的可歌可泣的人物，中国历史上产生了众多英雄。当代各条战线上涌现出的杰出人物，为祖国的现代化创造了日益丰富的财富，正是因为中国各行各业无数人民的努力奋斗，中国才日益崛起。他们是中华民族精神的象征，是中国人民不竭的精神动力。

（三）人民史观体现对历史的共同创造

人民史观逐渐成为19世纪末20世纪以来的主要历史观之一。在20世纪初，进步学者广泛参与了国民史、人民史建设。所谓"民史"，是与"君史"相对应，并在反对"君史"、否定"君史"的过程中提出的。表面上看是争史学的"君统"与"民统"问题，然其本质则是为救亡图存、建设近代民族民主国家的需要服务的。梁启超、邓实、李大钊、陈黻宸、黄节、蒋梦麟等人都是"民史"的积极倡导者。梁启超强调，民史"必探察人间全体之运动进步，即国民全部之经历，及其相互关系"，"所贵乎史者，贵其能叙一群人相交涉、相竞争、相团结之道，能述一群人所以休养生息、同体进化之状，使后之读者，爱其群善其群之心，油然生焉"。邓实主张，现在是民权时代，就应当写"民史"。讲人民群众进化变迁之理，应重点讲述"一群人所以相触接，相交通，相竞争，相团结之道"。在历史架构上"以民为统"，着重于叙述人类群体发展演变史。民史叙述社会各业的发展历史，尤其应着重于叙述人民生活史。要讲民众的生活史、农业史、商业史、工艺史、矿史、交际史、理学史。李大钊认为，民史"乃是人在社会上的历史，亦就是人类的社会生活史。人类的社会生活，是种种互有关联互与影响的活动，故人类的历史，应该是包含一切社会生活现象，广大的活动"。蒋梦麟主张民史"当以平民之生活为中心点也"，强调注重平民生活的历史书写，应重点书写人类或民族史上在各个领域做出过突出贡献的人物事迹，政治家、哲学家、美术家、教育家、生计家、探险家等"人群之英雄"，其他如学术上、宗教上、种族上、风俗上、经济上、社会上等"人群之事功"，也是"历史之光荣"，也应写入。

近代思想家建设国民历史的动机，就是力图在思想观念上达到培养新国民意识，造就"民族精神"，形成近代民族国家观念的目标。"民族精神的发挥，惟历史最为具体有效之方式"，"充分表达中国民族之由来变迁与演进"，"加强学者之民族意识，以激励其为本国民族之生存与繁荣而努力"。具体要用史实阐述"中国民族能力之优越，中国文化之高卓"。培养民族自尊心和自豪感。傅斯年更主张编写公民历史教材"借历史事件做榜样，启发爱国心、民族向上心、民族不屈性、前进的启示、公德的要求、建国的榜样"。挖掘历史上能够激动人们感情的基本素材，使之成为进行爱国主义教育的基本载体。上述相关论述，明确了"民史"建设的目的，就是为了造就新一代国民，为救亡图存，建设近代国家需要而服务的。同时也明确了人民史观的具体内容，就是历史是人民群众共同创造的。

新中国成立后，中国共产党作为执政党更强调人民理念，在全社会宣传工人阶级、农民阶级是新兴国家政权的基础，工农是国家的主人，宣传劳动光荣，因此在史学领域普及唯物主义史观，突出人民史观。人民史观是现在最流行的，也是意识形态最推崇的一个概念。人民群众是历史的创造者，最近国家领导人也特别强调了人民史观的重要性，从意识形态来讲这是必要的。前面我们讨论了英雄实际上也来自人民，人民是非常广义的概念，人民包括老百姓、普罗大众，包括一国之内的所有人。

新中国成立后，在中国政治语境下，"人民"有着特殊含义，"人民"是与"敌人"相对立的，"敌人"是"非人民"，所以人民较之法律上规定的国民范围要小。"人民"的概念可以界定为，凡是成为中华人民共和国国家政权及马列主义、毛泽东思想意识形态的拥护者、跟随者、合作者、同盟者，都可以界定为人民，反之就是敌人。资产阶级、地主阶级、富农以及坏分子、剥削阶级及反革命，都是无产阶级专政的对象、革命的对象，所以这些人不属于人民范畴。毛泽东在《关于正确处理人民内部矛盾的问题》这篇文章中很明确地指出了什么是人民内部矛盾、什么是敌我矛盾的问题及其处理办法。所以"人民"有特定含义。那么按照这个狭义意义来讲人民创造历史也是有政治含义的，就是现有意识形态统辖下的领导阶级、工农阶级及其合作者才是历史的创造者。显然这个人民大众自然就不包括过去的剥削阶级的"英雄"了。

广义上界定，人民就是普罗大众，是国内外的一切人民。英雄是人民的重要组成部分，这样的话，英雄和人民就不是对立的。英雄创造的历史实际上也就是人民群众创造的历史，英雄是人民当中的一小部分，不是整体，这就有一个逻辑上的问题了。人民创造历史，是不是可以偷换概念为人类创造自己的历史呢？人类创造历史，这个话题就比较宏观了。人类包括各个民族各个阶层，既包括英雄也包括人民。普罗大众，在封建时代叫百姓，叫臣民，进入近代社会，人民的内涵发生了很大的变化，有市民，有国民，有公民，公民社会，都属于国民国家的概念。在近代社会，同样都是国民，就有公民、市民和农民的区别，但都是具有权利与义务的人民。

这里面有很多概念，人民的内涵应该很广，关键是看在什么意义上界定。狭义的概念认为，工人、农民、小资产阶级，是可以团结的，也是一定能改造好的，包括部分民族资产阶级，这是人民的概念。和人民对立的就是敌人，与之相对应的就是资产阶级、四类分子，那些没改造好的知识分子都是被斗争的对象，不属于人民的范畴。所以只有人民才能改造世界，人民是革命的主体，也只能用革命的方式改朝换代。然而，从学术意义上讲，需要把人民群众的概念广义化。英雄也来自人民，这样就把人民创造历史和英雄创造历史巧妙地结合在一起，英雄来自人民，英雄是人民的代表，集中了人民的智慧，把人民普适的愿望结合起来，所以在这个意义上讲人民群众是历史的创造者是通的。问题是由于存在着大概念和小概念的关系问题，实际上是不能相混的，如果笼统地说，在这种意义上也消弭了个人主观能动性，个人的创造，在我们现实社会中也是贻害无穷的，结果就会不尊重人的创造，不尊重人的个性，抹杀人的创造，把个人的创造都看成集体的产物，把人的创造都看成大家合作的结果，那就抹杀了主要创造者问题。

我们强调了英雄史观的价值和作用，同时也强调了人民史观的历史因由和历史作用。然而强调英雄史观并不是否定人民史观，这里讲的英雄是人民的英雄。有人会认为我们强调英雄史观，就会抹杀人民的创造力和创造精神，这是不对的，因为英雄来自人民，英雄往往是人民的利益的代表，英雄往往具有一种榜样的力量，英雄是一座指路的灯塔，一名前进的向导。没有英雄和伟人，我们就缺少榜样，缺少精神动力。

三、需要什么样的历史观

历史观，无论是对一般老百姓还是对官员，抑或对国家都非常重要。一个人需要一种正确的历史观，一个民族需要一种正确的历史观，一个国家更需要一种正确的历史观。因为正确的历史观是建构一个国家伦理道德及意识形态的基础，如果一个国家的伦理道德建构在一个不正确的、偏激的、不合理的历史观基础上，那就会出现很多偏差。对于一个民族来讲，正确的历史观对于塑造一个民族正确地认识事物，正确地认识事实至关重要，是培养一个民族的民族精神、民族自我意识最重要的基础之一。历史是人类社会、民族发展所由来，历史也是一个国家爱国主义民族精神所由来，也是塑造一个民族精神世界，塑造每个国民基本素质或人文素质的基础。

（一）需要唯物主义历史观

我们需要以历史唯物主义、辩证唯物主义为底色的历史观。强调人民群众是历史的创造者，强调人的衣食住行的需求是推动社会发展的动力，在此基础上，生产劳动和生产建设都是围绕着衣食住行进行的。

这种历史观承认社会经济发展必然带来社会分化，从而产生不同的阶级。社会由不同的人构成。不同的群体，由于经济上的关系，形成了不同的经济集团，各个不同的经济集团都有各自相同的利益诉求，于是各方因利益的原因就会有博弈，有谈判，有抗争，甚至有斗争，从而产生冲突。围绕着冲突各方就会寻求解决，从而促进了社会制度的更新，促进了社会规则的进步。所以从这个意义上讲社会冲突也是有进步意义的，这是我们要提倡的。

另外，我们要提倡的就是，历史唯物主义特别强调社会文明的进步性。马克思、恩格斯在《共产党宣言》中开宗明义地颂扬了资产阶级对于改造世界的贡献，推崇该阶级对于社会财富的创造，认为资产阶级在不到一百年间创造的财富超过了人类历史几千年来所创造的财富的总和。资产阶级的另一大贡献是把世界联系为一个整体，促进了世界各地的分工，扩大了世界资本主义市场。

现代社会的另一个阶级——无产阶级是一个更先进的阶级，无产阶级为了自身的利益，还要继续革命。通过革命和生产去追求自身的变革和进步。追求人民的福祉，社会安康，最后实现人的自身的解放。这些都体现了历史唯物主义的一些基本的原则，这是我们要遵循的。

（二）需要客观公正的历史观

尽管历史上存在着各种各样的历史观，但历史观也不是没有一定标准的，在一般理论意义上，历史观都有一些通行的很重要的标准，那就是要遵从历史的真实，尊重历史判断。有没有客观的历史观呢？当然有，首先要尊重历史事实。同时，其价值判断要有利于人类文明进步和社会发展，有利于绝大多数人民福祉，要能以推动社会进步的原则来进行历史判断。它涉及对人类各族群、各民族、各国家的平等认识，涉及世界一体化以及对西方近代工业文明普及以后所形成的人类基本准则的尊重和重视。

从中我们可以看出来，以普适价值观为底色的历史观和以国家利益为基础的历史观是完全不同的，其本质就在于是不是客观公正的历史观。书写本国史时就无视历史真实性，不尊重国际道义，而写其他国家历史就特别强调所谓的公正性，这就是假公正、假客观。

客观公正的历史观，就是站在人类社会文明发展的高度来看待历史、看待世界。当代世界已经是"地球村"时代，信息高度一体化，人类各部分利益攸关。虽然仍然是列国并立，每个国家有各自的利益，有民族之间的利益纠纷，有不同的制度、不同的发展程度、不同的国家利益的纷争，这是不争的事实。但同时，人类共同的利益从来没有像现在这样重要。空气、水等环境问题，疾病、瘟疫以及各种不确定的问题，都是各国所面对的共同问题，这更能使人类团结起来形成一个整体。

（三）需要遵从人类共识的历史观

遵从人类的普适价值，以有利于人类社会文化发展和进步作为基本的价值判断标准，那么基于此历史观建构起来的历史著作就能够通行世界。从人类历史发展的史学角度看，普适价值观和本民族特色价值观都是存在的，各国在写本国史时基本上都是站在本国利益基础上进行撰写，尽量书写对自己本民族有利的，少写或不写对本民族不利的历史内容，与此同时，在书写其他国家的历史时又大多采用普适历史观标准进行评说。可以说普适历史观存在于理想层面的多，在各国得到贯彻的少之又少。那么，随着国际社会经济一体化、信息化，过去隐秘的历史事件得以公开，世界上发生的事件再无秘密可言，历史资料的获得更加便利，特别是世界历史整体的书写在各国之间的交流，普适的历史观得以贯彻。另外，某国历史书写能否得到世界各国历史学界的基本认可和接受，是一国史学界公信力的重要标志，否则就会受到排斥，相关历史成果只能在国内流通，学术研究也只能自娱自乐。国际间史学界能对话的，基本上是史学价值观基本一致的，否则只能自说自话，不能对话。

从历史的叙述来看，在近代之前，我们没有真正意义上的世界史，都是以某一个国家为中心，探讨这个国家周边事物的国家史。中国是历史著作极其发达的国度，官修史书历史资料保存得异常丰富，汗牛充栋。这是任何一个国家无法比拟的。我们有二十四史，各个朝代都建立了官修史书的机构，还有大量的民间史书。但是，这种历史的叙述主要以朝代为核心，旁及其他。中国由于在东亚较早建立了东亚国际秩序，即东亚朝贡体系：以中国为天朝大国、文明中心，福被周边国家，是通过贸易、朝觐等方式建立起来。这种朝贡贸易体制现在看似不平等，但在当时却是比较合理的秩序，所以在这个秩序内，其国际视野一般都是周边国家或者一些朝贡的国家，这在当时就是一个世界，现在看来，这个世界是非常局部的。在西方也大概如此，西方主要是欧洲及地中海一带国家的相互关系。他们的视野范围也就大致如此。随着近代科学的发展，对地球认识的不断加深以及到海外寻找宝藏财富的冲动，所以有了地理大发现，麦哲伦、哥伦布的环地球航行。由此发现了美洲，发现了新大陆，开辟了东印度航线。这样在地理上体现出人类认识的不断拓展并为西方资本主义扩张奠定了基础，至此西方殖民地遍布亚非拉美各国，整个地球表面的主要地区皆被纳入资本主义体系当中，并初步实现了经济上的一体化。从历史叙述上看，以欧洲中心说来描写世界历史应当是真正意义上的世界历史雏形。

世界一体化是与人类文明整体化密切相联系的，它要求我们必须站在人类普适的立场上来叙述人类历史的发展进程，真、善、美、公平、正义、平等、秩序等这些比较成熟的文明社会所具有的文明要素，是我们构建世界历史观的基本准则。普适性是对人类走向采取一种肯定的思维方法，就是以人类共同关心的福祉为最高准则，以有利于人类社会进步作为历史观的标准。例如在描述战争的问题上，要强调其是正义的还是非正义，在环境问题上着重于是否对各国人类有共同危害的问题，瘟疫的流布是否具有全人类的问题。如何联合防控以及我们现在应对世界上的一些突发事件，如恐怖主义、非人道主义、反人类罪等方面应有共同的语言，这就是一种普适的历史观。这是我们在描述历史时候的最崇高的理想。正确的历史观首先应该是建立在人类普适价值基础上，被世界上大多数国家的主流价值观所基本认可，我们对材料、对地区事件基本性质的认定和评价，特别是涉及人类各国历史事件的评价，要站在一个普适的立场上，要站在人类发展进步的高度，即文明战胜野蛮，光明战胜黑暗，正义战胜非正义，以这样一个基本准则来建构我们的历史观。

那么，到底有没有体现普适价值的历史观？肯定是有的。就是在历史叙述和历史认识上体现出客观主义原则，历史史实客观真实，相关说法能够为世界各国的历史学界所认可，这样的历史观就具有普适性。假若某一个国家否定普适的历史观，就会带来很多麻烦。中国是第二次世界大战的受害者，日本帝国主义侵略并戕害我国 14 年（当然不止 14 年，自近代以来多次侵略中国），同时我国也是反法西斯战争的战胜国，战后我们理应享受很多战胜国的权益，而我们却没有享受到日本的战争赔款，不仅如此，日本右翼势力还公然否定侵略战争，歪曲历史事实，篡改教科书。另外，参拜靖国神社，拒绝以政府的方式向中国谢罪等，都是为我们中国人所痛恨的。这是日本违背普适价值的事例，但是，如果要和日本右翼对证，我们必须站在以普适价值观为基础的历史观上进行论辩，因为他们是站在本国狭隘的民族主义的历史观基础上，是违反人类文明基本价值准则的，是经不起推敲的。

当代世界历史的书写已经融入了人类普适价值观的基本准则，近代资产阶级革命及其贡献，全人类基本能接受它的定性问题及贡献问题。德、日、意法西斯集团发动第二次世界大战，对世界各国的侵略以及对相关受害国人民造成的灾难，世界各国反法西斯战争的胜利，二战以后国际秩序的安排，审判战犯，这些内容也普遍为世界各国史学界所接受，都属于普适的历史观阈界。

（四）需要有益国家认同的历史观

我们还需要一种能够促进民族团结、国家进步，有利于民族精神的塑造、国家认同、奋发向上的历史观。这样的历史观，要求我们在书写历史的时候要重点突出历史上中华民族的团结，有利于中华民族团结，有利于通过历史来塑造国民对国家的认同意识。我们的历史书写应该使人们更爱自己的国家，认同自己是一个中国人，通过民族认同来促进经济发展。尽量选择一些历史上有利于国家发展进步的事例加以宣传，使国民产生奋发向上、刚健有为、自强不息的积极态度，对民族充满自信，增强民族自豪感。

在这样的历史观的引导下，使下一代通过阅读此类历史著作树立起有利于民族团结、国家进步，有利于民族认同、增强文化自信的历史价值观。

思考题

一、何为正统史观与非正统史观？

二、何为英雄史观？何为人民史观？试述两者的区别。

三、谈谈我们需要什么样的历史观。

四、为什么存在多种多样的历史观？我们应如何选择？

第三讲 从唯物史观到全球史观

唯物史观是马克思主义史学的核心和灵魂。全球史观是 20 世纪中后期兴起的一种新历史观，近年在中国学术界持续发热。学术界普遍认为美国著名历史学家斯塔夫里阿诺斯的《全球通史》是全球史潮流的一部奠基之作。当然，在斯塔夫里阿诺斯明确提出全球史观之前，就已有多位学者提出了类似的概念。我们认为，至少在马克思、恩格斯的《共产党宣言》这篇经典宣言中，就已提出了一体化及全球化的历史观点。全球史观中有许多有益的观点，值得深入探讨。

一、唯物史观概要

唯物史观是马克思主义史学看待世界、认识历史的总的看法。在某种意义上，了解了唯物史观，对马克思主义史学也会有个基本的了解。本节从八个方面概括了唯物史观的主要内容。

（一）历史演进具有客观规律性

历史具有客观规律，这是唯物史观的一个基本原则，甚至是首要原则，也是唯物史观的一个重要价值判断。它和过去很多这样或那样的唯心主义历史观不同，这类史观认为历史是没有规律的，历史就像堆放在一起参差错落的大钱；历史就像任人梳妆打扮的少女，不断变换形象。总之，历史是杂乱无章的，没有任何规律可循。但是，唯物史观旗帜鲜明地主张历史是有规律的，历史有其内在的规定性和内在的规律性，历史的规律性是不以人的意志为转移的。

那么，是什么力量推动历史演进发展的？唯物史观认为，人民群众推动了历史的发展。历史的主体是人民群众，但是人民群众都有各种各样的需求和欲望，这些欲望和需求进入历史演进之中后，就会产生相互之间的博弈、抗争，相互冲突，相互抵消，甚至相互融合，最后形成一种"合力"，由此推动历史的发展。当然，这种"合力"的形成受到历史演进中各种各样的因素的影响和制约，由此决定了历史发展的不同走向，并由历史本身内在的规律性所左右。

历史的客观规律性，需要通过长时间的考察才能发现一些基本线索，一是历史从远古到现在是不断进步的，从蛮荒到文明，人类社会不断进步。特别是最近几百年来人类文明的进步一再加快。二是人性也在不断进步，社会发展由"尚力时代"进入"尚智时代"，人性在本质上虽然没有变，但是体现人性的欲望在释放过程中日益受到内在道德、外在法律的约束而使其有秩序。由野蛮到半开化到文明，从野蛮向文明的发展，从没有规则或规则很简陋，向有规则和规则不断细化的社会进化。人类不断地从黑暗走向光明，从落后走向进步，从野蛮走向文明，从蛮荒走向现代。人类不断地离开草莽，不断地创造自己的文明，这是有规律的。这也是历史规律当中一个很重要的内容。

人类社会在进步过程中，也会出现相应阶段的问题。比如环境问题，在古代也有环境问题，由于人口的集聚，传统生活方式的烧火做饭取暖，使大片森林被砍伐，人口数量增加，并过度开垦土地等造成了环境问题。虽然古代的环境问题没有现在这么严重，但也说明，每一时代有每一时代的问题，即使是相同的问题也有不同的时代特点，这也表明历史一直在进步。

还有一条规律，历史总是不断前行，人类社会总是不断地趋向进步。尽管也有反复，出现螺旋式上升或螺旋式下降，但并没有完全偏离历史演进轨道，仍然按既定目标前进，所以我们说历史是有规律，是可循的，这是要特别强调的。

（二）人类社会为有机联系的整体

唯物史观把人类各部分看成一个有机联系的整体，人类各部分都是平等的，这个人类各部分有人种的不同、肤色的不同，但是人类各部分都独自发展了自己的文明。人类文明的进步，有先有后，都是人类文明重要的组成部分，必须把人类社会作为一个整体来考察。由于世界各地区发展的不平衡，在共时性状态下，文明形态也不尽相同，有的已经进入资本主义社会，进入文明社会，有的还处于半开化的状态，甚至有的还处于野蛮状态，所以，马克思用野蛮、半开化和文明等各种形态来描绘人类的整个社会。

人类社会尽管存在着这样和那样的文明形态问题，但是人类社会是一个整体，各部分是相互联系的，这种联系在古代就声息相闻，就有"一带一路"。到了近代地理大发现以后，更出现了我们所说的全球史的状态，人类社会更加紧密地联系在一起了。经过工业革命后的迅猛发展，现代化、信息化的到来，我们进入了"地球村"状态，各国之间的联系就更加密切了，随之出现了很多共同的问题，如环境问题、粮食问题、能源问题、水资源短缺及污染问题、生态环境问题等。这些都是人类需要共同面对的自然社会问题。还有一个就是人类的秩序和规则问题，尽管有各种制度的不同，各种文明形态的不同，但都作为人类形成共识的一种文明，一定都应具有真、善、美、法治、秩序、正义、博爱、互助等人类所共同遵循的价值观，这种价值观是使人类各部分能够联系成为一个整体的重要前提。

（三）物质的生产制约人类社会

物质资料的生产和生活制约着人类社会文明的进步。物质资料的生产水平是与这个社会的发展程度相适应的，这是唯物史观的一个重要原则。因为，任何物质资料的生产和生活都是在一定的条件下产生的，在生产力比较低下、工具比较原始的状态下，生产力的发展就会受到更多的制约，生产力一定是不发达的，那么相应的社会制度、社会发展程度也一定是处于一种原始状态。到了近代，随着科学技术的发展，生产技术的发明创造，人类进入机器文明时代。

电的发明与应用，加速了社会形态的改造，使人类社会日益从原始状态向近代社会形态转变，相应地人的衣食住行也都发生了改变。古代出行主要靠步行，主要是靠畜力，如果能有一匹快马，那就是当时最好的交通工具了。再就是行船，行船主要靠风力，靠自然动力。随着科学技术的发展，发明了汽车，发明了轮船，发明了火车、飞机，各种各样的近代交通工具"缩地之方"，使人类的出行更加便利。古代是日行百里，近代是日行千里，现在乘飞机可以日行万里。古时候人们见面很困难，现在有了飞机、高铁、汽车，见面比较容易。这些都是物化形态的科学技术进步的结果。过去凡尔纳有一本科幻名著叫作《八十天环游地球》，当时人用最快的速度八十天完成环球旅行。我们现在差不多十天就能环球旅行，由于速度的加快，大大地缩短了陆地距离，加强并密切了世界各地的联系，使世界联系为一个整体。现在信息化的发展，又实现了人们网上的即时见面，大大强化了信息的即时性、共时性。

物质形态的生产对社会的制约还可以用人类的居住情况来说明。原始人生产力低下，居住简陋，或住山洞或住用石头简易堆砌起来的房屋。随着科学技术的发展，现在的人们住高楼大厦，里面有电梯、电器、暖房、空调，人们的生活越来越丰富多彩。所以物质资料的生产对人类社会的影响非常重要。

另外，物质资料的生产发展程度也规定了人们思想观念的发展程度。在物质设备条件低下的背景下，人们对自然界的观察深受局限，对天地万物只靠肉眼观察或是天才的猜想。随着科学的进步，特别是制造技术的发展，也相应地提高了人们的认识水平。我们现在有高倍望远镜、射电望远镜，能看到几百亿光年之外的天体，在微观世界，人们借助于显微镜能够观察到分子、原子、质子、中子，甚至到夸克，随着技术的发展还可以再分下去。人类在微观世界上有新的发现，在宏观世界也有新的发现，这就是物质资料生产的进步程度使人们认识发生了变化。

在古代，由于交通不便，人们大多守土在乡，人们的出行受到限制，认识也受局限。那时，人们对世界的认识，就有"天圆地方"之说，中国人都认为自己所在的地方是世界的中心，中国是世界中心的这个说法，显然是由于认识的局限性造成的。随着近代以来西方科学技术的发展，特别是天文学的进步，人们对地球整体的认识产生了一个新的飞跃，航海技术的进步，发生了哥伦布、达·伽马的环球航行，随之地理大发现，启动了西方的商业革命和工业革命浪潮。近代中国，由于清朝封建专制统治，人们信息闭塞。由于西方对中国的侵略，打开中国的大门，统治阶级产生了深重的危机意识。先进的中国人被迫去了解世界，收集信息，通过旅行的方式，通过接触西方传教士及其他西方人了解世界的信息，魏源的《海国图志》、徐继畬的《瀛环志略》、梁廷枏的《海国四说》等书，皆是这一时期先进中国人收集域外信息的产物，这些史地书籍的内容大大拓宽了国人的视野，开拓了我们对域外的认识，使人的思维空间大大地获得了扩展。就是说，社会的发展，社会的进步，物质条件的改善，都会对人的精神世界，对人的思想产生新的促进作用。你没有这个东西，就难以想象出一个新东西。我们所有的新思想都是随着科学技术的进步而在不断地进化和发展的。科学技术可以使人们原来的一些想象的东西、神话的东西，逐渐变为一种现实，已经不是神话了，而是现实鲜活的学说，而是现实物化形态的工具。

概括地讲，物质生产的进步程度对社会有制约作用，经济生活、物质条件不发达，社会就发展缓慢，物质生产发展了，就会促进社会迅速发展，人们的思想观念也会相应地进步。所以就提出一个原理，就是要大力发展经济，加大物质财富的积累，加快物质生产建设，特别科学技术文明的建设，然后通过一种强大的物质力量保障社会制度建设，保障思想文化的建设。

在此还要强调的是，物质条件对人的思想有一定束缚，但不是绝对的，因为思想往往是超越现实的，比如宗教思想、人类伦理思想等，还有一些其他精神产品未必受物质条件的制约和影响。当然，如果不借助一些物质手段，人们对世界的认识就只能停留在理论和想象之中。现在我们可以探测几百亿光年之外的天体，使我们对地球之外的天体世界又有了新的认识，如果我们单靠想象是不可能的，有些领域不借助物质手段是很难触及的。

物质的生产是解决一切社会矛盾的基础，我们现在存在着各种各样的社会问题，实际上都是经济不发达带来的，但随着经济发展也会带来新的问题，有些属于物质形态的东西，我们就需要通过物质手段来解决；有些属于精神形态的东西，我们就需要通过思想观念来解决。但不管怎么说，其前提是必须通过发展物质生产、发展经济来解决，否则一切都是空话，一切思想艺术、衣食住行都不可能建立在沙滩之上。

（四）人类社会由低级向高级运动

人类社会由低级向高级不断发展，这是唯物史观的一个重要观点，也就是我们所说的社会形态学说。马克思认为，人类为了衣食住行所进行的物质资料生产是推动社会进步的一个重要前提，由此形成了生产力与生产关系，并相应地派生出经济基础与上层建筑的关系。生产力与生产关系、经济基础与上层建筑互相间的支撑与博弈，推动了社会的发展，并由此形成了相应的社会形态。马克思主义者认为人类社会将会按照原始社会、奴隶社会、封建社会、资本主义社会、社会主义社会（共产主义社会）的社会形态依次递进。纵观人类社会数千年的演进情况，人类社会确实也曾先后出现了各种形态的社会制度，总的趋势大体是按照这些社会形态演进的。不过历史并不是原原本本地按照这五种社会形态的顺序发展，一是有错位，有反复；二是各种社会形态同时并存；三是每一种社会形态都存在着多种形式，千差万别。例如在近代，大部分国家已经进入资本主义社会了，可还有停留在原始社会或奴隶社会的情况，在资本主义社会中，还存在着农奴制、保留着奴隶制，但更多的是残存着大量的封建社会因素。同时也出现了一些社会主义因素。人类社会的总趋向是不断地由低级向高级演进。按照马克思的理论，社会形态的演进规律一定是由低级形态向高级形态过渡，资本主义一定取代封建主义，社会主义一定取代资本主义，低级形态社会一定会被高级形态社会所取代。

阶级和阶级斗争是推动社会发展、社会形态演进的根本原因。由于阶级对立和阶级斗争的发展，不断地推动着不同社会形态的进步和更新，因为不同社会形态是由不同的阶级组成的。在奴隶社会，奴隶和奴隶主作为主要阶级，这个社会形态主要体现着他们的阶级对抗和阶级斗争；在封建社会，地主占有了土地等生产资料，农民不占有或少占有土地，受地主阶级剥削，所以在这个社会形态中，主要体现的是地主阶级和农民阶级的矛盾和对抗；在资本主义社会，资产阶级和工人阶级是主要阶级，资产阶级占有资本，垄断技术和机器设备，工人阶级一无所有，处于被剥削地位，资产阶级主要剥削工人阶级的剩余价值，所以在资本主义社会，主要体现为资产阶级和无产阶级的阶级斗争。从前述来看，每个阶段每个社会形态的阶级与阶级斗争，都有自己独自的特点。

马克思是非常痛恨资本的，他在谈到资本时，认为资本来到世间，从头到脚，每个毛孔都滴着血和肮脏的东西。认为资本是万恶之源，资本是逐利的，所以谁占有了资本，谁就是这个社会中的主导力量。围绕资本的博弈，资本家主要剥削工人阶级，遂产生了剩余价值。这是社会形态说的一些基本理论。推动社会形态进步除了一些内在矛盾之外，阶级斗争主要通过革命和改革两种主要形式来推动社会不断地进步。

过去我们对革命讲得多，对改革讲得少。当某一社会形态原有统治方式部分失灵之时，统治阶级为了维护自身统治，不得不由统治者主动进行改革，改革很重要的特点是自上而下的，是以渐进的方式推进社会变革。不是革命那种摧枯拉朽的方式，是体制内部的调整。从世界上来看，改革也是一种推动社会进步的方式。但是改革有很多妥协性，改革是自上而下的顶层设计，更多的是维护统治，照顾统治阶级的利益，所以有很多不彻底性。

晚清时代的中国有几次改革，一个是维新派的戊戌变法，另一个是清末的宪政改革。戊戌变法得到光绪皇帝支持，主要由维新派主导推进。甲午中日战争之后，亡国灭种危迫日深，各界变法呼声高涨，改革已成民族共识。但是这次改革由于自身条件的不具备以及顽固派阻挠和破坏，最后归于失败。清末宪政改革，完全是清朝统治集团维护自身统治，回应人民不断日益高涨的革命形势而采取的改革，但改革试图建立形式上的君主立宪体制，是把旧体制塞入新概念当中，所建内阁为贵族内阁，都是满族王公大臣，根本不想开放政权。我们常说的一个真理，统治阶级是不会自动退出历史舞台的，诚哉斯言！然而，历史是不以人的意志为转移的，改革没有达到统治者预期的目标，结果却加速了清王朝的灭亡。但是不管怎么说，这个改革也在一定程度上推动了晚清社会的进步。我们有理由说，无论是革命还是改革，都是社会形态演进的重要力量。与革命这种激进方式不同，改革采取的是渐进方式，一旦达到质变，事实上也达到了革命的目的。从这种意义上讲，改革也是一场革命。

我们所说改革促进了社会形态的变化，当属当代的改革开放。改革开放是邓小平对马克思社会形态学说的灵活运用，是他提出了社会主义初级阶段理论、中国特色社会主义，这些概念都是对马克思社会形态学说的创新。目前学术界围绕着这些问题已经进行了非常深入的讨论，也有许多有真知灼见。归纳起来就是，因为邓小平对马克思社会形态学说的创造性发展，找对了方向，加深了对社会本质的一些认识，果断地放弃以阶级斗争为纲，确定了以经济建设为中心的纲领，所以能够顺利地启动改革，改变了原有生产方式和国家经济发展模式，推动了社会的进步。

（五）阶级斗争是推动社会发展的动力

阶级斗争是推动社会发展的动力，这是唯物主义史观的一个重要原则。马克思认为，人类进入文明社会以后，一切历史都是阶级斗争的历史。人类进入文明以后，就开始了阶级斗争。人类进入文明的标志，要有城邦、文字、铁器以及社会分工，由于经济地位产生了阶级分化，从此就有了阶级斗争，因为阶级是以经济基础和经济条件来划分的，由于每个人占有的生产资料都不同，所以经济地位不同，从而形成了不同的阶级派别。按照马克思的理论，在奴隶社会，主要是奴隶主占有奴隶以及所有生产资料，所以奴隶没有任何人身自由，形成了奴隶和奴隶主两大阶级。在封建社会，由于占有资料的不同，形成了在封建社会两个最主要的阶级——地主阶级和农民阶级。阶级的划分方式，首先由经济基础决定，因经济基础决定了占有生产生活资料的不同，形成了不同的阶级。在封建社会里，由于地主阶级占有了土地，农民不占有或者少量占有土地，所以，农民只能给地主去打工，地主则主要通过收取地租的方式来剥削农民。在资本主义社会，由于资本家占有资本和技术及生产资料，无产阶级则什么也没有，既没有资本，也没有生产资料，他们只能到工厂里给资本家打工赚钱养家糊口，从而形成了在社会地位以及经济利益与资产阶级相对立的阶级。不同的阶级在价值观上也会有不同，也就是说，由于阶级的不同形成了代表不同阶级的价值观。所以地主阶级有地主阶级的价值观，农民阶级有农民阶级的价值观，资产阶级有资产阶级的价值观，无产阶级有无产阶级的价值观。由于价值观的不同，形成了不同的思想观念。代表资产阶级的，是资产阶级思想；代表地主阶级的，是地主阶级思想；代表农民阶级的，是农民阶级思想；代表无产阶级的就是无产阶级思想。在中国古代，地主阶级思想主要表现为维护旧的封建土地所有制或土地领主制，建立与封建专制相适应的一套伦理道德思想体系。

资产阶级思想在近代欧洲表现得最为典型。资产阶级思想较之地主阶级思想先进。起初，他们为了打破封建专制制度，提倡人权，提倡自由、平等、博爱，否定地主阶级价值观，主张打破封建专制特权，在思想上否定封建特权思想。在封建社会，分封制基础上的土地占有制是封建社会的基础，一般来讲，封建等级特权是依据土地占有的多寡来决定的，而且具有世袭性质。这就决定了封建专制制度相当固化，而这些恰恰与资产阶级所提倡的自由、平等、博爱相冲突。资产阶级提倡个性解放，主张发财致富，需要破除身份等级制度，为此需要建立资产阶级政权，为资本扩张开辟道路。他们主要通过技术革新、扩建工厂、生产商品来维护这个体制和实践，于是要求在政治上推翻封建专制制度，废除封建世袭等级特权，按照资本占有的多寡来划分自己的等级和地位，在政治上强调自由平等关系，在经济上主张自由平等交换，这就是早期自由资本主义竞争时代的一些特点。

无论是奴隶、农民、无产阶级，他们作为被剥削阶级必然都有反抗意识。拥有土地是农民的天然梦想，历次农民起义的口号就是替天行道、均田免粮、均贫富。太平天国《天朝田亩制度》规定的"有衣同穿，有饭同食，无处不均匀，无处不饱暖"，这样的表述是历次农民起义中最全、最完整的，反映了农民阶级迫切要求土地的愿望。

无产阶级的代表思想是无产阶级的思想。无产阶级一无所有，为了生存不得不进入工厂，依靠做工获取生活费用。所以无产阶级最守纪律，他必须按时上班，按照一个工作日规定的工作时间工作，完成资本家规定的工作额度。要求降低劳动强度，增加工资，保障工人的生命安全，就成为工人阶级最初罢工的主要内容。由于无产阶级一无所有，所以最富于反抗性和革命性。无产阶级的反抗思想就是，他要打破这个旧世界，改变旧世界，打破枷锁，实现人的最终的全面的解放。无产阶级最主要的代言人和理论家就是马克思、恩格斯。马克思和恩格斯生活的年代，正是资本主义处于上升的时期，他们目睹了资本主义原始积累时期的血腥与残酷。所以马克思曾说，资本来到世间，每个毛孔都滴着血和肮脏的东西。所以他非常仇视资本。另外，工业革命后机械化生产方式使工人逐渐从工厂生产劳动的主力，变成了机器的附属品，使人成为机器的一部分，而逐渐使人异化，所以马克思特别批判了工人阶级在工厂做工所受到的伤害，认为工人阶级被机器的异化是对人的独立意识、自由与尊严的摧残，表达了对工人阶级的同情。恩格斯也非常同情工人阶级，为此，他还专门调查了伦敦工人阶级的工作及生活状况，描述了工人阶级艰苦的生活以及恶劣的工作环境，工人阶级的劳累以及与其收入的不相匹配，等等。他们批判资本主义制度，企图用共产主义制度代替之，他们是工人阶级的代言人。

唯物主义者强调阶级斗争是推动社会发展的动力，不同阶级之间的斗争就是阶级斗争。这种阶级斗争的不断继续，不断博弈，推动了社会的进步。比如说资本主义时代的工人阶级和资本家的斗争最为典型，工人阶级通过与资本家谈判，或通过罢工争取自己的权益，一次次地逼迫资本家妥协，八小时工作制的争取以及一系列保障工人阶级权益的获得，无不是通过谈判斗争、罢工取得的。资本主义国家为了保证国家秩序，在工人阶级要求改善自己权益的过程中，也要不断地完善各种各样的政治制度。总之，工人阶级劳动条件的逐渐改善，是通过工人阶级斗争取得的。这种斗争的过程使社会在博弈中不断进步。当然，阶级斗争最极端的表现方式就是你死我活的政治斗争乃至武装斗争。

（六）进化和革命是社会进步的两种形式

强调进化与革命是社会进步的两种形式，也是唯物史观的重要内容。阶级斗争固然是推动人类历史进步的动力，可是阶级斗争的表现方式是思想文化斗争、经济斗争、政治斗争和军事斗争，是以进化和革命的形式表现出来的。进化有自然进化和人文进化，体现为事物自身所具有的自我进化和更新能力；而革命则是以激进方式推动社会进步，往往表现为阶级斗争的激烈化和白热化。从革命的结果来看，革命方式固然能迅速地摧毁旧事物，改变社会制度，但以渐进方式或以温和方式表现出来的改良与改革，随着事物的发展达到了质变的临界，同样达到了革命的效果。

（七）人民群体是创造历史的主体

人民群体是创造历史的主体，或曰人民群体是历史的创造者，这是唯物史观的基本命题。推动历史的动力究竟为谁？各家各派观点不同。马克思主义者认为，狭义的历史是人类社会演变发展的历史，人民群体是历史的主体。人民群体衣食住行的需求泛化为经济、政治、社会、文化、军事等各方面的生存斗争，从而推动历史向前发展。所以人民群体是创造历史的主体。因有专章讨论这个问题，在此从略。

（八）社会存在决定社会意识

社会存在决定社会意识，人与社会的关系是主客体的互动关系，这是唯物史观的一个重要命题。历史唯物主义认为，物质决定意识，意识是对物质的反映。社会意识是一个社会人群所共同形成的意识，它是由社会存在所决定的，也就是说有什么样的社会存在，就会有什么样的社会意识。它同唯心主义所主张的人的意志是先验的、人的意识决定社会存在的观点不同。社会的物质条件、物质基础决定社会意识的形态及存在方式。

那什么是社会存在？社会存在就是社会现实的存在状态，一个社会是什么样的发展程度，什么样的社会经济发展状态，什么样的社会经济结构状态，等等，这些都是我们说的客观形态的东西，都是社会存在。那什么是社会意识？社会意识就是人们对社会的认识、对社会的感知感受，个人认知是一种自我意识，而群体的认知才是社会意识。个人意识和社会意识显然不同。但社会意识也是由无数的个人意识汇聚而成，没有一个个个体意识也就不存在社会意识。社会意识是对个体意识的总汇，就是群体对社会现实的一个认知态度，一种自我的感受意识。

什么样的社会存在决定什么样的社会意识，原始社会的社会存在，就决定了原始社会的社会意识程度，它的表现都比较原始，只有一些原始巫术、原始神灵崇拜以及简单的社会思想。在奴隶社会和封建社会中，它的社会意识基本上是与受其决定的社会存在相适应的。人民群众对封建专制制度的适应，对当时等级观念的认知，对三纲五常这种道德伦理观念的认可，这些社会意识都是对当时社会存在的一种反映。

社会存在对社会意识的作用是决定性的，一般来讲不会超越这个社会形态的规定性。在资本主义社会中，社会存在发生了重大变化。社会存在的变化表现为高楼大厦、车水马龙、灯红酒绿、机器轰鸣、烟囱林立、黑烟蔽日。这是一种早期工业文明的社会形态，也是一种社会存在，并决定了早期工业化时代的社会意识，如对金钱的追逐意识、自由竞争意识、对资本家"血汗工厂"的批判意识等。在现在社会，现代化的工厂是静悄悄的，现在从简单到复杂的工作大都由机器来完成。没有过去那样的烟囱林立、黑烟蔽日了，一切都较前更加有序，商品销售通过网络，整个社会组织更加严密，这种社会存在对现在社会意识起着决定性作用，使现在的社会意识更趋多元化，更加丰富，更加严密。

历史唯物主义和辩证唯物主义主张，社会存在决定社会意识，同时社会意识也会反作用于社会存在。社会意识对社会存在的反作用有加速的作用，也有延缓的作用。一般而言，社会意识是与社会存在相适应的，是社会存在在价值层面、意识形态层面的一种抽象反映。但是，社会意识一旦形成就会对社会存在提出不同的意见，敢于对社会存在的不合理现象提出改造设想。由于不同的社会存在决定不同的社会意识，比如经济关系决定了这个意识形态的斗争，形成了阶级意识，那么这些都对社会存在产生影响。如对现实社会提出批评意见，然后形成改革和革命的不同路径不断地推进社会发展，提出了各种各样的社会改造方案，社会进步的方案，革命的方案，试图修正和改变社会演进的过程，或完善社会存在，这些都是社会意识对社会存在反作用的具体表现。

二、世界一体化形成与全球史观的提出

世界一体化就是人类社会走向统一、相互密切联系的历史趋向。一体化必然带来全球史观。强调把整个世界看作一个不可分割的有机联系的整体，从全球的角度，而不是从某一具体国家或某一具体地区的角度来考察世界各地区人类文明的产生与发展。它超越了民族或国家的研究客体，标志着研究单位的转变。

（一）世界一体化浪潮

世界一体化就是全球化。世界一体化意味着人类各民族从分散、彼此隔绝走向互相联系、共同合作的过程。世界各个民族各个国家从最初彼此隔绝，到最后走向整体的过程经历了漫长的努力。地理大发现促成世界市场出现。公元1500年以前，世界各个地区处于封闭发展状态，亚欧非三洲和美洲、大洋洲相互隔绝。地理大发现打破了这一隔绝状态，各大洲开始发生联系。葡萄牙和西班牙率先走上了殖民征服的道路，在东方和新大陆建立了各自的殖民地。新航路的开辟，为世界市场的形成创造了重要条件，也使欧洲经济发生了巨大变化。欧洲的贸易中心从地中海转移到大西洋沿岸，资产阶级也首先从西方登上世界历史舞台，世界历史翻开了崭新的一页。

早期殖民扩张促使世界市场进一步拓展。地理大发现后，首先向海外实施殖民扩张的是西班牙和葡萄牙，接着是荷兰、法国和英国，最后英国成为海上霸主。欧洲列强的殖民征服，密切了世界各个地区间的经济联系，世界市场进一步拓展，大大地改变了世界的进程。

工业革命使世界市场初步形成。世界上第一次工业革命，开始于18世纪后半期的英国，它以蒸汽机的发明和广泛应用为主要标志，导致了近代机器制造业的蓬勃兴起，英国也由此成为世界工厂。到19世纪，工业革命逐渐从英国扩散到欧洲大陆及世界其他地区，法国、美国、德国及俄国相继发生了工业革命。资本主义世界体系以英国为中心初步形成。19世纪下半叶，发生了第二次工业革命。它以电力的发明和广泛应用为主要标志，使生产社会化程度大大提高，国际经济联系迅速扩大。生产力的提高促进了资本和生产的集中，为垄断组织的形成创造了条件。垄断组织形成后，列强开始瓜分世界。19世纪末，随着世界大部分被瓜分，资本主义势力也分布世界各地，世界就形成一个互相联系、互相渗透的整体。第二次工业革命使世界市场最终形成。

第二次世界大战结束后，建立起了世界新秩序，亚非拉美各殖民地国家纷纷独立，尽管仍有以美苏为代表的两大集团的冷战和对峙，但并没有改变原有的世界一体化格局。第三次科技革命促成全球化时代的到来。第二次世界大战结束后，原子能技术、电子计算机、合成材料、宇航技术的出现，人类社会迎来了第三次科技革命，它在广度和深度上都超过了前两次。进入20

世纪 80 年代，第三次科技革命更进入高潮期，它以信息技术、生物工程、新能源、新材料的应用为标志，对世界经济产生了深刻的影响，全世界各国各地区联系得更加紧密了，世界经济迎来了全球化时代。

世界一体化就是全球化。其主要特征是人类社会最终联系在一起，形成新的"人类命运共同体"。不要说现在还处于假想状态的共同面对外星人入侵问题，其他如能源问题，水、空气等环境污染问题，核战争危险问题，粮食问题以及瘟疫问题。三年的"新冠"疫情就已经给人类带来了诸多灾难，给世界各国的政治、经济都带来了许多消极影响。人类的共同意识从来没有像今天这样自觉和明确。

世界一体化意味着世界经济的一体化。资本主义市场已高度发达，世界各国分工细化，依存关系较前更加深化。所有的生活物资皆可以在世界市场上买到。国内生产的产品很大部分也要依靠国际市场营销。

世界一体化意味着人类共同价值观更加趋同。现在不仅有战后世界秩序安排，有联合国，有各种国际组织，所有的国际公约的签字国，意味着同意或者承认国际条约里规定的那些价值观。人权、国家主权、国家平等、人民生存和发展权、国家的生存和发展权，都有着共同认同的价值依托。

世界一体化意味着世界文化一体化。现在各国各民族固然仍有各自独特的民族文化、国家文化，但是这些都从属于世界共同的人类文化。如现在的科技教育是高度相同的，各国的科学研究成果为世界高度认同，其他各学科具有世界共识的内容越来越多。一句话，你别无选择，只要你不认同世界文化，就只能被世界所孤立，无法参与世界民族大家庭中的文化共享活动。

世界一体化还意味着世界政治一体化。当然这个问题很难，但是放眼世界，民主共和制度已成为世界的主流，人民主权、人民当家作主已成普遍政治认知。此外，世界一体化还带来了人类社会方方面面的趋同变化。

（二）马克思主义的全球史观

马克思（1818—1883），世界著名思想家。1818 年出生于德国犹太律师家庭。1841 在耶拿大学获得博士学位。同年在《莱茵报》任撰稿、编辑、主编，结识恩格斯。1843 年《莱茵报》被查封，马克思与燕妮结婚。1843 年 10

月到巴黎，1844 年写《1844 年经济学哲学手稿》。1845 年到布鲁塞尔，宣布脱离普鲁士国籍，与恩格斯合著《德意志意识形态》。1846 年成立布鲁塞尔共产主义通讯委员会。1847 年改组正义者同盟，马克思、恩格斯起草《共产党宣言》。1848 年到德国的科隆创办《新莱茵报》。1849 年马克思到法国旋即被驱逐，到英国后生活困顿，此时开始写《资本论》。

恩格斯对马克思有过很客观的评价，认为马克思是一个革命家，毕生"以某种方式参加推翻资本主义社会及其所建立的国家制度的事业"。他的一生有多项重大发现，一是"正像达尔文发现有机界的发展规律一样，马克思发现了人类历史的发展规律，即历来为繁茂芜杂的意识形态所掩盖着的一个简单事实：人们首先必须吃、喝、住、穿，然后才能从事政治、科学、艺术、宗教等等；所以，直接的物质的生活资料的生产，因而一个民族或一个时代的一定的经济发展阶段，便构成为基础，人们的国家制度、法的观点、艺术以至宗教观念，就是从这个基础上发展起来的，因而，也必须由这个基础来解释，而不是像过去那样做得相反"[1]。二是发现了剩余价值理论。"发现了现代资本主义生产方式和它所产生的资产阶级社会的特殊的运动规律"[2]。此外，马克思还认识到科学技术对于社会进步的推动作用，等等。马克思不仅是位伟大的革命家，还是著名的经济学家、历史学家和社会学家。一位在 19 世纪后半叶世界知名的伟大学人。

马克思的全球史观，毋宁说是全球革命史观。尽管其最终指向是实现全球的共产主义，但是在他们的论证过程中一直保持着全球视野，是唯物主义的全球史观。马克思、恩格斯对"世界历史"及"世界历史事件"是有界定的，他们认为，"各个相互影响的活动范围在这个发展进程中愈来愈扩大，各民族的原始闭关自守状态则由于日益完善的生产方式、交往以及因此自发地发展起来的各民族之间的分工而消灭得愈来愈彻底，历史也就在愈来愈大的

---

[1]［德］恩格斯：《在马克思墓前的讲话》，《马克思恩格斯选集》（第三卷）下，人民出版社 1972 年，第 574 页。

[2]［德］恩格斯：《在马克思墓前的讲话》，《马克思恩格斯选集》（第三卷）下，人民出版社 1972 年，第 574 页。

程度上成为全世界的历史。例如，如果在英国发明了一种机器，它夺走了印度和中国的无数的工人的饭碗，并引起这些国家的整个生存形式的改变，那么，这个发明便成为一个世界历史性的事实；同样，砂糖和咖啡在19世纪具有了世界历史的意义，是由于拿破仑的大陆体系所引起的这两种产品的缺乏推动了德国人起来反抗拿破仑，从而成为光荣的1813年解放战争的现实基础"①。当某一事件的发生或出现引发了遥远世界其他地区的连锁反应，那么这个事件就是世界性事件。我们认为，这段论述正是马克思主义经典作家运用全球史观描述世界史事件的典范。

马克思、恩格斯在《共产党宣言》这个纲领性文献中就较简洁地提出了世界化、全球化认知问题。可以说《共产党宣言》不仅是共产主义的宣言，更是全球化的宣言，因为他们的共产主义是建立在全球化基础上的。

马克思、恩格斯的全球革命史观有如下几个要点：

第一，科学技术是推进世界资本主义一体化、全球化的主要动力。经典作家强调"自然力的征服，机器的采用，化学在工业和农业中的应用，轮船的行驶，铁路的通行，电报的使用，整个大陆的开垦，河川的通航，仿佛用法术从地下呼唤出来的大量人口，——过去哪一个世纪料想到在社会劳动里蕴藏有这样的生产力呢"②？这些都是科学技术发展与应用带来的社会景观的变化以及社会财富的涌现，在马克思看来，"科学是一种在历史上起推动作用的、革命的力量"③。

恩格斯也谈到了大机器生产对全球的影响，"由于机器劳动不断降低工业品的价格，以前世界各国的手工工场制度或以手工劳动为基础的工业制度，完全被摧毁。那些一向或多或少和历史发展不相称、工业尚停留在手工工场阶段的半野蛮国家，现在已经被迫脱离了它们的闭关自守状态。这些国家开始购买比较便宜的英国商品，把本国的手工工场工人置于死地。因此，那些

---

① ［德］马克思、恩格斯：《费尔巴哈》，《马克思恩格斯选集》（第一卷）上，人民出版社，1972年，第51页。

② 《共产党宣言》，《马克思恩格斯选集》（第一卷）上，人民出版社，1972年，第256页。

③ ［德］恩格斯：《在马克思墓前的讲话》，《马克思恩格斯选集》（第三卷）下，人民出版社，1972年，第575页。

几千年来没有进步的国家，例如印度，都已经进行了完全的改革，甚至中国现在也正走向改革。事情已经发展到这样的地步：今天英国发明的新机器，一年以后就会夺去中国成百万工人的饭碗。这样，大工业便把世界各国人民互相联系起来，把所有地方性的小市场联合成为一个世界市场，到处为文明和进步准备好地盘，使各文明国家里发生的一切必然影响到其余各国"①。"单是大工业建立了世界市场这一点，就把全球各国的人民，尤其是各文明国家的人民彼此紧紧地联系起来，致使每一国家的人民都受着另一国家的事变的影响。"② 在这些论述里，马克思和恩格斯高度评价了大工业生产对世界的冲击和影响，即资本主义的工业已经使自己相对地摆脱了本身所需原料的产地的地方局限性，它的影响已是世界性的，需要从全球视角去看问题。恩格斯就明确指出，大工业的机器生产、原料来源都是在全世界各国流动的，如工业所加工的原料大部分是进口的，西班牙的铁矿石在英国和德国加工，西班牙和南美的铜矿石在英国加工。每个煤矿区都把燃料供给远在国外的逐年扩大的工业地区。在欧洲的全部沿海地方，蒸汽机都用英国的，有的地方用德国和比利时的煤来发动，等等。

第二，资本主义生产方式的扩张，加速了世界一体化、全球化的形成。马克思和恩格斯强调："不断扩大产品销路的需要，驱使资产阶级奔走于全球各地。它必须到处落户，到处创业，到处建立联系。"③ "资产阶级，由于开拓了世界市场，使一切国家的生产和消费都成为世界性的了。不管反动派怎样惋惜，资产阶级还是挖掉了工业脚下的民族基础。古老的民族工业被消灭了，并且每天都还在被消灭。它们被新的工业排挤掉了，新的工业的建立已经成为一切文明民族的生命攸关的问题；这些工业所加工的，已经不是本地的原料，而是来自极其遥远的地区的原料；它们的产品不仅供本国消费，而且同时供世界各地消费。旧的、靠本国产品来满足的需要，被新的、要靠极其遥

---

① ［德］恩格斯：《共产主义原理》，《马克思恩格斯选集》（第一卷）上，人民出版社，1972 年，第 214 页。

② ［德］恩格斯：《共产主义原理》，《马克思恩格斯选集》（第一卷）上，人民出版社，1972 年，第 221 页。

③ 《共产党宣言》，《马克思恩格斯选集》（第一卷）上，人民出版社，1972 年，第 254 页。

远的国家和地带的产品来满足的需要所代替了。过去那种地方的和民族的自给自足和闭关自守状态，被各民族的各方面的互相往来和互相依赖代替了。物质的生产是如此，精神的生产也是如此。各民族的精神产品成了公共的财产。民族的片面性和局限性日益成为不可能，于是由许多种民族的和地方的文学形成了一种世界的文学。"①资产阶级为了发财，到处落户，到处创业，不断开拓市场。不仅建立起了国内市场，还发展国外市场，加速了世界市场的形成，改变了国内国外的生产方式和生活方式。由于资产阶级的产业活动，使市场高度世界化，并带来了全球社会结构的变化，甚至连精神的生产也是如此，民族文学形成了世界文学。

第三，资产阶级在推进资本主义世界一体化、全球化过程中发挥了主导作用。马克思和恩格斯高度礼赞并讴歌了资产阶级的作用，强调该阶级是社会生产力的创造者，"资产阶级在它的不到一百年的阶级统治中所创造的生产力，比过去一切世代创造的全部生产力还要多，还要大"②。强调资产阶级创造机器并使用机器生产，到处推销资本主义生产方式给世界样貌带来的改变。"资产阶级，由于一切生产工具的迅速改进，由于交通的极其便利，把一切民族甚至最野蛮的民族都卷到文明中来了。它的商品的低廉价格，是它用来摧毁一切万里长城、征服野蛮人最顽强的仇外心理的重炮。它迫使一切民族——如果它们不想灭亡的话——采用资产阶级的生产方式；它迫使它们在自己那里推行所谓文明制度，即变成资产者。一句话，它按照自己的面貌为自己创造出一个世界。"③资产阶级用"廉价"的工业产品，"摧毁一切万里长城""征服野蛮人"，在世界各地推行作为"文明制度"的资产阶级生产方式。造成的结果就是"资产阶级使乡村屈服于城市的统治。它创立了巨大的城市，使城市人口比农村人口大大增加起来，因而使很大一部分居民脱离了乡村生活的愚昧状态。正像它使乡村从属于城市一样，它使未开化和半开化的国家从属于文明的国家，使农民的民族从属于资产阶级的民族，使东方从属于西

①《共产党宣言》，《马克思恩格斯选集》（第一卷）上，人民出版社，1972 年，第 254—255 页。

②《共产党宣言》，《马克思恩格斯选集》（第一卷）上，人民出版社，1972 年，第 256 页。

③《共产党宣言》，《马克思恩格斯选集》（第一卷）上，人民出版社，1972 年，第 255 页。

方"①。

马克思和恩格斯用了四个"从属"来描写世界主导资本主义生产方式向世界扩张、扩散过程中而出现的四种情况，即乡村"从属"于城市；未开化和半开化的国家"从属"于文明的国家；农民的民族"从属"于资产阶级的民族；东方"从属"于西方。这四个"从属"方式，实际上是世界一体化展开的四种全球化形态。

此外，资产阶级由于向世界推行资本主义生产方式，还迫使各国改变了国家的体制，"资产阶级日甚一日地消灭生产资料、财产和人口的分散状态。它使人口密集起来，使生产资料集中起来，使财产聚集在少数人的手里。由此必然产生的后果就是政治的集中。各自独立的、几乎只有同盟关系的，各有不同利益、不同法律、不同政府、不同关税的各个地区，现在已经结合为一个拥有统一的政府、统一的法律、统一的民族阶级利益和统一的关税的国家了"②。实际是以另一种方式论证了近代民族民主国家的形成要素。

第四，自地理大发现后，世界一体化的扩展，使世界各地紧密地联系在一起，导致了世界各国社会结构的巨变。而最大的变化是资产阶级与无产阶级成为社会上决定性的阶级，两个阶级的斗争决定着世界发展方向。马克思和恩格斯认为："美洲的发现、绕过非洲的航行，给新兴的资产阶级开辟了新的活动场所。东印度和中国的市场、美洲的殖民化、对殖民地的贸易、交换手段和一般的商品的增加，使商业、航海业和工业空前高涨，因而使正在崩溃的封建社会内部的革命因素迅速发展。"③经济的发展，工业生产方式的变革，导致了传统封建社会的崩溃，资产阶级革命在全世界范围内的出现。当然马克思、恩格斯强调在新的时代条件下的社会巨变，使资产阶级与无产阶级的矛盾，成为社会的主要矛盾。"大工业使所有文明国家的社会发展得不相上下，以致无论在什么地方，资产阶级和无产阶级都成了社会上两个起决定作用的阶级，它们之间的斗争成了我们这一时代的主要斗争。因此，共产主

①《共产党宣言》，《马克思恩格斯选集》（第一卷）上，人民出版社，1972年，第255页。

②《共产党宣言》，《马克思恩格斯选集》（第一卷）上，人民出版社，1972年，第256页。

③《共产党宣言》，《马克思恩格斯选集》（第一卷）上，人民出版社，1972年，第252页。

义革命将不仅是一个国家的革命，而将在一切文明国家里，即至少在英国、美国、法国、德国同时发生。……共产主义革命也会大大影响世界上其他国家，会完全改变并特别加速它们原来的发展进程。它是世界性的革命，所以将有世界性的活动场所。"[①]全球社会结构和阶级关系的变化，加速世界革命的到来。一方面是资产阶级的迅速崛起，淘汰了"中世纪遗留下来的一切阶级"；另一方面进一步扩大的世界市场，使工人阶级同步壮大。"所有这一切，都由于竞争的关系而以世界市场的存在为前提。所以无产阶级只有在世界历史意义上才能存在，就像它的事业——共产主义一般只有作为'世界历史性的'存在才有可能实现一样。而各个个人的世界历史性的存在就意味着他们的存在是与世界历史直接联系的。"[②]共产主义革命将不仅是一个国家的革命，而将在一切文明国家里发生，必将成为全球的革命。

（三）各种各类全球史观的提出

自近代以来，伴随着世界一体化的出现，描述整个世界历史的倾向已成。全球史观描述的特点是超越了民族、国家和地域，采用的跨文化或跨文明的论述。早期黑格尔、孟德斯鸠都有这种大历史的论述倾向。马克思更是从世界革命理论的角度论证了全球革命史观。

进入 20 世纪，特别是经过了第二次世界大战后，人类历史的巨变给史学家们提出了新课题，使其开始有意识地真正从全球史的角度阐释人类历史的发展演变，从而出现了多位致力于全球史研究的学者。

"全球史观"概念最早是由英国的历史学家杰弗里·巴勒克拉夫提出来的。1955 年，他在其论文集《处于变动世界中的历史学》中最先明确提出了"全球史"问题，以后又在《当代史导论》（1967）、《当代史学主要趋势》（1978）、《泰晤士世界历史地图集》（1978）等著述中作了进一步阐释。他认

[①] ［德］恩格斯：《共产主义原理》，《马克思恩格斯选集》（第一卷）上，人民出版社，1972 年，第 221 页。

[②] ［德］马克思、恩格斯：《费尔巴哈》，《马克思恩格斯选集》（第一卷）上，人民出版社，1972 年，第 41 页。

为，"再用传统的历史发展模式来解释显然已不合时宜，因此有必要提出新的整体历史格局来取而代之"①。为此他明确地提出了今后历史学家的任务就是构建全球史工作，"今天历史学著作的本质特征就在于它的全球性"，"建立全球的历史观——即超越民族和地区的界限，理解整个世界的历史观"②。

另一位学者汤因比（1889—1975），在他的多卷本《历史研究》中也提出了全球各地区文化演进观念，提出了全球史观。

汤因比是英国历史学家，早年曾在牛津大学接受古典教育，并成为希腊罗马史和近东问题的专家。1919—1955年，汤因比长期担任英国伦敦大学教授，并多次参加政治和社会活动。他的一生著述很多，但全面反映他历史观点并使他成名的是一套12卷本的巨著《历史研究》。这部书被誉为20世纪最伟大的历史著作。这套书的前三卷于1933年出版，又有三卷出版于1939年，余下的各卷在第二次世界大战后陆续出版。

汤因比在《历史研究》的"绪论"中指出，以往历史研究的一大缺陷，就是把民族国家作为历史研究的一般范围，这大大限制了历史学家的眼界，"在欧洲没有一个民族或民族国家能够说明它自己问题"③。应该把历史现象放到更大的范围内加以比较和考察，"如果我们先看最后一个阶段——工业体系的建立——我们就会发现这个所谓可以自行说明问题的研究范围的地理界限是包括了整个世界的。为了了解英国的工业革命，我们不但要考虑到西欧的经济情况，而且还要考虑到热带非洲、美洲、俄罗斯、印度和远东的经济情况"④。虽然汤因比认识到，研究历史可以自行说明问题的单位"既不是一个民族国家"，但他也不认为是"另一极端上的人类全体"，但可以是文明单位。但他的"文明单位"可是涵盖了全世界各地区的文明，这种更大的范围就是文明。文明是具有一定时间和空间联系的某一群人，可以同时包括几个同样类型的国家，"我们的研究迄今为止让我们看见了二十个社会，其中大部分

---

①［英］杰弗里·巴勒克拉夫：《当代史导论》，张广勇等译，上海社会科学院出版社，1996年，第2页。
②［英］杰弗里·巴勒克拉夫：《当代史学主要趋势》，杨豫译，上海译文出版社，1987年，第242页。
③［英］汤因比：《绪论》，《历史研究》，曹末风译，上海人民出版社，1986年，第1页。
④［英］汤因比：《绪论》，《历史研究》，曹末风译，上海人民出版社，1986年，第7页。

是另一个社会或几个社会的亲体或子体；现在总述一遍，计有西方社会、东正教社会、伊朗社会、阿拉伯社会（伊朗社会和阿拉伯社会现在合为一个伊斯兰教社会）、印度社会、远东社会、古代希腊社会、叙利亚社会、古代印度社会、古代中国社会、米诺斯社会、印度河流域文化、苏末社会、赫梯社会、巴比伦社会、埃及社会、安第斯社会、墨西哥社会、尤卡坦社会和玛雅社会。……把远东社会分为中国社会和朝鲜—日本社会。这样就把社会的总数增加到二十二个；自从写作本书以来，又发现了第二十三个，即黄河流域古代中国文明以前的商代文化"[1]。在这个基础上，汤因比把 6000 年的人类历史划分为 21 个成熟的文明：埃及、苏美尔、米诺斯、古代中国、安第斯、玛雅、赫梯、巴比伦、古代印度、希腊、伊朗、叙利亚、阿拉伯、中国、印度、朝鲜、西方、拜占庭、俄罗斯、墨西哥、育加丹。其中前 6 个是直接从原始社会产生的第一代文明，后 15 个是从第一代文明派生出来的亲属文明。另外还有 5 个中途夭折停滞的文明：波利尼西亚、爱斯基摩、游牧、斯巴达和奥斯曼。汤因比列出的社会单位，其实就是文明单位，已经覆盖了整个地球的绝大部分地区。在他看来，人类社会都是从 21 个文明标本的"种子"中发展起来的。上述"我的答案是这样的。我的所谓'可以自行说明问题的研究范围'的那些社会，好比是一个'属'，而我们的二十一个标本只是其中的一个特别的'种'。这一个'种'的社会通常是被称为文明社会的，以别于另一种'可以自行说明问题的研究范围'的那种原始社。事实上在这个'属'里只有这两个'种'，因此，我们这二十一个社会就一定有一个共同的特点，这个特点就是只有它们具有文明"[2]。

汤因比认为文明自身又包含政治、经济、文化三个方面，其中文化构成一个文明社会的精髓。文明具有两个特点：第一，都经历起源、生长、衰落、解体和死亡五个发展阶段。第二，文明和文明之间具有一定的历史继承性，或称"亲属关系"，就像几代人生命的延续，每一个文明或者是"母体"，或者是"子体"，或者既是母体又是子体。但这种文明之间的历史继承性并不排

---

① ［英］汤因比：《绪论》，《历史研究》，曹末风译，上海人民出版社，1986 年，第 42—43 页。

② ［英］汤因比：《绪论》，《历史研究》，曹末风译，上海人民出版社，1986 年，第 44 页。

斥它们之间的可比性。首先，从时间上看，文明社会最多只不过三代，历史进入文明阶段也不过刚刚超过 6000 年，而人类历史至少已有 30 万年。两者相比，文明的历史长度只占整个人类历史长度的 2%，所有文明社会都是同时代的，所有文明社会又是等价的。

"挑战与应战"是汤因比解释文明发展与演进的基本模式。人类文明的各个系统都受到了"人为的挑战"或"自然环境的挑战"[①]。面对这种挑战，只有应战得体，文明才能继续生长和发展。在汤因比看来，文明起源的性质就是从静止状态到活动状态的过渡。这种过渡之所以能够实现，既不是由于种族，也不是由于地理，而是由于人类面对某种困难的挑战进行了成功的应战。对第一代文明来说，挑战主要来自自然环境，对第二、三代的亲属文明来说，挑战主要来自人为环境，也就是垂死文明的挣扎，只有克服了这种挣扎，新的文明才能诞生。但是，这种挑战必须适度，挑战太大，应战就不能成功；挑战太小，又不足以刺激人们起来应战。另外，文明的起源还必须具备有创造能力的少数人，他们是应战的先行者和领导者，然后大多数人加以模仿。缺少这个条件，文明也是不会出现的。文明出现后并不一定都能发展起来，有些也可能陷入停滞状态，因此，文明生长还必须具备 4 个条件：第一，挑战和应战的不断循环往复。第二，挑战与应战的场所逐渐从外部转向内部。第三，社会内部自决能力（对内部挑战进行应战的能力）的增强。第四，少数杰出人物的退隐与复出。总之，少数人创造，对一系列挑战进行应战；多数人模仿，使整个社会保持一致，这就是文明起源和生长的一般规律。

麦克尼尔在《世界史》（1967）中强调了"一种观察人类历史的整体观念"，在此之前，他的另一部代表作《西方的兴起——人类共同体的历史》（1963），也表现出一定的全球史观点。

沃勒斯坦的多卷本著作《现代世界体系》将资本主义的历史放在世界性的体系中去认识，认为资本主义从其萌生之时起，就不是某个国家的孤立的现象，而是作为一个世界性的体系出现的。作者以新的历史视角论证了资本

[①] [英] 汤因比:《文明的起源》,《历史研究》, 曹末风译, 上海人民出版社, 1986 年, 第 98 页。

主义世界体系形成及演进过程。从这种意义上提出了类似的全球史观。

以上介绍了现在流行的全球史观的主要代表人物及其观点。一般认为全球史观大约形成于 20 世纪五六十年代,由美国学者提出,其中以美国历史学家斯塔夫里阿诺斯所著的《全球通史:从史前史到 21 世纪》为代表。在我国,最早阐述这一观点的是吴于廑和齐世荣教授,他们编写的《世界史》(六卷本)体现了这一观点。世界历史不是所有国家、地区文化的总和,它要求从整个人类和全球整体的大视野去研究世界历史,将人类社会的发展看作一个整体,正是全球史观的基本观点。

三、斯塔夫里阿诺斯与《全球通史》

本节重点介绍斯塔夫里阿诺斯及其《全球通史》。学术界公认该学者的全球史观最具有代表性,他在《全球通史》中非常自觉且有目的地用全球史观展现人类历史,并提出了许多中肯的观点。

(一)斯塔夫里阿诺斯其人及著述

斯塔夫里阿诺斯(1913—2004),出生于加拿大温哥华,毕业于不列颠哥伦比亚大学,美国著名历史学家,其代表作有《全球通史》《人类的全球史》《全球分裂:第三世界的历史进程》等。

《全球通史》是全球史的一部奠基之作。斯塔夫里阿诺斯通过描述各大洲的文明发展历程,将世界看作一个整体进行研究和考察,并将过去、现在和未来联系在一起,体现了一种全球史观。

《全球通史》共分八个部分,讲述了世界历史的进化和世界文明发展对后世文明的影响,即现代社会的影响。而斯塔夫里阿诺斯着眼全球,重点阐述那些对历史影响深远和促进历史发展的事件,这种全方位的思想被看成西方学术界从西方中心论向全球史的转变,体现了一种"全球史观"。因此,斯塔夫里阿诺斯的这部代表作,被翻译成多种语言流传至今,其对世界历史的认识影响深远,被称为"经典中的经典"。这本书从时间上共分为 1500 年前的历史和 1500 年后的历史。上册第一编"史前人类",从 1500 年前的世界人类开始写起，主要叙述了人类食物采集者和生产者，介绍人类最初的生活活动。第二编"欧亚大陆的古典文明（公元 500 年之前）"，论述了欧亚大陆的古典文明，生动地记录了古代文明的起源，介绍了希腊—罗马文明、印度文明、中国文明等代表性古典文明，具体阐述了这几个国家的文化兴起发展和古典文明的结束。第三编"欧亚大陆中世纪的文明（500—1500 年）"，主要叙述了欧亚大陆中世纪的文明，主要阐述了伊斯兰教的兴起，传统的拜占庭和中国传统的儒家思想对世界的影响。第四编"公元 1500 年以前的非欧亚大陆世界"，阐述了 1500 年以前的非欧亚大陆世界的格局情况，也是欧洲扩张前夕的世界，简要介绍了各个大洲的历史发展差距逐渐开始拉大。到此也是本书的上册，生动地展现了人类 1500 年来的发展始末，提供了认识历史的一个全新视角。

下册介绍的是 1500 年以后的世界。第五编"公元 1500 年以前各孤立地区的世界"，介绍了 1500 年以前孤立地区的世界，从地区到世界间开始接触与联系，主要讲述西欧扩张的根源，文化经济的飞速发展和对财富梦的渴望促使其对外扩张的勇气，描述了同时期的伊斯兰世界、儒家思想世界和非洲的经济文化思想等。第六编"西方崛起时的世界（1500—1763 年）"，介绍了西欧的扩张，西欧各个国家阶级的状况和经济、文化的发展；还叙述了荷兰、法国、英国对外扩张情况；在亚洲，主要讲述了俄国在亚洲的扩张。强调了"全球统一性的开始"，这一时期西欧各国扩张对世界历史的意义和影响，也推动了人类文明的前行。第七编"西方占据优势地位时的世界（1763—1914 年）"，介绍了欧洲的科学革命、工业革命、政治革命的变化对世界各国的影响，也总结了这一时期对世界历史的意义，具体讲述了俄国、中国、印度国内的变化和这一时期经济、文化、政治的发展，特别是日本通过"明治维新"走向富国强兵的道路，英国在世界各地建立自治区，非洲、南北美洲这时期人们生活的悲惨命运；强调了"全球统一性的巩固"。第八编"1914 年以来西方衰落和成功的世界"，阐述了 1914 年以来，西方衰落和成功的世界以及世界格局的风云莫测的变化，这段时期，人类经历了第一次世界大战和第二次世界大战，并到两次世界大战结束后，从大同盟到冷战和各个帝国走向终结，世界格局走向两极分化，直至两极分化的结束。

斯塔夫里阿诺斯用全球史的观点和方法将世界看成一个整体，不同于西方传统研究单一地区的方式，他侧重于考察整个人类文明的产生和发展，将整个人类历史的演进划分成两个基本的阶段：一个是 1500 年以前，诸孤立地区的世界；另一个是 1500 年以后，西方的兴起并占优势的世界。

可以看出《全球通史》是一部体现时代性的史学巨著。虽然斯塔夫里阿诺斯质疑西方中心论，但仍强调西方是动力之源。其实这一点并不矛盾，他毕竟是西方学者，强调西方文化优秀也是他的历史价值观使然。

（二）《全球通史》的全球史观

斯塔夫里阿诺斯是一位非常自觉且有意识地阐述全球史观的历史学家，《全球通史》无疑是他的代表作。在这部书中，他有意识地淡化"欧洲中心说"，试图通过对人类历史各部分的"平等"阐述来实现他的全球史观的目的。

第一，人类众生都是平等的，人的基因、人种并无优劣之分。他说："在人类向各地迁徙的同时，也逐步开始有了种族上的差别，出现了各种在肤色、发型和面型上各有显著特点的所谓的种族。一般认为，这些种族的形成主要是由于人类的各个地域集团适应了其各自不同的环境，而且相互隔绝。""关于人种差别，有一点很重要，这就是人种分野发生得很晚——在完全意义上的人类形成之后。因此，现代的各个种族都源自人类特征十分明显的同一祖先。这就解释了为什么欧洲人能与他们所发现的所有地区的各个种族通婚；也解释了为什么人类现存的各个种族在天生的智力方面并没有很大差别，这一点实际上已经得到了所有人类学者的认同。旧石器时代晚期的原始人或当代的澳大利亚土著人与其他任何种族一样，只要能有机会接受教育，也都有希望从大学毕业。"[1]

他主张种族平等主义，认为各人种在智商上的差别不大，即使是澳大利亚土著人，只要给他上大学的机会，他也有希望毕业。至于各民族群体的先进与落后主要取决于交往还是与世隔绝造成的。"这种交往越多，学习的机会

---

[1] ［美］斯塔夫里阿诺斯：《全球通史：1500 年以后的世界》，北京大学出版社，2005 年，第 18 页。

就越大"①。"换句话说就是,造成人类发展水平不同的关键是不同种族的易接近的程度。那些最有机会与其他种族相互影响的种族,是最有可能处于领先地位的","如果将这一假设运用于全球范围,我们就会发现,与世隔绝的澳大利亚土著居民在文化上是所有主要种族中最易受到外力遏止的种族;其次是新大陆的美洲印第安人;再次是撒哈拉沙漠以南的非洲黑人;最少受遏止,同时进步最大的是欧洲大陆各种族,因为他们相互之间处于经常不断的、日益增加的接触之中"②。这就是公元 1500 年以后被欧洲探险者发现的各种族在文化发展水平上的差异。"因此我们可以断定,公元 1500 年以后西方人对全球的统治并不意味着西方人天生优越,它仅仅表明'在那段历史时期'内西欧人获取了天时地利而已。"③强调了人类之间的交往、互相学习,才是社会发展的正常道路。

第二,人类各部分、世界各民族都对人类的发展做出过贡献。人类文明是人类共同体各部分共同创造的。有些民族是在人类文明的早期做过贡献,有些民族是在人类文明的中期做出过贡献,西方民族不过是近百年做出的贡献。"在古代时期的几千年中中东曾经一直都是创始力的中心,许多主要发明也都由此传播出去。而到了古典时期,大部分发明创造则都出自欧洲、印度和中国。"④那么为什么西方能够后来居上,一直成为近代世界发展的动力,他也进行了论述,"在中世纪发展起新的技术、新的制度、新的观念,即新的中世纪文明。到了近代,这种新的文明,就像早期农业文明必然战胜部落文化一样,远远胜过欧亚大陆其他地区乃至全世界'停滞不前'的古典文明,从而显示出了它的优越性"⑤。他认为西方是一个例外,因为它能够毫无束缚地朝新的方向奋进。

人类最早的农业革命促使底格里斯河和幼发拉底河流域、尼罗河流域、印度河流域以及黄河流域得以发展出古代的大河流域文明。与古代文明局限

---

① [美] 斯塔夫里阿诺斯:《全球通史:1500 年以后的世界》,北京大学出版社,2005 年,第 3 页。
② [美] 斯塔夫里阿诺斯:《全球通史:1500 年以后的世界》,北京大学出版社,2005 年,第 340 页。
③ [美] 斯塔夫里阿诺斯:《全球通史:1500 年以后的世界》,北京大学出版社,2005 年,第 340 页。
④ [美] 斯塔夫里阿诺斯:《全球通史:1500 年以后的世界》,北京大学出版社,2005 年,第 190 页。
⑤ [美] 斯塔夫里阿诺斯:《全球通史:1500 年以后的世界》,北京大学出版社,2005 年,第 190 页。

在大河流域相反，古典文明则不断地向外扩张，直到相邻地域的古典文明相互接壤。于是，古典文明也就整个地覆盖了从大西洋到太平洋的整个欧亚大陆。斯塔夫里阿诺斯强调，"必须注意到的是，和古代文明时期不同，在古典时代并非只有中东地区的文明才富有创造性。在这几个世纪中，欧亚大陆上的所有地域都在平等地进行着交流。所有地域的文明都对人类文明做出了自己独特的贡献，并且至今仍对人类社会产生着影响"①。斯塔夫里阿诺斯还对中国文明给予了较高评价，认为中国"早在汉代，中国就已成功地赶上欧亚大陆其他文明，到了中世纪中国更是突飞猛进，成为世界上最富饶、人口最多、在许多方面文化最先进的国家"②，对中国文明持肯定态度。

第三，古典文明开启欧亚大陆一致性。他认为，古典文明时代最引人注目的特点就是在此期间"首次形成了欧亚大陆一致性"。"到公元 1 世纪时，罗马帝国、安息帝国、贵霜帝国和汉帝国连成了一条从苏格兰高地到中国海横贯欧亚大陆的文明地带，从面使得各个帝国在一定程度上产生了相互影响。当然，即使是在古代文明时期也始终存在着某种跨地区的相互接触，如游牧部落向各地的入侵就是一个证明，而且在古典时代，地区之间的相互联系实际上也已经更为密切、持久和形式多样。"③技术进步是造成欧亚大陆一致性的根源。进入古典时代后，技术的进一步发展使得农业和整个文明的扩展速度与强度都大大超越过去，并形成了一些地区性的帝国。"这些帝国不断扩大自己的疆域，最终横贯了整个欧亚大陆。这时的技术进步主要表现为铁器的发明及其广泛使用。"④

冶铁技术的发明到日常生活中大量使用铁器，其间也经历了好几个世纪。当锄、斧、犁等农具同武器一样都能用铁来制造时，这一技术的应用就立即产生了深远的经济、社会和政治影响。"首先使得人类能够砍伐从前石斧和木犁对付不了的茂密森林，从而也就使得农民们能够利用坚固、锋利的铁斧和

①［美］斯塔夫里阿诺斯：《全球通史：1500 年以后的世界》，北京大学出版社，2005 年，第 48 页。
②［美］斯塔夫里阿诺斯：《全球通史：1500 年以后的世界》，北京大学出版社，2005 年，第 253 页。
③［美］斯塔夫里阿诺斯：《全球通史：1500 年以后的世界》，北京大学出版社，2005 年，第 83 页。
④［美］斯塔夫里阿诺斯：《全球通史：1500 年以后的世界》，北京大学出版社，2005 年，第 84 页。

铁犁，将农业由中东向东推进，经伊朗高原推广到中欧，向西则经地中海地区推广到北欧。同样，新到印度的雅利安人也凭借铁器向东推进，砍伐了恒河流域的森林；而中国的农民则借此将他们的活动范围从黄河流域向南扩展到了广阔的长江流域。"[①] 农业疆域的拓展使得文明核心区的范围也相应地被扩大。农业生产率的急剧增长意味着这时人类能够有足够的剩余粮食来发展经济和建立国家。"新的铁制工具也使人们能够制造更大、性能更好的船舶，从而使航海的距离更远、贸易的规模更大、开拓的殖民地也更多。"[②] 由于海上贸易能够带来巨大的经济利益，它渐渐地从经常性的大规模航海活动的基础上发展起来。由于海路运输的成本比起陆路运输要低廉得多，所以在中世纪发明有效的马具和18世纪修筑出良好的公路之前，人类一直以海路运输为主。"到古典时代末期，商队的路线已经绕遍了整个欧亚大陆。除去穿越欧亚大陆内地的商队路线外，还有环绕整个欧亚大陆的海上航线。该航线从北海到地中海西部，再到地中海东部沿岸诸国和岛屿，又从红海到印度，再到东南亚，甚至到了中国。"[③] 商业活动成为各古典文明地区之间主要的物质联系方式。在这一时期里，印度最先种养的棉花、甘蔗和鸡传到了中国和西欧；中国在这些世纪里第一次获得了葡萄、苜蓿、细香葱、黄瓜、无花果、芝麻、石榴树和胡桃树等作物，中国人将自己的橘树、桃树、梨树、牡丹、杜鹃花、山茶和菊花等传给了欧亚大陆的其他地区。与此同时，技术方面的交流也有类似情形。这个时期的交往，使各地的植物、农业作物、牲畜得以互相交换，进一步丰富了各地区的联系和生活的丰富。

第四，科学技术发展、经商及战争皆从不同角度推进了人类社会的全球化。全球统一性的开始，真正始于欧洲人的航海探险，"正是西方的这一独特性，使西方具有发展经济力量、推动技术进步、发动海外扩张、控制世界海道的社会动力。……西方探险家、商人、传教士和移民的海外扩张，标志着人类社会由中世纪向近代的过渡，标志着世界历史由欧亚大陆地区性阶段向

---

① ［美］斯塔夫里阿诺斯：《全球通史：1500年以后的世界》，北京大学出版社，2005年，第84页。
② ［美］斯塔夫里阿诺斯：《全球通史：1500年以后的世界》，北京大学出版社，2005年，第85页。
③ ［美］斯塔夫里阿诺斯：《全球通史：1500年以后的世界》，北京大学出版社，2005年，第85页。

全球性阶段的转变"①。从 1500 年至 1763 年的近代初期是人类历史上一个比较关键的时期，正是这一时期的地理大发现揭示了新大陆的存在，从而预示了世界历史的全球阶段的来临。也正是在这一时期，欧洲人凭借其在海外活动中的领先地位崛起为全球霸主。而在这些世纪中发展起来的某些全球性的关联自然也会随着时间的推移而变得愈加紧密起来。因此从 1500 年至 1763 年的这些岁月也就构成了从 1500 年以前各地区孤立的时代到 19 世纪欧洲夺取世界霸权时代之间的过渡时期。不过"第二次世界大战彻底削弱了欧洲的全球新权，由于这种削弱始于第一次世界大战，因此这两次大战对世界历史具有某些类似的意义。不过，它们也存在着种种重要差别，这些差别对当今的国际舞台仍具有重要意义"②。

第五，第二次世界大战后，科技迅猛发展，知识爆炸，"地球村"出现，人类各部分、各国各民族皆面临着共同的核安全、环境问题、疫病等问题。第二次工业革命不仅分别给第一世界、第二世界和第三世界的社会产生了特有的影响，在整个人类历史中，技术变革都深深地影响了人们的日常生活。特别是第二次世界大战后开启的第二次工业革命，对全球人类的影响至深。尽管"所有民族的文化中都存在规范人类行为的约束机制。文化是从社会的历史发展中逐步产生的，体现了这个社会中的生存机制。各种文化的价值观都在最大限度地为这个社会的团结和生存服务。因而文化中所包含的价值观念一般都要最大限度地完成种族繁衍，最大限度地完成物质生产，最大限度地加强军事力量以保证生存"。但是，"在今天，当科技的更新需要社会文化产生相应的变化时，这种抵抗也同样存在。不过科技变革基本上还是被接受和受欢迎的，因为它们一般都提高了生活水平；然而文化变更则引起了恐慌和抵抗，因为它威胁到了传统的、人们已经习惯的价值和实践"③。

总的来看，斯塔夫里阿诺斯对世界的发展持乐观态度，"今天我们面临着我们的祖先所没有的优势，这些优势使我们的未来充满光明。其中的一个优

---

① ［美］斯塔夫里阿诺斯：《全球通史：1500 年以后的世界》，北京大学出版社，2005 年，第 198 页。
② ［美］斯塔夫里阿诺斯：《全球通史：1500 年以后的世界》，北京大学出版社，2005 年，第 724 页。
③ ［美］斯塔夫里阿诺斯：《全球通史：1500 年以后的世界》，北京大学出版社，2005 年，第 784 页。

势就是我们日益提高的技术和生产力，这让我们在历史上第一次创造出了全球繁荣"。第二个优势就是我们现在所进行着的通信革命，它使得全部人类进步的成果都可以让所有人迅速地了解和使用。人类已经不再局限于使用自然界的土壤中出产的物质。这个新时代建立在由分子组成的大量人造物质和科学家特制物质的基础上。那些定制的物质可以根据需要变得比金属更强、更便宜，它们可以被用来建造飞机、机车和所谓的"生物物质"（塑料、陶瓷和合成品），用来制造尾骨、骨移植、人造动脉，甚至是整个人造心脏[①]。以上五个方面是斯塔夫里阿诺斯全球史观的基本观点。

（三）全球史观的评价

20 世纪 70 年代，著名历史学家斯塔夫里阿诺斯出版了他的集大成之作——《全球通史》，这部书一经问世，即赞誉如潮，并被翻译成多种文字，在世界各地产生极大影响。《全球通史》企图把历史上的重大事件与我们所处的时代紧密关联，让读者用过去的历史经验反思当今现实生活中的问题。作为一部通史类著作，涉及人类的起源，文明的嬗变，帝国的更迭，宗教的扩散，还涉及对欧亚大陆诸古代文明和古典文明不同命运的宏观思考以及一体现代化对全球的影响，给人们提供了全方位审视历史的全球视角。

全球史观作为当前比较流行的历史观，有几个比较鲜明的特点。

第一，它把人类历史作为一个整体来考虑，它采用比较研究方法，通过对照比较研究能发现一些局部研究当中照顾不到或考虑不到的学术问题。比方说通过比较可以清楚地了解到，各文化之间除了有相异性之外，还有更多的相同性。人类文化中有很多内在结构是相通的，还有很多东西是人类普适性的，这是全球史观可以比较明确给我们昭示的一个重要内容。

第二，为我们提供了人类历史的总体概念。通过全球史的研究视野，可以比较清楚地了解人类数千年来历史演进的基本线索，即从局部互相隔离，逐渐走向相互联系，再到人类各群体之间的密切联系，互相整合，最后形成了人类命运共同体。全球史观研究容易形成一个人类的总体概念。实际上，

---

① ［美］斯塔夫里阿诺斯：《全球通史：1500 年以后的世界》，北京大学出版社，2005 年，第 788 页。

人类现在的文明都是人类各部分群体、各个民族在历史时代不断创造的文明成果叠加累积而成的，有些民族在古代时期创造的文明成果对人类社会的贡献大，有些是在中世纪创造的文明成果贡献大。欧洲文明的贡献主要是在近现代，它也是在继承人类其他地区文明要素基础上发展起来的。

第三，进一步扩大了研究视域。通过全球史研究，使我们共同认识到人类发展到今天，人类社会各部分已经走向高度统一，特别是第二次世界大战以后，人类面临着越来越多的共同问题，这是在区域史和国别史中不易讨论的问题，包括很多历史问题，在区域史、国别史当中也是无法回答的问题。面对这样的困惑，历史学家们都试图以各自的方式回答，汤因比就是从文明研究单位出发研究问题，他就超出了国家的界限，把世界分成 21 个文明，覆盖了人类的从古到今的所有文明单位，由此展现出一幅世界文化发展演变的图景，通过这种研究，就能够解决在局部研究当中无法解决的历史问题。而斯塔夫里阿诺斯的全球史观又为我们展现了更大的研究空间。

第四，强调人类命运共同体意识。从全球史研究这个视角看，它已超出了研究阶级斗争、生产斗争、经济发展等研究领域，触及人类文化的互相碰撞、挑战和应战的问题，还有人类共同面对的问题，比如核战争问题、环境问题、粮食短缺问题、能源问题等，这些都是我们要共同面对的，这些话题都是在传统历史研究当中无法给予回答和思考的问题。

思考题

一、试论唯物史观的基本内容。

二、如何理解阶级斗争是推动社会发展的动力？

三、结合马克思主义社会形态学说谈谈你对中国史的理解。

四、试述《共产党宣言》中的全球史观。

五、试述《全球通史》的主要内容及观点。

六、全球史观述评。

第四讲　史学功能探索

　　什么是史学功能？就是史学的功用问题。我们常常说史学是经世致用之学，讲的就是这个问题。把史学分为理论史学与应用史学，主要是从功用的角度进行划分的，从功用的角度会重点强调应用史学的价值与作用。从不同角度审视历史学，就会发现不同的功用。本讲在以往研究的基础上结合自己的研究心得，提出六大史学功能，即"史学的认知功能""史学的传承功能""史学的资政功能""史学的育人功能""史学的借鉴功能""史学的预测功能"，内含 27 个分论点，比较全面地讨论了史学功能的各方面问题。

一、史学的认知功能

　　认知功能是指人脑加工、储存和提取信息的能力，即人们对事物的构成、性能与他物的关系、发展动力、发展方向及基本规律的把握能力。历史学的认知功能，特指史学所具有的加工、储存和提取历史信息的能力，通过历史资料的梳理去了解历史，并表达历史相关内在联系的一种认识方式。当然这一切都是通过历史学家来完成的，历史学家借助于历史学科的知识和方法，认识和理解客观历史与现实社会的内在联系，感知某种需要，发挥某些效能及作用。探究历史规律，参透历史价值，构建知识体系，提高个人自觉意识，提高观察社会能力等，都是史学认知功能的重要内容。史学所具有的认知功能，能使受教育者拓展认识世界的空间与范围，为其了解现实和预测未来提供必要的历史知识，使人们认清人类历史和各种事物的发展变化，使之具有提高个人自觉意识和观察社会的能力。

（一）史学具有探究历史规律的认知功能

历史认知是通过历史学这个平台去感知触摸世界的。史学有认知历史规律的功能，历史是客观的人类社会发展过程，历史学是以这个客观历史发展过程作为研究对象的一门独特的认识历史、研究历史的一种工具或知识体系。去感受历史发展脉络，把历史演进中的一些规律总结出来，这是我们历史工作者一个很重要的职责。

历史唯物主义认为，历史是有规律的，但是如何去研究、总结并去概括这个历史规律，这就是历史学的功能问题。历史学家们调动自己认识的主观能动性，借助于史学的所有方法，去梳理认识历史发展规律。这个过程是通过历史资料的考证，历史现场体验去认知的。史学具有穿透历史本质，参透历史价值的认知功能，这种历史认知是对历史的体验、理解、认识的表达方式。历史是有规律的，在历史长河中存在着很多历史表象，显得纷繁复杂，这种纷繁复杂、五彩斑斓的历史表象，极易使我们迷失方向，认不清事物的本质。历史学一个很重要的功能就是透过现象看本质，通过对历史资料的梳理、分析、考证，解开各种伪装，剥离一切不必要的部分，留下最核心的部分，通过历史学的一些因果关系找出事物之间的联系，概括出一些规律性东西。

我们所说的历史是整个人类社会的演进史，它的推动力量是人的欲望与需求，人们的一切活动都是围绕着生存和发展开展的，这就是历史的本质。人是有欲望有动机的，所有人的欲望和动机的发动，投射到历史当中，互相纠葛和斗争，表现为阶级斗争或其他斗争形式，最后形成合力，形成推动社会历史进步的力量。也就是说衣食住行是历史中每个人需求和欲望的基本考量。但处于不同阶层的人的欲望是存在着较大差别的。在统治阶级那里，最主要表现为一种权力的欲望，因为权力可以最大化地满足他们的需求，故基于权力和个人利益最大化的考量，这些都是对人的本质观察的一般结论，都属于历史本质问题，参透这些内在深层问题就能够看到历史的内在规律。

什么是历史规律？历史是客观的，历史的演进是不以人的意志为转移的，历史有其内在的规律性。人们在衣食住行方面的各种各样的欲望和需求，形成合力，推动了历史的发展。人类社会的演进过程是不断地远离黑暗、原始和野蛮的过程。光明战胜黑暗，进步战胜落后，文明战胜野蛮，这是人类社会演进的基本线索。历史大致从原始社会、奴隶社会向封建社会、资本主义社会，再向社会主义社会、共产主义社会梯次进步，这是人类社会演进的一般规律。人民群众是历史的创造者，是社会发展的推动力量，阶级斗争是社会进步的主要推动力。生产力决定生产关系，生产关系是经济基础的一个组成部分，经济基础决定上层建筑，生产关系反作用于生产力，上层建筑反作用于经济基础，这种互动与反作用推动社会发展和进步，等等，这些都是历史规律，这些都是我们需要思考，都是历史演进过程中显现给我们的一些带有规律性的内容。

（二）史学具有参透历史价值的认知功能

历史学还有参透历史价值的认知功能。什么是历史价值？就是历史存在的有用性问题，凡是能给我们提供警示、智慧、经验、教训，凡能给我们提供有益的信息，都属于历史知识价值重要的组成部分。我们通过史学很明确地去参透、认知历史价值，就是我们很自觉地认识到史学是有用的、有价值的，因为历史中有异常丰富的对我们有用的历史信息，这些有用的历史信息对社会发展、经济建设具有借鉴意义，对人生具有启示作用。这些历史信息能丰富我们的知识，丰富我们的想象力，甚至能提高我们的认知能力。

历史价值是通过我们深入研究事物的本质以及内在联系来推导发现的。我们穿透历史的本质目的，是为了参透历史价值，是寻找它的有用性。认知、参透并对历史深刻地挖掘和领悟，显现历史价值就是我们研究历史问题的动机所在。因为历史学本身就是个信息学，珍藏着丰富的知识宝藏。我们把历史作为研究对象，通过各种方法去研究历史，去发现历史的价值，能够对我们的生活产生启示，重大历史事件的经验教训，历史演进当中的一些规律性，都是很重要的历史价值。我们要了解某两国现在的关系，那就需要到历史中去寻找历史上两国交往的历史。通过历史上两国的交往、边界交涉、历史政治制度的不同走向，包括过去所有交往中的利害得失，两国人民的构成及风俗习惯等，从包括过去所有交往当中的利害得失中总结出一些新的信息，就会对处理现在两国关系有所启发，甚至能找到解决办法。这就是历史价值的体现。

（三）史学具有构建知识体系的认知功能

史学有建构知识体系的认知功能。史学本身就是一个由历史学家们不断建构起来的知识体系，历史学家们在研究历史的过程中，不断地将自己的研究成果融入历史学的知识大厦中，不断地丰富着这个知识体系。从学科的角度，历史学也是一个需要不断建构和不断自我完善的学科，它是一个开放型的知识体系，就是不断地寻求知识体系的完善与自我构建，因为从事历史研究的有很多人，很多人同时在构建，不断地丰富，变成一种自觉的行为，每个人在通过历史研究去构建一个小我的知识体系，不断地融汇到大我的知识体系中，每个小我在建构知识体系的过程中，同时去构建一个大我的史学整体的知识体系，从而使史学知识体系越来越丰富了。

纵观几千年来的知识体系，这个构建是越来越完善的。从一个比较粗浅的框架变成了知识体系，而且这种知识体系是随着时代的不同而不断地去改变其存在形态，不断去构建一个新的适应新时代的知识体系的过程。它是充满了自觉的，有这种自觉的认知，每个人不停地去构建，每个人在寻求自我知识体系完善的同时，也把原来的知识体系不断完善。每个史学工作者在寻求自我知识体系完善的同时，也意味着宏观的整体历史学科知识体系的一个不断的自我完善，这个是很明确的。历史学家对某一个历史问题的研究可能会经历很长时间，有些问题不是短期内就能解决的，可能要经过几年、十几年甚至更长时间，通过很多人的努力，才能把某些历史问题的来龙去脉研究清楚，这个研究过程，实际上也就是知识体系的建构过程。

知识体系的建构过程，就是要把历史中起决定作用的历史事件的来龙去脉搞清楚，或通过论文、著作的形式发表出来，成为通行的公共知识，成为人们共享的知识产品，完善丰富知识体系。这个知识体系由一个个点、一个个局部的事件构成，我们研究历史就是要把这个点不断扩展、确定，然后，再把不同的点串联起来，使原来不清楚的内容变得清楚，原来只有局部了解的内容，逐渐扩展到宏观的了解，实现更细微的了解和更准确的了解。历史学的进步遵循的就是这个过程。历史学家们建构的知识体系是很明确的，所以史学必然具有这种认知功能。

（四）史学具有提高个人自觉意识的认知功能

史学有提高个人自觉意识的认知功能。什么是自觉意识？就是一个人对自己的行为，对自己所处的环境，对自己所思所想有明确的认知，能够判断行为的后果，知道自己行为的价值。这就是一个人的自我意识，或者叫意识自觉。历史学能够提高人的自觉意识，就在于历史所蕴含的大量历史信息可以直接提高我们的认识水平并产生能动的反映。客观历史是人类社会的演进过程，我们前人所有的经验教训、悲欢离合、喜怒哀乐、成功失败等信息通过史料、音像、口述、实物等各种形式都融汇在历史长河当中。历史学就是要把这些东西统合起来，厘清历史发展基本脉络，形成治史者的主观判断和自觉意识，通过前人的经验，尽可能地去规避错误。

一个人的自觉意识是很重要的，一个人如果意识不自觉的话，他就是一个蒙昧的人，就是一个对社会、对自己的人生前程走向不明确的人；他如果是一个有自觉意识的人，他就能明确自己的行为，对自己有明确的人生规划，对自己的未来前程和走向有明确的认识。并且有自我的感知，自我的认知，这就是我们说的意识自觉，或者说是自觉意识，研究史学能够给人以恩惠，就是能够提高个人自觉意识。

那么史学怎样提高个人自觉意识？当我们人生遭遇很多困惑，不明晰个人人生走向之时，可以到历史中去寻找答案。可以找出并研究历史上与我们个人经历有类似经历的群体或个人的历史内容从中进行参悟。我们能够从中感受到信息共振的问题，对我们有共识的东西，提高我们自己的意识，自觉认识到我们自己的使命，弥补认识上的差距。作为学者，若研究历史上的知识分子这个群体，研究其在各种不同时代的经历与人生走向，将这些蕴含在历史当中的信息开发出来，都可以对我们有这样或那样的启示。研究知识分子群体在历史当中的一些问题，如研究历史上知识群体的命运，在各种政治运动当中的表现，在历史演进当中的地位，就会受到启发，会感知到自己面临的一些困惑，知道自己的使命在哪里，缺点在哪里，我们应该怎么做，应该怎样去规避人生陷阱，等等。

这里说的自觉意识是个人的意识，自觉是所有的历史研究者或者读史者或者史学爱好者，通过历史研究或阅读历史著作，提高个人的自我认识和社会认知。即无论是谁，一旦研究历史，因其本身就有这样的认知功能，能够让我们体会到，对历史的研究，使我们将原来的自然的不自觉的意识，不自觉地变成一个很明确的自我意识，这些靠的就是历史上大量的材料。历史中所蕴含的智慧，所蕴含的信息，能够丰富我们对历史的认识，提高我们的自觉意识。

（五）史学具有提高观察社会能力的认知功能

史学还有提高观察社会能力的认知功能。实际上是讲，读史有助于通过历史的学习与研究提高观察社会的认知能力。历史就其本质而言实为过往的社会。历史是我们人类群体在历史时代的活动场景，人类历史的所有内容就是衣食住行、社会关系、社会活动的演进过程。我们通过历史研究所获得的关于历史上社会生活的大量信息，各种各样的社会因素及社会关系，会丰富我们对社会的认识，同样地可以提高对社会的观察能力。反过来我们观察社会的能力，也有助于我们对历史的认知，它们是相辅相成的。就是我们通过历史的研究，实际上提高了我们对现实社会的观察能力。因为我们研究历史的过程，实际上是研究历史上已经过去的社会现实。这个社会现实其实是我们现在所讲"历史真实问题"，即和现实相关联的、真实存在的问题。不是虚构的，不是不曾有过的随风飘逝的问题，而是历史上曾经出现过、确实存在的历史事物，并且至今仍然发挥重要作用。我们甚至可以说很多真实问题，就是历史问题的延续和现时表现，历史问题在新时代的延续和发展，它们之间有一种血缘的传承、继承关系。这个历史真实问题，也就是通过观察，在研究历史过程中我们会对应地去找到历史当中和现实问题相关的那些问题去研究，那些在历史上已经定格的内容，通过资料去了解历史时代社会生活当中一些复杂性。这些复杂性存在着各种各样的经验教训，在我们学习的过程当中能够深切地感受到，无疑这种经验也会投射到我们对社会的观察，帮助我们应对社会纷繁复杂的现象。我们就能拨开云雾看到本质。

过往的历史经验是前人遗留下来的，在历史时代曾经做过的、遗留下来的一些案例，那些经验教训，那些人生轨迹已经流传下来了，定格了。我们通过历史资料，大致可以复原这些问题，可以了解人际关系的复杂性、社会交往的复杂性，社会生活方方面面的错综关系。我们通过历史资料，对这些历史上曾经的社会关系的体验与了解，实际上也有助于我们对现实社会问题的一个观察和理解。

为什么说史学有提高观察社会能力的认知功能？就是因为历史上有大量内容与现实社会中的社会关系、人际关系是有同构性的，因为历史是现实社会的过往、过去，现实社会生活是历史的当下，并且还会向未来流淌。也就是说，我们要通过已知的东西，通过过去定格的东西来了解当下的状态。了解当下的状态，是为了我们更好地面向未来。我们通过已知去了解未来，通过已知了解当下，面向未来。我们连当下都不了解，怎样去面向未来？所以我们了解当下，就是通过历史上已经发生过、已经出现过的定格的东西，吸取经验教训，借助这种经验教训来理解当下的社会，解决当下社会给我们提出的各种难题。我们按照当下社会出现的一些性质相同的问题去历史上寻找同构性的内容，依照当下社会生活当中的一些场景、不同的事物，去寻找历史上和这些事物比较接近或者相似的事件，参考其处理结果。尽管现实并不是历史的完全重演，却有很多相似性，在了解这个过程当中，要剔除历史的新的时代特点，剔除一些人为的因素，那么就可以大致判断出我们当下一些社会场景、社会问题的症结之所在了，至少可以提高我们对当下社会问题的认识，这是毋庸置疑的。

二、史学的传承功能

传承为传递、继承之意。一般来讲是指某种学问、教义、技艺、思想等在师徒之间的传授与继承。史学传承功能，意指史学具有记录、继承、传播思想观念的功能。概括地讲，史学有人文精神、人类共识、先进文明、民族意识、固有文化等诸传承功能。

（一）史学具有人文精神传承功能

人文精神是一种普遍的人类自我关怀，表现为对人的尊严、价值、命运的维护、追求和关切，对人类遗留下来的各种精神文化现象的高度珍视，对一种全面发展的理想人格的肯定和塑造。人文学科是集中表现人文精神的知识教育体系，它关注的是人类价值和精神表现。从某种意义上说，人之所以是万物之灵，就在于它有人文，有自己独特的精神文化。

史学具有传承功能，史学的传承主要是通过史学记录，将过往的历史内容尤其是值得保留和传承的内容书写下来，贻诸后世，传承百代。历史传承主要是历史人物事变、重大历史事件，过往生产生活方式以及思想记忆等的传承。史学所具有的人文精神传承功能，是史学传承的重要内容之一。一般讲人文精神是一种普遍的人类自我关怀，是对人的内在价值、尊严等的高度重视，于是这个传承就显得非常重要了。因为人文精神是人类所独有的一种高尚的品质，融入人的思想言论以及各种行为方式之中，存在于人类遗留下来的各种影像、碑刻、文献、戏曲、典籍以及传说等精神产品中，史学的最大功能就是传承历史上的优秀内容。史学属于人文学科，优先关注的就是历史上的人、人群的演化与进步。史学本身即拥有普世价值，关注人类自身命运是其常态化表现。史学具有保留和传承人文精神的功能，这种功能主要是通过文字书写的形式，把人类历史上那些对人的价值、尊严有益的人和事加以记录，形成文本传诸后人，使其能够发扬光大。

现在留存下来的历史著述中保留下来大量的人文精神的内容，人类一些比较高尚的道德情操、精神素质，比如"士可杀不可辱"等能够塑造人们精神世界的言论；历史上能够体现人文精神的伟大人物，包括历史人物的高尚风范以及能够给后人以高尚生活的各种善的、美的、仁的、义的精神文化现象等，都是值得传承的重要内容。

人文精神，是人对自身的关怀，对人的尊严、价值、目标等高尚事物的一种追求和关怀。历史学既然是人学，是道德学，是价值学，对人类前途命运的关心，自然是历史学要研究要传承的重要内容。对人文精神的传承功能，就是一个扬善的过程，就是保留人的一些精神品质，使人的高贵的气质、内在价值不至于在历史演进的长河中消失和淹没。所以，历史学家们都有意识地保留历史上人类一些珍贵的东西，一些对人的尊严、价值有意义的东西。如中国古代思想中的仁、义、礼、智、信的思想，杀身成仁，舍生取义，诚实守信，这都是人文观念中珍贵的东西。当然还包括我们讲的爱，对人类的爱。近代以来常讲的自由、平等、博爱等内容，都属于重要的人文精神内容。对人的尊重，强调人的平等，强调社会的公平正义等问题，日益成为公共话题。越是到了近代，人文精神的内容在历史中的记载中就越显得重要。我们要重点记载人类历史演进中，文明战胜野蛮，先进战胜落后，进步战胜退步的文明抗争过程，这也是史学传承人文精神一个很重要的方面，是历史学一个很重要的功能。

（二）史学具有人类共识传承功能

共识是指双方的一致认识。人类共识则是指人类各部分所具有的对某一事物或某些事物所具有的一致、共同的认识。

人类有哪些共识？人类共识产生的条件，就是人是一个类群体，它区别于动物。作为人类群体，无论是白人、黑人还是黄种人，无论是先进还是落后、野蛮，在本质上都是人类，是区别于动物的一个类群体。这是我们产生共识的一个很重要的条件。人和动物是不会有什么共识的，所以这是人类产生的条件。人类共识的条件体现在各个方面，比如人类的共同利益，各种群体的共同利益，还有人类共识的一些机制等，这些都是很重要的。人类共识是非常多的，举凡国家、民族、社会团体及每个个人都有共识。从人类个体的角度来讲，人的衣食住行，人的欲望，人的需求，都是必须取得满足的，满足这个需求是共识。但人类的需求是无止境的，所以也永远不会得到完全的满足，那就只有实行限制了，人类为限制人自身欲望而提出的思想学说、宗教制度也都形成了共识。

人类社会发展到现在，所取得的共识非常之多。最多的是在实物、器物方面，比如衣食住行等，在上古时代，人类彼此分离，相互隔绝，人类各部分独自发展着自己的文明，即使在那时，人类仍取得了不少共识。人类早期发明了农业，培育了小麦、水稻及其他谷类作物和许多蔬菜，还驯化了一些动物，如牲畜家禽，鸡鸭鹅牛马羊猪狗等，这都是人类所普遍具有的，并形成共识的一些东西，这些在我们餐桌上普遍可以看到，走遍世界各地，尽管民族不同，习俗不同，饮食方法不一，但是，人类吃的食物如面粉、大米，包括那些常见的蔬菜，萝卜、白菜、西红柿、黄瓜等都很普遍。这都是人类取得共识的东西。

此外对待生命的问题，人们都认识到了生命的重要性、家庭的重要性，重视家庭伦理，孝敬父母、尊重老人、爱护儿童，重视生育和种族的繁衍，怎么治病，怎么延续生命，如何抗击各种自然灾害等形成了一套机制，并取得共识，然后国家建立，关于民族复兴、民族昌盛问题，什么是侵略，什么是反侵略问题，在理念上都是已经取得共识的东西。在近代以前，尽管人类已有很多共识，但那时候的共识不像现在这么多，世界一体化以后，人类取得的共识越来越多了。随着社会的进步和发展，现代化的东西远比古代的东西好用，用汽车、火车、轮船等现代交通工具代替畜力，用电灯代替油灯，皆已形成共识。

在实物上取得的共识较多，在一些价值层面也取得了很多共识，对人的尊严的共识，包括尊重生命的价值，男女平等，尊重人的生存权，尊重人的基本权利等，这些都是共识的东西。共识是具有时代性的。人类共识内容甚多，如关于善恶的标准，各民族皆有共识，什么是善，什么是恶，逐渐也形成了一个标准，然后，在此基础上形成了秩序，在此之上又形成了文明形态的东西，就形成共识。仁爱、尊敬、和平、法治、正义、平等，最后形成了国际规范，这都是共识。人类命运共同体涉及的一些跨国的东西，诸如环境问题等，也都形成了共识。总之，人类的共识是日渐丰富的。

对战争的正义性与非正义性也已取得了共识，战争的正义性和非正义性的定性，都是有人类共同的价值标准的，这个标准随着人类一体化的进展，越发具有普同性。关于两次世界大战我们看得最清楚，什么叫侵略，什么叫反侵略，什么叫正义，都是已经取得人类共识的东西，第二次世界大战中，法西斯德国、意大利、日本结成了轴心国，属于侵略者一方，美英苏中结成的同盟国属于反侵略的正义一方，早已定论。还有一个最大的共识，就是二战以后经由开罗会议、德黑兰会议、雅尔塔会议等会议上确定的战后国际政治格局，即所谓的雅尔塔体系以及《波茨坦公告》中对于战后领土的安排。

明确了法西斯国家是侵略国家，同盟国是反侵略国家，维护人民正义，这都是很确定的。这个正义还包括中国人民的 14 年的反侵略战争都是正义的。中国人民的反侵略战争，反抗日本帝国主义侵略，维护民族生存大义、生存尊严，这些都是人类的共识。人类共识的东西还有很多很多。先进的东西，如科学技术，如某些制度要素，都是人类取得共识的东西。所以，从观念形态，到制度层面，再到器物层面，都有人类已经取得共识的东西。那么从观念层面来看，人的价值，生命的意义，这些人权方面的问题，也是制度方面的共识。

史学具有人类共识的传承功能，就是因为史学具有普世价值，它所记录的内容具有真实可靠性，除了家族史、国家历史之外，它还记录人类整体的历史，记录人类共同关心的一系列问题，取得共识性的一些内容。所以它理应受到重视。共识就是一致的意见，一致的认识，是英雄所见略同的共识。人类整体上一些取得共识的东西，这是历史学必须要记载的。历史学探究人类历史演进的发展过程，这个过程从历史上来看，就是各个群体不断发展形成的人类的共同体。越是到了近代，人类的共同体的命运越是高度一致，人类各群体之间取得共识的东西也越来越多。人类的共识是否存在？答案是肯定的。衣食住行，人的生命价值，人的生存欲望，人类各民族各国家之间的和平共存，面对人类共同的困难，发展科学，共同抗击疫情，这些都是共识的内容并会成为历史学承载的重要内容。人类共识有小共识，有大共识，也有超大共识。一个家族、一个群体内部的共识属于小共识；一个民族、一个国家内部的共识属于大的共识；人类各个国家、集团，事关人类整体命运的共识，就属于超大共识了。

共识是不断积累的，通过历史的记录记载，我们可以看到，历史学对人类共识的记录功能是一个很重要的内容。人类共识也是不断发展的，一开始的共识主要是基于人本性的感受，人与人之间有感情交流，是可能跨越种性、跨越语言进行沟通的，就是基于人类对于"同类"的认识而产生的共识，此外还有基于人本性而产生的一些共同的想法。人类为了防止人类的互相残杀而结成国家，一个民族的一些法律制度、伦理道德，在民族内部也都形成了共识。大的共识，是关于人类之间的，如反战体系、国际法的诞生，这都是人类大共识中的重要内容。我们还可以看到，越到近代，人类整体上的大的共识就越多。人类社会的各种共识也越来越受到史学的关注，比如反对战争问题，寻求和平问题，共同应对气候问题，粮食危机问题，慈善问题，对一些落后国家人民共难的同情问题，对发动战争者的讨伐问题，战争罪、反人类罪的设定问题，等等，都已取得了共识。在人类很多共识中，还有对科学技术文化的认可，如各国间相互之间选派留学和学习，对自然科学和社会学内容的共识。尽管各个宗教不同，但是很多东西是共同的，比如都强调爱，都强调人类伦理的基本关系，都强调诚实、信义等。从历史记载来看，这些共识被历史记载得也日渐详细，体现出历史功能的重要方面。

（三）史学具有先进文明传承功能

何为先进文明？先进文明就是能够代表人类的进步方向和发展趋向的文明。文明和文化相比，文明是文化的高级发展阶段和进步状态，它们是有内在关系的，文明不仅包括物质文化，也包括精神文化，更多的是一种动态的物质外壳的形态。就文明的更高的发展阶段而言，它一定是代表着人类发展的文明程度，是文化发展的高级阶段和进步状态，我们还可以称之为先进文明，先进文明的形成也是一个历史过程。自从人类进入文明社会以后，就有先进文明和落后文明之别，历史记录主要传承那些能够代表人类的发展方向和进步趋向的文明。所以它具有引导性和指向性。先进文明是人类互相学习、互相追逐、互相赶超的重要对象。

人类早期文明形态是具有时空特点的，它有时代局限性，所以古代文明不能和现代文明相比，它有各种各样的缺陷，只能在当时那个阶段先进，能代表那个时代人类发展和进步的趋向。历史的描述也具有时空延续性，具有明确的时代和空间特点。人类先进文明也是不断发展和进步的，不管怎么说，我们既然能表征先进文明，就表明传播和传承先进事物、先进人物，这是史学的重要功能，史学的记录传承的一个总体趋向，就是鼓励先进、文明的东西，鞭打痛斥落后、丑恶的东西，所以史学本身固有传承先进文明的使命。凡是那些标志着人类发展进步趋向、有利于人类生存发展、符合人性、符合人类的基本道义规范的人或事物，都将被我们认为是一种先进文明的内容，都是历史学者要重点书写、保留和传承的内容，这是史学的一个很重要的功能。

史学为什么有传承先进文明的功能，而且是主要的功能？这是史学的本质规定所决定的，因为史学是人学，它是专门记录人类历史之学。记录民族先人的丰功伟业，记录文明的缔造者、文化的传承者，这是史学的主要功能。把人类历史上各种先进文明要素，人类历史取得伟大贡献的人和事记录下来，本身就实现了传承功能。史学的使命就是记录和传承，人类先进的文明，先进的文化理念，都是历史叙述的主要内容。采取正态的，主要叙述那些符合人类历史发展趋向的进步的内容，是历史叙述的主流。当然也有历史书记载各种各样的奇闻逸事、妖魔鬼怪，甚至一些丑恶的东西，那是我们鞭笞、批判的对象，是要引以为戒的。从总体趋向来看，历史学主要记录的是人类的正态的文明。

史学是怎样传承先进文明的？构成先进文明的内容一定包括文明的事物，先进个人和思想，包括与之相应的一些制度。我们说传承文明首先是传承我们自己祖先的丰功伟业，在文明发展中的贡献。在历史学的长期发展中，承载史学发展的历史学家在过去很长时间里都是持英雄史观的，能够记录并保存下来的内容，一般是些惊天动地的大事，是一些影响非常大的、有权柄的人，或者有重大贡献的人，一般老百姓在这个历史当中体现得非常之少。这其中的原因，一个是历史学本身就是信息学，一般人没有足够的信息让人记录，或者可圈可点之处甚少不足以说明。现在网络时代，信息传播越来越平民化了，因网络所具有的平等性，出名的人就越来越多了，各行各业，凡是有所作为的人都能够涌现，在网上都有所记录。尽管如此，我们看看中国 14 亿人当中，绝大部分人除了登记身份证之外，没有任何其他的思想或者行为信息出现在互联网上。即使在知识界，在从事研究学术，从事教育的知识界，能够在网络留痕者也是少数。现在的网络特点是，一个人如果没有提供新信息是不可能显示出来的。通过这个例子可以理解和说明古代历史学家记载的材料和人物的有限，就是这个道理，不是那些人没有思想，而是留下的痕迹太少，甚至这点儿影响也可以被其他人掩盖、代替而显得无足轻重。所以为什么一个思潮能够突然兴起？是因为人们的思想非常相同，所以一下子就形成一个潮流了，并显示出巨大的共识性。看看中国史，能够记录下来的思想家，可圈可点的也是有数的，各个朝代也不是很多。中国近代史上，能够列出的比较有名的思想家如龚自珍、林则徐、魏源、徐继畬、梁廷枏，然后再往下来，就是洪仁玕、冯桂芬、王韬、薛福成、马建忠、郑观应、陈炽等，再往下就是维新派的康有为、梁启超、严复、谭嗣同、黄遵宪，革命派的孙中山、章炳麟，五四新文化派的陈独秀、胡适、李大钊、鲁迅、傅斯年、罗家伦等。当然还有很多政治家、理学家，不过让人耳熟能详的人物实在太少，因为他们的思想有限、影响有限，能够提供的信息实在太少。

　　史学在传承历史人物、传承思想之时，传承的都是些有代表性的，能够代表那个时代，具有那个时代超前的指导性的思想。在近代，西方思想大量引入，刺激了近代思想家的勃兴。魏源的《海国图志》，代表了鸦片战争前后启蒙思想的高峰，也是"睁眼看世界"这批人思想的最高峰。他提出了"师夷长技以制夷"，主张向西方学习，能够睁眼看世界，打破了传统的视域，开始胸怀天下，望眼世界。到了洋务运动时期，有一些思想家如冯桂芬写《校邠庐抗议》，提出中国五个"不如夷"；太平天国后期领袖洪仁玕的《资政新篇》明确主张向资本主义学习，主张建立资本主义企业，发展交通、银行等，提出了很具体的建议，两人的思想代表了那个时代所能达到的思想高峰。戊戌时期，公认的四大思想家康有为、梁启超、严复、谭嗣同，参与变法，提出了方方面面的改革，主张在中国建立立宪政体，发展资本主义工商业，还提出了社会风俗、思想文化上的各种变革措施，他们基本代表了当时先进的思想潮流。在辛亥革命时期，伟大的革命先行者孙中山提出了三民主义和五权宪法，都代表着当时先进文化的进步方向。在五四时期，五四新文化代表人物胡适、陈独秀、李大钊批判传统文化，提倡民主和科学，李大钊引进马克思主义，确实引发了当时思想文化的变革，这是大家都承认的。这些思想都开风气之先，代表着那个时代的新气象。这些都是历史的真实记录，中国近代史是这样，古代史也是这样，世界史也是这样。历史学是以人为中心的，讲人物就必须讲到他的思想，这是史学最重要的表征，凡属先进文明，就会大书特书，留下痕迹。

　　历史学传承的另一大内容就是制度的传承，历史上，各民族颁布的法典很多，此外还有很多新制度和新举措，政治制度的演进对人类社会是一个巨大推动力。举个例子，在进入工业革命之前的西欧，有些国家就适时颁布了产权法和专利法。产权制度明晰了，个人的私有财产得到了保护，古人云"人无恒产则无恒心"。私有财产有保障了，人就可以放心发财了；专利法保护发明创造，激励科学发现、技术发明，从而使技术发明层出不穷，这种先进制度，对保证欧洲迅速开展工业革命，起到了巨大的制度保障作用。历史上这种先进制度有很多，资产阶级推翻封建专制制度以后，建立起了资产阶级政权，实行三权分立制度，限制官员的权力，保障社会正常运行，保护公共事务。这样的法律体系，历史学一定是大书特书。在人类历史上，关于一些先进器物的发展，在古代，发明农业，发明医药，发明文字，发展畜牧业，驯养家畜，建造房屋，制造交通工具，这些都是先进的文明利器，都是历史学要着重描述的内容。到了近代，历史学要重点描述的就是在工业革命中诞生的机器，如蒸汽机是怎么发明的，纺织机是怎么发明的。采用蒸汽动力，带动了工业机器的发展，如发明了蒸汽轮船，其后又发明了火车、汽车、飞机等现代交通工具。又发明了电，人类进入电的时代。发明了水泥，有了钢筋混凝土，人类才能建造高楼大厦。总之，近数百年来，人类发明了一系列技术，推动了工业革命的深入发展。历史学家着重于相关内容的描述，谈它的来龙去脉，留给后人传承学习，并在此基础上将其继承和发展。

（四）史学具有民族意识传承功能

民族意识即自我认同于自己所属族群的历史、文化、习俗和民族心理。历史学具有的民族意识传承功能，特指它有记录某一特定民族历史文化及习俗的功能，从而带动民族意识之传承。历史学可分为各种各样的历史，有家族史、民族史、国家史，还有各种各样的地方史、区域史、专门史，等等。一般来讲，国家史的重要内容就是叙述国家民族的发展史，核心就是传承民族文化、民族意识。所以历史学对民族意识的传承是有意识、有动机的，也是它的重要使命。传承民族意识是它一个重要功能。讲国史一定要把民族先人开国创业的丰功伟绩记录下来，把自己的民族从开始到现在的发展，自己祖先的丰功伟绩，自己祖先的所作所为以及民族的由来记录下来。国史中除了一些具象的叙事之外，主要想呈现的一定是内在的民族意识，民族意识一定会贯穿始终的。民族意识是什么？民族意识就是民族的自我认同，就是对自己所属族群，历史文化习俗心理的一种认同。那么民族史主要记录的是什么？它的统领就是民族意识，是民族认同。民族意识是一个民族的表征，是一个民族区别于另一个民族的很重要的一种心理素质。当中国人和日本人、美国人、法国人、俄国人站在一起时，马上就有一种我是中国人，他是美国人，他是日本人，他是俄国人的区分，这种区分通过一些文化的外在形象就能够区分出来，因为他认同的是自己民族的一些东西，比如民族形象、服饰、语言以及一些独特的精神特质，还有本民族的一些观念，即使外在长相相差无几，但由于民族的不同，民族精神也是不同的。因此，在国史书写中传承民族意识是历史学很重要的功能，也是民族史当中要传递的重要内容。如果民族史不传递民族意识，就形成不了民族认同，那也就不叫民族史了。民族是民族史、国家史的主体，因此，强调民族的由来与发展，是国史的重要内容。中国史重点要讲中华民族几千年的奋斗史。中华民族几千年来从早期的诸夏发展到汉代的汉族，再到隋唐时期的新汉族，再到晚清的中华民族，这几千年的经历，中华民族意识是怎样形成和产生的，这是历史学要重点进行描述的内容。当然，通过撰写本民族光荣的历史，借以培养本民族的认同感和民族自豪感，这些都是史学的应有之义。

民族意识是一个民族区别于另一个民族的重要精神气质，一个民族的精神素养、精神面貌会通过外在的形象、语言等表现出来，那我们在进行历史书写时就要处处体现一种民族意识的传承，使之形成一种民族认同。即使在书写全球史时，也会记录各个民族、各个国家的历史，也会记录各个民族的风俗习惯、服饰，包括它的国旗、歌曲及文字，这些都是民族意识的重要载体。所以民族意识可以说是一种精神状态、一种精神品质的体现，这种精神上、文化上的认同、认可，还有民族归属的东西，在历史的叙述中，是处处有表现，时时有表现，是无法剥离的。

每个民族都有自己独特的标识，如国旗、国徽、语言、外在形体，不同的文化模式，不同的生活方式、行为方式等，这是同一民族几千年生活在一起共同形成的，共同认可的东西是不会轻易改变的，我们只能尊重它，所以历史学在描述这些的时候，都是有意识地去记录，客观地留存。

民族的东西最容易被本民族所认同，学史可以明智，学史可以爱国，史学在记录一个民族历史的时候，它的动机就是让人们产生一种民族认同感，认同自己的国家史。我们历史学家书写自己的民族史，读者阅读自己的国家史，其感受是相同的。作为中国人就是要认同自己民族的历史，当我们看到先人奋斗的足迹、留下的丰功伟业、本民族的奋斗历程时，会获取一些经验教训，产生一种认同，激发自己的民族意识，这样，历史学就完成了民族意识的传承功能。同样，别人在阅读我们民族的历史时也会了解我们民族的奋斗史，了解中华民族的文化、中华民族的意识，也受到了教育和鼓舞，表明史学民族意识传承功能的完成。

（五）史学具有固有文化传承功能

什么是固有文化？固有文化就是一个民族所独有的文化，固有文化就是传统文化。固有文化的文化模式，已经发展固定了，成为一个民族的文化式样了。实际上我们所说的传统文化，是具有一定的时间性的，它是和我们的现代文化相对应的。实际上，现代文化也是固有文化的延续和发展，只不过是在现代条件下，它一定是有中国传统文化的影子和内核的。我们现在所了解的固有文化，大都是历史典籍中记录下来的，有一部分来自人们日常生活中遗留下来的传统内容。历史学家们通过历史记录的形式，把固有文化的式样、内容、模式记录保存下来。这个传统文化当中固然有精华，也有糟粕。所以我们在传承的过程中要取其精华，去其糟粕，把传统中的优秀文化发扬光大。史学有固有文化的传承和记录功能，传承和记录是历史学的重要功能，历史学家们将自己民族的一些文化传统、衣食住行的演进、人物思想、政治制度、国家形成过程、战争以及灾难都记录下来，由此比较全面地保留了固有文化。世界主要民族都有自己的固有文化，在近代西潮的冲击下，一切物质外形皆面目全非，在这一背景下，固有文化得以保全，全赖史学之赐。

自近代以来，固有文化深受外来文化的冲击与影响，固有文化为了回应这种挑战，也不得不改变其形态，并大量融合吸收外来文化，整合形成一种新文化。这种文化已不完全是固有文化。因此，我们若想保全传统文化，就要知道固有文化的原初形态是什么，这个很重要，这是保留我们固有文化使之不坠、不遗失的重要前提。比如有些民族消失了，也有很多动物灭绝了，许多物品消失了，毁坏了，但是我们在典籍当中可以找到。传统文化当中的很多内容都消失了，但是我们在历史当中都能找到。历史上被冲击、被淘汰的许多东西，过去认为是无用之物，却是固有文化中的一部分，不管它是落后的还是先进的，都是固有文化的一部分。没有这些内容我们就不能对固有文化有一个全面的理解，现在许多内容已经在现实生活当中消失了，只能在历史的遗物中或历史著作中找到这些事物的原型。因为史学的这种记录功能，使固有文化得以保存。史学的传承功能就是把固有文化的一些好的东西记录下来，不至于流失，使其重现于后世并得以发扬光大。

中国传统文化中的科学内容与现代科学的路径完全不同。在现代科学文明传来之前，中国也有一些独特的科学内容，如对天象、对医学、对人体的一些构想，中国古人认为构成世界的本原只有金木水火土这五个元素，然后，按照阴阳五行，依天时地利人和，并用天干地支进行组合，形成了一个哲学体系，这是中国传统的固有文明。随着科学的发明，这些东西就逐渐被人遗忘了，其中高深的科学原理并没有被挖掘出来。由于西方自然科学传入，我们蔑视它，轻视它，认为这是落后的东西，连带着中医也受到牵连。但是历史学把这些东西记录下来了，把这种传统文化保留下来了，当我们人类的认识水平发展到一定高度之时，就会发现它的有用价值，固有文化的一些有用要素就会再次得到继承和发展。据说莱布尼茨发明微积分，就深受邵雍的先天卦图的启发。邵雍的先天卦图由传教士传到欧洲，莱布尼茨看到后受到了启发，发明了现代数学的二进位制，这说明中国固有文化中还是有很多精华的。所以我们把固有文化中的一些东西通过历史记录的方式保留下来，使之得以传承，这是史学的重要功能。

历史学家在记录固有文化的时候，是有鉴别的，但作为一个文化的整体，其中好的东西或不好的东西，都可能会被记录下来。作为一个文化的总体，不好的东西我们要剔除，好的东西我们要继承、发展，但是固有文化当中哪些是好的、哪些是不好的，有些是不易分辨的，在当时还不一定知道它的价值，那就只有保留下来供后人利用，不断地得到开发。比方说上古典籍中的"四书""五经"、诸子百家经典等，在相当一段时间里被认为是过去封建时代的产物，都是些落后迷信的东西，是没有价值的。客观地讲古代典籍确实存在着大量糟粕，除了大量神秘内容外，还大量涉及怎么去管人、怎么去统治人民、怎么让人民做顺民等内容。当然也有很多好的东西，如仁、义、礼、智、信等内容就是非常好的东西，若能对其进行现代阐释，完全可以将其内容融入现代道德体系中去。传统的固有文化是一个庞大的体系，自然有好的有不好的，只要我们在继承学习时进行辨别就可以了，关键要保存下来。借历史学之力，通过历史记述的方式，整体上把中国的典籍保留下来。现在看来，这就是我们中华民族的一笔无价财富，可以不断地进行开发。例如我们能够从固有文化中找到很多典故，还能找到现代中国人思想的原型，比如"大同"思想，"小康"思想，"仁"的思想，"义"的思想，"诚"的思想，等等。将这些好的东西逐渐进行开发，使之融入我们现代文明当中，不断地推进文化发展。因为这些东西具有一些普世价值，有穿越时空的价值，比如诚信的问题，忠诚的问题，爱国的问题，都应是可以利用的东西。诚信、忠诚是现代人不可缺少的优秀品质，古人说"人无信不立"，作为现代人仍以此作为处世标准。忠诚在现代人中体现为忠于职守，热爱本职工作，仍然是人的重要品质。古代也有爱国，那是爱封建之国、君主之国，那是前近代的爱国主义；现在的爱国，是爱人民的国家，是我们自己的国家，而且，这个爱国可以泛化。现代的爱可以是爱家、爱乡、爱国，是爱护奉献之意。真诚、仁义、诚信等问题都具有现代性，都是现代社会当中很需要的高贵品质。所以，固有文化中优秀的东西，有值得延续、继承和发展的内容，值得传承。

三、史学的资政功能

史学的资政功能，其实质是历史学家们通过记录的形式，把历史上政权的兴亡轮替及其经验教训全部记载下来，为读史者起到了参考的作用。还有更加直接的就是历史学家们亲自参与政府一些事务的咨询和讨论工作，做政府的谋士和智囊，为各级政府出谋划策。我们在这里重点谈谈史学的资政功能，围绕提供治国理政经验、提供国家兴亡教训、提高统治者认知能力、提供中外政治资源等内容进行讨论。

（一）史学具有提供治国理政经验的资政功能

治国理政，实为国家领导人面对的工作。因为史学的意识形态特征，历史上的统治者非常重视历史在治国中的作用。治国理政所涉及的范围甚广，举凡国家的治理，政治的管理，都包括在这里，史学都是可以提供资政、咨询的，不管是古代还是现代，是中国还是世界，史学所具有的这种功能从未减弱过。国家的治理，政府的政治管理，历史从未缺位过。尽管现代国家的治理、管理越来越专业化，分工越来越细化，但是史学仍然能发挥其有效作用。现代国家的管理已达成高度专业化，不是说有几条经验就可以治理国家了，但是，治国理政又需要拥有高度的理念，几千年来人类历史发展所积累的经验教训实在是太丰富了，无论是什么类型的国家治理，什么时代的民族管理，推动社会进步的管理经验，都是非常丰富的。它不是提供一个具体操作，而是一种精神、知识、理念上的东西。它提供的是历史上的经验，成功的经验，管理上的一些可值得吸取的经验，这些只有历史能够提供。所以，无论国家如何先进，政府管理如何高度专业化，都不能无视历史所能提供的丰富的治国经验。历史上主要国家兴亡轮替的过程中，政府管理比较成功的经验或者失败的教训，都是值得讨论的。

在中国近代，孙中山提出五权宪法，他认为西方的三权分立在限制权力方面发挥了巨大作用，但仍有局限性，为此，他主张把中国传统国家治理中的许多成功经验吸收进来。在他看来，中国传统的监察制度和中国传统的科举考试制度，都是很好的制度因子，应该吸收进来，监察制度用于监督官员，考试制度用于提高官员的管理素质。所有的官员皆须通过考试的方式，通过公平竞争进行选拔，让优秀的人参与管理。三权加二权，成为五权，即立法、行政、司法之外再加上考试、监察，从而构成五权宪法。孙中山曾说："余之谋中国革命，其所持主义，有因袭吾国固有之思想者，有规抚欧洲之学说事迹者，有吾所独见而创获者。"五权宪法体现出中西结合。他说他的思想中有吸收自西方的内容，也有承袭自中国固有的东西，其经验全是治国理政的经验。孙中山总结了西方的三权分立的一些长处和短处，同时又把中国传统的优秀政治因子加以吸收。这就是治国理政经验的典型案例。

治国者可以从历史长河中汲取丰富的治国营养，历史能够提供源源不断的智慧。在过往的历史中遗留下大量的治国经验和理政智慧。中国历史上就有许多成功的治国理政经验。比如中国古代的盛世"文景之治""贞观之治"就留下了大量的经验。在贞观之治中，李世民公开提出了"水能载舟，亦能覆舟"的问题，历代先哲也都留下了很多遗训。李世民提出的问题其实是"民心"问题，是人民与政权的关系问题。中国古代思想家都特别强调民本思想，孟子曾有"民为贵，社稷次之，君为轻"的遗训，他强调人民的重要性。这些民本思想对于治国理政具有根本的借鉴作用。

在历史长河中，历代哲人重点强调的就是"德政"问题以及统治者的个人品德问题。当代中国日益强盛，社会管理也日益复杂，我们的国家能否建设好，需要吸收西方国家成功的管理经验。另外还要关注中国历代先哲强调的德政问题。德政就是仁政，尊重人民的选择、人民的诉求，体察人民的疾苦，解决人民生存关切的问题，以"权为民所用，利为民所谋，情为民所系"为宗旨，把人民的幸福安康作为治国的重要目标，为人民办实事。实现公平、正义、民主、法治，这是历史提供的治国理政经验的最有效的咨政功能。

（二）史学具有提供国家兴亡教训的资政功能

史学资政功能中的一个最重要的内容，就是要给治国者提供历史上国家兴亡的历史教训，提供某一个国家兴亡的历史证明、历史故事、历史经验。对于治国者来说，国家能否治理好，这是一个事关切身利益和身家性命的重要问题，涉及自己能否青史留名的重要问题。历史上任何一个统治者没有不想把国家治理好的，但想治理好国家是一回事，能否治理好国家又是另一回事。为什么历史上有那么多国家兴盛，又有那么多国家衰亡？其原因固然很多，但治国者个人因素也不在少数，大量的经验教训可以为治国者提供借鉴。

就中国史来看，数千年王朝轮替，国家兴亡确有些规律性的东西。一般来讲，国家初创时期，统治者励精图治，与民休养生息，多采取了一些富民、安民政策。到了王朝中期，随着经济的发展、社会的繁荣，开始进入享乐模式，出现了懒政、惰政现象，人们多关心享乐，不愿创业，社会进入一种刻板化结构。到了王朝后期，贫富差异加剧，土地兼并严重，出现了"富者田连阡陌，贫者无立锥之地""朱门酒肉臭，路有冻死骨"的局面，社会矛盾突出，官员腐败，横征暴敛，民怨沸腾，社会矛盾发展到极点，然后就是农民起义爆发，社会陷入新的混战，群雄并起，胜利者攫取最高统治权力，中国历史上国家兴亡基本演绎了这个过程。

这里就有大量兴亡经验，一个国家兴盛之时，受几种因素影响，一个就是国家时运，这个国家在兴盛的时候，赶上风调雨顺，加上政治清明等各种原因。还有就是大乱大治的问题，王朝初兴，之前国家大乱，人口大量死亡，人心思治，人心思安，这些都是人心，但是离不了一个最重要的原因就是仁政。我们可以看到，历史上当一个王朝初兴之时，统治者一般励精图治，亲民勤政，制定了很多富民、养民的政策。一个国家失败也是有一些原因的，与统治者的政策固然有关，还有很多的制度上的原因，如对官员失去了权力的控制，官员可以任意妄为。特别在封建时代，一些权贵恣意妄为，横征暴敛，那些官员也都享有特权。这些都造成了民怨沸腾，民怨找不到出口的时候，一定会采取激进的办法，历史上的农民起义，像《水浒传》中描写的那样，许多好汉被逼上梁山，他们中的许多人原都是体制内的，但或升迁无望，或受到不公待遇，于是铤而走险，走上与体制对抗的道路。小说《水浒传》反映了宋代的一些社会现实，具有一些普遍的思考意义。所以说统治者的施政非常重要。怎么管理腐败问题？怎么实行社会公平正义问题？公平正义一直是人类社会的一个普遍的问题，社会一旦失去了公平正义，老百姓一旦觉得社会不公平，甚至连基本的生存条件都满足不了，无法忍受下去了，势必揭竿而起。所谓"统治阶级不能照旧统治下去的时候，人民群众也不能照旧生活下去的时候"，就会发生社会的激烈对抗，这也是个规律。中国历史上的农民起义，中国历史上的朝代更替，都有这样的原因。

中国历史上关于王朝灭亡的材料也非常丰富。有的王朝气数已尽，虽然统治者使出浑身解数，千方百计，努力挽救，但是大厦将倾，独木难支，最终这个王朝还是灭亡了。还有王朝灭亡于外族的入侵，当然也有内政的问题。例如，某个亡国之君为政昏聩，荒淫无度，排斥忠良，重用奸佞，把一个好端端的国家葬送了。明朝的灭亡可以说是气数已尽了，崇祯皇帝虽然勤政，但是忠臣良将袁崇焕被杀，使那些坚决抗清者寒心。手握重兵的洪承畴叛明投清，动摇三军。李自成起义军进攻北京，有大臣建议崇祯临时迁都，躲避起义军锋芒，从长计议，却也有大臣义正词严，表达誓与首都共存亡，却与起义军暗通款曲，表示臣服。崇祯为其"正义"裹挟，要钱没钱，要兵无兵，坐失良机，最终败亡。

清朝的灭亡与慈禧太后有密切关系，一个政权那么落后，还要拼命维护，不能开放政权，不能顺应新形势变化，仅凭玩弄权术也无济于事。虽然实行改革，但终究还是非常被动的，或是应列强的要求，或是为时势所迫不得不为，但没有一样是有效的，所以还是要灭亡的。

我们放眼整个历史，导致一个国家灭亡的导火索可能时间很长，它可能自基因里就带来了，也可能在建国初期就埋下了这颗炸弹。宋朝就是个比较好的例子。宋朝为后周大将赵匡胤黄袍加身建立，赵匡胤深知兵权的重要性，故建国之初采取"杯酒释兵权"策略，解除武将兵权，采用弱武强文政策。宋朝历经北宋、南宋，这个国家文化繁盛，经济也很发达，但是武力比较弱。不幸的是，宋朝周边民族国家崛起，北方有辽、金、西夏、蒙古，可以说强敌环绕，虎视眈眈。所以，虽然宋朝经济很发达，文化也高度发展，但是由于军事不强，屡屡在战争中割地赔款，在民族竞争中处于不利地位。金攻入汴京后，宋室不得不南迁，南宋又被蒙古人最后攻灭。由此可以看出，宋朝灭亡的一个重要原因就是军事上不够强大。

宋朝的文化很有特点，这个朝代是知识分子民族气节非常高涨的时期，出现了很多有气节的知识分子，也出现了很多有气节的英雄。同时，这个王朝的汉奸也非常多，主张投降，是因为武力不行，所以这个王朝一直都非常被动，连皇帝都被俘虏去了，所以笔者觉得应当特别讨论这个政权灭亡的原因。

我们再放眼世界，谈谈英美等世界大国的兴盛过程。有些相关经验是不能复制的，有些是不可取。英国这个国家的兴起，靠的是海外殖民和发展工商业，英国是世界上最早完成产业革命的国家之一，借助于新兴的资产阶级力量，向世界扩张，通过向外侵略，掠夺落后民族的财富发展自己，以武力为后盾保护商业贸易，通过掠夺其他国家的廉价产品的原料来发展本国经济。近代史上很多世界强国的兴盛都是走这条道路，就是掠夺和剥削落后民族的道路，他们的发展大都根源于此。但是我们也应该认识到，除此之外，内部能够团结、兴盛，产生动力，也有一些内部政策的原因，这也是不能否认的。比方说英国比较早地建立了议会制度，鼓励民间企业投资发展，鼓励发明创造，保护个人产权，这些都是很重要的条件。

美国的崛起比较典型。美国是一个移民国家，直源于英属北美十三州殖民地。美国移民社会形成后，移民不甘宗主国英国的压迫，掀起北美独立运动，兴起独立战争，胜利后建立起自己的国家。殖民地人民通过独立运动，颁布了独立宣言，建立了自己的国家政权，实行适用于十三州殖民地的政治体制，盎格鲁－撒克逊民族有自治传统，所以它运行的是工商文明，在北美大陆的发展，有宗教因素，亦有传统这个因果。那是不可复制的。但是，也有些经验值得讨论。

（三）史学具有提高统治者认知能力的资政功能

统治者个人的认知能力对一个国家兴衰的影响作用甚大。认知能力是指人脑加工、储存和提取信息的能力，知觉、记忆、注意、思维和想象的能力都属于认知能力。认知能力是人们对事物的构成、性能、与他物关系、发展动力、发展方向以及基本规律的把握能力。统治者的认知能力越强，他对信息的储存和提取信息的能力越大，在治国理政方面越会少犯错误，越容易做出正确的决策。也就是说认知能力决定执政能力。对于统治者本人来讲，无论是管理一个国家或管理一个城市，还是管理一个单位，都有一个认知的问题，历史学就具有提高统治者个人的认知能力的功能。

提高统治者个人的认知能力，实际上是提高统治者本人的执政能力问题，历史上大量的治国经验教训，皆可为统治者在治国方面提供很多同构的或相似的素材，这些素材会使统治者对政权的认识，对世界的理解，对思域的开阔，认知能力的提高，都有所帮助。治国者必须是一个综合性的管理人才才能胜任，国家的管理涉及方方面面，仅是某一方面的人才则难以胜任。因此史学对于提高统治者治国理政能力，特别是认知能力的重要性是不言而喻的。

认知能力就是我们人脑对外界的反应，对材料的处理的广度和深度。所以认知很重要，国家管理需要的是全能型人才。在集权统治下，统治者个人的认知能力，对一个国家前途命运影响至关重要，甚至他的决策直接起到决定国家兴亡的作用。近代以来民主制度兴起，君权受到限制，尽管如此，国家主要领导人的决策能力和政治认知能力，仍然在国家政治生活中发挥着重要的作用。

史学能够在提高治国者认知能力方面发挥重要作用，同时很大方面还要看治国者是否重视对于历史经验训的吸收与学习。在治国者非常重视历史经验的吸收和学习的前提下本论点才能成立。故我们只能建立在假设基础上。历史上各种治国的经验教训如何在治国者那里产生影响，能形成什么样的信息，能形成什么样的决策方式，这点很重要。一部好的历史著作，一定是由一群充满了人性化的人文主义思想的历史学家所撰写，他们的历史学著作对执政者提高人文关怀，获得人文内涵，会发挥非常重要的作用。

就是说，一个好的历史学家，一部好的、充满了人文精神的历史著作，会对统治者施政增加人文性、增加人文关怀发挥重要作用，即使是一般的史学，只要本着人道主义精神，本着人类的理性，遵循人文学科的基本准则去书写客观的历史，并且只要统治阶级能够阅读到相关著述，就一定会感受到其丰富的人文精神，会提高他的认知水平，因为历史书所记录的就是过去的重大历史事件。重大历史事件，它有内在的因果关系。重大事件的来龙去脉，各个王朝的悲惨命运，某一国家统治阶级的人生命运，某些国家内部的贫富战争，这些都是统治者最应该关心的问题。这些在历史当中都能够找到，那么在他们阅读历史的过程中，也就自然会对这方面的知识进行概括理解，然后形成新的认知。这些新的认知会对统治者的决策产生影响。

当然这些新的认知能够释放出什么决策，并不完全取决于历史学本身，一位优秀的历史学家如果通过他的著作全面系统地展开历史叙述，提供真切的历史细节，充满浓厚的人文主义精神，肯定会对治国者产生积极的影响。但是更主要的还是取决于统治者本身个人的道德修为，他的心理状态。历史内容非常丰富，就看统治者自身怎么去取舍，怎么去筛选了。虽然这不是历史学本身的问题，但在能够提高统治者的认知能力这点上却是确信无疑的。

　　我们也不要过于夸大史学对统治者提高个人认知能力的作用，统治者出于治国的需要，自然会对历史感兴趣，或者是他们自己的家族史，或者是本集团过往的历史，他们一定是需要了解的。就史学本身对提高统治者的认知能力而言，是确定无疑的，但是在多大程度上能提高认知能力，这是一个没法进行量化的问题。再就是，对统治者提高的这种认知，是偏向于更厚重的人文精神，还是偏向于更加残暴的倾向？在统治局势中采取更多的是善的政策，还是恶的政策？其动机取决于什么？我们认为取决于统治者本身的修为，这是我们对这一问题的基本认识。

（四）史学具有提供中外政治资源的资政功能

　　史学具有提供中外政治资源的资政功能。我们都知道，史学是把客观世界、人类的社会演进、社会发展的过程作为研究对象的一门学科，是经过历史学工作者对资料的筛选、梳理，逐渐建构起来的学科。历史是人类过往的经历，所以它本身就是一个资源宝库，当然包括治国理政、意识形态、国家兴亡等重要内容，所以从这个意义上讲，史学是可以提供中外政治资源的。

　　统治者在治国理政当中遇到一些问题，可能会在历史中寻找答案。毛泽东酷爱历史，喜欢古籍，尤其喜欢《资治通鉴》。因为该书比较明确地论述了治国的经验教训。宋神宗认为该书"鉴于往事，有资于治道"而钦赐此名。由此可见，《资治通鉴》的得名，既是史家治史资政自觉意识增强的表现，也是封建帝王利用史学为政治服务自觉意识增强的表现。司马光在编撰这部书的过程中，就谈得很明白，这部书就是为统治者提供国家治理经验的。

　　从历史著作的大方面来看，它有专门谈国家兴亡、民族演变、历史变迁等各方面资源，古今中外，无所不有。所以史学具有提供中外政治资源的资政功能。很多统治者特别重视历史价值的重要性。史学所提供的中外政治资源指的是什么？在中国古代，几乎每一个王朝都留下了官修史书，记录并探讨了一个王朝到另一个王朝，或某一个帝王时代政策的延续，过程治理的经验教训。一个王朝是一个民族国家历史较长时段的变迁史，如政治方略、各种政策、吏治，更有历朝历代政治制度的设立及其延革，另外，还有历朝历代政治制度架构的方式及其改进得失，历朝历代思想家、政治家关于统治得失的评价，历朝历代对治国客观结果及其得失的推演，等等。

此外，民心向背的资源，老百姓生活富裕程度和政治治理的关系，民族凝聚力的问题等，都是很重要的政治资源。放眼世界史，各国的兴亡史资源就更加丰富了。世界各大帝国的崛起与兴亡的相关的政治资源，是相当丰富的。西方政治制度的变迁，西方宗教和政治关系的变迁，西方政治制度的演变，西方资产阶级怎么崛起的，统治阶级怎么应对的，西方资产阶级登上政治舞台以后对政治的变革，从君主制向民主共和的变迁，这些都是很重要的政治资源，还有西方的法律资源，如西方的政治思想、法律思想等。

四、史学的育人功能

史学的育人功能就是培养人的功能，常常体现为教育功能，这里所说的"育人"功能，其内涵比教育功能要大。育人则有自动的色彩，育人功能既有教育者的受教育功能，也有教育者自我教育的功能。历史学是一部教科书，具有多方面的社会教化和思想滋养功能，是人类认识世界、认识自我、改造世界、超越自我的强大武器，其核心是启迪心智，使人变得清醒、理智和成熟。学习历史，对于提高人们的人文素养、思想境界，完善人格、陶冶情操，塑造美好的心灵、学习做人都有潜移默化的作用。本节从使人明德益智、培育人文情怀、使人养成理性判断、培养人们爱国观念、传导先进思想理念等育人功能方面展开讨论。

（一）史学具有使人明德益智的育人功能

我们先谈谈育人功能中使人明德益智的功能。育人功能主要包括两个方面，一个是明德，明昧德，彰显人人本有，自身所具的光明德性；还有一个，就是益发使人聪明。明德益智是事物的两个方面，但也可以同时获得，一个人读了丰富的历史书后就会相应地受到史学的育人教育。因为史学有这样的功能，史学是历史学家们根据材料梳理架构的过程形成的知识产品，在这个过程中，历史学家们实际上就把自己的价值观、道德选择以及自己对社会的看法诸如人生观等，都渗透到历史学当中去了，所以历史学是一门人学，是一门道德学，是一门价值学，是有价值判断在里边的。也就是说，历史学是历史学家们有意识地主观建构的过程。史学的理想状态是这样的。所以历史学本身就有明德和益智的功能，当一个人读了这样或那样的历史书的时候，会潜移默化地受到这样或那样的教育和影响。

历朝历代统治者在组织官修史书、编纂正史的过程中都会在史籍中渗透其历史观或价值观，比方说正统观，在传统史学中主要体现封建的伦理纲常如"三纲五常"的一些思想，此外还有忠孝的思想等。

近代以来，新型知识分子崛起，在反对封建制度、建设近代国家、培育"新民"的过程当中，许多思想家意识到思想启蒙的重要性问题，纷纷对史学进行了思想层面的结构、价值及精神层面的改造。戊戌时期梁启超等人提倡新史学，提倡民史，用西方的进化论思想来统领史学，做史学的指导思想，并以研究群体演进史为统领，重新架构历史，用历史来说明普通百姓人群进化之理，否定了帝王将相，所以这是一次史学价值观的革命。

20世纪30年代，以"中央研究院"历史语言研究所为中心崛起了科学史学派，一般也叫史料学派。他们主张历史学应科学化，主张吸收西方自然科学中一切有用的方法，研究历史，强调史料即史学，有一分史料说一分话，没有史料就不说话，排斥一切史观。与此同时，马克思主义史学崛起，马克思主义史学家们主张将马克思主义理论作为史学研究的指导思想，指导并改造历史学，然后用该理论解读并建构历史学。马克思主义史学的崛起与进化论史学有异曲同工之处，两者皆用史学为自身的政治目的服务，或用史学为"维新变法"服务，或用史学为"无产阶级革命"服务；两者都在建构自己的意识形态。这说明历史学有自己的意识形态，有独特的道德观和价值观。每个时代的受教育者都会接受不同时代的历史学，受相关史学价值观的影响，也会受到相关学派不同历史学家思想方法的影响。

从宏观角度来讲，任何学史者不管属于何种学派，都有一个人类最基本的价值观融会其中。所以，历史学首先要明确道德理念，增添人文精神，知道什么可为，什么不可为，道德修养会对人有独特的道德约束，人类社会中有大量的人间禁忌、道德禁忌、伦理规范，要在历史叙事中强调。在古代史学中，有三纲五常的规范；近代以来人文规范增加了自由、平等理念，摈弃了封建时代的旧观念，保留了人类核心理念。所以在历史著述中什么能说、什么不能说，历史学家在梳理资料的过程中，是有价值判断的。历史学家在评价人物和评价某些事件的过程中，自然而然地将自己的道德观、价值观投射在历史作品当中，读史者自然会潜移默化地受到史学中道德说教、道德理论、道德规范的影响，或直接或间接地受其影响，所以历史学的明德和益智，是一个事物的两个方面。

那我们再谈谈史学的益智功能。我们常说学史可以明智，为什么学史可以"益智"？就是因为学过历史以后，人就会变得比先前更加聪明。历史本身就是人类过往智慧活动的场所，客观历史是人类社会发展的历史，人类的智慧、经验、教训，所有一切过往的信息都融入历史长河当中，是一种全息的影像，只有通过历史研究的独特方法，才能将这些历史信息转变为人们能够理解的信息。我们研究历史，就可以去一一寻找我们感兴趣的东西，历史学就是以这些客观事实作为研究对象，运用历史素材构建了历史学知识体系。所以，历史学包含了大量人类的经验教训，人类的智慧，当我们看到丰富的人类经验之时，自然会受到教育，提升认识世界的水平，使我们认识社会的智能、判断事物的能力，都得到很大的提高。我们通过研究历史人物，就会发现人的一生其实是很短暂的。那些皇帝、贵族都想长生不老，他们有无限的权力，有动用资源的能力，但是谁也都没有做到真正的长生不老，读史之后对这个问题就应该看得很淡。我们通过研究历史人物，了解他们的成长经历，他们的悲欢离合，他们的成功喜悦，他们人生当中的跌宕起伏，他们经历中无论是辉煌还是失败，就像画面一样在我们眼前闪过，都能给我们以视觉的冲击，思想的冲击，灵魂的冲击，所以会提高我们的明智水平。

我们在历史中也可以看到一个国家的兴亡、一个民族的兴衰，若去追溯其原因，无非是经济力量、军事力量，还有文化力量、科技力量的变动。我们再看近代东西方社会发生的重大变化，起决定作用的，有制度力量、科技力量、军事力量、教育力量以及综合软实力。

西方资产阶级生产生活方式所蕴含的力量要比封建制度更加强大，近代西方列强的发展与对外扩张，使我们遭受到侵略。但是列强因何强大？主要还是其制度先进，在国内已经建立起了资本主义制度，实行君主立宪或议会民主制度，有人权，有选举权与被选举权，有财产私有权，有专利制度，其国内人民安居乐业，其内在创造力都能得到巨大的释放，科技发达，人们普遍受到教育。这些都给读史者以启示，也会使我们因新信息的获得而愈加聪明。所以人才兴则国兴。近代思想家也认识到，少年之中国兴，老年之中国衰，中国有年轻人就有希望，年轻人愿意去接受新事物，可以重新带动这个国家的发展。所以通过读史能感受到大量信息和各种各样的经验教训，可以使我们获得更多的人生阅历，使我们更加聪慧。

一个人所经历的事情是有限的，但是我们通过历史看到各个时代，各个国家，各色人类，历史上各式各样的人，各个阶级，各个阶层，他们的生命过程我们都可以看到，然后用之观照自己，就会得到丰富的经验和教训，提取相关的信息，加工这些信息，就会使我们变得更加理性，更加聪明。

（二）史学具有培育人文情怀的育人功能

历史学有培养人文情怀的功能。我们说历史学是人学，历史学是关于人类历史发展变迁的一门学科，它渗透着对人的关爱，所以历史学既是价值学，也是道德学，更是人文素质学。我们觉得人们读史以后，自然就会受到历史人文的感染，就会自然而然地关心民族的前途和人类的命运。

史学具有培养人文情怀的育人功能。历史学记录的就是人类社会的历史发展，它是研究人类前途命运的人文学科，它本身就具有这种人文情怀的育人功能。历史著作是由历史学家们所写成的，历史学家在写作的过程中，会把这种人文情怀带到历史的叙述之中。我们经常听到历史学院的学生谈论学习中国近代史的动机，大体意思就是在读史的过程中，受到了近代史上爱国主义的感染，感受到了民族尊严受到伤害后的痛苦，所以强烈要求要学习中国近代史，因为近代中国遭受帝国主义列强的侵略和欺辱，被强加各种不平等条约，被迫割地赔款，所以他们想要研究这段历史，沿着历史寻找一些爱国主义因素，研究近代中国之所以失败、之所以软弱的原因，希望能找到一把开启民族富强大门的钥匙。这种感觉实际上就是民族认同感，实际上就是一种民族意识，一种人文精神，体现着人与历史的关系以及历史对人的精神影响。因历史学本身是人文学科，本身就是关注人类命运的学科，所以历史学家所记录的都是人类命运问题。将王朝的兴灭、人们的流离失所等天灾人祸记录下来，表示同情，并希望在将来找到解决问题的办法，所以学完历史以后人会自然而然地增加人文情感，不知不觉地接受人文精神。

史学的这种育人功能，就是要培养人文精神、人文情怀，关心国家大事，关心人类民族命运，关注民族自身的命运，把自身的情感、命运和历史上人类的命运结合起来，这是历史学家的情怀。在撰写这样的历史当中，也必然会感染所有受教育者和读史者。另外，历史学作为人文学科，不管作者处于什么样的地位，出于什么样的目的，只要尊重客观历史事实，只要客观书写历史过程，就会使人产生这样的情感。为什么这么说？因为历史学要记录人类的兴亡发展，各民族的兴衰史、发展史，这里既有悲欢离合，也有痛苦的选择，不管怎么讲，都会把对人的关心、对人性的关怀、人的情感包含在里边。道德、情感、情操，都是历史学本身所具有的人文情怀。

（三）史学具有使人养成理性判断的育人功能

理性判断指人在正常思维状态下为了获得预期结果，有自信与勇气冷静地面对现状，并快速全面了解现实，分析出多种可行性方案，再判断出最佳方案且对其有效执行的能力。理性是基于现有的理论，通过合理的逻辑推导得到确定的结果。反之就是反理性。史学具有使人养成理性判断的功能，因为史学本身就是理性的。黑格尔曾说历史就是一部理性发展史，历史实际上是人类理性的发展，绝对精神的发展史。历史是有规律的，历史在演进的过程中是按照自身规律演进的，是不以人的意志为转移的，具有客观规律性。所以我们研究历史时，必须尊重历史的客观性。

历史学虽然是具象的，但绝对不是杂乱无章、可以随意杜撰的，而是有清晰的内在逻辑的。我们要尊重历史的真实性，首先要考证历史资料的真实性，还要考察历史事物之间的因果关系。但我们在阐释的时候可能会调动情感因素，但更应尊重历史真实，因历史的发展是不以人的意志为转移的，必须客观地去认识它，而不可能去改变它。虽然我们为历史上的很多现象感到惋惜，比如某次革命马上就要成功了，结果却失败了；一个重要人物正当壮年应有美好的前程，却突然陨落了；等等，虽有遗憾，但这一切都是不可能改变的。历史过程充满了客观性，有历史内在的规律性。历史的各种事物之间有大量的因果联系，有什么样的因就会结什么样的果，所以研究历史的时候，就不能忽视这些东西。史学家研究历史，写出一部比较令人信服的历史著作，一定是尊重历史，尊重客观事实，绝对不能伪造，这是治史的基本原则。

严谨的治学理念对人的培养，对增强人的理性意识及理性判断的能力是有益的。治史之人，在意识中一般会或多或少增加理性色彩，尊重事实，冷静地看待问题。因为事情是有因果关系的，它不会因为人的情感而发生改变，只能客观冷静地看待事实发展。我们固然可以再现历史的某些现象，通过历史研究的方式，在尊重客观历史资料的前提下，验证历史学的方法；我们去描述、叙述那些历史过程，去再现历史上轰轰烈烈的场景，那些辉煌的场景是可歌可泣的、辉煌灿烂的，就像电影一样展现在眼前，我们也会因此受到一些感染，但我们没有办法改变历史事实本身，只能冷静地做一个旁观者去看待它，去研究它。因为我们无法改变这些东西，无论是好的还是不好的，都只能去观看，去阅读，去欣赏，去体验，这也是一个理性的认知过程。

历史会按照其自身的规律去发展，看似历史当中一些不经意的事情是偶然的，其实背后都有着一些规律性的东西在支配着，历史绝对不是杂乱无章的，历史也绝不是随意的，历史上突发事件之间都有内在的联系。当我们完全了解历史的这些特性后，再看历史，就比较理性了，因为这一切都是有内在因果联系的。

理性判断就是基于现有的理论，通过合理的逻辑推导得到确定结果。说历史是一门理性的科学，就是因为它给予的知识都是确定的，历史事件基本上是确定的；历朝历代、世系兴亡年表、时空位置都是确定的，包括历史演进的过程，我们是可以通过逻辑推导出来的，这些结论性的东西不违背常识，却能够辅助人类的理性发展，因为带有规律的事物都是大概率的东西，所以，在此基础上得出的结论也都是理性的。

正因为历史学具有这种理性的要素，在尊重客观历史的情况下得出的结论应是比较客观的，它所给予的知识也是基本可信的，否则就不能称之为历史。由于依据的史料是真实的，那么，有关历史的年代、时间场景，以及人物生平，大体是不错的，与历史真相基本上是吻合的。在这种历史熏陶下，人们在读史的过程中，一定会受到理性主义的训练，它不是感性主义的东西，而是理性主义的东西。那么这种结论性的东西，是在已有的客观知识或者客观事实的基础上，经过逻辑推导得出的一个自然的判断，即理性判断。

（四）史学具有培养人们爱国观念的育人功能

史学具有培养人们爱国观念的育人功能。什么是爱国？爱国就是对生养自己的土地和人民以及文化的一种发自内心的眷恋和深深的爱。这种情感是和自己出生地、与自己的童年联系在一起的，是和陪伴自己生长的父母联系在一起的，所以我们说爱国爱家，爱家然后才能爱国。如果这种爱国成为一种执着的信念，那就是爱国主义。爱国主义有前近代的爱国主义、近代爱国主义、现代爱国主义之别。前近代爱国主义就是王朝时代的爱国主义，是爱封建王朝，是以忠君爱国体现出来的。近、现代爱国主义是爱自己的国家，爱自己的人民。因为近代以来的国家是国民国家了，人民当家作主了，爱国是爱自己的祖国，因为自己是国家的一分子，是公民。所以爱国主义是有丰富内涵的，不同时代的爱国主义内涵是不同的。爱国主义不是一句空话，它是发自内心的对自己的文化，对自己的民族，对自己的国家的一种热爱，是儿女对父母的热爱。所以爱国主义是非常朴实的，自然生发的，不完全是靠灌输就能得来的。

中华民族先人为了使民族生存发展而顽强拼搏、奋斗的历史恰恰是培育爱国主义最重要的思想素材和情感源泉。一部重要的乡土教材也是历史学所探讨的，我们先辈的奋斗足迹，我们的家乡，我们国家的一草一木、古事古迹，都能打动人们的爱国热肠；我们的文字，我们久远的历史，我们祖先奋斗的足迹，我们民族的丰功伟业，我们民族在历史上遭受到的各种磨难，我们国家所取得的巨大成绩，我们国家的兴旺发达，都是非常好的教材，是能动人心魄的教材，所以历史是爱国主义最好的读本和教材。

历史学在培养国民的国民性，培养国家认同感和民族认同感等方面是不可缺少的，甚至是最重要的，正因为历史的重要性，所以世界上任何国家、任何民族都非常重视历史研究，重视历史教育，重视历史著作在传承、记录本民族丰功伟业在历史沿革中的重要地位。历史虽是无声的语言，却能够给读者以潜移默化的影响，能调动他们爱国的情怀。民族史实际上就是本民族祖先的奋斗史；乡土史，是写自己家乡的一草一木、写自己熟悉的环境，能勾起儿时美好回忆的历史，读起来非常亲切；家族史，是写自己祖先的奋斗史，了解自己生命的由来与血缘的演进与演变。这些都是历史中很重要的部分。读史是最能让人产生民族认同感和自豪感的方式。

我们知道自己是中国人，就要读中国史，就应该知道我们民族几千年来在东亚大陆上奋斗发展的历史。我们的先辈在不断拓展自己的生存空间发展自己，不断融合其他民族使自己民族发展壮大，在这个过程中经历了一次次铁与血的战争，统一与分裂，和平与战争，这都是我们民族奋斗的历史内容。到了近代，我们民族又经受了西方列强的冲击，一次次较量，一次次失败，一次次觉醒。近代先贤在受到了强烈的冲击后猛醒，纷纷走上了向西方学习，探求救国救民真理的道路，留下了大量珍贵的历史足迹，包括中国共产党人的奋斗历史，探索社会主义救中国的道路，这些都是非常重要的历史构成。古史古迹都能打动我们的热血心肠，使我们产生强烈的民族认同感和自豪感。

为什么我们是黄皮肤，为什么我们用汉字，为什么我们的出生地是在东亚大陆，我们国家的发展足迹是什么样子，只有去回顾历史，去追溯历史，才会了解，才能找到答案。我们民族面临怎样多变的世界？强敌环伺，我们发展遇到哪些困难，我们与世界主要国家还有多大差距？这些都需要了解。总之在培养民族自豪感的同时，还要增强民族的危机意识、民族的忧患意识、民族的奋斗意识，这些都是爱国主义所应有的内容。

（五）史学具有传导先进思想理念的育人功能

史学具有传导先进思想理念的育人功能。我们讲的史学是人文学科，是人学也是思想史。史学的范围很广，举凡人类主体的活动与实践，人物的思想、人与社会、人与人的互动关系，都是史学所要研究的问题；同时，我们讲的史学也是价值学和道德学，它有价值判断和道德判断，它对过往人类历史中一些核心命题都要进行讨论，要进行记录并评论思想家的言论，过往的一些先进的行为和规范，都是史学所应记述、所应描述的。历史学在记录、传承这些新的文明、新的思想的过程中，也具有了传导、传播先进思想文化的功能。古代先哲的思想能够流传下来，都是拜史学赐，因为历史学有记录的功能，它把人们的思想、言行、文字记录下来，我们因此能够看到几千年前孔子、孟子及诸子百家的思想文本，才能了解他们的思想。

人类之所以不断地进步，就是有一批先进人物在引导民众，他们像明亮的灯塔，他们的思想是炽热的阳光，指引民众冲出黑暗，奔向光明，所以人类的进步需要一些智者的引导、思想的引领。"天不生仲尼，万古长如夜。"上天如不造就像孔子这样伟大的人物，那么万古就像漫漫长夜一样黯淡无光，强调伟大思想家的伟大思想有无穷的智慧能量，这种思想可以穿越时空，放之四海而皆准，推之百世而不惑，这种真理放到哪里都具有普遍意义。正因为它具有跨越时代的普世价值，才能够引起人类共鸣，让人类共享其智慧。

西方近代思想追求自由、平等、博爱，它是资产阶级提出的口号，也是建设资本主义社会的伦理道德行为。当资产阶级成长起来之后，开始争取自身在政治上的权利，要求打破封建世袭的等级特权制度，确立自己的统治地位，要向传统的封建等级制度提出挑战。主张个性自由、人人平等的思想在西方资产阶级革命中，特别在欧洲各国的资产阶级革命中发挥了巨大的作用。鸦片战争后不久，这些思想也相继传入中国，产生了巨大的影响。

西方近代科学思潮对中国的影响极大。达尔文的进化论思想经过西方社会学家的不断解读，逐渐形成了社会达尔文主义，后来由严复译自赫胥黎的《天演论》著作，将进化论学说传入中国，并在中国的思想界引起了极大的震动。中国近代思想家们普遍接受了进化论的"物竞天择，适者生存"的观点，这种观点使中国的思想家获得了巨大的动力，产生了强烈的危机意识。他们积极阐扬中国人必须努力奋进，否则就会被天然淘汰。他们不甘心我们这么一个伟大的民族陨落，成为西方人的奴隶，所以要自强。这个学说在近代中国有积极意义，并且该学说已经融入中国近代思想的各个领域。进化论已然成为近代诸学科指导思想和价值体系，自然地也成为"新史学"的指导思想和价值评价体系。一种理论能对中国的思想界产生这么大的影响，实在不多见。

对近代中国影响较大的先进思想还有西方的自由、平等、博爱等观念。这些思想传到中国后，也对中国思想家产生了极大的影响并成为近代思想家所追求的理想目标。

在近代，中国资产阶级为推翻封建专制制度而进行的辛亥革命，所遵循的都是西方的宪政民主制度，尽管他们并没有完全照搬，但仍可以感受到这种先进思想的推动作用。孙中山在就任中华民国临时大总统就职宣言中，就特别谈到了"五族共和"、民族平等，保障个人权利的问题。摧垮一切封建旧制度对人身的束缚，给人民以自由，这是很重要的思想标志。五四时期，强调民主与科学，强调思想自由，主张打破思想枷锁，这些都是有积极作用的，从中可以看出历史的进步。

某种意义上，历史的发展，有时是某种先进思想推动的结果，即先进思想成为历史发展的内在动力，灵魂的自由、思想的独立、灵性的解放，这些都是人类所追求的崇高的理想。

中华民族追求崇高的思想，并非始自近代，在古代时就在不断追求了。其中，儒家学说大同思想就早已成为历代仁人志士追求的目标。《礼记·礼运》论述道："大道之行也，天下为公。选贤与能，讲信修睦，故人不独亲其亲，不独子其子，使老有所终，壮有所用，少有所长，鳏、寡、孤独、废疾者皆有所养。男有分，女有归。货恶其弃于地也，不必藏于己；力恶其不出于身也，不必为己。是故谋闭而不兴，盗窃乱贼而不作，故外户而不闭，是谓大同。"在天下为公、选贤任能的社会，在少有所教、中有所望、老有所养的社会中，每个人都能找到自己的幸福，路不拾遗，夜不闭户，社会自然良好，人们相亲相爱，到处充满公平正义。这种理想的社会我们的古人就曾作了详细的描述。这段经典论述深深镌刻在历代知识分子的脑海中，成为人人追求的理想。所以，到近代马克思主义传入中国以后，由于马克思主义提出的共产主义思想非常契合中国古代的大同思想，甚至可以说两者具有同构性，很快就受到中国近代知识分子的信奉，成为追求共产主义理想主义者的奋斗目标。由知识分子的理想追求，演变成了中国的无产阶级革命。上述先进思想在人类历史中占有重要地位，由历史的记载而流传的先进思想一直对后世产生持续影响，传导先进思想并对读史者产生重要的育人功能。

五、史学的借鉴功能

史学具有借鉴功能，即能够为人们的实践活动提供历史的经验和教训，以史为鉴，避免重犯人类历史上曾犯过的错误。"夫以铜为镜，可以正衣冠；以史为镜，可以知兴替；以人为镜，可以明得失。""以史为镜"讲的就是史学的借鉴功能，借历史上的成败得失作为鉴戒。著名的史学著作《资治通鉴》，就是为皇帝提供历史借鉴的。本节围绕着史学的使人见贤思齐、使人开蒙化愚、使人抑恶扬善、使人戒惧规避等借鉴功能进行讨论。

（一）史学具有使人见贤思齐的借鉴功能

借鉴，就是以某事为戒吸取其经验教训之意。借鉴功能是学界普遍认可的史学功能之一。历史中有大量的经验教训值得我们借鉴，其中"见贤思齐"就是史学借鉴的重要方面。见贤思齐的意思就是看到别人有贤明之处，有好的品德，包括有好的学问，我们就应向他学习，向他看齐，把他作为学习榜样。对方有值得我们学习之处，我们就向他学习，复制他的成功经历。过往的人类社会在演进过程中留下了无数人生经验、人生教益，史学就可以将这些再现出来，复制出来，将历史上已经逝去的人物、场景、时间等内容复制再现，进行重建。过往的历史遗存下大量的历史信息，有文字的，还有图像的，可以直接学习和体会。史著中对于历史人物的丰功伟绩会大书特书，保留并评价历史上伟大人物的思想、高尚品格及其善行壮举，有大量的素材可供我们学习。

孙中山就常常以"洪秀全第二"自居，显然，他为洪秀全的反抗暴政的革命精神所感染，洪秀全是广东客家人，孙中山也是广东客家人，洪秀全反清，孙中山也想反清。从这个意义上来讲，孙中山是把洪秀全作为反清的英雄榜样来看待，向他学习，借鉴洪秀全的做法，见洪秀全之"贤"，思洪秀全反清之"齐"。另外，在中国近现代史上，蒋介石、毛泽东都非常崇拜曾国藩。曾国藩是清代中兴之臣、理学大家，在品德方面一生对自己严格要求。曾国藩、毛泽东都是湖南人，曾国藩治军有方，这也是毛泽东敬重他，向他看齐的地方。王阳明作为哲学家，他的心学亦为后世推崇。在史学中讲见贤思齐功能，最有说服力的就是历代士大夫对孔孟学说的复制，对孔孟学说中所立某些标准的"见贤思齐"，这就是历代士大夫对士君子人格的追求。按照孔子的一些说教严格要求自己，这都是"见贤思齐"育人功能的具体表现。

（二）史学具有使人开蒙化愚的借鉴功能

史学借鉴功能中还有"开蒙化愚"的借鉴功能。所谓"开蒙化愚"，就是使人从蒙昧状态中解放出来。"开蒙"为启蒙之意，"化愚"为消除愚昧，使人变聪明之意。"蒙""愚"都是蒙昧、愚钝、不聪明的意思。"开蒙化愚"作为历史学的功能，就是使人从混沌、不理智、不聪明的状态，进化为启蒙的状态、明白的状态、聪明的状态。历史学借鉴的功能很重要，我们在读史的过程中，大量历史信息会从历史著述中不断地涌现，冲击读者的大脑，被其体会并吸收，读者获得的这些大量信息，又会迅速扩展其思域空间，使之变得更加聪明，突然发现原来历史如此丰富、新鲜、有思想深度。这会促使他去思考一些新问题。在视野开阔以后，就会发现历史上一些历史人物的伟大思想、伟大行动，经过比较会发现自己原来的想法非常幼稚可笑，促使其进一步改变愚钝的想法，这也是"开蒙化愚"借鉴功能的另一种表达。

学史之人，就是要通过学史达到"开蒙化愚"的状态。历史上有很多伟大的思想、伟大的壮举，都可以被史学开发，让其变成启发民众的思想利器，使人们获得启迪。一个读史者，当他学习历史时首先受到的教益是开蒙明智，使自己从不知道变成知道，由知之甚少变成知之甚多。历史是人类过往活动的过程，人类所有的经历和信息都汇合在历史长河之中，那是人类智慧最珍贵的宝库。所以当人们熟读历史之时，历史中波澜壮阔、惊心动魄、命悬一线、力挽狂澜等丰富的场景，会给人们以极强的想象冲击，获得丰富且难得的教育经历。了解历史时代丰富的人和事，了解历史人物的丰功伟绩，了解历史上波澜壮阔的复杂场景，这就是"开蒙"，就是从无知走向有知。简单地说"开蒙"就是通过借鉴历史，丰富自己的思想，开阔自己的视域，深化自己的认识，从而达到"开蒙""化愚"的目的。世界上有许多很聪明、智商很高的人却常做愚事。所以愚蠢不单指智商问题，也有可能是缺乏见识的问题。缺乏见识易造成愚钝固执、视野狭窄、目光短浅、缺乏气派，不知世上生灵百态各崇所需，不知世界上瞬息万变，只知墨守成规，以自己为中心，理想化地看待一切。历史上的统治者总觉得自己的权力至高无上，或者觉得自己无所不能，这就是愚蠢的表现。寓言故事"井底之蛙"所讲的就是这个意思。井底之蛙因环境所限，只能看到极小部分天体，若认为看到的是全部天体，那就片面了。历史上这种人不在少数。人们经常说人上有人，天外有天，就是告诫我们一定要有戒惧意识，一个人在一个小地方可能是最优秀的，但是若放到整个的大背景当中，如放到大的地方，放到全省，放到全国，放到全世界是否还优秀，这个需要比较。我们很多技术在国内先进，那放到全世界是否先进？没有比较就没有好坏，没有比较就没有伤害。这个比较也体现为视域视野的扩大。没有这个视野，就会妄自尊大，慢慢失去理性，就会变得愚蠢。

历史能给我们无限的思考空间，历史上有无限的经验教训供我们选择，历史中各种复杂的现象会刺激我们的大脑，让我们变得明智。历史上不光有成功的喜悦，更有失败的悲伤；不光有必然性，还有偶然性、或然性。历史固然受必然性支配，但其表现形态为大量的偶然性，切不可为偶然性所迷惑。更要重视历史演进中的或然性，或然性往往表现为某种趋向性事件的同时显现或爆发，往往表现为突发事件，因这些突发事件可能也是某些带有规律性的因素的积累，带有客观规律性，它们可能或可以在不经意间延缓或改变历史发展的进程，或者使之偏离原有发展方向。历史演进中这种现象不在少数。所以不能无视生活中的小事，各种小事的集中爆发就一定有内在的规律性，就一定考虑事物之间的联系，把事物之间的复杂关系弄清楚，而不盲目武断，以自己的本位主义视角来观察问题或者进行决策。个人如此，集体如此，国家也是如此。国家的决策者是人，是人就会有人类共同的缺点，也存在一个视野的问题，所以我们这里讲的史学的"开蒙化愚"功能是适用于所有人的。

（三）史学具有使人抑恶扬善的借鉴功能

历史还具有使人抑恶扬善的功能。所谓抑恶扬善，就是遏制恶的东西，宣扬善的东西，遏制那些恶劣的行为，那些非人性的、人性恶的东西、不好的东西；弘扬那些善的、好的东西，这是史学一个充满正能量的功能。

历史虽然是我们人类过往活动的过程，因历史的主体是人，是人类群体。人是有欲望的，欲望也有善恶，人的动机也有善恶，所以在过往的历史场景中充满了大量各种各样的事迹，有各种各样的画面，有好的也有不好的，有恶的也有善的。战争中的杀戮就是人性恶——兽性的表现。历史上的统治者横征暴敛，滥杀无辜，制造人为的暴政；或者好大喜功，不按规律办事，改变原有的生态，造成重大人为灾难。其后果是什么？纵观历史上那些暴君、佞臣，很少有善终的，即使他本身善终，其恶行也会殃及自己的政权，殃及自己的子孙，都没有好的结果，他们都会有相应的报应，所谓"天网恢恢，疏而不漏"是也。历史学者在整理这些材料的时候，一定也是有动机和价值判断，这种动机和价值判断就是基于人类理性，将这类事情作为反面教材整理出来，以书籍的形式供人们阅读，使读史者详知事件的来龙去脉及其后果，产生共鸣，同时会自动形成价值判断。从抑恶扬善的角度，这些都是需要反思的历史教训。

从历史学角度看，在历史的演进过程中凡事都会产生后果，种什么因，结什么果，种的是恶因，结的一定是恶果。从历史时代的王朝看，秦王朝是个依靠暴力而强势崛起的王朝，依靠武力征服各国，迅速建立了全国统一的政权，结果只存续了15年。这个王朝留下大量令人深思的东西，很值得人们思考。其统治方式中有很多残暴的东西，有很多违背人性的东西，虽然它迅速强大起来了，但是没有办法持久。秦王朝的教训已成为中国历代统治者皆引以为戒的案例，自然有许多讨论，自秦之后继起的汉朝统治者就明确吸收了秦的教训。如汉代儒学的兴起，最典型莫如董仲舒的一些理论，最能说明问题。

中国历史上的蒙古人建立的元王朝也是比较短暂的，存续时间不过百年，其中一个很重要的原因，就是他们采取野蛮的统治方式，要强行改变汉族人民传统的生产生活方式。因汉族原有生产生活方式是数千年不断适应当地的土壤和气候而形成的，已经形成了较为完整成熟的农耕文化，因此对其进行任何颠覆性的破坏，都会给当地的社会经济生活带来冲击，造成社会的大动荡。蒙古人属游牧民族，社会发展程度较之汉族落后，却重演了历史上落后民族征服先进民族的历史现象，他们不想改变自己的生产生活方式，却想用自己落后的生产生活方式改变被征服者先进的生产生活方式，统治中原，不希望自己被同化，所以，一旦式微就只能被赶跑。

满洲贵族入主中原统治人口庞大的汉族，因满族早期也是一个汉化较深的民族，只是生活习性、生产关系、阶级关系都较汉族落后。但作为统治民族都有自己高傲之处，都想保持自己的民族特色，但仅剩下所谓的"国语骑射"而已。到了清朝中期，统治阶层一再为此而忧虑，但置身在汉民族的汪洋大海之中，自己的民族特性很快即所剩无几。许多研究者认为，由于满族主动并成功地完成了汉化，才使该政权能够较长时间地获得延续，该观点有一定道理。但从另一角度看，满族在历史大势面前也不得不汉化，否则难以生存。

史学所具有的抑恶扬善功能，即遏制人性恶、弘扬人性善，积累文明成果，鼓励人们远离野蛮和黑暗，奔向光明，选择先进而健康的生产生活方式。史学的"抑恶扬善"借鉴功能既可以针对个人，也可以针对一个群体、一个政治群体。对个人而言，读史的过程会形成一种价值判断，史学本身是有价值判断的，任何人写史，哪怕是参与官修史书也会有价值判断。这种史观可能是正统史观，或者是民间史观以及各式各样的史观，然而无论什么史观，只要是历史著述就必须尊重历史事实。在官修史书中，也有专门设立表彰英雄业绩的传记，更有鞭挞暴君、佞臣、酷吏的记录，就是让后辈读史者知道什么是可为的、什么是不可为的。将这些历史书写出来，会给读者一种思想上的冲击，就会产生一种戒惧意识，认识到做一个人需要对自己的行为负责，对他人的生命、他人的尊严如何珍视的问题。所以这点是必须要讨论的，这是对于个人而言。对于一个政治群体，特别是统治者而言，这种抑恶扬善功能的作用就更大了。所谓治国理政，统治者除了掌握权力、巩固权力之外，如何把这个集体带好，如何把这个地区搞好，如何把这个国家带好，这应是政治家最大的政治目标之一。政治家要实现自己的理想，绝对要考虑民意，不能违背政治伦理，更不能违背道德底线。历史上确曾出现过基于统治者个人好恶而行的恶政，蔑视人类，蔑视人类生命价值，蔑视法纪，甚至蔑视天条，违背自然规律，但凡实行过此类措施的，大都会受到自然或社会的惩罚。违背自然规律的大兴土木，必然造成自然灾害；不顾人民死活的横征暴敛，老百姓不堪重负，超出了老百姓生存的底线，老百姓就要揭竿而起，历史上这些事例屡见不鲜。统治者在看到这些材料的时候，会感同身受，他们吸取教训，避免重犯先前统治者的那些恶行，在出台政策时必会有所收敛。

　　一般统治者都了解"水能载舟，亦能覆舟"这一民心向背的哲理，民心向背问题会对统治者产生一种约束的力量，促使其考虑人民的呼声。还有一点我们要强调的是，马克思主义史学强调历史是有规律的，是有因果内在联系的。自人类社会跨入文明的门槛以后，一切的历史都是阶级斗争的历史，但是绝不是一个阶级对另一个阶级完全的杀戮和征服。人类社会确实存在着这种斗争，这种斗争的双方固然是对抗的，然而也是可以商议、可以调和的，但绝不是有你没我、有我没你的那种社会对抗状态，否则，人类社会将陷入永不停息的争斗之中，社会将走向毁灭。现代世界仍然是以民族国家为主流的国家存在方式。假若人为地将一个民族分裂为两个阶级的对立，并且是对抗性的你死我活性质的话，那么这个国家将会被内乱笼罩，并将永无宁日，只要这种阶级斗争存在，社会不安定就会产生。中国历史上有着深刻的教训。新中国成立后，急于建成社会主义，于是搞"大跃进"，严重违背了自然规律，造成了严重后果，这一教训是要吸取的。

　　我们再说苏联，苏联这样一个庞大的国家轰然崩塌，众叛亲离，加盟共和国纷纷脱离苏联寻求独立。我们固然要把责任归咎于某些领导人身上，不该提倡什么新思维，上了美国人的当。这种说法略显陈旧，缺乏说服力。我们觉得还是要从制度及体制本身寻找问题，如大搞肃反运动，内部的大清洗弄得人人自危；大搞特权，使政权严重脱离人民。所有的不良政策、恶的政策一定会产生后果。苏联解体的后果是人所共知的，这些历史内容足以使人借鉴。

（四）史学具有使人戒惧规避的借鉴功能

史学的借鉴功能实际上又是劝诫功能，它有戒惧和规避的意思。我们为什么要研究历史，为什么要敬畏历史？因为历史是我们所有先人的经历之总汇，那里有大量的真理，有大量的经验教训，所以必须尊重历史，敬畏历史。如果对历史没有戒惧和规避意识，对历史没有畏惧感，那么人们就会犯历史性错误。历史上有好多东西对现实是有直接借鉴意义的，比方说"民心可用""水可载舟，亦可覆舟"，包括人民与人民生命问题，社会发展成果与人民共享问题，比方说如何提高人民生活水平的问题，这些问题都对现实有指导和借鉴意义。一般把人心不稳、人心浮动作为一个社会动荡的重要标志，所以一定要重视民心，这就是戒惧意识。戒惧意识的内容还有很多，历史上凡违背自然规律的人或事，最后都要受到上天惩罚，这些都是历史给我们昭示的一些戒惧意识，这个戒惧意识最后的结果就是弃暗投明的选择，它是历史给我们的一种借鉴，给我们的一种选择，指导人们选择光明之路。

人们规避什么？规避的是人生风险。历史上有很多事是具有重演性的，一旦某一件事满足了重演的条件，它就会重演，所以我们要学会规避，个人要学会规避，一个民族也要学会规避，一个国家也存在规避问题。环境污染就是一个可以不断重演的事物，西方国家已经走上了先污染后治理的道路，那我们就不能再重犯这样的错误。因为它是带有规律性的，我们就有可能遵循规避原则。

人性就是趋利避害，逐利是人的本性，如果对人的欲望没有进行合理控制的话，欲望就会膨胀，在社会法治不健全的背景下，人的欲望的释放就会无序化，谁都想去获得矿物资源，那就会无序开采；谁都想疯狂砍树，可以用来换钱，如果不去限制或惩罚的话，树木就会被砍光，森林资源就会枯竭，山就会变成光秃秃的山。使用技术也是一样，如果对那些掌握先进技术的人不进行道德教化，不进行行为规范的限制，就可能让不懂技术的人蒙受损失。例如，在计算机高手面前，我们使用计算机的用户的所有信息，如电邮密码、电脑里的信息不存在任何秘密，如果被他们随意获取、泄露，就会造成重大损失。所以限制人们的欲望，使之向着合理可控的方向释放，就是一个很郑重的公共话题。

上述话题还存在着多重选择：对于人性欲望应重在限制，使之向着合理、有序的方向释放，这是在社会设计上规避风险的办法，包括在制度设计上对行政权力的限制，通过法律规定保护普通百姓的权利，防止被恶意侵犯。通过道德说教提高人们行为的道德考量。水可载舟，亦能覆舟。哪个时期哪个朝代让老百姓过得好，就会得到老百姓的拥护。关于国共内战，当时的民心向着中国共产党，所以最后解放军获得了胜利。民心向背也不是什么深奥理论，讲得很遥远、很缥缈的东西是离老百姓很远的，老百姓能不能有田种，有工做，能不能过得好，能不能得到一些实惠和利益，这是与老百姓切身相关的，需要统治者关注和引导。

历史为什么有使人戒惧和规避的功能，因为历史里面存在着大量可以引发人们思考和反思的内容，有成功的经验和失败的教训。民心向背永远是历史上的一个规律性的东西，因为历史的主体是由人民群众所构成的，人是有欲望的，人是有需求的。芸芸众生，普罗大众，他们不仅有生存的要求，还有发展的要求。如果当政者能够明白这一点，就应当尽力满足民众的需求。在西方国家，议会民主制是用投票的方式来选择自己需要的领导人，他们选择对自己更有利的领导人，希望在施政上能改善他们的处境，改善他们的生活。选票的投向表达着自己的选择。历史上在集权专制的国家中人们无法投票，那就只能用脚投票，选择离开，或者积怨积压了起来，最后积聚成破坏性力量，酿成国家大乱。在中外历史上这种事情太多了，传统王朝的更替重演的大都属于此类。所以统治阶级的戒惧意识非常重要。

对于个人来讲，敬畏历史，戒惧历史，就会使人弃暗投明。这也是历史学戒惧功能的一个重要方面。实际上历史上大量的经验教训，经历史学的记录及整理就形成历史学的戒惧功能，会使人产生一种戒惧意识，同时产生道德判断。所谓弃暗投明，就是放弃黑暗，奔向光明，放弃没有前程的人和事，奔向有前程的人和事，放弃野蛮，奔向文明，放弃落后，奔向进步。历史演进的过程，其总体趋向一定是从落后走向进步的，有时在一个很短的时间内我们可能感受不到，然而若将时间放长，即长时段地进行观察就会发现，历史确实是遵循这个规律的。一个社会在百年的时段内，一定会有明显进步，或者明显的落后，或者存在反复。若从一个更长的时段来看，人类历史一定是从落后走向先进，从蛮荒、野蛮走向文明的，社会生活面貌日益丰富，这是不争的事实。这也是马克思主义史学的基本共识。当然，站在历史长河上看，这个落后与进步都是相对而言，在有些地区是先进的东西，但在有些地区就成了落后的东西了，在有些地区已经是落后的东西，但在有些地区则被视为先进的内容了。先进与落后之分，在不同的时空内固然有其相对性，却也是有着固定的标准的，总不能把落后的东西视为先进。从宏观角度讲，历史上那些违背人性的恶的、坏的、野蛮的东西，一定会被好的、善的、文明的东西所战胜。

从人性的角度来看，历史的主体是人，人性有善有恶，人的欲望有善有恶。人的欲望也有强有弱，但是有一条基本准则，那就是人性都是趋利避害的，人往高处走，水往低处流，就是对人性的一个比较直接的表达。所以，当人们熟读历史后就会发现历史规律中有一个基本取向，就是人们在进行选择的时候，一定是选择对自己有利的、光明的、好的事物，去发展自己的人生，所以这种趋向在历史演绎当中也会看到。尽管人们趋利避害，却不能为了趋利避害而违背道德，更不能将自己的幸福建立在牺牲别人的基础上。如果违背了这条规律就会破坏社会的生态，特别是将颠覆社会原有的伦理道德体系。在古代专制君主身边的一些权臣，往往都是踩着别人的肩膀爬上去的，他们是帝王的鹰犬和打手，所以他们都没有好的结局，所以参透历史，一定要了解历史的因果联系，不能触犯规律。除了学习别人的长处，别人的知识和能力之外，还要有端正的人格，基本的道德素养，这样才能趋利避害。

历史总体上是由进步力量推动和引导的，历史研究着眼于长时段的考察，对于眼前现象，要穿透历史的迷雾去进行判断考察。我们只能通过一种长时段的考察才能看到一个事物的发展，往往在黑暗时代是看不到光明的，但是光明是最具生命力的，在光明没有绝对显露之时，它还会在黑暗之中不断地积蓄力量，所以，从历史上看，光明和进步显示出顽强的生命力，它推动历史的发展和演进，是长远的是有希望的。这个演进过程是不断走向进步的，尽管随时随地都会存在着斗争，这个实际上分为上帝阵营（代表进步、理性、正义、光明）和撒旦阵营（代表黑暗、感性、退步）的斗争，有光明、虔诚、自信，还有各种感官诱惑的斗争。

这种选择，往往给人们一个很大的诱惑和考验，虽说史学是使人弃暗投明的，然而一个人到底如何选择，其实还受到一些环境、道德因素以及利益的诱惑。所以当人们读史之后，如果能自觉地产生戒惧意识，了解历史事件的真相及其因果联系，才能做出理性判断，自觉地进行规避。

六、史学的预测功能

预测，是预先测算或推测之意。预测功能是历史学的一个非常重要的功能，不了解历史学的人，一般都会说历史学就是研究这些已经过去的没用的事情，与现实关系不大。实际上不是这样，历史是当下的过往，而当下又是未来的过往，它们之间是有着内在联系的。历史学研究过去，是为了展望未来，只有明确了过去，才知道当下的来历，才能推断未来的走向。所以历史学的预测功能是有依据的，因为历史是有规律的，是存在着必然性的，这是历史预测功能存在的前提。本节围绕着史学鉴往知来、防微杜渐、具有周期律的预测功能等三个方面进行论述。

（一）史学具有鉴往知来的预测功能

所谓鉴往知来，就是知道了过去的事情，能大概率地推测未来。从遗传学的角度来讲，我们看见爷爷了，看见父亲了，就能大体知道儿子应该是长什么样了。这叫生物遗传，生物遗传基因，具有重演性。民间常说的龙生龙、凤生凤，将门虎子，讲的就是这个意思。人的生物体是如此，人的社会性也有一定的相似性。历史是以人为核心的，是以人为主体的。那么人具有这种遗传性，他的思想性格也一定具有这种遗传性。我们常说的人如其人，讲的就是这个意思。历史也是这样，历史上的许多内容特别是思想、习惯等是可以重演的东西，历史演进过程中曾经重演过的东西，也可能时代环境有些不同，但是人们的欲望、需求等自然生物属性却是相同的，人的行为方式亦有很多相同的东西，所以我们必须研究人性问题。过往的一切，过往的一切历史，人类过往所有的事物，包括人的思想，都值得深入研究。

历史上的人，历史上的人的行为，历史上的人的思想，都是有因果关系的，都有一个相互之间的互动关系，可以表现为交叉关系、因果关系、从属关系、对等关系、延续关系、继承关系等，不管怎么讲，事物之间都有一个内在的联系。现在的历史和当下的社会，实际上都是过去历史的延续，我们研究的问题，都是过往社会的重大问题，因与当下有着密切的关系，所以才要研究，也有很多是我们不知道，现实生活中又需要知道，才会促使我们去研究。过往历史存的问题，也会大概率地在现代社会集中出现。如果在贫富不均的问题上，在政治上没有做好，那么经过若干年几十年后，就会出现其结果。我们知道了过往的历史内容，就会大致了解现在与过往的关系。是什么原因造成现代社会的样态，无论是好的还是不好的，都要从历史中去查找原因，一定能找到一些根据，我们知道了过去的一些事，也就大体上明确了当下，也就可以大致对未来进行研判。

关于未来情况，即所谓鉴往知来，就是对历史学预测功能的一个重要肯定。在中国民间有"三岁见老"一说，意思是说，看到了一个3岁的孩子特别聪明，特别好学，特别机灵，特别有礼貌，那我们可以判断，这个孩子将来一定会有出息。他那么好学，将来一定会成为在某一方面的专家。如果他对社会反应特别敏锐，知书达礼，遵守规矩，尊重老人，孝敬父母，将来很有可能成为一个尊贵的人。因为一个3岁小孩子能有这样好的表现，那他将来一定是错不了的，这就叫知现在断未来。

一个社会也是如此，当一个社会处于一个很平稳的发展阶段，人们安居乐业，法律也在不断建设并完善，人际关系非常平和，人人乐于公益，人心向善，都努力工作，乐于为社会作贡献，那么我们就可以预测这个社会一定是非常有前程的，是一个不断进步、持续进步的社会。相反，如果一个社会矛盾重重，统治者滥用权力，贪赃枉法，草菅人命，巧取豪夺，非常不公，小民随意被欺凌，投告无门，怨气甚深。那么这个社会，我们也可以预见它的前景一定是不被看好的，将来的社会问题就会积压繁多，又会出现很多新的问题。这方面可以列举的事例实在太多了，这就在实际上进入发挥历史预测功能的问题之中了。

鉴往知来的本质就是根据已知的历史内容，来判断未知历史内容的大致趋向。其理论主要是依据历史是有内在规律的，是有客观性的。不同的内在规律尽管有一些差异，但其客观性是一致的，这种客观性一旦启动，就按照自己的内在规律发挥作用，按照自己的轨迹前行，不以人的意志为准绳。由于历史有这种规律，预测的条件就成立了，预测的基础成立了，我们就可以大致判断了。

托夫勒的《第三次浪潮》、奈斯比特的《亚洲大趋势》、甘哈曼的《第四次浪潮》、尼格罗庞帝的《数字化生存》等，这些未来学著作都给予我们以鉴往知来的历史启示。以托夫勒的《第三次浪潮》为例，该书就是根据已知的历史内容、人类生产力的发展以及出现的一些阶段性规律的现象，大胆地对未来进行推测，并具体地预测了第三次浪潮的基本趋势和可能出现的一些内容。该书把文明分为三个时期：第一次浪潮农业阶段，第二次浪潮工业阶段，目前正在开始的第三次浪潮。第一次浪潮历时数千年。第二次浪潮至今不过300年。今天历史发展速度加快，第三次浪潮可能只要几十年。托夫勒认为：第二次浪潮把人类生活分成为生产和消费。市场第一次成为人类生活的巨大中心。经济市场化，同样发生在资本主义和社会主义经济中。以市场的规模衡量经济的增长，成为各国政治的首要目标。市场的存在与扩张，导致了生产率的猛增。但生产与消费的分裂，也导致了政治、社会、文化的深刻矛盾与冲突，影响到人们的家庭生活和两性身份，甚至个人的精神与个性。

工业化的后果，是所有以市场为中心的社会的反映。标准化、专业化、同步化、集中化、"好大狂"、集权化，这六个相互联系的原则，组成了工业化文明的法则，统筹安排了千百万人的行动，影响到人类生活的各个方面。它是生产与消费分裂的后果。根据以上内容，他大胆地进行了第三次浪潮文明内容的推测，强调了网络的发展、办公自动化、信息等内容，他特别指出不能使用第二次浪潮文明的政治结构，需要创造新的政治工具。强调变化的巨大浪潮正在猛烈地冲击着我们今天的生活。

20 世纪 80 年代《第三次浪潮》中译本刚出版时，信息化刚刚兴起，还没有广泛普及，那个时候还没有互联网，信息化工具还没有达到现在这样比较普及，比较繁荣，比较成系统的程度，但是他已经进行了大胆的比较准确的预测。现在看来，大部分的预测符合历史发展的趋势。甘哈曼的《第四次浪潮》也进行了大胆的预测。尼格罗庞帝的《数字化生存》专门探讨了数字化技术对人类未来生存的影响，因为将来人类都得适应数字化生存，离开了数字不能生存。当时笔者读这本书时确实还不能理解，而现在则完全理解了数字化生存这个问题。我们的身份证、银行卡、电邮、钥匙都是由数字密码组成，甚至面部识别系统都是通过数字来表达的，开密码箱需用数字，用身份证需要数字，开锁需要数字，车牌号都是数字，工作编号、班级编号、年级编号都是数字。所以数字化生存已经是现在更是将来的生存方式。这些都是根据已知的一些现象，最大可能地通过已知现象来推测未来的问题。

（二）史学具有见微知著的预测功能

见微知著是指在某些事件刚露出苗头的时候，就能大致判断出未来走向的一种预测功能。中国古代就有"纣为象箸而箕子怖"的典故。照正史的说法，商朝灭亡的"苗头"始自纣王开始使用象牙筷子吃饭，而王叔、太师箕子正是从这件小事上发现亡国的征兆。一般我们使用竹筷子或木筷子也完全能满足吃饭、夹菜的需要，但纣王却使用象牙筷子，箕子认为太奢侈了，连筷子都用象牙做，那其他方面也一定会奢侈的，由此可以判断它的奢华程度。箕子见象箸，以知天下之祸，说明了见微知著的道理。用象牙筷子事不算大，但它会引起连锁反应：象牙筷子不能配陶器，不能夹粗劣的食物，用象牙筷子的人不能穿粗布衣裳，不能住在茅屋下……奢靡之风日盛，亡国也就不远了。通过使用一双象牙筷子就能跟国运兴衰联系在一起，并引起了箕子的担忧，由此可见，见微知著也是一个预测问题。

腐败现象也可以运用于"见微知著"的历史预测。腐败是人类的共性问题，因为人性的欲望具有无穷性，金钱欲、权力欲、占有欲，这是人性问题，我们以前讨论过很多，就是人性在历史发展演进中的一些特征表现及其作用，所有的人性，都是趋利避害的，都是受欲望支配着的。声色犬马，贪恋权力，贪恋金钱，财迷心窍，权迷心窍，可以说贪腐是一个超越阶级，超越时空，古往今来，人类社会皆有的共同现象。同时贪腐问题也是一个王朝、一个政权变质或垮台的重要因素。如果一个政权贪污腐败大行其道，一般来讲这个政权就会面临很大的危机。我们可以通过"见微知著"原理预测该政权的前景很难被看好，除非与过去彻底切割，清除一切毒瘤，重建清明廉洁的政权，否则不可能有大的改观，因为贪腐具有传染性，而且一旦贪腐成风，就会造成原有社会规则的破坏，原有社会生态的瓦解。当社会规则被破坏了以后，社会关系就会发生重大变化。所以相关后果是有内在联系的，历代王朝、历代政府统治者无不非常重视贪腐的应对问题。关于对贪腐的治理，有的用道德说教的方式，有的用严刑酷法，抓住就杀头，明代更采用剥皮酷刑，仍没能阻止此类事件的发生。近代以来在西方，主要采用法律以及对权力采用制衡及限制的办法，防止贪腐事件的发生，但是仍然难以根绝，为什么呢？主要是基于人性的欲望，一旦有机会，就会发生。

以晚清鸦片烟毒盛行为例，通过史学"见微知著"预测功能的运用，也可以预测清朝国运的问题。鸦片战争前后，西方列强通过向中国贩运毒品鸦片，危害中国人民身体健康。当时西方输入的其他商品在中国根本卖不动，但鸦片却能卖得动，这是当时中外贸易中的一个非常诡异的地方。为什么鸦片能卖得动呢？因为鸦片的利润大，许多中国官商跟西方商人勾结，里应外合，帮助外商大规模向中国国内输送鸦片。当时的中国经济不发达，即使有钱人也没有什么更好的消费，也没有什么产业可以投资，更没有什么远大理想，所以，只能沉迷于声色犬马，特别是沉迷在这种鸦片烟毒所造成的虚假快乐之中。人们一旦吸食鸦片就会上瘾，吸食后产生兴奋感，上瘾后很难戒掉。当时许多有钱人，包括许多官兵也都抽大烟，战斗力减弱，最后弄得中国大量白银外流，人们精神萎靡，成为严重的社会问题。我们通过现存的图片大致可以了解到当时大烟馆的场景情况，骨瘦如柴的人们躺在床上，拿着烟枪喷云吐雾的情景。因为这个原因，当时已引起清王朝高层的关注，并在朝廷内部进行讨论，在大员之间形成了严禁派和弛禁派之争。严禁派以林则徐等人为主，认为鸦片烟毒严重泛滥，严重危害了中国社会安定，造成白银外流，经济受到冲击，同时官兵吸食鸦片也造成了士兵体能下降，严重削弱了军队的战斗力。如果这种情况持续下去，会对国运带来严重侵蚀。林则徐一派的观点可以说是"见微知著"，通过鸦片的危害联系到王朝国家的兴亡问题了。最后道光皇帝接受了严禁派观点，任命林则徐为两广总督兼钦差大臣，派到广州专门负责销禁鸦片问题，最后发生了虎门销烟，由此引发了中英鸦片战争。最后的结局，大家都知道了。一个鸦片烟毒问题，对近代中国国运确实产生了巨大影响。

在当代，又出现了各种瘾，有毒瘾、赌瘾、网瘾等，同样也给当代中国社会带来了严重危害。现在最典型的就是网瘾的危害，网瘾的内容众多，其中让人玩物丧志的游戏害人最深。现在网上也有一幅对比图，这幅图片就是躺在床上的年轻人看手机刷屏，与清朝时期躺在床上吸大烟的姿势何其相似！为什么上瘾，因为手机里有大量的游戏，特别让人上瘾，严重消磨人的意志。随着引进外国游戏以及国内将游戏作为产业开发，出现了各式各样的游戏，对成年人有吸引力，特别对年轻人吸引力更大，其中不乏色情的、玩偶的、枪战的、玄幻的，特别符合"玩家"的心理。随着手机的普及，很多青少年沉迷于网络。晚上不睡觉，可谓"废寝忘食"，学习成绩下降了，身体消瘦了，意志也消沉了，这种沉迷带有普遍性，现在已成为严重的社会问题，笔者觉得这也是一个"见微知著"的问题。从历史学功能角度，我们从近代的鸦片烟毒泛滥就已经知道其对国家兴亡的影响，那么，从青少年的网瘾危害中，我们同样可以见微知著，若国家有关部门不加以严格管理及控制，将会毁掉一代年轻人，造成严重的社会问题。

在近代西欧，因发明蒸汽机、纺织机这种新式工具即可预见工业革命的到来，这也可以用"见微知著"的预测功能进行解释。近代西欧的工业革命开始于蒸汽机及珍妮纺织机的发明。因为在此之前，所有的机器都是用手工或畜力、风力、水力，而这两种机器采用的是蒸汽动力。那个时候还没有多少人对它们的未来价值看好，后来随着相关机器的改进，劳动生产率成倍提高，于是人们争相采用。工业革命虽然始于这些机器的发明，但是其背后并非这么简单，它需要有人文环境、科学进步的支持，从使用自然力到使用蒸汽动力，这是"文明级别的进步"。由于蒸汽能的使用，蒸汽机的发明，在这种工作原理的普及和推动之下，形成了许多依靠蒸汽动力的机器形态，如火车依靠蒸汽动力，应用于交通，叫蒸汽机车，我们叫"火车"；依靠蒸汽机推动的轮船，叫汽轮船。蒸汽机的发明造就了一个新的动能时代，推动了社会进步。然后就是电的发明，也是文明级别的进步，人类社会进入了电的时代。随着计算机的发明普及和互联网的应用，人类社会又进入了信息时代。这些文明级别的发明，推动人类社会实现了文明级别的跨越。从历史学预测功能的角度看，上述每一项发明都昭示着人类社会的巨变，都具有对于未来"见微知著"的预测迹象。

　　"见微知著"这种预测功能的解决办法是"防微杜渐"，也就是当我们发现了一些不好的苗头，在它成长起来之前，就想办法将其扼杀于萌芽状态。这也是预测功能的一个应用。有些事情在发展初期，还是可以控制的，比如大量的社会矛盾、社会问题都是如此，也可以通过协商、调和的方式解决，或者通过让步、让利的方式来解决。但在历史时代，统治阶级往往忽视甚至蔑视人民的力量，忽视人民的请求，结果使人民的不满日积月累，最后酿成不可收拾的重大社会问题，留下了深刻的历史教训。所以关注人民的诉求，及时解决人民的困难，许多问题就会迎刃而解。

（三）史学具有周期律的预测功能

　　研究历史的周期律，也是史学预测功能当中的一个重要方面，就是历史周期律的预测功能。历史是有周期律的，我们古人就叫历史循环论。历史循环论是一种唯心主义和形而上学的历史观。历史循环论认为人类社会的发展周而复始地循环。在中国，战国末期邹衍以"五德终始"（金木水火土相继更替）说来证明朝代的更替，就是历史循环论。

　　近代思想家康有为、梁启超结合中国传统变易思想，提出"三世三别"进化论，这也是最有代表性的历史周期律的表达方式。所谓"三世"指据乱世、升平世、太平世。康有为认为人类社会的演化，是由据乱世至升平世，进而至太平世。在晚清之前的二三千年的中国历史，是一部据乱世的历史，他有责任把中国从据乱世引向升平世。康有为的进化论也吸收了达尔文的进化论思想。他以《易经》中的变易、辩证观点来说明变的必然性，说明一切事物通过变化才能发展的道理。在他那里，"据乱世""升平世""太平世"是处于不同时代的社会发展阶段，历史的发展就是沿着"据乱世"向"升平世"，再向"太平世"的发展过程。他的进化观批判了"天道不变"的顽固守旧思想，也基本上摆脱了那种"复返其初"的循环论观点，强调了社会由低级向高级，由蒙昧向文明，由专制向民主发展的必然趋势。

梁启超在1897年所写的《论君政民政相嬗之理》一文中，更明确论证了"三世六别"进化论。他说："治天下者有三世：一曰多君为政之世，二曰一君为政之世，三曰民为政之世。多君世之别又有二：一曰酋长之世，二曰封建及世卿之世；一君世之别又有二：一曰君主之世，二曰君民共主之世；民政世之别亦有二：一曰有总统之世，二曰无总统之世。多君者据乱世之政也；一君者，升平世之政也；民者，太平世之政也。此三世六别者，与地球始有人类以来之年限，有相关之理，未及其世，不能躐之，既及其世，不能阏之。"[①]从历史的角度论证了人类历史由简到繁，由蒙昧到文明，由乱到治的道理，认为三世是互相承接、不可超越的。但同时，世运发展到某一阶段时，也是不可阻挡的。梁启超将"三世说"用在变法上即强调了法律应当遇时而变的道理，认为从专制过渡到民主是历史的必然。它具有历史进化论的一些特点，但是，也强调重演问题，有一个小周期律问题，这种周期律也是可以预测的。

历史唯物主义认为，历史的演进会按照五种生产方式不断前行，也是一个历史进化并不断重演的过程，在前行的过程中并不完全是直线式的，会有反复，有时会呈螺旋式上升，波浪式地前进，有时也会有下降，有前进就有倒退，但总的来讲是一个不断进步的过程。这是历史唯物主义对历史演进规律的一种描述。这个话题也提出了历史周期律问题。

毛泽东和黄炎培在延安窑洞关于历史周期律的一段对话，也是最经典的关于历史周期律的预测功能的案例。1945年7月4日下午，毛泽东邀请黄炎培等人到他住的窑洞里做客。毛泽东问黄炎培来延安考察有何感想，黄炎培坦然答道："我生六十余年，耳闻的不说，所亲眼见到的，真所谓'其兴也勃

---

① 《论君政民政相嬗之理》，《饮冰室合集·文集》第1册（二），中华书局，1989年，第7页。

焉，其亡也忽焉'。一人，一家，一团体，一地方乃至一国，不少都没有能跳出这周期率的支配力。大凡初时聚精会神，没有一事不用心，没有一人不卖力，也许那时艰难困苦，只有从万死中觅取一生。继而环境渐渐好转了，精神也就渐渐放下了。有的因为历时长久，自然地惰性发作，由少数演为多数，到风气养成，虽有大力，无法扭转，并且无法补救。也有为了区域一步步扩大了，它的扩大，有的出于自然发展，有的为功业欲所驱使，强于发展，到干部人才渐见竭蹶，艰于应付的时候，环境倒越加复杂起来了，控制力不免趋于薄弱了。一部历史，'政怠宦成'的也有，'人亡政息'的也有，'求荣取辱'的也有，总之没有能跳出这周期率。"显然，黄炎培的这段话的意思是说，中国共产党能跳出这个周期律吗？

对黄炎培的坦诚直言，毛泽东当即非常自信地回答："我们已经找到新路，我们能跳出这周期律。这条新路，就是民主。只有让人民来监督政府，政府才不敢松懈。只有人人起来负责，才不会人亡政息。"黄炎培接着说："这话是对的，只有大政方针决之于公众，个人功业欲才不会发生；只有把地方的事，公之于地方的人，才能使地地得人，人人得事。用民主来打破这周期律，怕是有效的。"

这段对话许多人都谈过，不是什么秘密，甚至差不多人人皆知了。黄炎培提出了一个王朝周期律问题，提出了怎么跳出这个周期律的问题。毛泽东作为我党领袖提出了解决办法。

上面所述，可以说是最能代表历史周期律的几个典型事例，其中有许多引发人思考的问题。纵观中国史，长时段地考察中国历史，就会发现中国几千年的历史演进中确实存在着历史周期律的问题。观察历代王朝的更替过程中，似乎也有规律可循。秦以前先省略不讲，自秦以来的历代王朝最短不过十几年，最长不过几百年。但是都经过了兴起、发展、全盛、衰败、灭亡等过程。因为每个王朝所处的时空位置和周边环境不一样，所以具体兴亡原因也有所不同，但都有那么几个时期。在这些封建王朝中，清王朝是比较有代表性的封建王朝。它兴起于明清之际，因李自成农民起义军攻占了北京，崇祯皇帝上吊自杀，明亡。之后还有个南明政权。清王朝的兴起是在李自成农民军和明朝互相拼杀，力量被大量消耗后，乘虚入关建立起来的中央政权。

它同样也经历了一个初兴、发展、鼎盛、衰落、灭亡几个阶段。和其他王朝的覆灭有些不同，它的灭亡是由于有西方列强因素的介入，因辛亥革命爆发而走向灭亡。中国历史的很多王朝的灭亡或由于外族的入侵或由于农民起义，王朝灭亡各有各的原因，但都有一个周期律的问题。

从人类目前历史上来看，没有一个王朝是个永久性的王朝，日本虽然称天皇为万世一系，但从日本政权来讲也是不断更迭的，不存在永久性王朝，事实上也适用于王朝周期律定理。

这里想说的就是，世界上没有永久的王朝，却有生命力长短不一的王朝，有的王朝生命周期长，有的王朝生命周期短，若将不同的王朝进行比较研究，仍有一些内在规律可循。哪个王朝的统治者励精图治，英明贤德，关注人民疾苦，努力发展经济，国力强盛，与周边国家睦邻修好等，这个王朝的生命周期就可能长久，反之生命周期就会缩短。另外，统治阶级能否顺应历史大势和人类社会发展潮流，也关乎王朝生命周期的长短问题。清王朝后期，西方工业文明大潮滚滚而来，西方先进生产生活方式传入，对中国传统社会结构产生了冲击。但是，清王朝出于统治集团利益考量，不思进取，不能主动地进行改革，或真心实意地还政于民，在民族资产阶级强烈要求进行宪政改革的情况下，不得不做些表面姿态，也按照君主立宪形式设立了议院，然而却是清一色的满族亲贵，表明它不愿意向汉族士绅开放政权。正应了那句"统治阶级是不会自行退出历史舞台"的唯物史观名言。所有的统治者都不会自行退出历史舞台，这是人性，人的欲望使然。那怎么办呢？就看历史运势给不给机会，因为各种矛盾集中爆发，只能通过战争、改革等方式逼迫交权，这似乎也是一个规律性问题。所以理智的统治者一定会适应形势的变化，根据形势要求该退出历史舞台，就要退出历史舞台。因为原来的统治方式不适应这个世界了，如果不改，就只能烂掉。也有力挽狂澜的人物，但也只能暂时使旧制度旧政权苟延残喘，例如曾国藩、左宗棠、李鸿章等都算得上是清朝中兴之臣，以他们的努力，也只能延缓清朝的灭亡，并不能改变清朝灭亡的命运。尽管如此，清王朝后期政权性质也发生了实质性改变，已经由形式上的满汉联合政权变成了事实上的满汉联合政权，清朝政权形式上还是属于满洲贵族，但实际上军事政治，特别是经济完全被汉族大员控制。

　　然而大厦将倾，独木难支，尽管有几个中兴之臣努力维持，也难以阻挡历史洪流。孙中山曾说："世界潮流浩浩荡荡，顺之者昌，逆之者亡。"诚哉斯言！所以统治者必须顺应时代潮流，选择改革，认同改革，认同变革，这也是历史周期律当中需要讨论的问题。梁启超在1896年写的系列改革论文《变法通议》中谈了主动变法与被动变法的问题。他说："法者，天下之公器也，变者，天下之公理也。大地既通，万国蒸蒸，日趋于上，大势相迫，非可阏制，变亦变，不变亦变，变而变者，变之权操诸己，可以保国，可以保种，可以保教。不变而变者，变之权让诸人，束缚之，驰骤之。呜呼！则非吾之所敢言矣。"梁启超这段话非常有深意。他的意思是，对一个政权而言，当政权面临着必须改革的局势后，作为统治者，就必须应时而变，主动掌握改革的主动权。变也得变，不变也得变，必须认识到历史大势是不可阻挡的。但是这里有一个"自变"和"他变"的问题，如果能主动去变法，你就掌握变法改革的主动权，如果不能主动去改革，去变法，你只能被别人推着改革，推着变法，那么你就不能掌握这个改革和变法的主动权，那么你的国运就会被别人掌握，被别人约束，被别人驱使。那么最后的结果怎样呢？按照梁启超的说法就是"呜呼！则非吾之所敢言矣"。当国将不国之时，那些贵为尊长者的统治者们，想做一个普通的平民而不可得也！不可一世的统治者最后想平安地度过一生，想获得一个宁静的生活，也不一定能得到。社会就是这么现实，历史就是这么残酷。所以掌权者在历史大势、世界大潮面前，能否超越个人的、本家族的、本集团的利益，能否站在国家民族大局来看待这些问题，就显得非常重要了。这样雄才大略的人是有的，但实在是太少了，遗憾的是很多统治者不能超越个人利益，不愿自行退出历史舞台，那就只能由人民让其退出历史舞台了。

　　历史唯物主义者认为阶级斗争推动了历史周期律的演进。历史演进主要有两种演进形式，即进化与革命。进化是指社会历史的一种自然进化，还有一种就是革命。由于阶级矛盾、阶级斗争不断激化，最后达到了无法调解的地步，统治阶级不甘心退出历史舞台，人民又不能照旧生活下去，统治阶级也不能照旧统治下去，这时候就会爆发革命，革命最极端的方式就是武装斗争，统治阶级使用暴力工具镇压人民革命，人民群众也不得不使用暴力工具反抗统治。最后的结果就是改朝换代。纵观人类社会，古代时期的农民起义；近代时期的资产阶级革命以及无产阶级革命皆缘于此。因此深入研究历史周期律的形成以及历史上的应对经验教训，有助于读史者对历史周期律预测功能的理解及运用。

历史周期律，实际上是对过往最大可能性这一历史或然性问题在未来演进中是否可能再次出现的一种推测。在历史演进当中的某一个阶段突然出现了大量的偶然性，大量的偶然性在各个部分同时出现了，它代表一种趋向，这个趋向就是最大可能性，它往往预示着一种新事物出现的征兆，带有一定的规律性，我们一般叫中观规律性，它不是一个长期的历史规律。它是某一个阶段出现带有规律性的事物，所以最大可能性就是历史学的预测功能中应该探讨的问题。这些问题对于历史预测会起很好的作用。过往的历史是带有一些规律性的，通过研究，可以考察出某些事件的内在因果关系，知道了其原因和结果，据此我们就能够做出判断，预测出关于未来历史的演进趋向，就是通过已知的联系进行长时段的考察，通过这个最大可能性进行判断或预测，也可以大致推测出未来历史发展演进的方向。

思考题

一、何为历史学功能？谈谈研究史学功能的价值与意义。

二、概述史学有认知功能。

三、概述史学的传承功能。

四、概述史学的咨政功能。

五、概述史学的育人功能。

六、概述史学的借鉴功能。

七、概述史学的预测功能。

第五讲　历史时间与历史空间

　　自近代人类进入工业社会以后，随着科学技术的发展，人类社会发生了历史性巨变，人类所共同感受到的时空的变化就是社会巨变的表征之一。在古代，一天的生活，皆日出而作，日落而息。随着电灯的发明，晚上也可以工作了，可以过夜生活，晚上也可以开工，在单位时间内完成的工作更多了，把时间拉长了。过去交通靠步行或畜力，骑毛驴、骑马旅行，日行不过数里或百里，随着先进交通工具的发展，现在可以日行千里，乘飞机可以日行万里，速度使空间距离大大缩短了，千里之遥，近在咫尺。随着汽车的发明、轮船的发明、飞机的发明，所谓的缩地之法使陆地上的空间距离大大地缩短了，所以我们对空间、时间的感受都发生了非常巨大的变化。按照物理学的计算，这是速度和时间的比例关系，但心理感受是空间大大缩小了。现在相距千里之遥，人们之间可以通过网络视频的方式进行通话，在电子信号的传递下，人们之间虽相隔千里，犹如近在咫尺。这是空间发生了变化，这与我们过去的感受完全不一样了，历史时空被压缩、被折叠了。本讲重点讨论历史时间与历史空间等相关问题。

一、关于历史时间

　　历史时间是历史理论核心问题，是客观历史存在的时间场域。历史时间即历史延续的长度，一般用年代、时期或阶段等表示。任何历史事件只有与时间、空间结合才有实质性意义，才能进行分析、叙述及研究。

（一）时间刻度与时间轴

我们这里所说的时间是地球时间，也就是在地球的空间里所发生的时间进度或时间刻度。时间是历史之母。时间提供了历史追溯的可能性。我们所说的历史时间是客观的，是人通过观察和研究发现的地球移动规律，时间比较准确地反映了地球与太阳、月球之间的运动关系及运动规律。时间只是人类的发现，并不是创造。但从另一个角度，我们也可以说时间在本质上是人化的时间，是人们主观上给时间划定的单位，无论这个单位是偏用于自然的年、月、日、时、分、秒，乃至更小的微微秒，还是偏用于社会而言的人文阶段时期、时代形态、短时间和长时段，这都是人为给客观历史规定的可分割的时间。只是这种人为的时间刻度比较真实地反映了客观历史的运动规则，是地球自转与公转的时间规律。

古代的人们也发现了时间，中国古代就按照天干地支排列组合成相当于现在 24 个小时，并找到了与其相适应的生活规律。如"日出而作，日落而息"，还发明了用来观测日影以定时刻的工具日晷等。当然，更为精确的时间刻度以及时间工具钟表的发明与使用，则是近代的产物，近代工业社会一个最为重要的标志，就是社会按照精确的时间进行运转。

到目前为止，人类的历史还都是在地球的自然空间里发生的。人类的历史是在具体的时空中发生的，如果历史没有了时间的刻度，超出了时间的概念，历史将不复存在，也就是说没有无时间的历史，也没有无历史的时间。人类历史是客观存在的，历史时间的长度也具有客观性。由于历史时间具有无限延续性特征，存在于其间的历史过程也具有无限延续性。历史时间是无情延续的，但是维系在历史时间上的历史事物却是可以不断重现和重演的。

时间轴理论。时间具有永恒延续性，人类社会总是按照时间轴的规定由其始点（人类诞生）向终点（如果人类有灭亡可能的话）无限地发展和延续。这是历史时间的客观性所致，它不以人的意志为转移，永远按照自己的运转轨迹无止境地前行。历史时间具有历时性与共时性特征。在时间的维度上存在着历时性和共时性状态。我们所说的历时性，是指在历史时间坐标轴上的纵向度表示，即在历史描述当中所说的传统、过去、现在、未来、时代性、现实性等表述，皆指历史时间的历时性。上述以历史时间所表现出的历史性状，都是历史借助于时间所表现出来的外在时间形式，它比较明确地反映出在特定的历史时间当中历史延续所表现的一种时代性、一种外在的特殊性。所谓时光如流水，历史时间的单向性向量是历史时间历时性的最形象的比喻。时间是可以无限地、永远地流淌和延续的。

（二）历史时间的共时性与历时性

历史时间具有多重结构性，在时间的维度上即有历时性向度，也有共时性向度；既有客观时间也有主观时间，即主观时间感受。尽管它们在时间内容上都是同一的，只是在表现上存在着多样性和重叠性。在历史演进过程中，在任何的单位历史时间内都有着该时间所具备的历史内容、时间维度，历史时间在维度上和时间自身是共同的。但是在不同的历史时间内它所表现的历史内容却是不同的。历史时间具有多重结构性，这就使其在存在意义上的模糊性得到了合理的解释。

历史时间的共时性，是指历史时间坐标轴上的"横向度表达"，即指在相同的历史时间内所发生的和所延续的历史过程。历时性的时间跨度以人类的主观判断为准则，它是指历史时间流淌过程中的某一个时间"点"上所发生的历史，所谓历史瞬间，历史时间的横向性向量是历史时间共时性的最形象的比喻。时间具有时代特征性，这种时代性特征就是历史在时间共时性中所表现出的特点。

历史瞬间其实就是时间的"一刹那"，就是人化时间的历史定格。但是在历史演进的过程中，在某一个历史时段，确实存在历史定格，亦即永恒的瞬间。这个瞬间往往对历史的发生起到推动作用，影响和决定了某些历史事件。对一个人来讲，其生命的终结从微观的个体角度来看那就是历史的定格，是没有办法改变的。但是，在其生命结束后，该生命所产生的其他表现形式还在延续；对于一个国家也是如此，一个国家王朝的兴起、繁盛、衰亡、灭亡，这个周期不断地反复，这个王朝的兴起其实也是一个历史的瞬间，对于其灭亡，那就是历史的定格。对于一个王朝来讲，其灭亡就是永恒的定格。因此，我们就可以将其作为一个历史单元来进行研究。但是，历史定格不等于历史时间的结束，历史的时间仍然在延续，而且它本身的其他因素也在延续，一个王朝虽然灭亡了，但是其自身的制度、社会意识形态、生活方式等方方面面惯性所产生的积极或消极影响在未来的历史时空中仍然起到一定的作用。这一瞬间发生的结论性的东西，我们就可以把其作为一个特定的历史阶段、历史单元的问题进行研究。

历史时间的永恒，是指某一事物的时间结束了，但不等于历史总体时间的结束，其总体时间仍在延续和发展，所以历史时间具有永恒性。这种独特的"历史瞬间"发生的事情和"历史永恒"也存在着内在联系、相互影响的问题。因为历史瞬间所发生的历史定格，并不能立刻阻止其他的许多因素不断地延续，并且被历史定格的内容仍然会构成未来历史延续的一种成分、因素或者重要的构成要素。在历史形成的一刹那，某一历史因素已经定格，看似不再延续了，但是它的很多历史因素还在延续。纵观人类社会的整个历史，可以举出很多例子，古今中外、古典的、文明的，我们都可以看到这些问题的存在。所以我们对于历史定格的理解，应从两个方面辩证地进行分析：历史瞬变，在某种情况下会演变为历史巨变，然而它却是无数延续下来的历史时间的定格，是不同时间结构延续当中的一种契合、一种典型的表现，并且对未来的事件具有预示和约束作用；历史瞬间、历史定格是人化的时间，也就是我们所说的历史时间，此外还有客观的时间，这种客观时间是永续的、不变的、不以人的意志为转移的。

历史时间的历时性就是指历史时间的"纵向度表达"。时间的多重结构性与时间的特性与人类的认知和感受相似。在一个发达的社会当中，时间被高度浓缩，在单位时间内发生的人类活动的频率、效率、事件也会增多。然而在一个静止的、传统的社会当中，相同时间内所发生的历史事件也会相对较少，所以对于时间的感受，相同时间内内容的构成也是完全不同的。

在特定历史时空中，所定格的历史事件是不可以改变的，然而由于历史时间的多重结构性，在另一个场地当中，也会出现类似的历史事件，这就是我们所说的历史重演问题。这种复杂性和多重结构性就决定了历史事件本身的复杂性和重演性。从时间的客观性来看，历史事件在特定的历史时间里所发生的这种定格是不可以改变的。但是若从历史事件的典型性和同构性来看，它又是历史时间在多重结构中的结合点和交叉点，所以在历史结构趋同的情况下，就会出现这种具有可类似的、可类比的、象征性解释的历史事件，就是我们所说的历史重演现象，是历史相似或同构事件在相同的时间里（共时性）、在不同的时间里（历时性）不断重复出现的历史现象，反映了历史时间的多重结构性和多维度特征。

（三）历史时间的可分割性

所谓历史时间的可分割性，是指根据我们人类自身的需要，对一个整个延续的时间过程进行人为切割和划分，由于时间感受有着强烈的主观色彩，人们常常依据人类社会发展的阶段和社会形态将时间切割成自以为合理的时段。当然，不管我们对时间如何切割，在事实上我们都割断不了时间本身的连续性。我们常说的历史阶段就是把一个无穷延续的、永续性的时间按照历史学家的研究方式和研究上的需要进行分割，将其分割成若干个阶段，因此就形成了不同的历史阶段，这就是历史时间的分割性。如我们在历史研究中习惯把连续不断的历史分割为史前史、上古史、中古史、近世史、近代史、现代史、当代史等历史阶段，在另外的研究中，比如在中国古代史的研究中，我们还按照朝代的兴亡来划分研究时段；各国的历史研究也都是有按照本国历史发展的特点来人为划分时段的研究方式。这种按时段划分的研究方式就是对永续历史时间的人为切割。历史时间和历史事件具有同步性、延续性和超越性等特征。任何在历史时空、历史时段发生的历史事件和所相应的时间都是同步的。有些历史事件戛然而止，但是其历史时间还在延续。因此历史时间又具有超越性和跨越性的特征，它并不会因为某一历史事件的终止而停止。历史事件的性质是由人类规定的，实际上，任何事件之间都有其内在联系性。甲事件虽然停止了，但乙事件还在延续，或者甲、乙事件都停止了，但是它们所形成的一种新事件仍在延续，那么该时间同样具有永续性和变动性的特征。

（四）时间感受与历史错位

时间具有客观性，但同时也具有主观性。我们所说的时间是人化的时间，也就是我们人类用各种科学的刻度来衡量历史长度的一种方式，这是其客观性。但是从心理的角度去感受历史时间时就具有主观性，这也就是我们所说的历史的主观性。不同时期、不同个体、不同年龄对时间的感受是完全不同的。历史时间是主观性和客观性的结合。由于人类活动、人类心理的主观性，每个人对于时间的感受，每个时代的人对于时间的感受，每个集团对于时间的感受都是不同的，所以时间具有主观性特征，它是主观性和客观性的结合。

从历史长河的角度来看，历史可以分为传统社会、近代社会和现代社会。在传统社会当中，时间是无限延续、漫长的，几千年没有大的变化，这方面我们可以有很多材料来论述。比方说，梁启超就认为，从他的时代来看《史记》，两千多年中国社会几乎没有任何变化；同样的《汉书》所涉及的内容与现在仍然一样。我们现代生活中也存在变和不变的问题，这方面也有很多材料可以进行论证。玛格丽特·米德的著作《代沟》所探讨的"代沟"问题，其实也是一个历史时间问题，一个时间感受与历史错位问题。米德把"代际"区分为"后喻文化""同喻文化""前喻文化"等不同时代（另一表述为祖辈或父辈文化、同辈文化和晚辈文化等不同阶段），其本质也是对历史时间序列的切割。但同时这种划分仍是以社会发展程度以及不同时代人们对时间的不同感受来划分的。不同时代的人们对时间的感受是完全不同的，在长辈文化阶段也就是传统社会阶段，年长者的经验决定一切，出现这一情况的原因就是社会发展非常缓慢，知识的获得与经验的积累取决于时间，也就是年长者比年轻者更有经验和智慧。由于时间在慢慢地自然流淌，人们感受不到明显的时间变化，从青春少年到白发苍苍的老人自然而然地变老，社会景观亦没有明显的变化，所以在那个时候，时间差不多是完全静止的、永续的，没有给人们以明显的阶段性和跳跃性的变化。但是，在同辈文化和晚辈文化阶段，社会发展迅速。所以人们以可见的速度明显地感受到时间的变化。社会变化迅速，知识更新的速度加快，人们获得知识不再单向度地完全依靠时间的延长，完全可以在短时间内获取更多的知识，青年人更乐于接受新事物，这就完全打破了在传统社会中年长者或老年人对于知识的垄断。米德把同辈文化和晚辈文化设定在由落后地区向发达地区移民后所产生的文化落差，并为此展开论述。当成年人由落后地区移民到发达地区后，由于自身的知识结构及价值观已经定型，已很难适应移民所在地区或所在国的社会文化生活，反而这些移民者的后代，由于其知识结构和价值观尚未定型，于是很快便接受了新社会的生活节奏和价值观，从而两代人在适应移民社会这个问题上产生了明显的"代差"，形成了明显的"历史错位"感。这种"代差"其实也可以理解为一种时间感受，移民的长辈们明显地感受到时间紧迫，在单位时间内对发生的事物应接不暇，这种情况也适合解释在巨变时代中人们的时间感受。

1840年鸦片战争以来中国近代社会的巨变，形成了在单位时间内历史事件、历史信息高度浓缩的时间状态。西力东渐，中西文化碰撞，中国国门被打开，西方文化大举进入中国，从而引发了中国社会的巨大变迁。这种变迁使我们传统社会的时间结构发生了巨大的变化，那种缓慢的变化突然被打破，在传统社会生活的人们都明显感受到了社会节奏的加快以及社会样貌发生的变化。西方事物大量的引进，汽车、轮船、飞机、大炮以至西装、西餐等，人们生活的方方面面都发生了很大的变化，人们感到这种变化是急促的，历史时间是高度浓缩的，是在很短的时间里迅速变化的。当时有识之士即惊呼"中国面临三千年未有之变局"，当时的思想家们几乎都谈到了这种"变局"情况，其实这就是对社会迅速变迁，时间高度浓缩的一种表达。

有关历史时间的感受，从个体上讲，每个人的感受不一；从社会群体上讲，老年人和年轻人对于时间的感受是完全不同的。年轻人认为时间过得太慢，希望早些成熟，早些步入社会；而老年人却认为自己年龄越来越大，因此对于社会加倍留恋，觉得时间过得太快，转眼间自己就从青年步入了老年。因此，历史时间是因群体的感知而异，亦因个体的感受而异，所以时间具有主观性的特征。对于时间的不同感受也可以分为不同的阶段，对于时间的不同感受也反映出这个社会是缓慢变化还是处于巨变时期，所以历史时间也具有阶段性的特征。

历史时间还有错位性特征。这种错位性与时空相结合，就是"时空位相差"，这种错位往往表现为在相同的时间单位内，同一事物在不同地域上所表现出来的相同性和差异性。因此，我们可以说在相同的时间内，在发达国家所演绎的事件和在落后地区所演绎的事件是完全不同的，对此完全可以用历史时间的错位性来理解。

历史时间的错位性特征和主观时间感受有相似之处，但也有不同之处，错位性是客观存在的。时间的刻度在不同的人们、不同的社会中其长度及速度是变动的。也就是说，为什么某个人的单位时间生产效率高而另一个人的单位时间生产效率低，这是一个社会生产发展和生产力的问题，实际上它反映的却是一种时间。在科技高度发达的背景下，在短时间内就能创造高度发达的文明。马克思曾经说："资产阶级几十年、上百年所创造的物质财富，超过了以往人类几千年所创造的所有财富的总和。"说明在生产率提高的情况下，在相同的时间内所产生的作用是完全不同的。在相同的时空背景下，在相同的时间条件下，由于地域的不同，也存在时间的错位问题。在东半球和西半球、南半球和北半球，由于国家文明程度、社会制度、社会生产力等方方面面的差异，确实也存在时间的错位。从这种时间错位可以看到当时社会背景发展的不同。在所谓的"康乾盛世"时代，当清王朝还陶醉在封建专制社会那种虚妄辉煌的美梦中，感觉天朝大国物产丰腴，万物毕集，无所不有；但是，在相同时间段内地球的另一区域，当时的欧洲已经开始工业革命，社会生产力高速发展，社会高度进步，整体呈一种飞跃发展的态势。英国到18世纪末就完成了工业革命，这可以从1893年马戛尔尼以给乾隆皇帝祝寿的名义到达中国时，他们带来的曼彻斯特、伯明翰等新兴工业城市所生产的工业产品就可以清晰地看到两者的差距。当时的清朝依然处于传统的封建社会当中，它的用具以及产品也依旧和原来一样，都是纯手工的，一丁点儿现代工业文明的影子也没有。列举这个例子是为了说明当时的中国和英国，虽然都号称世界强国，但在它们之间的比较当中，确实存在着时间的错位问题。对于英国而言，它的时间是工业革命迅速发展的时间，而中国是依然处于传统的封建社会的时间，这种时间的高度不一致性就存在着错位，我们称之为时空的微型差或时空位相差。历史时间是我们在历史教学当中所必须面对和研究的重大学术问题。

二、关于历史空间

历史空间是客观历史存在的空间场域，历史空间是历史延续的地理、地点、方位等，任何历史事件只有与时间、空间结合才有实质性意义，才能进行分析、叙述及研究。

（一）何为历史空间

所谓历史空间，就是指历史事件发生的空间，即历史事件发生的地域、地点、场地、场合等空间。历史空间作为一种坐标是确定历史事件的重要方位和场域，没有无空间的历史事件，任何历史事件都是在特定的历史时空中发生的。没有无时间的历史，如果脱离了时间，历史不会存在；同样，历史也是发生在特定空间的历史，离开了特定的空间，历史也不复存在。

就历史空间细化而言，有民族生存空间、国家存在空间，有城市空间、战争空间、政治空间、休闲娱乐空间等。历史空间具有多维性和伸展性。所谓多维性，就是在相同的空间当中，具有多种维度。在相同的历史过程当中，在固定的、相同的历史地域、空间内，演绎着完全不同的历史事件、历史场景和历史内容。例如美洲这块土地在空间上自古以来都是固定的，然而在历史时代，这个空间曾经是印第安人的居住地，印第安人有其独特的生存方式和生活方式，形成了独特的空间印象，形成了自己独特的空间维度。但是随着西方殖民者的入侵，印第安人的土地被剥夺，在这个空间中上演了波澜壮阔、悲壮的历史故事，这个空间逐渐被西方殖民者侵夺，成为欧洲殖民者的天堂。特别是北美洲盎格鲁－撒克逊人的入侵，给这个地方带来了先进的工商文化，这个空间又成为世界最先进的民主国家诞生和崛起之地。第一、二次世界大战以来，又成为世界上最富庶的国家、最强大的国家，成为现代科学、技术和文明的重要摇篮之一。可见，从历史性的伸展来看，在相同的历史时空内仍存在着多元的维度，这就是历史的多维度。在相同的空间内，由于时间的不同、刻度的不同，所以形成的空间景象、历史事件也截然不同。这就是历史空间的概念及内涵。

（二）历史空间的可分割性和可压缩性

历史空间的可分割性。在历史空间内，由于历史事件的类型、特性等的不同，可以被无限地分割为不同的部分。当然这种阶段性和分割性也是人为造成的。这种历史空间可以被无限分割的特性，可以从以下几个方面来进行讨论。

历史时空在理论上应当是统一的，这种空间的分割取决于社会发展程度以及民族国家的形成发展过程。不同的民族区域及国家疆域，其本身就是一个个被分割的相对独立的历史空间。在同样的地球，在上古时代，部落民族群体生活范围狭小，互相之间完全处于隔绝状态，互不往来；人类的互相来往是随着人类认识世界能力的提高，出于生存和发展的需要，开始向外扩展、扩张，通过战争、经商、通婚、交流等方式逐渐联系为一个整体，从而导致其所活动的空间不断地伸展和向外扩散，使那些被分割的局部空间逐渐地得到整合，形成一个整体的越来越大的空间。近代以来，随着资本主义的扩张，这种过去相分割的空间逐渐被整合，具体表现为世界经济的一体化、世界文化的趋同化、科技文化的趋同化。随着人类社会各部分的交往日趋密切，历史空间地域也日益广泛，逐渐地联系为一个整体，就具有无限的伸展性和重叠性了，这种特性就是历史空间由被分割性逐渐整合为整体性和不断地重叠性的结果。从历史空间的分割性来看，在上古时代表现得最为明显了，上古时期，早期人类活动主要集中在历史空间的某些点上，早期的人类文明主要集中在大河流域、河谷地带，如两河流域、黄河流域、长江流域、辽河流域等。这些地区由于水的滋润，形成河谷平原，早期人类多聚集于此，概因这里取水方便，获取食物也比较便利，靠近江河，蚌类、鱼类都是早期人类获得食物和营养的重要来源。这些地区有利于灌溉农业的形成。所以，古代人类文明发源地主要集中在河流冲积平原，从而形成了早期农业独特的空间特色和历史景观。

这种历史空间的可分割性特征在历史上也是非常多见的。由于不同民族所处的地理空间的不同，其所表现出来的生活方式、文明行为方式也完全不同。比方说，在古希腊，由于处于地中海一带的多岛屿地区，易于形成一个个独立的城邦国家，从而形成了古希腊城邦时代，它的商业非常发达，这也规定了它的文明形式；那么，在肥沃的土地上，在河流冲积的大平原，比如大河流域，就易于形成中央集权制。在古埃及形成了最早的中央集权体制，它的法老都是精通天象和天文的人物，有点像现在的天文学家。因为他们能够掌握天象，掌握占星术，可以领导需要集体协作的大规模灌溉农业，所以他们的文明形式是与冲积平原相联系的，这种空间地域的不同所表现出的生活方式也完全不同。

历史上的农业民族、游牧民族、山地游耕民族、海洋民族，他们所表现出来的生活方式因其所处的空间地域的特性的不同而不同，从而体现出历史空间的多样性和可分割性。

当人类社会进入工业文明社会后，人类社会的空间布局也发生改变，形成了特定工业时期的空间景观，这种空间特色表现为，过去人们无法生活的崎岖山冈、贫瘠的土地迅速崛起为城市，形成新的经济繁荣、工业发达的城市。随着工业的发展和人类对矿物资源的需求，在那些矿产资源丰富的地区迅速形成了许多新的能源城市。以中国为例，东北的鞍山、本溪、抚顺、阜新这些都是崛起的新能源城市。这些地方的许多地区，都是山地贫瘠的荒山野岭，并不适合人类居住，但是由于矿产业、采煤业、炼钢业的发展，这些地区迅速崛起。近代以来，一些荒野戈壁、黄沙漫天、荒无人烟之处，由于发现了丰富的石油而崛起形成新的石油城市，由于煤炭资源的丰富而迅速形成新型能源城市，这些在工业文明时代并不鲜见。其最典型地表现出在工业文明时代城市的空间布局，即历史空间发生的变化。

历史空间可以无限地被分割性，还表现在历史空间可以分为民族生存历史空间、政治生存历史空间、城市生活历史空间、文化生活历史空间、战争历史空间等。可以无限地划分，每一个独特的历史空间都承载着丰富多彩的历史内容。

历史时空的可压缩性。历史时空的可压缩性在地球村时代表现得最为明显。在地球村时代，原有的空间，我们理解的无限广域的空间，被迅速传递的信息和社会活动的高度信息化所迅速压缩、被多样性地折叠。所以，在地球村信息时代，这个空间的特性是过去这个历史时空的特性完全没有的，体现出一种新的变化。这个变化就是原来高度扩展的无限的空间，被迅速折叠和压缩了。这种无限的空间被压缩成一个距离非常短暂、触手可及的时空范围。遥遥万里之外我们通过信号的传输就可以看到对方的图像。现在，即时电话、同步视频、网络视频的发展，完全实现了在遥遥万里之间实现即时通话和即时会面这种过去完全难以想象的状态。现在很常用的腾讯视频会议最典型地反映了这个问题。在过去的不同文明、不同地域之间，可以在相同的时间里即时性地实现信息交流、即时访问和即时见面，实现了不同空间之间的高度折叠和浓缩。这种特征是过去所没有的，是现代工业文明以及科技的进步造成了原有传统意义上的历史空间的变化。

什么是"地球村"时代，即形容整个地球像一个大村庄一样，"鸡犬之声相闻"。在传统的村庄社会，大家住了几十年、几百年，乡里乡亲、邻居街坊都非常熟悉，有个消息就会迅速传播，大家都会立即知道。用"地球村"形容现在人类社会的状态，即整个地球虽然很大，但是由于现代网络技术以及通信的现代化，很多消息能够即时传播，遥遥万里也实现即时传播即时影像。仿佛地球就是一个村庄一样。"地球村"的概念在客观上形容了地球空间的浓缩，地球那么巨大的空间被形象地浓缩为一种狭窄化、狭义化、村庄化的空间，那也就意味着这种空间被高度地压缩，被高度地折叠。我们知道空间是具有无限扩展性的。从历史时代来看，早期的人类居住地、活动范围这种历史空间都是非常狭小的，随着人类活动的扩大，人类活动的空间也在不断扩大，这种扩大或是通过战争，或是通过通婚、贸易等方式推进的。从几千年的人类历史来看，也是人类之间相互封闭的空间被不断地打破并联结扩展、重合、重叠为一个整体的过程。所以一方面历史空间在不断扩展，人的视野范围也在不断扩大；另一方面随着科学技术的发展，视野扩大了，人类所理解的空间也在不断缩小。也就是说，历史空间存在物理空间和文化空间的不同。

几千年前人类所理解的活动空间非常狭小，对宇宙的理解就是"天圆地方"，中国人认为中国就是世界的中心，周围都是大海，对更遥远的民族和国家缺乏了解。近代人林则徐、魏源、梁廷枏、徐继畬撰写了一批史地著作，介绍了世界五大洲各国各民族的风土人情，开阔了人们的视野，使国人对地球上其他种族有了一定的了解和认识。这是一种思域的扩大。思域的扩大与物理意义上的历史空间概念还是不一样的，思域的扩大是物理空间拓展的前提。由于哥伦布、麦哲伦知道地球是圆的，才能促使其环球航行。科学技术的发展，信息的迅速传递，使我们感觉到历史空间也在不断缩小。所以，地球村的概念实际上反映出高度信息化的当代历史时空的存在形式。我们所接触的陆地表面，在物理形态上的面积并没有改变，但是我们感受到的心理的文化上的空间却被迅速地缩短了。用学术语言来说，就是高度的压缩、高度的折叠、多样性的折叠。所以我们就体会到地球就像一个村庄一样。

从实现"地球村"的过程来看，它是与工业文明以来的新技术、新工具的发展紧密相连的。近代随着蒸汽机的发明、电的发明、制造业的发展，火轮船、火车、汽车大大地缩短了空间的距离。人走一天的距离，马行一天的距离，帆船航行一天的距离，与汽车、火轮船所行一天的距离是完全不一样的。所谓"日行八百"，大大缩短了地球的空间距离。当代飞机迅速商用化普及，从中国到美国本土只需 13 个小时就可以到达，4 天之内就可以行遍全球，远超近代的《八十天环游地球》的记录，这是过去完全不可想象的。高速列车的发展，使人们过去数天才能到达的地方，实现了朝发夕至，现在可以达到朝发夕返了。所以地球上的空间距离随着时间单位速度的增加也被大大地缩短了。比这更先进的就是电话、电视、网络视频的普及和应用，实现了即时通话、即时互动、即时会面，它大大改变了人们的行为方式和生存方式。所以某种意义上也意味着历史时空被大规模压缩，高速地折叠，所以这也是当代历史时空表现出的特点，也就是在"地球村"时代历史时空表现出的特点。这点也是我们需要深入加以研究和探讨的。

（三）历史空间的多样性和可折叠性

历史空间是一个整体，同时也是可以被无限分割形成不同特色的历史空间。历史空间存在着多种多样的层次，有政治空间、军事空间、文化空间、城市空间，同时也有阶层空间。

城市历史空间或历史城市空间，以中世纪时期西方的城市国家城邦的历史空间最为典型。城市历史空间应包括居住空间、等级及阶级差别等内容。城市空间有城市空间的文化。在有领主的城邦里，有贵族，有自由的手工业者，有各种各样的生产者，还有奴隶，他们都存在着自己的不同空间。在古代，因阶级分化形成的等级非常鲜明，那种空间的分割是绝对严谨的。不同人存在于不同的空间当中，外人是难以进入的。在传统时代，贵族的生活空间一般人士也难以进入。在他们的空间里有其独特的文化，有其独特的地域标记；市民空间有市民空间的文化。

古印度存在着种姓制度。种姓制度有明确的身份等级规定，形成了自己独特的空间。种姓形成的空间不仅仅是身份的标志，还是一种地域性的区别。这种空间属性都是具有地域标志的，这是居住地的独特性。上层的贵族阶层居住的都是环境最优美的地方，下层的贱民居住在最破落环境最恶劣最贫瘠的地方。即使在当代的印度仍然因袭着这样的传统，在城市空间中存在着富人与穷人不同的生活区域，不同的生活空间。这种情况普遍存在于第三世界国家，在西方发达国家也不例外。所以说，由于历史上阶级斗争和阶级压迫而形成的等级制度所造成的不同的历史空间，具有因袭性，是历史研究应讨论的问题。

历史居留空间是一个关于历史空间多样性分割的重要问题。从世界范围来看，帝王将相都生活在独特的城廓或者城堡中。古代中国就有皇宫，如北京故宫。皇宫是一座庞大的建筑，体现出中国最伟大的建筑艺术，它的功能也是最完善的。受皇宫的影响，其他贵族、将相也纷纷仿照制式，只是它在规模、形式上略有逊色而已，民间也在仿制。所以这种帝王的历史居住空间不仅具有象征性，还有示范性，象征着权力、富足、安全、娱乐、高级、艺术、美感等，所以研究古代皇帝的居住空间也是历史研究的一个很重要的问题。我们的研究不是从建筑学的角度去研究，而是应从文化视角去研究，从它的选址，它所体现出的威严，体现出的权力意识和等级差异及其对民间的示范作用等角度去探讨。

从历史空间角度，从历史上不同居住环境方面的变化可以明确看到历史上的等级问题。从历史上不同等级居住空间的示范性角度去谈历史，可以发现它所承载的权力的象征，它对文化的示范性，它的民俗意识、宗教意识、群体意识等。另外，从环境的角度也能发现这些问题。从等级上说，在古代，皇帝及贵族居住的环境都是最好的，贫民的居住环境都是最差的。如果历史上什么时候平民的居住环境都非常优美，我们就可以判断这个国家是非常富足安康的。

社会政治历史空间。现在各种养老院、敬老院、托儿所、幼儿园、精神病院和红十字会慈善机构名目繁多。这都是社会组织空间。随着西方文化的发展，人类社会存在的空间组织形态日益丰富、日益细化、日益规范化。这是古代所没有的。它反映出了社会生活的丰富和发展。从政党来讲，政党在晚清就开始出现了，后来逐渐形成国民党和共产党两大党并立的局面。新中国成立后，中国实行中国共产党领导的多党合作和政治协商制度，各级党组织机构遍布全国各地，它的空间表现在于雄伟庄严的办公大楼，红旗飞扬，人才云集。很多政令、号召、指令出自其中。中国共产党是执政党，各民主党派是参政党，都有自己的活动空间。此外，还有各级政府，公安局、法院、检察院等，形成了独特的政治空间。

工商业历史空间。历史空间存在着工业经济空间。我们可以看出，经济生活和人类历史社会发展密切相关，人的衣食住行都需要通过交换来获得。北宋的《清明上河图》反映出宋代经济空间的布局，我们可以看到它的商业场景。现代的经济空间的版图就和过去不一样了。比如有百货商店、大型或超大型商场、大的超市和小的连锁商店等，这是现代的商业形式，从而形成了独特的商业空间。自近代以来，经济空间具有跨地区、跨国界性质。例如世界各发达国家所创办的各类博览会，这种博览会就是一种独特的经济活动空间。除此之外，各国的贸易方式以及和经济相关的各种场所，都可以视为经济空间。还有一个体现经济生活、经济强大生命力的就是银行。在中国，银行大楼同样遍布全国各地大街小巷，楼宇宏伟、建筑恢宏、设备高档都是尽人皆知的，它是一种经济实力的象征。特别是中国的国有银行实力超强，排名世界企业前列。此外，现代工业的发展，大规模的工厂、车间，烟囱林立，马达轰鸣，形成了独特的工业历史空间。现代的历史工业经济空间就非常广义化、多样化。

事件发生历史空间。历史事件的空间问题，主要研究历史事件发生所波及的空间范围。如果这个事件发生在首都或者经济发达地区又或者是敏感地区，那么它的扩展范围、它的影响效益就非常大。比方说，如果这个事件发生在一个偏僻的小镇或者地区，事件的意义就不具有全局性。所以事件的空间场景是非常值得研究的。通过历史研究可以注意到，在历史空间里当某个历史事件发生时，相同的历史事件发生在信息完全相隔的状态下，却能多地发生遍布于不同区域，我们就可以断定这个事件具有普遍性、全国性或者世界性。例如，世界经济危机的发生，当世界经济危机发生的空间区域遍布全球的主要地区之时，它的扩展性和影响性就具有全球性。所以我们看到研究历史事件的空间领域、空间地点是非常重要的，也就是说当历史事件发生在重要地区的话，该事件的影响就大，甚至它的空间影响具有全局性。

文化活动历史空间。关于人类文化活动历史空间，过去我们讲文化活动，很少甚至没有从文化空间的角度去探讨历史问题、历史现象。人类文化活动是人类历史现象中的一个非常重要的、不可剥离的组成部分，是历史叙述中不可或缺的。如果历史研究和历史叙述中抽出关于人类文化活动的内容，那么历史的表述就显得非常干瘪，这就是历史文化活动重要性之所在。当然，任何历史文化活动皆存在于一定空间之中。中国古代传统有祭坛，如北京的天坛等。这个祭坛就是当时的祭祀活动中心，也是祭祀活动历史空间。再把历史聚焦于更为久远的远古时代，我们发现红山文化有女神庙，有祭坛，反映出那个时代的人们敬畏神明、敬畏上天。有祭坛必然有祭祀仪式，这是从上古先民到现代国家一直存在着的现象，只是这种祭祀仪式表现方式不同，在不同时代体现出的方式带有鲜明的时代性。

在古代还有很多如书院、学堂等文化设施，近代更多的是学校，包括大学、中小学等教育机构，还有很多文化书院、图书馆、博物馆、文化宫、文化馆等文化机构，这些都构成了独特的文化活动历史空间。在这种历史空间中演绎了丰富多彩的历史故事。

消遣娱乐历史空间。人类社会活动之中离不开娱乐，因此也就存在着一个消遣娱乐历史空间。娱乐有高级、低级之分，但都是人类为了满足自身的某种需要而采用的行为方式，是丰富社会生活当中不可缺少的组成部分。人们的需求是各式各样的，古代民族有狂欢节及其他娱乐活动，娱乐场地有在野外的，其场合或为深山，或为草地，或为城市当中的空旷之地，或为指定的空间。随着时代的演进，文化活动的空间场景也发生了变化。古罗马时代有斗兽场、大剧院，随着条件的改善，帝王将相要在一个豪华舒适的空间中娱乐。民间的娱乐活动就显得非常简单。东北的大秧歌每逢节日都要在宽敞的街道上扭跳，还有不少"街舞"形式，这些都是娱乐历史空间。从多种多样的空间场所和多种多样的娱乐方式，可以看到这种历史空间里更多的历史信息。

　　中国传统的娱乐场所中就有茶楼。茶楼从古代就有，茶楼品茶，形成了一种独特的茶文化，茶楼是一种很重要的空间，很多社会文化活动、经商活动都是在茶楼里完成的。我们可以看到，茶文化传播到世界各地后，在世界范围产生了重要影响。近代以来对中国社会生活影响较大的重要的消遣娱乐空间的变化就是咖啡店的出现。咖啡本来是在南美洲发现的一种植物，后来随着新大陆的发现，逐渐传到欧洲，再传到中国。咖啡不是中国所固有的物种，咖啡这种植物商业化以后，作为一种饮料传入中国并被中国人喜爱。咖啡的商品化促进了咖啡店的兴盛。改革开放以来，陆续在大城市中的主要街道、商业区，特别是在大学周围，兴起了很多咖啡店，如星巴克等。咖啡店是咖啡文化的一种承载空间，咖啡店是西式文化在中国一个很重要的空间存在方式。咖啡店是一道亮丽的风景线，吸引着中产阶级人群，各色人等服装整齐地坐在咖啡店内，品着咖啡，听着音乐，谈论着自己的理想、经商计划、谈论友谊、谈情说爱等。这是一个新的独特的历史空间。

　　娱乐空间随着时代的发展，其空间存在方式、本身的存在形式也发生着变化。电影的发展、戏曲的发展，首先有戏院、电影院等空间场地。观影至今仍然是一种非常重要的娱乐方式，但是我们因有电视，使更多的人从电影院退缩到了家庭。在家里随时打开电视可以看到全世界各方面的信息，这些信息有些是指定的，可以供我们选择，还可以播放电影。此外还有很多棋牌社、咖啡厅、舞厅、茶馆、歌厅，这些都是空间娱乐场所的变化。在社区还有老年活动中心、群众娱乐活动中心。在社会基层，由政府下设的市、区、县的文化宫、文化馆，包括俱乐部，这些都是空间活动。从文化活动场所这个历史时空的演变，我们可以看出来表现方式、娱乐方式有很多差异。首先是时代性差异。不同时代由于娱乐方式的变化，随着科学技术进步，娱乐场所功能发生了变化。比方说过去有戏院，但是随着电影业的发展，就开始有电影院了，这是一种新的方式，过去是没有的。可以在戏院里增加放映电影的功能。中国古代有传统的歌舞伎、武术馆等，但是舞厅是没有的，舞厅是西方传来的，这是空间活动的变化，这个变化是非常明确的。文化设施也发生了变化，这个明显具有时代性，同时还有民族性。文化活动的历史空间当中还有很多的阶级性。

宗教活动历史空间。远古时代的祭坛都是一种宗教祭祀场所。随着基督教、佛教、伊斯兰教三大宗教的发展，人类形成了各自的宗教场所。在世界各地都大规模兴建了教堂及庙宇道观等。在中国，每当宗教节日之时，都会伴随烧香拜佛活动等，这些活动会形成一种庙会，庙会在不同时期也具有一些商品交换的功能。最开始在庙会交换的是一些基本的祭品，随着世俗化以后，庙会就自然成为人们一种基本的活动场所和生活物品的交换场地，庙会形成了一种独特的历史空间。在世界范围内，那些信奉天主教、基督教的民族和那些信奉伊斯兰教的民族都兴建了大批教堂，形成信徒和教民们定期礼拜聚会的场所。构成了宗教历史空间。同时在中国，自近代以来，随着西方宗教天主教、基督教大规模地传入中国，开始大规模兴建教堂，形成了一种新的宗教历史空间。西方传教士来到中国传教，主要有行医布教、办学办报的传播方式。医院的兴建，治病及慈善活动，吸引了广大下层的贫苦百姓的入教，使教众日益增加，基督教活动越来越频繁。基督教活动空间中有很多新的东西，如传教、讲道、唱颂歌。随着西方礼俗的传入，教堂被赋予了更多的社会文化功能，如近代文明结婚形式的出现，婚礼在教堂举行，更重要的，是在教堂的周围形成了街区文化、基督教文化。因为印刷及出售《圣经》以及宗教的一些饰品、文化书籍等形成了相关的文化产业，构成了特有的空间景象。总之，宗教活动历史空间是历史空间的另一重要组成部分。

（四）民族国家历史生存空间问题

民族国家即指由单一民族组成的国家，也泛指由一个主体民族为主而形成的多民族国家。在人类社会不断发展、不断分合的过程中，逐渐形成了民族。任何民族都有它固定的生活场域，它是需要一定的空间地域的，所以任何民族都是在特定的历史空间当中活动。从历史来看，有些民族是在特定的相对固定的空间地域中发展起来的，即为土著民族。所谓土著民族就是原发性的，原生态的，土生土长的，世世代代生息繁衍在居住的地方生长起来的人群。印第安人就是土生土长地生活在美洲大陆上的种族。中华民族也是土生土长地在中国这块广袤大地上的原居民。尽管任何民族都是生活在特定的历史时空当中，但民族生存的地域都是相对而言的。历史上的民族大迁徙，给各民族的生存空间带来了连锁反应，使原有生存空间发生了重大改变，造成了民族生存空间的错位，同时也造成了不同文化空间的错位，它把文化带到另一个空间当中去了，造成了不同文化空间的变异问题，这也是学术上需要讨论的问题。

历史空间的重置问题。民族大迁徙是人类历史上非常重要的历史事件。民族迁徙有几种原因，一种是环境的改变，其原居住地不适合生存，需要寻找一种新的生存环境，从而造成被迫迁徙。还有一种就是民族征服和扩张。一个民族向另一个地区进行征服和扩张，然后来到了一个新的空间生存。这个情况在人类历史上比较普遍。比方说古代欧洲中世纪的民族大迁徙，它的最原始的动力就是民族之间的斗争和冲突。由于汉朝对匈奴的战争，逼迫匈奴人向西溃逃，最后一直向西到达了罗马境内。引发了亚欧大陆的民族大迁徙，形成了一种联动式的锁链式的反应。这一迁徙不断压缩原有民族的生存空间，同时造成了不同历史空间的重叠。还有一个很重要的类型就是民族文化的大规模交流。十字军东征造成了基督教和伊斯兰教的战争，也使这种中间交叉地带形成了各种民族重叠交错的局面。蒙古人对亚欧的征服，形成了自己独特的统治空间，也把自己的统治意志和生存方式传播到了世界各地。这都是历史上比较有特点的由民族征服引起的民族大迁徙。近代随着商业的发展，西方资本主义崛起，向外寻找新的原料产地和商品市场。两个最重要的事件就是地理大发现，一个是麦哲伦的环球航行，还有一个就是哥伦布发现新大陆。新大陆的发现引发了欧洲殖民者对北美和南美大规模的侵略和征服。随之而来的就是移民，新大陆的开发需要大量的劳动力，随后又从非洲贩运大量的黑奴来新大陆从事劳动，黑奴贩卖活动客观上引发了非洲大规模的移民。使相同或不同生存空间的文化产生了错位。这都是随着民族征服、对外侵略造成的。对某一个民族来讲，是它生存空间不断扩展，对盎格鲁－撒克逊民族来讲就是这样，它的种族繁衍遍布全世界，形成了日不落帝国。俄国对外征服扩张所造成的结果也是这样。

归纳一下，历史上民族生存历史空间发生巨大的变化，主要由如下一些原因促成：民族间为了生存而发生战争，一个国家对另一个国家的侵略；各个国家之间结盟和合作，近代国际间为了维护既定的民族生存空间大多选择了合作的方式。各国家之间进行结盟，缔结和约促成了国际和约、国际法的诞生，近现代两大世界战争其结果都是确立了新的国际秩序，至今我们仍生活在第二次世界大战后建立的国际秩序之中。

不同民族历史生存空间的变化。民族历史空间变化最大的就是游牧民族，例如蒙古民族，他们征服了世界大部分地区，形成了一个庞大的蒙古帝国，虽然很快衰落，四分五裂了，但是我们仍然能通过其兴衰过程了解到它的民族生存空间变化的内在因素，能够看到其生存空间不断扩展，尽管很快崩溃但其后代却散布于世界广大地区，俄罗斯、哈萨克斯坦地区仍然有很多蒙古族后裔，从中就可以看出民族历史生存空间的变动和民族文化和民族整个历史上的变动的关系。民族生存空间的变化主要是因战争、通婚等方式而不断地扩展或缩小，历史上很多民族生存空间变化较大。例如英国盎格鲁－撒克逊民族，其原来只居住在英伦三岛，但由于其社会最早完成了工业革命，以最先进的科学技术为手段向外扩张，征服弱小民族。此外，作为一个海洋民族率先向外征服，更早的还有西班牙、葡萄牙等国，航海家麦哲伦、达·伽马、哥伦布等都是首先在西班牙、葡萄牙的支持下开辟新航路。西班牙是最早的"日不落帝国"，后因英国进行工业革命而蒸蒸日上，形成了新的日不落帝国，美洲的大部分地区、印度、澳大利亚、新西兰等都成为英国的殖民地。盎格鲁－撒克逊民族从原有的生存空间不断地向外扩展，形成了"英联邦"这样庞大的民族生存空间。该民族扩张的背后是一个民族的外侵动力，率先进行工业革命，掌握了最先进的技术，自觉的民族意识和民族内在的活力，这些都可以从其拥有800多年历史的牛津大学以及诞生数十位诺贝尔奖获得者中找到答案，可以看出盎格鲁－撒克逊民族能够征服世界是有其原因的。以盎格鲁－撒克逊民族为主体的国家，先由英国，继之美国继续扩张发展。美国凭借其先进的科技以及制度优势及内在趋力，成为一个超级大国，可以看出民族空间的扩展背后的文化和科学动力。

俄罗斯也是一个依靠对外武力扩张不断改变其历史生存空间的国家。俄罗斯本是位居东欧的基辅罗斯公国，近数百年来不断地向外掠夺土地，仅从中国就掠夺了数百万平方公里的领土，成为世界上土地面积最大、横跨欧亚的大帝国，其民族的历史空间发生了巨大变化。因此民族的空间问题与民族生存问题是密切相关的。

我们中国人统称为炎黄子孙，最早由在黄河流域、长江流域、辽河流域等最先进的数个部落联合不断地向外发展，最终融合成为一个硕大的民族。从现在考证来看在长江流域、黄河流域甚至在东北的辽河流域都发现了早期的人类活动遗迹。在辽河流域发现了红山文化，大约7000年前就形成了氏族部落，有祭祀场地，有村落，还有出土的玉猪龙等各种玉器。中国境内的各部族不断地从分散走向融合、统一、同化，实际上早期的华夏族经过殷周时期不断训练，已经形成了民族思想。经春秋战国时期到秦朝已完成了这一文化认同过程。从中华民族的早期形成来看，主要集中在亚洲大陆。这块大陆是地球上非常重要的一部分，这也是先人比较自豪的，所以称自己为"中国"，认为自己是世界的中心。其实任何民族都认为自己居住的地方是世界的中心，所以，中国先民有这种思想是理所当然的。而且中华民族曾长期在东方保持着最先进的文化形态，所以这种生存历史空间，是我们先人、我们民族生存奋斗而保存下来的结果。中国是我们土生土长的家园，是我们固有的生存空间。

世界各民族之间为了土地、人口以及一切生存资源而进行交流、交换或进行战争，相互征服，导致民族历史生存空间的不断被分割、被伸展、被折叠。历史空间的伸展性和多样性，促进了民族融合，传播了文化，促进了世界各个局部地区的相互联系。历史空间是多样的。

生存空间对不同民族文化心理的影响。不同的生存空间对不同民族的文化有着深远的影响。比如日本为岛国，日本民族长期生存在岛屿之上，周围都是海洋，资源匮乏，形成了独特的海洋民族岛国属性，生存空间对这个民族文化心理有着深刻的影响，如果对比其他东方国家，日本文化和中国文化有很大差异，这种差异主要是日本海洋民族文化、岛国的文化与中国大陆民族文化之间的差别。很多学者讨论了岛国根性问题，比如说狭隘、排他性但富于侵略，具有进取精神等。中华民族长期居住于东亚大陆，资源充足、土壤肥沃、物产丰富，也形成了自足安乐的文化。另一个重要的海洋国家英国，其盎格鲁－撒克逊民族作为海洋民族所具有的进取心，强烈向外扩张的意识，成功地造就了"日不落帝国"，其子民散布于世界各地。现在世界上有20亿人都说英语，并不是因为英语比汉语优秀，而是因为盎格鲁－撒克逊民族曾作为一个强势民族掌握了最先进的科学技术。英国是近代欧美文化的中心之一，我们所说的西欧主要包括英、法、德等国，但工业革命最典型的为英国，它征服了世界许多地区，其中在北美洲形成了 13 个殖民州，其主要成分皆为其子民，虽然后来北美十三州殖民地逐渐成为独立国家——美国，但在文化上和英国还是父与子的关系，美国的独立实际上是壮大了英语族群的力量，使之成为一个世界民族，所以他们掌握了资源等方面的优势。英语促进了世界范围内的国际交流。很多科技文献的表述语言都是英语，不学英语就无法看懂这些文献，吸收不来最先进的科学技术。

中国古代长期形成了大一统的封建专制制度，这种制度容易造成"超稳定国家结构"，比较长久地维持了国家统一的局面。但这种制度对人的思想限制较多，对思想的钳制、对言论自由的限定、压抑个性，这样思想文化的创造就无从谈起，这就是导致一个民族保守、缺乏个性张扬的根性。一个民族的根性跟它生存的制度环境有密切的关系，和它生存空间亦有很大的关系。我们再看古希腊国家，主要是在地中海一带形成的一些小的岛国，散落在地中海沿岸，形成了古希腊城邦。在这些环境中形成了丰富的商业文化，确立了平等交换的契约原则，所以地形、地貌这种历史空间对一个民族文化的产生是有影响的。岛屿、大陆、海洋、草原都是不一样的，在不同的空间中活动的民族，由于最初活动方式的不同也会形成不同的民族根性。比如农业民族不可能在荒山上、贫瘠的土地上产生，只能产生在肥沃的土地上，只有最早期的生存空间里具有适合农耕特点的地方才能产生农业文明。草原不适合耕种，生态比较脆弱，属于干旱半干旱地区，只适合草类生长，所以只适合放牧，形成了最早期的游牧民族。还有一种半农耕半游牧的山地民族，在山上也有土地可以耕种，也可狩猎。还有依靠海洋为生的海洋民族，靠捕鱼和海物与其他民族进行交换为生。这些民族都有自己的性格，都形成了自己的文化。农业民族就是精耕细作，以土地作为生存条件，所以它适合以固定的村落、部落进行生存发展，形成了早期的村落、城市。游牧民族主要逐水草而生，哪个地方水草丰盛，就去哪个地方生活，四季变换、流动性比较大。海洋民族同样受到季节的变化影响，风暴、潮汐等都对生命构成威胁，所以他们的宗教仪式、生存居住环境、饮食方式完全不一样。早期的商业民族、农业民族、游牧民族、海洋民族都形成了各具特色的文化，他们的生活空间、居住空间对其文化的产生具有重大影响。

三、研究历史时空的意义

历史科学的本质是时空科学，既是时间的科学，也是空间的科学。时间与历史事件或人物所在的时代、年代有关，是历史分期的必要条件；空间则与历史事件或人物的存在地点、地理环境有关，空间是叙述人类由局部发展为整个历史的必要条件。研究历史时间与空间，可以提高研究者的历史感知能力。

（一）历史学是时间科学也是空间科学

研究历史时间和历史空间的意义是什么？历史学就是时间科学，同时也是空间科学。离开了时间，离开了空间，历史学就不复存在。要明确地认识到不存在无时间的历史，也不存在无空间的历史。历史学本质上是一门时间的科学，离开了时间的向度，缺失了时间的表示，那也就不存在历史。我们对这一点要有明确的感知感悟。我们研究历史，要对历史有一个明确的时间理解，时间的顺序，时间的向度，时间的走向。同时，我们要清楚历史也是一门空间的科学，在具体的历史事件中，我们既不能抽出具体的时间，也不能抽出它的空间，任何历史事件都是在特定的地点、场景、场合、场域中发生的，这就是历史的空间。所有历史的发生都是有地点的，都是有空间的，只有把时间和空间结合起来才能对历史事件形成坐标，才能具体知道某一个历史事件发生在何时何地。所以，我们既不能抽出这个时间，也不能抽出这个空间。这就是时空的关系。明确时间和空间的关系，是我们历史学的一个本质问题，需要我们深入探讨。

（二）提高研究者对历史时空的感受

历史时间与人们的感受相关联，在不同的时代人们对于时间的感受是完全不同的。在传统社会中，人们对于时间的感受特别漫长，而在现代社会时间就显得很丰富。在不同时间段中的历史内容有很明显的时代性和阶段性特征。事实上，不存在没有时间的东西，如果历史没有时间，那就不能称之为历史。同样的，历史也是在特定空间中发生的，没有能够脱离具体空间的历史。如果脱离具体的空间去研究历史，那是不可想象的，也是没法理解的。所以说任何历史都是在特定的时空背景下发生的，具有明显的时间性和空间性特征。空间具有重叠性，同时空间也具有差别性。历史时间和历史空间往往是交错在一起的，没有明确的区分。任何历史时间当中发生的历史，也都是在特定的空间当中发生的。历史空间既有时间的向度，也有空间的伸展。

思考题

一、试论历史时间。

二、试论历史空间

三、试述民族历史空间问题。

四、谈谈学习历史时间与历史空间的感受。

第六讲　历史发展动力探源

马克思主义史学一再强调人民群众是历史的创造者，若再进一步展开可知，人民群众是每一个活生生的个体，人是有欲望有需求的。人的生存与发展受到人的本能的各种欲望的驱使，是人们生产生活动力的源泉。本讲主要围绕着人的需求—欲望展开讨论。在这里欲望与需求、需要等同，为了行文方便，有时会互换。本讲重点讨论欲望—需求的概念，欲望的理性表达，生存需求何以能推动社会进步等问题。

一、人的需求是推动社会发展的原始动力

历史发展的动力到底是什么？过去说法不一，有人认为是人的需求推动的，有人认为是阶级斗争决定的，有人认为是经济决定的，也有人认为是科学技术决定的。但我们认为，人的需求即欲望是世界历史发展的最初也是最原始的动力，因为世界上除了人是决定的力量之外，没有其他的力量。其他如经济、金钱、科技等都不过是依附于人的要素而已。这些要素尽管也在历史发展中起到这样或那样的作用，但归根结底都是欲望的外化作用，其内在动力皆来源于人的欲望。

（一）何为人的需求—欲望

人的需求—欲望是各种创造力的源泉。所以我们要在这里讨论欲望。狭义的历史主要是指人类社会自身发展的历史，我们一般来讲的历史都是人类

社会的历史。人是参与历史的主体，种群、部落、民族、国家都是由芸芸众生中一个一个独立的个人组成的，而独立的个人是有欲望、有思想、有要求、有需求的，每个人的要求构成一种合力，就是一种历史的动力，我们叫"合力"，当我们解开这种"合力"的历史钥匙时，看到的最核心的部分就是欲望。

欲望是什么？欲望是基于人的本能的一种欲求，也叫需要、需求。从自然和世界的本质来看，欲望无善恶之分，关键在于如何控制。理想、追求、需求、努力、进步、梦想，这些都是欲望的外在表现，其内在表现则是人的自然本能，生存的欲望。它本身都是人的自然本能的一种属性。弗洛伊德对这方面的研究最为著名，他把人的欲望分成自我、本我、超我，人的本能叫"利比多"，他构建的一切都是建立在"利比多"的基础上的。本能的东西包括通过在梦境中所反映出来的各种需求，那都是欲望，所以在这方面值得深入讨论。另一位学者马斯洛则提出了人的欲望结构，即其所说的五种需要层次：生理的需要、安全的需要、爱的需要、尊重的需要和自我实现的需要。这五个层面可以说代表欲望的五种主要层次，是欲望多样化的表现形式，这是人在不同发展阶段，面对不同的境遇当中所体现出来的心理状态。对于人类个体而言，当他的生命遇到威胁时，例如遭到饥荒即将面临饥渴死亡威胁之时，只要是能吃的能喝的就行，这时他不会考虑食品是否安全、是否有毒的问题，这就是生存欲望的表现。在这种时刻，他也不会考虑东西是否好吃，而是把生存放到第一层面来考虑。一般人在生存欲望的作用下，道德问题的考量会被减弱。看看历史上兵荒马乱的战争年代，在这些时期也是人类道德水准最为低下的时期，活着就是这一时期人的欲望所表现出的最基本最低的本能要求。一个人的生命基础，一个人最低的生存基础就是欲望。孔子说食色性也。这是人欲望最基本的东西，满足人类生存最基本的要求。对一个个体来说，当他的生存问题得到解决以后，在吃得饱、穿得暖、饿不死的情况下才会考虑食物是否有毒、怎么避开灾害等问题，这就是安全问题，是欲望的第二个层面。当第二个层面解决之后人们就开始考虑爱情，想寻找爱情的美好。当人们追求到爱情之后，也就满足了第三个层面的欲望需求。实现第三个层面的欲望需求后人们开始希望受人尊重。一个人能否受人尊重，是由习惯抑或制度设定的准则来表达的，需要社会的引导。人们设定了许多规则和目标来表示社会地位。例如年长者是受人尊敬的，有声望是受人尊敬的，有能力是受人尊敬的，遵纪守法是受人尊敬的，等等。一个人能否受到别人的尊重是由道德、能力、才干、社会地位等多种因素决定的，这是第四个层面欲求的实现。第五个层面也是最高的层次就是自我实现。自我实现就是通过个人努力，在前四项都实现的基础上努力获得个人价值的实现。所谓自我实现就是个人价值的实现，就是"我"在社会中的价值贡献得到了认可。实现了人生价值和目标。例如学术思想、社会贡献、社会地位受到别人的尊重和景仰，有许多崇拜者，由此得到心灵的慰藉、人格的完善。自我实现的形式是千差万别的，总的来讲就是名誉、地位、经济、道德都有一些崇拜者，得到社会的认可。这虽也是欲望的一种表现方式，但更多偏重于心灵及价值层面的内容。就是在社会中被社会群体所普遍认可。每个个体或多或少都经历过其中的几项，但个体全部都经历过这些体验的人少之又少。在社会共时性状态中普遍存在着的这五种层次的需求，从而形成了不同的人群，使社会更加多元化，从而产生了推动历史前进永不枯竭的动力。

概括地说，欲望是有层次的，每个人都有自己的欲望，人类社会中每个人欲望的集合，就是一种合力，它们之间的相互博弈就推动这个社会发展，故欲望或需求是推动社会发展的原始动力。

（二）欲望与人性的关系

欲望是基于人的本能的产物，凡人皆有欲望，食欲、爱欲、生存欲，人皆有之。荀子曾说："目好色，耳好声，口好味，心好利，骨体肤理好愉佚，是皆生于人之情性者也；感而自然，不待事而后生之者也。"人性有善恶之分，欲望与人性又密不可分，有什么样的人性就有什么样的欲望。善恶之分，根由在欲望的释放途径，当欲望的释放危害了公众的利益或他人的利益，完全是为了满足个人的私利、私欲，那么这种欲望就是恶的，是不好的，是危害社会的；相反当欲望的释放是利他的，是有利于社会公众和人类文明进步的，那么这种欲望的释放就是善的。

关于人性的善恶问题，自古就有争论。有人说人性是善的，有人说人性是恶的，也有人说人性是无善无恶的。实际上，人性既有善的一面也有恶的一面。人的一半是天使，一半是野兽。既有自然的属性、动物的本能，也有社会性的一面，还有精神上的追求。

关于人性的善恶问题也是历史哲学领域必须讨论的问题。人性善、人性恶或者人性是中性的不善不恶这个问题已经讨论了几千年，西方古往今来讨论这个问题，中国也是如此。儒家学说的代表人物孔子和孟子都主张性善论，那么是什么原因使人变恶的呢？他们认为是环境的后天影响，故儒家非常强调后天的教化。《三字经》就体现出了儒家这种观点，"人之初，性本善，性相近，习相远"，体现出儒家学说的性善论观点。人性本善，人生下来性就是善的，后天的环境使人们的本性发生变化，产生差别。善的环境使人性向善，恶的环境使人性变恶，这是儒家的基本看法。荀子是儒家学说的代表人物，但他同时也是法家学说的创始人。他的两个学生一个是李斯，一个是韩非，他们对中国历史产生了深远的影响。荀子是儒家唯一主张性恶说的。从中国古代思想主流来看，虽然间有主张性恶说的，但主张人性善的观点一直占据主流。

西方也同样有主张性善性恶的，但是西方主流文化是主张性恶的。我们不得不提基督教文化，它对西方历史的发展产生了巨大的影响。《圣经》里提到了人类"原罪"说，则代表了西方世界主张性恶说的主流。《圣经》创世篇里描述了上帝造人的过程并揭示了人类为什么有罪的问题。上帝造的第一个人是亚当，他非常完美，因为是以上帝的形象创造的。上帝非常高兴，但他看亚当太孤独了，于是又给亚当催眠，从亚当身上取出一根肋骨又造了一个漂亮的女人，这个女人就是夏娃。亚当看到夏娃后非常高兴，就给她取名为女人。从此他有了伙伴，不再孤单。芸芸众生，他俩就是人类的始祖。现在人类有70亿人口，但是追溯根源，就来自亚当、夏娃这两个人。但是人生下来是有原罪的，本来亚当、夏娃不再孤单，他们无忧无虑地生活在伊甸园里，上帝嘱咐过他们，伊甸园里除了禁果任何东西都可以吃，但是夏娃受不了蛇的蛊惑，他们也控制不了品尝禁果的欲望。最后，他们自身的欲望驱使他们偷吃智慧果，触犯了上帝的戒律，引起上帝的愤怒，亚当和夏娃被逐出乐园，并且受到诅咒，这就是人本身欲望原罪的缘起。这虽是《圣经》故事，却很形象地说明了欲望是人性罪恶的渊薮。人是有原罪的，人生来就是有罪的，这是西方的普遍观点。人的欲望是无穷的，不能仅靠自己的良知克制，还必须有外在的制度进行约束，因为人性是恶的，可能会对社会造成巨大的破坏。因而西方强有力者都是执法者，为了匡扶正义，除恶扬善，在西方就容易产生法律来限制人的性恶，遏制恶的欲望，保护人的善欲的发展。这体现出西方文化的应对方式。

我们进而可以对人进行本性上的剖析。现在地球上已经有 70 多亿人口了，我们将其他分解开去，就会发现它们是由各个民族、各种肤色、一个个具体的人所组成的。既然同属于人类，尽管存在着文化上国情上的不同，但人性上却是相同的，即人性具有趋同性，每个个体都等同于他体，在人性上都有善恶两面。从这种意义上讲，儒家的孟子讲人后天教育、后天成长环境对人成长的重要性是非常有道理的。人性是趋利避害的，人的基本欲望是为了满足生理、生活的需要。除了满足人的衣食住行等需要之外，还有更高的要求，即除了满足基本的生理需求、物质方面的要求之外，还要进一步满足精神上的需求，从而使自身的需求不断升级。马斯洛所说的人的需求五种层次说是非常有道理的。实际上当我们平面地、立体地或是穿透地来看待这个世界时会发现，充分实现了个人自我价值的人还是极少数的。特别是在物欲横流的社会当中，一个人以不正当的方式，或是靠阿谀奉承上位而得到的权力，或是靠巧取豪夺、贪赃枉法聚敛了不义之财，其内心是不完善的；也有很多正直的人，其内心、人格是完整的，但他也有很多缺陷，或贫穷或无权力，这类人有可能不太谙于世故，为人处事直来直去，易得罪人而遭人排挤，有可能生活处境非常落魄。在一个不健全的制度下，要想获得一个人的物质、内心的平衡是很难的。纵观古今，人类群体中的绝大部分都很难实现这种自我价值。但无论人处于什么状态，他的欲望都要找到释放渠道，都必然要表达出来，因为欲望是无法压制的，不能正常释放，就会变相释放。所以人们不断地去追求、不断地去实现、不断地去努力所形成的这种合力，就是推动世界前进的动力。

（三）欲望的多样性表达

在历史长河当中我们可以看到，人们首要的欲望是生存，这种欲望非常强烈，大家就得团结起来共同作战，战胜野兽，获得食物。为了生存，这种生存欲望可以促使人们团结起来形成部落，为了维护部落就得进行战争，来保卫自己的生存。男性生殖的欲望使得种群得以发展，所以他就要追求女性，以使本部落的种族得以繁衍。所以早期人类社会抢婚制盛行。在"尚力"的时代，人类崇尚强悍，主要依靠暴力，靠武力来争取个人的权势，通过暴力方式最大化地满足自己的欲望。在早期的人类社会，就只有通过权力的形式、力量的形式来分配。从人类种群历史发展来看，我们更多地看到的是动物的本性。这里不妨举动物界的例子。在动物界中，大猩猩等一切灵长类的动物以及其他一些高级哺乳动物中都可以看到力量统治形态。在这些动物种群中，有一个外形上最为强壮、最有力量者就是这些种群中的"王"。"王"在这个种群中具有生杀予夺的权力，它有义务保护本种群的安全，称王的那个动物拥有最大的权力，它有绝对的交配权，可以使本种群的所有雌性皆成为自己的妻妾，可以使自己的后代无限延续下去，而其他成员则没有交配的权利，甚至连生育后代的权利都没有。这个首领直到遭受到下一个更年轻、更有力量的雄性成年动物的挑战并且被其打败后，才结束其统治。新一代首领又重新获得了全部的权力，并继续下一个轮回。从动物的遗传学角度来讲，它保证了种群中最优秀的基因可以传承下去，使这个种群繁衍壮大。其实人类也是一样，人类有崇拜英雄的情结，皆来自人类早期的遗传基因。在原始人类的眼中，英雄的身高、力量、健壮、勇敢、智慧以及其所具有的一切能力皆是一般人所无法比拟的。所以英雄可以站在权力的制高点上，可以拥有一切。在世界各地区各民族的古典神话中，我们可以看到这一点。

其中人的性欲望以及由其引申的生殖欲望的实现方式受到了权力的极大支配。在中国封建时代，拥有最高权力的帝王都拥有三宫六院，后宫佳丽众多，甚至还可以广选天下美女，随便生育。帝王之下那些有权势的王公大臣们也都拥有三妻四妾，但是平民百姓却只有一妻，甚至无实力者连一妻也无。这种差别其实就是权力的大小、有无在实现欲望过程中造成的。

欲望的善恶表现和社会环境有关。战争时代道德最为沦丧，因为生存受到威胁，人类为了自身的生存就在客观上激发了人的动物属性，恶欲被充分地释放。例如历史上的杀戮和人相食，可见人在特定的时代有可能完全沦为一种人形动物。在早期人类社会处于蛮荒的野蛮时代之时，人的本能和人性恶的一面会充分表现出来；即使在近代以来的社会，当人类处于战争状态时，过去时代所建立健全起来的道德法律规范也会暂时失去作用，变成杀戮横行、恶贯满盈的时代。

当一个社会特别安逸富足，人们生活在平安幸福的环境之中，就需要道德、艺术、安定、尊敬，这时人的欲望便更多地表现为善的一面。善良得到鼓励，邪恶受到批评。杀人、剥夺自由生命是不被允许的，人的权利得到法律的保护。人的欲望在不同时期是不一样的，究其原因则在于人的私欲和恶欲能否得到抑制，在社会秩序失控的状态下，杀人越货、盗贼横行、草菅人命，皆因人的恶欲的魔鬼被释放了出来，并且不受惩罚。总之，人的需求是推动社会经济、政治、科技、教育、军事等发展的终极动力。当然欲望本身有正能量也有负能量，其释放途径有破坏的一面也有建设的一面，欲望的释放取决于社会的制约程度。人们在保护和限制欲望的同时便产生一股合力，形成一种制度。这种制度本身也是为保护欲望的合理释放而设定的。当一个社会越成熟，其保护和限制欲望的制度也就越完备，从而使人的欲望只有通过符合社会规范并在合理的范围内，在社会结构当中去加以释放和表现。社会的理想化过程也就是使欲望越来越以一种有序的方式来释放。

欲望的释放具有等级性、时代性。历史上的制度就是欲望释放的结构性规则。所以就如黑格尔所说，历史是一部理性的历史，是人类理性发展的过程，有一定道理。人的欲望的释放若不加以限制就对社会造成大的破坏，在历史时代，人类各部落之间征战不休，给彼此都带来了灾难，于是为了避免这种灾难的发生，相关各方就会协商建立国家、制定各种规则。在"尚力"时代，在人群之中就以力量最强大的一方掌控话语权，制定了对自己有利的各种规则。其他没有力量的一方就会受到抑制，只能处于从属地位，至此确立了欲望释放的规则，同时也使得欲望的释放合法化，成为欲望释放的一种保护机制。某种意义上来说，历史上的某种制度实际上是欲望释放合法化的一种规定。但欲望的释放是有等级的，法律规定不同阶级欲望释放的方式、程度皆有不同。欲望的宣泄方式具有等级性，这个等级性我们刚才也说了，皇帝以三宫六院、七十二嫔妃来满足个人的欲望，甚至还要选美。普通的老百姓却一妻难寻，孤寡一人。这就是不一样的地方。欲望确实是具有等级差别的。物欲、情欲、权力欲等方面都是有等级的。所以欲望的释放是有制度性的、结构性的。欲望是具有层次性的，马斯洛所讲的五种生理需求即是这种欲望需求层次的最典型的表述。

欲望的释放具有时代性。不管世界怎样变化，只要是人，不论是何种肤色的，每个人都会有欲望。人性相同，欲望也基本相同。我们所说的爱欲、性欲、食欲、科学欲、艺术欲、权力欲等各种欲望，古往今来人类都是一样的，但其表现方式却因时代和民族、国家的不同而不同，确实具有时代性。时代性是欲望以时代的文明条件的发展方式装饰、包裹、掩饰起来，用一种非常漂亮的外衣给修饰起来的。比如说人们对性的欲望，这是人类生存延续的自然属性，人类为了解满足这种性本能，制定了各种各样的规则，以取得其合法性。现代社会运用一些艺术手法，通过声光化电比如电影、电视等来表现，就具有鲜明的时代性。

人类的食欲也是一样。食欲是满足人们最基本的生理需要，但现在我们除了满足温饱之外还要吃得好，吃到各种精工细作的菜系，这个也是有层次的，其档次完全取决于个人的财力、爱好、口味等。权力欲也是一样的，权力欲的表现方式不一样，古代是赤裸裸地打天下，而现在是通过民主选举等。总而言之，欲望具有时代性。

欲望还有无穷性。袁世凯已经是民国大总统了，可他还想当"洪宪"皇帝，希望将江山传及子孙万代。有些人已经拥有百米住宅了，可他还想要别墅。有些官员待遇已经很好了，可还不满足，还要贪腐……可见欲望是无穷的。

但是我们也应该看到在这种欲望的博弈过程中也会形成各式各样的"合力"。你有这种想法，想满足自己的欲望需求，他也有这种想法。人的欲望无穷尽，如果每个人都想按照自己的本能要求充分地满足各自的想法、欲望、需求，那么这个世界就乱套了，就只能陷入无尽的纷争甚至毁灭。因此，为了使这个世界不至毁灭并且能够正常地延续下去，人群之间就必须相互制约，建立某种互让及补偿机制。人们就会推选出强人来主持这样的协调工作，或通过暴力或通过协商让步或通过法律制度等各种方式，选择那些在特定的时期内被认为最合理的方式来实现分配。

（四）控制欲望的不同方式

欲望的表现方式有正面负面、高级低级、崇高丑恶之分。在社会生活中我们需要法律制度对人的欲望加以限制。人性是欲望的基础，讨论欲望就必须讨论人性，人性是恶的，是不可靠的，是自然本能的，所以需要用法律等强制的方式加以制约。西方三权分立政治架构的本质，即是对权力的制衡。人的权力若不受控制不受限制，人的欲望就会膨胀，就会滥用权力以满足自己的私欲。所以要用制度来限制权力和个性的过分张扬和膨胀。

先哲在对人性认知的基础上，产生了许多限制及疏导方法。西方认为人性是恶的，所以必须用外在的强制方法进行限制，于是用法律规则来限制人性恶就成为一种首选方式，使人的欲望向适应社会规则，向有利于社会进步的方向发展。中国认为人性是善的，因而相信后天的教化，相信道德的力量。只要人后天能受到道德的教育，人性就会向善良的方向发展，从而相信教化的力量，没有把法律规则作为对人性恶限制的首要考虑，这就产生了两种不同文明的分歧和发展的不同路径。但有一条是共同的，这就是使人欲望的释放越来越走向理性。人类的发展逐渐走向理性，这是社会发展很重要的一个步骤。

人类历史上宗教的产生，其本意都是劝人向善的，使人们能够找到精神的寄托。宗教不等于迷信，宗教是一种文化。宗教是人类认识自然的过程、在认识自身的过程中逐渐产生的。人类历史上的三大宗教基督教、佛教、伊斯兰教，尽管在表现方式上有所不同，但是其宗旨都是引导人向善，惩恶扬善，限制人的欲望。三大宗教都有戒律。如不可杀人，不可奸淫，不可偷盗，不可做假证，不可陷害人，孝顺父母、夫妻和顺等，这些都是维护人类社会的基本准则。其目的就是控制人的欲望和罪恶，弘扬善良，使人性逐渐向善。这就可以看出三大宗教的共同点就是弘扬善良，让人心向善，匡扶正义，使人性朝向正义善良的一面发展，是人的欲念向善的体现。抑制性恶，维持社会安定，这是非常重要的。这是人类历史的演进逐渐走向理性化的重要内容。

二、欲望"理性"：释放途径的制度性表达

在人类社会中，个人欲望的释放会受到道德及法律的严格限制，会受到制度的规定，使欲望的表达显示出"理性"化状态。

（一）欲望释放的"理性"化

随着历史的演进，人们欲望的释放在整体上逐渐变成了一种"理性"过程。历史发展的原始推动力来自人的欲望。关于欲望的概念前面已经讨论了，那么欲望到底是怎样推动世界发展的呢？这一点比较复杂。我们常常被事物的一些表象所迷惑，看到高楼大厦、车水马龙，看着我们发明的一切情景，看到各种组织的严密，实际是这些都是外在表现，都是物质外壳，实际上它们所发展的内在驱动力皆来自欲望，来自人们的各种需求，是欲望变成一种能量和动力所创造成的，是欲望的物化形态。这种欲望的"理性"释放过程使我们产生了社会规则，产生了法律，产生了各种各样的精神的和物质文化的创造。人们为了满足衣食住行这种基本的欲望，就要进行创造。创造是一种欲望的表现形式，它可以从最低级的最初始的东西一直创造到最高级的精神层面的东西，从物化的层面到精神的层面，从制度层面到心理层面。所有这些都来自人类的欲望或者需求所凝聚成的动力。

（二）人类欲望的制度性表达

欲望是人类的一种本能的自然属性，来自生命基本的自然元素。生存欲、生活欲、发展欲，都来自人类的原始冲动。人类在成长过程中，在这种不断超越的过程中实现自我价值。我们都知道人的孩提时代的占有欲是最非常强烈的，他认为世界上所有的东西，凡是自己能够触摸到或拿到的东西都是属于自己的，这时的人只有自我观念、本我观念，没有他我观念。等到智力逐渐发育以及社会性的提高，才意识到他我观念。小我变成大我，才能实现自我。人在社会当中，不可能像在孤岛中生活一样，人是群体动物，在生活当中要学会社会分工，只有和他人相互帮助、相互扶助才能生存。当然社会制度越成熟，这种社会结构、社会关系也就越复杂。这个过程就是"超我"的

过程，就是从小的自我到大的超我的发展。在人的成长过程中皆是如此，但是人发展的基石是欲望却是亘古不变的。

实际上，人类的制度建设是为了获得更美好的生活或是给后代留下安定的生活而进行的不同力量的角斗和博弈的过程。人类对美好事物的追求、对制度的追求的背后是欲望的驱使，所以我们说欲望的表现形式是多种多样的。科学技术的发明也是一样，科学技术发明能满足人们最基本的生活需求，进入社会后会获得社会声誉以及交换市场等，可以获得更高的待遇。进入现代社会，这种表现形式就更加复杂了。我们透过欲望的表现形式可以看到最基本的状态。作为证明，我们不妨穿越人类历史几千年的人类文明史去探察，为什么文学作品当中爱情会成为主流呢？因为无论社会发展到何种程度，都有爱情，爱情一直是文明社会歌颂的主题，这说明从古至今人性都是一样的。在不同时代、不同社会背景下，爱情的方式也不一样，但其作为主题并没有变化。

古代帝王可以拥有天底下最好的东西，但他那时候没有电视、汽车等高科技产品。我们现在生活某些方面高过了古代皇帝的生活，我们拥有空调，古代皇帝条件再好也没有空调，只能靠火取暖；没有风扇，纳凉只能是靠仆人给他扇扇子而已。但是我们的欲望止步了吗？我们还会产生新的欲望，所以欲望是无止境的。因为无止境的欲望推动了我们的社会不断地去演化，不断地去进步。欲望是人类最本能的最直接的冲动，如果一个人没有欲望，他就没有了生活的追求，他就是一个躯壳。欲望本身是无善无恶的，它表现在光明的方面就是善的，它表现在黑暗的一面就是恶的。

社会中，人的社会地位的分层往往是基于人的智商、能力、社会评价、历史渊源这些方面综合地规定。假若把现在社会财富重新进行分配，为了保证分配公平，可以采用按照每个人平均的方式重新分配社会财富。那么五年后会怎么样？根据以往的历史经验，社会还将出现新的不平等。其原因是多方面的，由于每个人的智商不同、能力不同、巧拙不同、勤懒不同、机遇不同，所以经过数年之后，财富仍然会出现不同的流向，财富会向那些有能力、勤奋工作、机遇好的人集聚，从而使原来平均的财富产生新的不平均。所以不平等、不均衡是永恒的。关注平均主义不如关注社会公平。所以与其平均主义，不如平等主义。在现实社会中，我们不能完全实现平均主义，这样会扼杀有智商、有能力者的创造动力。社会存在不平等这是一种客观的历史现象，只能向着消灭不平等方向努力。即政府要维护社会的公平、正义，通过财富分配的方式对社会底层进行帮助，以使所有的人均实现体面的生活并得以保持人的尊严。但是作为学者必须承认社会是存在差异的，同一社会当中确实存在不同阶层，我们的目的是打破阶层的固化，实现不同阶层之间的上下流动，这种变动完全是依据个人的才能和贡献，而不是依据特权和其他外在的东西。每个人需求层次不同，欲望的变形即在于需求的变动。欲望的表达方式是多样的，可以通过多种形式表达出来，经常变形出现。我们不能说欲望本来就是低级的，欲望实际上生发于人的自然本能。但是具体可以表现为低级趣味或者崇高的品位。性欲、食欲、爱欲、物欲、权力欲、创造欲、审美欲，这是每个人都生来俱有的。只是后天的不平等或各种后天条件的限制使其不能部分地或全部地实现而已。求爱、对异性的向往、恋爱、结婚以及以艺术加工的形式所表现出来的性，都是人类对于性欲的表现方式。权力欲也是一样，总有人想支配他人，无偿地占有他人的劳动成果，不劳而获。没有人愿意甘当奴隶，即使奴隶社会也一样。印度某些阶层如达罗毗荼人生来就是贱民，在日本明治维新前也有"秽多"等贱民，但那不是个人意愿的选择，而是一种历史性的制度规定。

在民主社会中由于四民平等，人们在择业生活等方面有各种各样的自由。所有人生的一切都是个人自由意志选择的结果。社会已建立起符合人性的成熟的社会规则来满足人们对权力、财富的追求。在许多社会中，人们或用权力交换，或用金钱赎买的方式来满足个人的多方面欲望，如用钱的方式满足支配欲和占有欲等。这实际上是欲望释放的规则性——用法律规则规定人们欲望表达的方式及其释放的渠道。

当代社会生活中以满足欲望所体现出的各种现象比比皆是，如性欲、食欲、物欲、权力欲、金钱欲、支配欲等。有些人的权力欲和支配欲极强，为了实现这一目标，他们可以忍受胯下之辱，可以采取各种方式来获得某种权力，实现自己的权力欲。其实权力欲本身也是为了满足更多个人方方面面欲望的需要。我们还有创造欲，科学的创造、思想的创造、机器的创造、学问学识的创造和文学艺术的创造等，这些都来自我们的创造欲。这种创造欲对社会进步至关重要。从远古时代以来人类就因为有创造欲，才为我们当代积累了大量物质的或精神的财富。如果说在古代的创造还是个别的局部的话，那么随着时间的推移、学科教育的逐渐成熟，人类整体的创造越来越趋于职业化，越来越趋向于集团、国家组织的整体行为了。现在几乎所有人都在创造，都能创造。创造是个人价值的体现，是个人创造欲的一种表现。创造欲是体现个人价值、个性和能力的一种外化和外在表现，并为社会所评价。人类创造表现为方方面面，既有思想层面的也有物化层面的。理工、人文、艺术都是一种创造。有些创造就是为了发现自然既存的规律，还有些创造是发明和产生自然界所没有的东西。有些东西自然界已经有了，我们去发现；有些是自然界没有的，我们去创造。有很多东西是自然界本身所没有的，例如瓷器、各种机器、各种化合物等，都是人类创造的产物。瓷器这种东西是人工合成的，自然界本身没有这个东西。有些东西是自然界有但必须人工提炼，例如许多稀有元素就必须通过加工提炼才能分离出来。飞机、大炮和网络都是人类的创造，它们都基于人类的创造欲望。

为什么人们为了满足自己的创造欲可以忍受寂寞和孤独，可以熬夜、可以付出，甚至可以以减寿及抛家舍业为代价去实现自己的理想？我们可以将此归因于"社会理性"中已形成的一种制度化的东西，以保证其创造的成果受到社会的奖励。而更重要的是这种个人创造欲所支配的理想的观念，能够保证这种创造达到某种程度贡献的时候得到评价，实现它的本能与需求。人们通过努力创造了某种机器、发现某种规律、形成某种学说或者形成某种思路符合评价体系，他们就会得到公正的评价和奖励。例如获奖、评职称或者拿到奖金奖励等，这使人们重视创造，引发思潮，推动社会进步。如果没有这种社会评价机制和应用机制，虽然我们的创造欲依然存在，但由于缺乏制度性规则，也不可能会使创造欲望产生巨大贡献。人们天生就具有这种创造欲望，人有某种好奇心去探究自然，发明创造是人与其他动物不一样的地方。丰富多彩的世界是人类共同创造的，人类把创造欲从一种原始本能通过自我认同转化为自我意识，从本我转化为超我，投向创造，这是欲望的表现方式。

世界著名的科学技术史学家李约瑟博士留下的"李约瑟难题"就是一个最值得探讨的有关是否能保持和奖励人们创造欲的"社会理性"的成熟问题。

西欧国家能够在 15 世纪后逐步向工业社会、资本主义社会转型，一个最为重要的原因就是相关社会成功地制定了奖励发明、保护专利以及私有财产神圣不可侵犯的制度，这样极大地调动了人们的创造和探究的欲望，使大量的新产品、新财富涌现，推动了社会进步。相反，中国虽然在更早的时间里已经具备了工业革命的条件，但是没有相关的鼓励和奖励发明创造、保护个人发明专利等制度设计，没有最大限度地使本国民众趋利的欲望向着创造财富的目标前行，于是也不可能出现西欧那样的社会进步。当然中西差别的因素有很多，但这一点却是不能不提及的。同样的道理，为什么在封建时代，科举制度能够笼络中国最聪慧的知识分子，使人们专注于"四书""五经"，皓首穷经，只为一朝金榜题名，因为"学而优则仕"，"书中自有黄金屋，书中自有颜如玉"。只要科举中试，就可以为官，就可以实现人生价值。这是中国几千年科学不发达，"奇技淫巧"被视为末业的必然结果。因为人都是趋利避害的，国家制定的政策对于国人的行为价值选择具有决定作用。

（三）欲望宣泄方式的规定性

早期人类欲望的实现方式。欲望实现方式不同，在社会当中所发挥的能量也不一样。我们首先讨论欲望的历史性。所谓历史性，就是古往今来的整个历史过程所表现出来的状态。我们回到原始时代，原始时代人类的欲望在我们看来是非常低的，仅仅是为了生存和繁殖，原始人类在恶劣的自然环境中寻找食物，茹毛饮血，还得与凶猛的豺狼虎豹进行生存竞争，此外还有瘴气，流行疾病，哪怕蚊子都能对人的生命构成威胁。所以人类必须与天斗与地斗，才能维持生存。美国动画大片《疯狂原始人》所描述的场景最为形象。所以那时人类的欲望集中表现为生存，就是维持每个家族成员活着。在生存的同时也必然要发展自己的文化，主要是生存的文化以及简单的审美娱乐。在原始时代，那些体力强悍者、聪慧勇武者，他们实现个人欲望的可能性就大，他们凭借自己的优势成为部落或部族的头人，掌握了支配族人的权力。在那个时代，族人的所有意愿、想法都寄托在他们身上并企求获得实现，这就是我们今天所说的上古英雄。英雄们更有机会来实现及满足自己的欲望。

早期国家之间的征战也是基于人的欲望。早期国家，为了满足国王及贵族对土地或财富的欲望而发动战争的例子比比皆是。那个时候没有什么普世公平、正义的概念，某一个部落的首领基于仇杀或者个人贪欲，依靠自己的实力扩大领土地盘或者为了抢占对方的人口或者粮食，就向对方发动进攻，某种意义上说人类为了抢占资源，从古以来一直在争斗，倒毋宁说它是一种民族的或领袖的欲望的扩张。希望抢占更多的资源，为自己的民族或部落过得更好服务，这都基于人的欲望。所以，古代的战争更多的是为了满足统治者的欲望而进行的。古代的战争通过掠夺大量敌方的人口，用作本族的奴隶，来满足本族人的支配和统治欲。于是这种不平等和阶级差别首先在征服者和被征服者之间产生了。征服者把对方失败者变成奴隶，本族人相互之间是平等的，被征服者则是不平等的。随着社会的发展和扩大，本族人许多也沦落为奴隶阶级，成为被统治者了。其欲望也被压抑到与奴隶地位相称的地步。

专制社会中权力越高的人越能实现自己的欲望。专制社会中，制度设计一开始就是统治者为了使自己的欲望的实现合法化，同时限制别人欲望实现的一系列规则、规定，以此规避其他方面对其统治构成威胁。一个很荒诞的结论、很荒唐的想法，都能变成一项国策，这就是封建皇帝至高无上的权力，他可以无限制、无节制地满足自己各方面的欲望。下层各个大臣也在自己权力范围内处于顶层地位，为了实现统治者的欲望也都建立了大大小小的制度法规。当某些发展为了相互之间达到和谐、平等的状态，需要有一个平等的默契，如果战争靠暴力解决，相互都会归于消灭、消亡，怎么办？在势均力敌的情况下，就会达成某种默契，这也是制度当中的某些民主的因素，它们建立在相互让步、相互满足、相互默契的背景下，也建立在这种对欲望的保护基础上。随着平民力量的壮大，这种欲望反应强烈，也会对他的欲望给予肯定的保护。现在的民主制度，总的来讲，就是限制当政者滥用权力实现私欲，通过法律制裁的方式来限定人们行为的合理区间，实际上就是用制度限制人们最原始的欲望冲动，使人能够更理性地秉持公道，不至于造成社会动荡。集权国家、集权社会，个人的私欲是无限的，但这种欲望往往被贴上民主、革命、平等的标签，很能说明这一问题。

在文明社会里，欲望的宣泄方式一定是被约束、被制约的，使其向合理的、健康的、有利于社会发展的方向去释放，这才是文明的产物，这才是文明的进步。欲望必须受到抑制，使其按照社会认可的方式进行释放。所以文明是对最原始本能冲动的一种抑制。实际上整个文明社会也是这样，社会的进步，其本质上就是把原始状态那种赤裸裸的欲望宣泄方式变成一种可操控的、能接受的文明方式。比如婚姻的问题，人类最早曾有赤裸裸的抢婚制度，强者看上谁，就可以依靠力量得到她，现在是求婚。求婚除了爱情之外还要有更高的实力，你的长相、你的家庭条件、你的各方面能力足以得到女性的爱慕。现代婚姻的演绎过程实际上有各种各样的形式，有各种各样的仪式，有说媒，有定亲，有彩礼，有婚礼，有登记，然后才可以走进婚姻殿堂，被社会接受。从婚姻的角度我们可以看到，欲望在释放的过程中是一种制度的不断完善的过程，人类社会走向理性社会的过程确实符合历史是理性演进的过程。

（四）人类欲望的理性博弈

人的欲望在实现过程当中实际上是不平等的，每个人都有自己的天然欲望，但这种欲望在不同结构当中的实现是完全不平等的。有的人住高楼大厦、别墅，而有的人想得一间遮风避雨的住处而不可得，包括在择偶、工作各方面都处于不平等的状态。为了打破这种状态，人们就会寻找较好的制度来制约权力，制约许多人的原始欲望的发生。实际上很多民主制度本质上是一种协商的制约制度，制约人的各种欲望，比方说权力欲、物欲、情欲等各种各样欲望的不规则实现。在封建专制时代，统治者的欲望不受或很少受到限制，这是人性恶欲在缺乏有效的限制和扼制手段而出现的必然现象。其本身说明这个制度对权力的限制、制衡的设计上还缺乏有效手段，才使人的欲望获得膨胀。而现代的民主制度不承认人的特权，强调人人平等，对权力的制衡制度和对利益的协商制度是民主制度的特色，从而使人的欲望的满足更趋于合理化。

欲望不能被绝对地压制，只能合理地疏导，使其向着有利于社会进步的方向释放。欲望的表现形式是多种多样的，欲望可以变为需求、要求、理想、梦想。在弗洛伊德理论中，梦也是人们日常生活中的一种想念，正所谓日有所思，夜有所梦。梦虽然是一种想念，其实是人的欲望在梦境中，在潜意识里的再现，不断地在强化，但往往能够变为一种巨大的追求动力。欲望与理性到底有什么关系呢？欲望是人的原始本能、原始冲动，每一个人都在重演着老一辈人的成长过程，从孩童时代，随着自我力量的发展，发展其社会性，通过教育成长为能够被这个社会所接纳，为社会所承认的人。这实际上是每个人都在重演着的过程。

人的欲望是没办法去绝对压制的，但又不能无限制地任其释放，于是就要去为欲望的释放寻求一种规则。在社会中每个人都有欲望，但所有欲望都会有很多制约，不能无限制地去释放。于是人们在释放过程中会寻找各种机会进行理性制约。整个社会之间的欲望相互碰撞、激荡、整合，最后形成合力，规定着历史的发展方向。

在奴隶社会，奴隶们被剥夺了一切权利，无法实现自己的欲望，压制既久，总有一天会以某个契机爆发，给旧世界以毁灭性打击。在封建专制社会时代，历次农民起义以及由此引发的改朝换代莫不如此。这种情况是历史上阶级矛盾和阶级斗争的表现。一个无限剥夺别人的需求、压制别人欲望的阶级，它尽管暂时地无限地实现了自身的欲望，但是这种实现方式终究是要被剥夺的。实际上无序的欲望释放过程会起到破坏作用，许多需求都会打上一种血印，如果统治阶级得到的东西太多了，被压迫阶级却得到了很少或者一无所获，破坏了社会平衡，被压迫阶级欲望的释放就会导致毁灭性的后果。那些有力量者就会打破既定的规则，获胜者将会制定出更加有利于胜者的欲望释放的规则，从而引发新一轮腥风血雨的历史重演。如果社会中出现了两个以上有力量的社会集团，彼此谁也消灭不了谁，他们之间就会相互制约，从而达成某种各方都能接受的制度安排。这就是民主制度形成的前提条件之一。

在古代，权力的更替是按照"成王败寇"的森林法则进行的。胜利者破坏了既存的社会规则，重新建立有利于自己统治的新规则、新制度。古代的那些法典，无论是汉谟拉比法典，还是秦律、唐律、大清律等，都是为了维护自己的统治服务的，这种背景下建立起来的法律体系或社会规则，大多是恶法而不是良法。他们不是没有法，金口玉言也是法，但完全是为了满足个人或统治集团的欲望而设置的。这种制度更多地会受自然属性、感觉、情绪所支配。近代以来，民主社会的法律照顾民众的利益，以保护公民的生命财产安全为指针的法律体系或社会规范，具有客观性。相关法律保障个人基本需求的满足，并通过法律使那些有利于社会进步的欲求得到保护，获得充分释放。对有权者进行有效监督和限制，其中权力制衡制度就是现在通行各国成熟的法律制度，它建立在对人的欲望合理保护和引导的前提下。

历史上的生产斗争、经济斗争、阶级斗争、政治斗争、军事斗争以及社会上各种各样的形形色色斗争，实际上都是人的欲望、人群欲望的一种外在表现。在古代君主为了扩张领地，甚至为了婚姻上的纠纷不惜发动战争。现在各个国家民族之间的斗争，本质也是为了资源，占有资源其本身也是一种欲望，为了让自己民族生存得更好而觊觎其他民族的资源，或者强占别人肥沃的土地，发展自己民族的生存空间，于是只能依靠战争。现在社会由于科学技术的发展，人们国家民族意识的提高，国际公法的制衡，武器的先进，特别是拥有了核武器之后，战争的后果是很多国家所不能承受的，因此现在国家之间不能轻易发动战争。

唯物主义者讲人类跨入文明的门槛后一切的斗争都是阶级斗争。所谓阶级就是一种互动的过程，是由于财富占有的不同而形成的经济集团。社会阶级在古代社会是具有继承性的，是不变的。阶级在古代那种稳定的社会结构当中具有继承性和世袭性。比方说古印度的种姓制就是一种等级世袭制度，由这种世袭等级制度所造成的阶级相互间变动不大，种姓制度一直延续了很长时间，早已形成了社会价值观，人们习以为常就更难改变了。除非有巨变，否则很难改变。那么在一个崇尚平等的社会当中，尤其是近代社会以后，阶级的稳定性受到了前所未有的挑战，仍然存在着由于经济关系而形成的新型的阶级，仍然有阶级斗争，还有人与人之间的斗争，这一点是毫无疑问的。

我们讲革命，仍以中国农民起义为例。农民起义都是打着替天行道、均贫富、均田免粮等口号，这都是历代农民起义中提出来的。其实这个标准是很低的，只能满足人们最基本的生存欲望。农民为什么会揭竿而起，因为对于中国朴实的老百姓来讲，连最基本的生存都已经无法满足，只能拼死一搏了。陈胜、吴广起义是因为秦朝的严刑苛法，因为无法在朝廷规定的时间内到达指定地点，已经犯了死罪，因此反正都是一死，不如起来反抗。我们看历史上历次农民起义，凡是底层民众的暴乱都是因为最基本的生存无法实现，封建统治者把农民的基本生存底线突破了，横征暴敛，骄奢淫逸，不顾及人们死活，人民忍无可忍只能揭竿而起。讲到人民生存的欲望，以近代太平天国农民起义中颁布的《天朝田亩制度》的规定内容最为典型，其中规定了"有田同耕，有饭同食，有衣同穿，无处不均匀，无处不饱暖"。农民起义从纲领来看仅仅是吃饱饭、分田地。但这对那些在底层为生存挣扎着的人们来说非常具有吸引力和号召力。

在近代以来的社会中，社会阶级仍然存在，存在着资产阶级与无产阶级，但这两个阶级的成员具有一定流动性。作为具体的个人，有可能在不同的阶级之间流动，并不是铁板一块。比如一个无产者通过科学创造、技术发明，或者通过自己的勤劳致富，他可以转变为资产阶级；而一个资本家，如果好吃懒做，不务正业，或者投资失败，或者赶上了经济危机以及其他不可抗拒的因素，他也可能变为一个无产者。因此我们过去谈论阶级斗争的时候，没有充分考虑到阶级之间的人是可以流动的。为什么很多资产阶级思想家代表无产阶级说话，很多无产阶级代表资产阶级说话，因为他们认同了某种价值观念。从阶级斗争的角度来讲，他们首先对不同阶级财富分配不均与所占有的社会资源的不平等产生不满，无产者对资产者占有财富的不满，就会产生通过斗争剥夺有产阶级的想法，这是一种欲望的表达方式，这种欲望一旦汇聚成革命意识，就变成一种革命的手段，为欲望的释放提供一种理论，就必然要打破传统的社会结构，建立一种新结构。这在当时的社会是不被统治者许可的，只能遭到镇压，那么双方必然要进行斗争，这是阶级之间的斗争。还有好多斗争是在人与人之间的，涉及个人之间的利益冲突，这些都涉及欲望的释放路径问题。比如在统治者内部争权的斗争，用阶级斗争的方式就很难说清楚。这种斗争就是权力的斗争，不是说谁上来以后谁更革命，谁更激进，谁更客观，谁更中庸，其实是谁上来以后谁能掌握政权，那些同一集团的具体的人就有更多升迁的机会，能更多地释放个人的欲望。这是事物的本质。在这个意义上就能理解为什么人人都有斗争。同时更多的是合作，为什么会有合作呢？因为如果不合作，整个结构、整个系统都会垮掉，可以看出斗争和合作是相互依存的。任何一个集团都不是铁板一块，有人说日本人很团结，但我们现在更加了解日本社会，知道日本人之间的斗争也很厉害，只是比较隐晦而已。

在一个多元的社会中，每个人都会找到自己欲望的实现方式，在一个制度安排合理完整的社会中，每个人都可以找到自己的位置，每个人都可以相安无事，找到自己的归宿，这样社会就会和谐安定。因此个人欲望对社会的影响是不能低估的。在有史以来的社会当中，英雄豪杰一直是社会变动的中心之点，主要是这些英雄豪杰个人能力强，社会没有给他们个人实现欲望释放的合理渠道，于是他不得不按照自己的方式实现自己的愿望。这个过程给社会带来了动荡。假若洪秀全四次参加科举考试，有一次成功了，他就很有可能为清朝效力。可惜，历史没有给他这个合理释放他的欲望的机会，于是他只能选择自己的方式了。

现代社会制度的设计日渐完备，给人们欲望的释放以多种渠道。同时对破坏性欲望的释放设置了惩罚机制，使其不会对社会构成危害。如果某个个体违背常理去实现他自己的欲望，一定会受到惩罚，比方说强奸、抢劫、偷窃都会受到惩罚，被社会所不容。

掌权者欲望的释放会对社会造成很大的危害，所以近代各国都为此进行了制度设计，对掌权者进行各种限制，以免对社会造成危害。如果掌权者欲望的释放有利于社会文明进步，符合历史发展规律，就会推动历史进步，反之就会阻碍历史进步。在现实的政治制度安排中我们可以看到，在一个权力不受制约的制度环境中，民主只能变为一种形式，变成当权者玩弄的工具，为什么腐败问题得不到有效遏制，主要是权力不能被制衡，权力之下的贪念会把人最基本的欲望充分调动起来，这种释放的无序性会给社会带来灾难性破坏，很长一段时间内都难以恢复，如官员们的政绩工程、贪污腐败，都是个人欲望通过权力的方式进行的表达。所以个人的欲望在某种政治结构中无序释放的危害性影响是非常大的，这也是近代各国不断加强法律制度建设的重要原因。

三、生存需求欲望推动历史进步

生存需求欲望何以能够推动历史进步，这是我们要讨论的核心问题。欲望是推动社会进步的终极动力，就是说人是有欲望的，每一个人的生命都是非常短暂的，在一个人群当中有人死去，有人诞生，但是欲望一直伴随人的始终。人类的群体在不断壮大不断延续，生生不息，每个人的欲望以各式各样、形形色色的宣泄方式汇聚在一起，就形成了一种合力。每个人的欲望都时时在表现，处处在表现，以各种各样的形式在表现。先哲们逐步加深了对欲望的认识，通过制定各种制度来制约这些欲望，同时给予民众的欲望向着追求创造，追求实现自己价值的方向引导，让其合理地追求物欲、性欲、权力欲，于是文明产生并发展起来，形成了斑斓复杂的景象。

（一）生存欲望推动了人们从事最基本的生活资料的生产

人们为了满足自己的衣食住行的欲望和需求，就必须进行创造。为了生存，人们必须寻找食物，居山的古人靠猎杀其他动物以及采集野果为生，靠近海边的古人以吃鱼类为生。随着发展，逐渐意识到许多作物可食，也可种植，于是采集到各种野生植物的种子，原始农业开始出现；为了遮风挡雨，人类不得不躲到山洞里，进而发明了巢舍，发明了房子；为了御寒取暖，人类用兽皮当作衣服，发明了衣服；为了行走，逐渐驯服了牛马等动物，用作脚力，这就是人类原始状态最基本生存欲望的实现方法。任何一个时代都有人类生存的需要，这些需要或需求也推动了各个时代的进步。每个人的自然需求本身作为一种人类社会整体合力的一部分，推动了整个社会进步。同时人类为了保持这种人的需求的实现而建立起了各样制度，各种制度在本质上都是为了保证人的各种各样的欲望向着一个有利于社会发展的方向释放的一种理性自觉的规则，这种理性自觉意识及其行为规则是历史上形成并不断被积累的，约定俗成的社会共识。偶尔也会有一些枭雄来破坏这种制度，但之后还要重建这样类似的制度，否则社会就无法照常运行。总的来讲，社会历史是一个不断理性化的历史，所以笔者认同黑格尔的理性推动历史进步的观点。欲望本身是一种本能的东西，如果欲望无限膨胀的话，就会破坏世界。虽然每个人都有欲望，但不是所有的欲望都能够推动社会进步，因此从大多数人的立场出发来建立一种基本上能够保证最基本欲望满足的社会制度，才能够基本上保证社会的正常运转。

（二）生存欲望推动社会各种组织形式及规则的产生

欲望作为人的最原始的动力本能，若任其不加节制地进行释放，就会破坏社会原有秩序，于是各方协调起来，制定有利于欲望的合理释放，又不会对社会其他群体带来大冲击的规则，社会上各种组织、各种制度就陆续地确立起来。这是一种专从人的欲望释放与社会关系角度进行的解释。在现实社会生活中，欲望在释放过程中由于受到社会条件、其他成员及社会组织制约而不得不按照特定的渠道、方式释放，遂逐渐变成了一种对社会各方都能接受的理性行为。社会越进步，这种欲望的释放规则就越完善，就越理性。人本身也是一样，一个人的道德越高尚，灵性越高，越有智慧，越能控制自己的欲望，至少能使自己的欲望朝着符合公序良俗的方向释放。一般人由于受到社会规则的制约，其欲望的释放也被迫适应社会的要求，向符合社会行为规范的方向释放。比方说人可以向异性求爱，但不能见一个爱一个，不能不考虑对方愿不愿意，亦不能不考虑道德规范和各种社会关系的制约一意孤行，采取不正当的或强迫的方式，这是为人所不齿的，也是为社会所不能容忍的，并且会受到相关惩罚的。

人们在梦中演绎的各种欲念，往往都是在现实社会中由于各种原因而无法实现。因为梦中的很多欲望在现实社会中是很难实现的，是会受到社会各种法律规则所制约的，由于人都有趋利避害的本能，考虑到梦境中的内容若是在现实社会中实施，会对自己的生命个体造成危险性，于是不得不将这些欲望压抑起来。这种被压抑的欲望可能以扭曲的能量方式表现出来，也可以表现为才能、创造等方面的释放。但个人的目标是不一样的，在不同的时代，欲望实现方式不一样。社会有各种各样的利益，在实现过程中就会有很多的博弈，最终促进了社会各种规则的产生。

为什么说西方资本主义制度能够实现社会的快速发展，其根本原因就是能够最大限度地使人的欲望向着有利于社会进步的向度释放，从而达到推动社会进步的结果。为什么马克思强调资产阶级用自己的方式改变了世界，一百年所创造的财富超过了过去几千年创造财富的总和，他高度礼赞了资本主义，实际上就说明制度对人的欲望的释放很重要，它能够把人的那种欲望通过一种合理化的方式释放出来。欲望本是一种基于人性的原始冲动，在一个社会中各种原始冲动互相碰撞、互相抵消并且整体地结合起来，就是一个社会理性化的过程，是一个不断磨合抗拒斗争的过程，其具体的表象为阶级斗争、生产斗争、战争等各种各样形式的冲突与竞争。实际上上述这些都是欲望的一种外在表现。有人说阶级斗争推动历史进步，有人说生产斗争推动历史进步，有人说经济决定社会进步，这些都是一些外在的表象，所有斗争的主体都是人。科学技术是第一生产力，但进一步追问一下，是谁掌握了科学技术？还不是人吗。科学技术的发明、创造者是人，使用科学技术，运用科学技术的也是人。因此，人才是第一生产力。人有主观能动性，人的学习和创造，都是有动机有目的的。人为了实现自己的欲望，就要云创造、去贡献，把这种欲望按一种合理的范式加以释放实现，这就是我们现在所说的欲望的理性特征问题。所以欲望在释放过程中会被自己的理性所控制，实现有规则地释放，而不是一种完全无规则地释放。欲望与理想、信念、梦想都有内在的联系，不能随意将其分开。欲望固然是人的本能，但人作为一种理性动物，作为一个社会结合体，在选择欲望释放过程中，就得有处事计划，这是受其文化素质影响，并与特定社会的结构、特定的法律相联系的。

马克斯·韦伯在《新教伦理与资本主义精神》中专门研究了西方的基督教新教伦理对资本主义产生的推动作用。产业资本主义之所以产生在新教国家，就是因为新教基督教提倡一种回报社会思想。因为人都有原罪，所以每个人就必须通过自己的劳动来提供诚实的服务来回报社会。清教徒注重节俭、节欲、守信，所以产生了产业资本主义。历史上资本主义形态是非常多的。有产业资本主义、国家资本主义、高利贷资本主义、商业资本主义等多样的资本主义。《一千零一夜》里很多的故事都是发财的故事。阿拉伯商人不惧千难万险，出生入死，四处经商，他们经商的目的就是为了发财。但是他们发财以后不是为了扩大再生产，而是回到家乡，用钱享受，花钱广置田园，过起奢华的生活。他们的目的是享乐，是消费，而不是扩大再生产，这是典型的商业资本三义。中国古代也有商业，也有资本主义，但那叫商业资本主义，或国家资本主义，或官商资本主义，或高利贷资本主义，但绝不是马克斯·韦伯所讲的产业资本主义。产业资本主义不是一下就建立起来的。在西方，当时的封建王权并不统一，它需要发展经济，在产业资本主义的发展中尝到了好处。因为领主享受到了源源不断的财富，从而更深化并确立了在西方中世纪自由城市中城邦领主和自由民的关系。你们不用管我经营什么，我给你纳税，你就不用管我了。领主也就接受了，只要你不反对我、不反抗我就行了。于是就有了这样适宜资本主义发展的宽松环境。而且资本主义也在不断扩张，一个公司吞并一个公司地不断扩张。当资本主义形式在一个社会当中占据统治地位的时候，社会性质就发生了变化。马克斯·韦伯说的就是这个意思。

西欧在走向资本主义进入工业革命之前，推动社会进步有两个重要的制度因素，一个是产权制度，明晰的产权制度；一个是专利制度。私人财产神圣不可侵犯，包括继承权，这样就保证了资产的私人归属性质。这与中国完全不一样，中国是"普天之下，莫非王土；率土之滨，莫非王臣"。天下都是皇帝的，王公大臣都是打工者，帮助皇帝管理国家，皇帝把他们分封到哪里，他们便是哪里的王，整个社会实行分封制度。各地的官吏只能依靠俸禄生活，不能有额外的收入，若有一旦查出，轻则没官，重则斩首。因为名义上他们的财产都是国家的，随时都可能被剥夺。皇帝之下的王公大臣所有的领地和财富，名义上私有，实际上公有。完全与西方那种典型的私有不同。因为西方是通过法律保障的，一般老百姓的私有财产都给予尊重。财产继承有继承法，有继承规则，别人不会剥夺，这是财产归属。另一个就是专利制度，这个制度的重要好处，就是奖励发明，奖励创造。某人发明一个东西，一旦被社会认可，获得了专利保护，某人马上就可以发家致富。这是一个非常具有吸引力的导向，这种引导恰恰满足了人们求富求新、发财的欲望，人们为了发财，为了一夜暴富，就会拼命努力，激发了人们的创造欲望。假若在一个社会中，某人头发都熬白了，好不容易发明了一个新产品，结果却被人剽窃了，某人几十年的心血都白费了，而别人却利用这个新产品发家致富了，试问谁还会继续努力？某企业投入了上百万上千万元研发产品，结果产品上市不到两个月就被大量仿制，结果某企业不仅前期的研发投入收不回来，而且新产品因受到仿制品的冲击而卖不出去，请问这个企业还有继续研发新产品的激情吗？因此制度的建设非常重要，一个好的制度能够激发民众的创造欲望，一个好的制度能够使人的欲望向着符合公序良俗的方向释放。生存欲望一方面会推动社会上各种组织各种规则的建立，另一方面，好的制度、好的规则也会使人们的欲望朝着有利于社会的方向发展。

（三）创造欲推动了社会的科学文明的进步

有人认为推动世界进步的动力是科学技术，因为科学技术是第一生产力。这当然很对，但若往深层挖掘，就会发现科学技术背后还有许多力量，科学技术是谁发明的？科学技术是谁使用的？这些都离不开人，离不开那些真正有想法有智慧有知识有能力的人。科学技术的最终实现还是知识分子群体。当然知识分子也是人，他们使用科学技术、学习科学技术、应用科学技术、发明创造科学技术的动力来自何方？我们可以称之为远大理想，为了人类进步，为人类做出贡献。其实洞窥其深层动力仍然来自他的欲望，来自他的需求。从事科学技术研究固然来自个人爱好，其实也是一门职业，只是这门职业关乎人类，更为崇高。尽管如此，仍需要先从满足人类最低级的欲望开始，然后不断升级，这里有个人生存需要的问题，借此可以解决自己生存生活资料的来源。当一个人的科学技术发明获得实用，能为人类造福之时，不仅实现了个人的价值，也解决了更好的生存条件问题。科学发明、科学创造都是有欲念的。所以世界上最根本的推动力就是人的欲望。所以，人的欲望是推动社会进步的原始动力，也是各种创造能力的源泉。

创造欲推动了科技文明的创造。人是一个有欲望的个体，实际上衣食住行都是满足个体生存欲望的外在条件。但是从人伦和社会角度来看，人的欲望有恶的，也有善的；有低级的，也有高级的。低级的欲望，叫贪欲、性欲、物欲、食欲；高级的欲望就是善欲、美欲、爱欲、创造欲等。创造欲偏重于追求精神的高尚，从这个意义上来讲，创作欲属于人类欲望中所具有的高级欲念。既然创造欲是人所具有的一种高级欲望，那么它一定是与个人的心灵价值、人性美感、精神力相关联的。给这些良好的欲望创造一个合理释放的渠道，提供一个宣泄出口，人们就能很好地发挥自己的创造欲。例如通过鼓励、激励的形式，使人们愿意从事智力性的创造工作，满足其创造欲，那么这种创造力就会从过去专属的私人空间领域向着为公众服务的公共领域发展和释放，使这种释放通过社会评价，获得社会认可，反过来进一步激发其创造力，为社会公众服务。

创造欲是人的欲念中的高级形态，但是这种创造欲是需要通过激发和某种价值实现联系在一起的。如果不能实现其价值，这种创造欲与社会联系的宣泄渠道就中断了，那么创造欲就不能最大程度地造福人类。社会文明包含广泛。从知识体系来看，大致分为自然科学体系和人文社会科学两大体系，在人文社会科学体系中就有很多分支学科，如哲学、艺术、美学、文学、历史等，在自然科学当中，有数、理、化、生、天文以及天地自然等，所有问题都离不开人类的创造，对这些科学的研究并进行专业化的深入探究，其最初始的就是人们的兴趣爱好，其最初始的实际就是人们的欲念，一种欲望，一种自我实现的欲望，一种创造的欲望。知识分子能够为了满足自己的创造欲，甘愿点灯熬油，挑灯夜战，宁愿皓首穷经，为的是他的理想——社会职业结构中为他提供了一份能够实现个人价值的渠道。

虽然同属人类，但是每个人因其生存环境、生活背景不同，其想法也是不同的，甚至可以说是千差万别的，这种千差万别的想法，各种奇思妙想，就是创造的源泉、创造的最初的思想素材。这应当受到社会的保护，只有每个人的创造欲望能够自由地通过适当的渠道释放出来，产生一种外化的力量，外化的一种物质形态，才会推动社会的进步，所以这个是非常重要的，是我们必须认真讨论的。

思考题

一、为什么说人的需求—欲望是历史发展的原动力？

二、试述欲望概念及其表现方式、表达特点。

三、需求—欲望何以推动社会进步？

四、为什么说承认人的需求是完善社会管理与制度架构的重要前提？

第七讲 历史创造主体及其动机

马克思主义史学对历史创造主体这个命题早已给出了明确的答案，那就是"人民群众是历史的创造者"，这一命题是唯物主义史观的基本原理和理论母题。本讲围绕着"历史创造主体"这一历史母题展开讨论，以加深对这一问题的认识。历史创造主体这个问题虽然谈不上是一个什么新课题，却是每一个从事历史研究、具有主体意识和独立见解的历史工作者都必须直面的问题。

一、人民群众是历史的创造者

人民群众是历史的创造者，这是经典马克思主义史学的观点。本节除了介绍各种观点外，重点介绍马克思主义史学阵营内不同观点的讨论，论述人们自己创造自己的历史，以及谁是推动历史进步的主导力量等问题。

（一）关于历史创造主体的讨论

目前国内史学界关于"历史创造主体"问题大致有以下几种观点：一是"人民群众是历史的创造者"的观点。这一观点在中国史学界盛行达几十年之久，并且直到现在也是最具正统地位的观点。这一命题从新中国成立后到20世纪70年代末，一直被公认为是马克思主义的基本原理，现在依然。1949年5月29日，范文澜在《进步日报》发表《谁是历史的主人》一文，率先申述了这一命题的重要性，同年6月23日又在《人民日报》发表《再论谁是历史主人》一文，作了进一步发挥。孙定国撰写的《人民群众和个人在历史上的地位和作用》一文（被连续刊载在《历史教学》1958 年第 2、3、4 期上）具体论述了劳动者是创造社会财富的真正负担者；劳动人民给人的精神生活、文化生活创造了坚固的基础和丰富的源泉，人民群众在阶级斗争中起决定作用，从而使"人民群众才是历史的真正创造者"的观点得到了系统的阐述。同时指出"英雄创造历史"的观点不仅可以巩固反动统治的利益，而且也可以导致革命事业遭受失败。此后 20 余年间的书刊文章涉及这类命题大都依据上述理论。"文化大革命"期间由于也连带批判了"英雄与奴隶共同创造历史"的观点，从而更强化了"只有奴隶才是历史创造者"的观点。改革开放后，随着思想的拨乱反正，开始有学者重新论述这一观点。一种是认为"人民和英雄共同创造历史"的观点，为黎澍在其《论历史的创造及其他》一文中提出。这一观点是对前述正统观点的折中和修正。一种是认为"历史是由创造者和制造者共同制造"的观点，居于历史发展主导地位的人和集团是历史的创造者，居于基础地位的人民群众也是历史的创造者。还有一种是认为"历史是创造者创造的"的观点，为黎鸣在 1986 年 12 月 17 日《光明日报》上发表的《历史是创造者创造的》一文中所提出。他认为，人类社会的演进过程是社会信息量不断增值的过程，人民群众不能创造信息——旧式的政治英雄（兽性英雄），也不能增加信息总量——只有新的英雄（人性英雄）才是人类中新的文化信息的制造者，即历史的创造者。这是一篇颇具新意和创造性，被称之为"新英雄史观"的观点，为中国当代历史理论增添了一种新异之见。

上述关于历史创造主体问题的各种观点，随着思想解放的大潮而出现，并同时带动了史学界更深入探讨，出现了多元论辩的学术活跃气氛。针对"奴隶创造历史说"，余霖、安延明提出质疑，认为马克思主义经典著作中从未见有"奴隶创造历史"的论述，恩格斯只明确提出了"人们自己创造自己的历史"，可见所谓"奴隶创造历史说"在理论上和实践上都只能导致混乱。而张学禄则认为"奴隶"即指以劳动群众为主体的人民群众，因此论述人民群众和个人历史作用时的缺点和错误，并不是"奴隶创造历史说"本身的过错。此外"新英雄史观"的出现，更反映了改革开放后史学界思想解放的新动向。特别是最近 20 余年来史学界不间断地对"人民群众是历史的创造者"

这一正统观点提出质疑，也反映了史学理论正日趋理性化。其中黎澍提出这一观点"有片面性"即为一例。蒋大椿指出："这种提法与唯物史观的出现相关联，却并没有反映出唯物史观考察问题的辩证法实质。"苏双碧也强调，人民群众创造历史"其表现形式是由无数单个的或集体的在并不太显然的情况下发生的"，并不是如同英雄人物那样具有里程碑标记。总之，以上这些观点为我们进一步探讨历史创造主体这一母题提供了不同的思维视角。

历史学界自改革开放以来40余年间，在历史理论上已出现较大突破，出现了百家争鸣、争奇斗妍的态势，反映了思想解放的一个重要侧面。当然，这不等于已经解决了所有史学理论问题，因此，在史学观点上继续存在论辩和争鸣是必然的。

有关英雄创造历史还是人民创造历史的问题，其难点就在于如何理解人民，如何理解英雄，按照我们所说的只有人民才是历史的创造者，才是真正推动历史发展的动力这个论断，学术界有不同解释，但在具体解释的时候，人民是怎样去创造历史的？如果仍说人民参与生产劳动，发展生产这种我们一般所说的常规的创造，大都认为较笼统，恐怕很难有说服力。

恩格斯《在马克思墓前的讲话》特别探讨了马克思的贡献，认为马克思一生中的两大发现为唯物史观和剩余价值理论。马克思发现了人类历史的发展规律，认为人们首先必须吃喝住穿，然后才能从事政治、科学、艺术、宗教等，所以，直接的物质的生活资料的生产，是构成一切社会组织的基础。恩格斯讲到马克思创造性地发现了资本主义运动的规律，从生产到销售，衣食住行的规律。人们为了生存从事物质资料的生产，到发现阶级斗争这是一种规律，还有一个剩余价值，这是两大贡献。按照恩格斯这个论断，人民群众参与历史的过程当中，凡是从事物质资料的生产者，都是历史的创造者，即"人们自己创造自己的历史"，但这种创造"不能随心所欲，而必须受既定条件制约"。所以凡是参与历史，在衣食住行、生产资料发展过程当中做出过贡献，推动历史进步的人才是历史的创造者。个人业绩上可圈可点、在历史中有名有姓的里程碑式人物，他们是人民群众的代表，这种先进人物来自人民，所以他和人民群众创造历史不一样，我们更要强调先进人物创造历史，他来自人民，也代表人民，是一种典型的代表，他们集中地代表了人民群众的智慧，把人民群众生产生活当中的一些经验加以概括形成理论，这不是普通人能做的，这是精英或英雄创造历史的泛化解释。

人民参与历史的创造，有自觉行为也有不自觉行为。最初是人民出于生存的需求，在真实意识里是为了满足自己衣食住行的需要而进行的创造，这种创造的层次大体上按照马斯洛的五种需要层次逐级上升，对一个人来讲如此，对一个群体社会来讲也是如此。在相同的历史共时性当中，既有自我实现的创造，也有为了最基本的生理需要的参与，所以历史参与的动机是完全不同的，是有选择的，每个人对历史的创造是不同的，既有个人素养问题也有历史条件问题。每个人都有这种欲望，人们释放这种需求—欲望的过程，一定是在特定的社会结构当中完成的，受到当时的场景、环境、各种制约条件的限制。所以他在释放过程当中产生了各种各样的结果，这里面有一定的因果关系，但不一定有什么因就有什么果，中间会有一些变动，这些变动是无法控制的。但就整个社会来讲，在其发展过程当中，个人的欲望在博弈当中不会造成整体的毁灭，因为随时会有制衡力量，会有相应的规则约束，释放结果可以使各种欲望在可控的范围内。每个人的创造也是在不同社会结构和社会条件下的创造，会受到社会的相应制约。在一个鼓励发展的社会环境当中，科学家、科学技术工作者，容易因个人的勤奋、学识见地的广博而处于科技创造的高端，拥有大量的科研经费，拥有好的条件、得力的助手，包括信息渠道、创造的环境等一应俱全，所以他的创造就能最大化地为社会所接受。比尔·盖茨这些社会科技精英，他们对社会的创造是超出别人几十倍、几百倍、几万倍的，是不可想象的，所以我们必须承认社会精英人物、民众代表人物对社会的作用。尽管我们可以笼统地称英雄是人民，但是英雄与人民是有区别的，就像文化概念和文明概念一样，文明往往指文化发展的高级阶段和进步状态，是有区别的。英雄和人民不是一个对立的概念，而是一个不断进步的概念，英雄来自人民，他是人民当中的代表，是精英，他往往代表了人民群众，代表了一个时代的发展方向。所以，我们这时所说的"代表人物"不再是指"兽性英雄"，不再是指帝王将相，而泛指对社会有创造性贡献的人或群体，他们是人民群众的"代表"，是"人性英雄"或"人民英雄"。在历史发展过程中，这个群体的作用是不可抹杀的，历史上记载的重大事件都是英雄所为，英雄崇拜为什么能成为一个民族在某个时代的普遍现象，自然有其文化根源，这个文化根源正根植于历史文化传统之中。我们在典籍当中所传颂的神话或世俗社会中的经典故事，无一不是英雄形象。可见英雄的作用是非常大的，历史唯物主义认为，英雄来自人民，他是人民的典型代表，由于他们拥有特殊的能力，机遇把他推到历史变革的关头，他们往往能代表着某一个时代人民的普遍意愿，代表社会发展的潮流。在某些重大的领域取得了超越性、跨越性的成就，对人类文化起到了推动作用。历史上重大的发明，重大事件的推动，都是由人民群众的代表人物顺应民意做出的。民意是群体无意识的社会态度，但是必须由人民群体的代表来表达。比尔·盖茨的产生也许具有偶然性，但是他对美国社会网络电子产品计算机的贡献，是无与伦比的。没人否定爱因斯坦的贡献，还有爱迪生，他一生发明 2000 多项专利，可以说如果没有爱迪生，就没有电灯，没有留声机，没有电话。所以这种贡献不是常人能够做到的，在中国当代，被称为"当代毕昇"的王选发明了激光照排印刷技术、袁隆平发明杂交水稻、屠呦呦发明青蒿素等，由于他们的发明造福了亿万民众，推动了社会进步。还有千千万万像他们一样的人，通过自己勤奋努力，发明创造造福人类，他们的贡献是巨大的，远超一般民众的贡献，他们是真正的英雄，是人民群众的代表。

（二）人们自己创造自己的历史

　　人民群众不仅是历史的创造者，还是推动历史进步的主导力量。马克思说："人们自己创造自己的历史，但是他们并不是随心所欲地创造，并不是在他们选定的条件下的创造，而是在直接碰到的、既定的、从过去承继下来的条件下的创造。"[1] 我们认为所有人都参与了历史的创造，不仅包括人民当然也包括英雄。讨论历史创造者不必纠结在是英雄创造历史还是人民创造历史中做选择。历史是谁创造的？历史是创造者创造的，历史是所有人共同参与创造的。我们既不能说是英雄创造的历史，也不能把英雄剥离出来，说是某一

---

① 《路易·波拿巴的雾月十八日》，《马克思恩格斯选集》（第一卷）下，人民出版社，1972 年，第 603 页。

部分人民创造了历史。我们的意思是所有人都是历史的见证人，也是历史的参与人，更是历史的创造者。但是所有人的创造并不是随心所欲地创造，而是在既定条件下的创造。就是说每个人的创造与其地位和生存环境息息相关，而且创造的方式也不尽相同，因为推动历史的终极动力实际上是欲望，是人的需求，每个人都有自己的需求和欲望，所以，所有人都参与历史的演进，每个人都是历史的参与者，都在历史的舞台上演着各种各样的角色，或是悲壮山河，或是春风得意，或是叱咤风云，不管怎样都有谢幕的时候，然后一代一代从昨天到今天，从今天到明天不断地延续，像河水不断地流淌，只要人类还在，就会永远不竭地去创造历史。人们自己创造自己的历史，历史是人民群众创造的，只有人民才是创造历史的主体并为历史演进提供不竭动力。

但是，人们不是平等地创造历史，只有人民群众中的先进分子，才是推动历史进步的主导力量。虽然每个人都去创造历史，但贡献是不一样的。不是说在历史上谁青史留名了，谁的贡献就大，因为很多人都是默默无闻的，没有留下任何信息，却不能说他们没有贡献，或者贡献不大。因为确实在各个时代都存在着一些实干的人，他们的业绩被掩盖在"代表"们的光环的阴影之下而显得暗淡无光，不是他们没创造历史，只是他们的创造没有显现出来而已，但是历史工作者却不能把他们遗忘了，这就是我们强调人民群众创造历史的重要理由之一。

我们在现实社会中也会发现一个普遍的问题，有些人在自己的本职工作当中恪尽职守努力工作，在各方面都不断地创造，或创造财富，或创造新的产品，或增加新的信息；也有一些人不思进取，平平庸庸，无所事事，他们有何创造？所以说同样都是人民群体，也需要进行区分，不能将不同类的人笼统地捆绑在一起，这样对那些有历史贡献的人是不公平的。我们说人民创造历史是成立的，所有的人都参与历史，这是不错的，每个人都来一回，是消耗资源的人也好，还是创造财富的人也好，都融入历史的长河里，但每个人的价值是不同的。每个人都有欲望，但释放的方式、驱使的行为也是不同的。有善有恶、有正有负，最后都消耗在历史的博弈当中，汇成历史合力。人的无穷欲望需要按照规则来进行释放，不按规则释放的就会在释放过程中起破坏作用，而按规则释放的就会起建设作用。历史的创造者是不包括这种破坏性的，对旧世界的解构，往往才能建设一个新的世界，这是在推动社会进步，如果是完全毁灭性地破坏，然后再去重建，这是需要否定的。再深入讨论下去，我们就会知道，历史是人民群众创造的，但是，人民参与历史的创造过程当中是不完全平等的，在社会当中的贡献也是不一样的，贡献大的是创造者，贡献小的也是创造者，但是没有贡献的就不应是创造者，甚至是破坏者。从历史进程上我们可以看出来，能够留下信息的应该是具有代表性的人物及人群，那么我们是不是可以这样讲，有的人无所事事，只能是历史的参与者，有的人不断创造财富，不断创造新的事物，不断推进社会进步，这样的人才可以说是创造者。所以同样是人民，对历史贡献却也是不同的。历史是人民创造的，但历史的主要创造者，应当是人民群众的杰出代表。人民中的代表当然也是人民，而且是人民当中的先进分子。人民代表就是先进人物，他可以是农民、工人，也可以是知识分子、各行各业的精英、领袖等，这样的称呼具有时代性。

我们可以把自古以来为人类作出过重大历史贡献的那些叱咤风云、青史留名的伟人，那些曾有益于人类的人，用"人民代表"这样的名词称之，以示与普通人民的区别，这样就不必纠结是不是有强调英雄史观之嫌的问题了。历史是人民创造的，只有人民才是历史的创造者，只有这些人民的代表者，才是历史的主要创造者，这样一来，我们就可以得出一个结论，英雄是人民的代表，英雄来自人民，他们是人民总体创造者的代表，这样我们在逻辑上就把人民是历史的创造者这一历史命题的概念及内涵讲清楚了。

（三）主要创造者与次要创造者

人们自己创造自己的历史，但只有那些能使历史打上特殊烙印并在社会历史演进中留下里程碑标记的先进人物，才是历史最主要的创造者，其他的人民群众则是次要创造者。

首先，必须搞清楚何为历史创造。关于历史创造这一概念的界定，学界说法不一。我们认为，凡是能给历史打上独特标记并增添信息含量的行为，都可以称之为历史创造。有的学者认为，在阶级社会里，只有站在历史潮流的前面，推动历史发展的才是历史的创造者；反之，逆历史潮流而动，阻碍历史车轮前进的，就被历史唾弃，没有资格充当历史创造者的角色。资产阶级处于上升时期是历史的创造者，而当资本主义已经发展到帝国主义，资本主义由先进的社会制度转变为落后的腐朽的社会制度时，资产阶级从总体上讲，已不再是属于历史创造者的范畴了。这种观点固然有一定道理，但是以政治逻辑来判定事实逻辑，不仅狭隘而且非常有害。其实，无论资本主义是处于上升阶段，还是发展到帝国主义阶段，资产阶级作为掌握政权、掌握财富、拥有资本和技术的一个阶级实体，一直在从事创造，不能一概否定。因为在阶级斗争理论的视野下确定的判断不能完全反映所有的人类创造。以资产阶级为例，他们不仅早期是历史的创造者，就是在我们教科书中所说的"进入帝国主义时代"以来，资产阶级仍然是创造者，否则我们就无法解释西方发达国家当今的科学进步和社会文明。一句话，站在狭隘阶级立场上进行的道德或政治判断，不能代替尊重历史事实的历史理性判断。

其次，必须搞清楚历史是怎样创造和谁来创造的问题。在马克思、恩格斯的著作中，曾多次提到过"历史是由人们自己创造的"观点。恩格斯在《致符·博尔吉乌斯》的信中指出："人们自己创造着自己的历史，但他们是在制约着他们的一定环境中，是在既有的现实关系的基础上进行创造的。"有关人们自己创造自己的历史的说法，在他们的其他著述中也经常谈到。为什么马克思、恩格斯采用这样的表述方式而不采用其他的表述方式？怎样理解"人们自己创造自己历史"的观点呢？我们认为完整准确地理解马克思、恩格斯关于历史创造主体的观点，是立论的前提。第一，马恩在这里提到的"人们"，应泛指人群中的各个阶级各个阶层，既包括人民群众也包括英雄，既包括下层劳动者也包括上层王公贵族，而绝不仅仅是指我们一般意义上所使用的"人民群众"。第二，人们创造的是"自己的历史"，而不是别人的历史。这里既包括人民群众创造人民群众"自己的历史"的含义，也包括英雄创造英雄"自己的历史"的含义。第三，人们是按照他们"自己的愿望"进行的创造，这种创造既包括能够自觉认识历史规律的创造，也包括不自觉的创造，当然也包括违反历史大潮的创造。第四，人们创造的结果并不一定完全符合创造者的本意，但是每个人的创造最后汇集成的"合力"就构成了历史发展的流动趋势。

有的学者不同意人人都有参与历史创造说，而把人们的活动分为创造历史活动、参与历史活动两个层面。认为创造历史活动仅指推动历史前进的各种活动，而参与历史活动则指人们所参与的一切社会实践活动，既包括推动历史发展的社会实践活动，又包括阻碍历史发展的社会实践活动。把人们的活动区分为创造历史活动与参与历史活动两个层面是有道理的，但上述在解释上并不准确。在我们看来，人类所参加的所有的社会实践活动都属于创造历史的活动，问题的关键在于人们是怎样参与如何实践的，即凡是能给历史打上烙印、留下独特标记的活动才能称为历史创造，否则只能称为历史参与，从而相应地区分为历史创造者与历史参与者。当然历史创造者又可分为历史主要创造者和历史次要创造者。

如果把"人民群众"作为创造历史主体中的重要组成部分的角度，承认他们是历史的创造者则不错；同理，从"英雄"也是历史创造主体的构成部分的角度，强调"英雄是历史的创造者"也是对的，因为"英雄"们也确曾参与过历史的创造。按照这个逻辑进行推断，我们还可以分割下去很多命题：如"工人是历史的创造者""农民是历史的创造者""知识分子是历史的创造者"等，就工人、农民、知识分子都是历史创造主体的构成部分来看，上述这些命题判断都能成立。但是，如果我们抽出任何一个局部的命题判断去代替整体的命题判断，用创造主体中的某一部分去代替创造主体的全部，显然是以点代面、以偏概全，犯了"盲人摸象"的错误了。我们的结论是：在"人民群众参与历史的创造"这个意义上提出"人民群众是历史的创造者"这一命题是正确的，但把这个命题扩大化，试图代替在人类整体意义上使用的判断，那就有片面性了。

至于"人民和英雄共同创造历史"的观点虽然在人民创造历史和英雄创造历史两种观点之间采取了折中，看似避免了各自观点的局限性，然而实质上什么也没有解决，就如同"历史是创造者创造的"的观点一样，谁都知道历史是创造者创造的，但到底谁是创造者并没有说明一样，"人民和英雄共同创造历史"等于认同所有人都创造历史，既然所有人都创造历史，那么讨论这一历史母题也就变得毫无意义和毫无价值了。

　　搞清楚了上面一些概念后，就可以讨论历史的主要创造者与次要创造者，还有历史参与者这个问题了。并不是所有人都是创造者，那么我们要讨论一下什么是主要创造者，什么是次要创造者、参与者，这个很重要。我们认为"创造"是增加某种信息，增加新的事物，增加财富，增加知识信息或是发明创造，发明新事物，凡是增加过去所没有的，我们都可以称为创造，造出从前所没有的新事物，或者改变原来旧的事物、旧的结构等。次要创造者也是创造者，他们在具体的创造方式上与主要创造者相同，但次要创造者与主要创造者的区别在于，他所能提供的新思想、新信息、新产品，其所发明的新事物非常之少，甚至可以说是微乎其微，处于次要地位。什么是参与者？就是这些人群参与了历史演进的整个过程，每个人都参与过历史。但历史参与者与历史创造者相比，他们的贡献甚至可以忽略不计，因为，他们不增加新的信息、新的财富、新的产品，这些人仅仅是历史中的匆匆过客，没有留下任何有益于人类的东西，所以这两者是有区别的。参与者不是创造者，这个我们要在概念上做一个界定。所有人都参与历史的演进，参与者却是无意识地参与，不能在历史的演进过程中为历史某一阶段某一环节质的飞跃、结构的创新中作出贡献；而创造者则是对历史某一阶段某一环节质的飞跃、结构的创新作出重要贡献，在历史演进中留下里程碑式的标识、标记的人，我们称之为历史的创造者。在历史演进过程当中，只有量的增加，没有留下里程碑标识的，只留下数量的增加，那么就是历史的次要创造者。

　　还需要强调一个问题，就是怎样看待历史的破坏。历史的破坏过去我们很少谈到，在历史典籍中许多过去称之为英雄的人物其实多是文明的破坏者，所以这类人也不能进入历史创造者行列，他们只是历史的毁灭者。这些所谓的"英雄"有着强烈的占有欲、扩张欲或是征服欲，在满足其私欲的过程中，无限地去破坏历史上一切文明成果、社会制度，成为历史的破坏者。历史上的战争以及各种暴行、杀戮，只能造成秩序破坏、文明毁灭。这些"英雄"，其实是"兽性英雄"，是文明的破坏者，他们不可能成为历史进步的力量。因为历史的创造应当在历史演进中增加新的文明要素，增加文明的积累，历史的进步实际上是文明事物、文明成果的一种量的增加的过程，若能在制度、社会产品、经济发展方面，在思想文化财富方面，能够不断增加新的内容，才能推动历史进步。破坏实质上就是毁灭，是对原有成果、财富的毁灭，文明的东西被毁灭了，是历史的毁灭！为什么历代新王朝建立之初，统治者都要与民休养生息，都有一个恢复期呢？其真相是原有的一切都残破了，想达到前代盛世，那需要很长的一个过程，这可以证明毁坏的代价是多么巨大。毁灭是一种无效的行为，并不增加新的历史文明成果，并有可能延缓或迟滞人类文明发展的历史进程，不可不察。

（四）谁是历史进步的主导力量

先进人物是推动历史进步的主导力量，是历史的主要创造者，这是我们开宗明义必须强调的。强调人民群众是历史的创造者这样一个根本性的历史命题，是对的，但是还需要更进一步完善，虽然人们在自己创造自己的历史，但从总体上看并不等于所有人创造历史的份额相等。同样是人民群众，他们在参与历史过程中贡献是不一样的，有贡献大贡献小之分，自然也就有主导力量非主导力量之分。我们认为，只有那些在参与历史演进的过程中，提供了新的历史信息，有益于人类社会进步，留下里程碑标记的"先进人物"，才是推动历史进步的主导力量。

所谓"先进人物"，是指那些能够给人类提供新的物资资料和精神资料，在生产、科研、管理、政治、军事等领域从事创造和发明的人物。不管属于哪个阶级，从事什么职业，也不管身份的高低贵贱，凡是通过发明或创造给人类社会增加新知并给历史打上独特标识的人们（即所谓"显创造"的人们），都可以称之为"先进人物"。他包括统治阶级也包括被统治阶级，有英雄也有人民，有帝王将相也有乡野村夫。反之，对历史不具有"显创造"的人物，就不能成为本节界定的"先进人物"，也就不能成为历史的主要创造者，只能称之为"次创造者"或"潜创造者"。当然一些在传统观念中被称作"英雄"的人物也包括在这部分人民群众之中。

先进人物来自人民，是人民的重要代表，他们在政治上、经济上、产业上、文学艺术上、科学创造上、劳动生产上，为历史发展增加质的飞跃或是量的增加，都是一种创造。现代社会，这种历史创造、个人创造，以某些代表人物标志某一个群体的创造。对历史的推动作用越来越大，特别是近代资产阶级革命，工业革命以来，科技对社会进步的推进作用非常大，改变了历史面貌，马克思、恩格斯在《共产党宣言》中对资产阶级在创造财富方面的论述非常具有代表性。另外，卡莱尔在《英雄与英雄崇拜》当中，对英雄进行了分类，包括古典英雄、艺术英雄、政治英雄、科技英雄等。历史的创造者，有主要创造者，有次要创造者，还有参与者。人民群众创造历史，但是不是所有人都平等地创造。

自从有人类以来，历史进程中的每一座里程碑大都是以历史上的杰出人物，即我们所说的人类"精英"的作用为标记的。无论是上古钻燧取火的燧人氏、构木为巢的有巢氏，还是遍尝百谷发明农业的神农氏；无论是秦皇、汉武、唐宗、宋祖，历代功臣名将，还是历史上杰出的科学家、文学家、艺术家等，他们都是先进人物，都是留下历史标识的人物。世界三大宗教的创始人自不必说，就是在世界范围内开辟历史新时代和新纪元的伟大的革命家，如马丁·路德·金、拿破仑、华盛顿等人所给予人类世界的贡献也无不具有里程碑的性质。

以科学为例，杰出科学家的一项重大的理论发现、发明所提供的新信息甚至能在生产上开辟一个新时代。历史事实证明，科学上的巨大飞跃必将导致技术上的重大突破，给物质生产带来革命性的变化；使社会生产力出现质的飞跃。例如，17世纪的牛顿力学导致了第一次技术革命，促进了一批工业发达国家的诞生，使世界工业总产值成倍地增长。19世纪的电磁学引起科学革命，并导致第二次技术革命，在100年的时间里使世界工业总产值增长了20倍。20世纪40年代以来，信息论、控制论和系统论的发展促进了第三次技术革命的到来，它正在使劳动生产率比过去提高几十倍乃至数百倍。因此，科学家们的历史作用是巨大的，他们是当然的历史创造者。同样，杰出的思想家和理论家给人类精神世界的影响也是巨大的，他们的理论思想不仅能够影响一个民族甚至能够影响全人类。而那些掌握着一个民族或一个国家命运的政治领袖们，其决策不仅能够推进甚至也能够延缓一个民族或一个国家的历史进程。他们对历史的影响绝对是一般人民群众做不到的。在此还要再次强调，我们在此所说的"人民代表""先进人物"所涉及的人群范围甚广，三百六十行，行行出状元，各行各业都有"先进代表"。所以我们有个评定标准，凡是能给历史留下里程碑式的标志的，都属于历史的创造者，而且是历史的主要创造者，是推动历史进步的主导力量。

人确实存在着先天的智愚之别，还存在着后天的勤懒之别。孔子以智力来划分人的等级，将人的智愚划分为"生而知之者""学而知之者""学而不知者"。天才，是生下来就什么都知道的一种人，这种人不多。还有一学就会的聪明人，这种人占绝大多数，但需要通过后天的学习不断地积累知识。我们大部分是"学而知之者"，有些人很有创造力，那么他通过学习以后，不断提高，不断丰富自己，终能为社会做出贡献。还有一群怎么学也学不会的人，这种在人在人群中是很少的，可能是先天智商问题。孔子的伟大之处在于把人按照智商来划分，而不是按照原来的阶级和等级特权来划定。若按照封建世袭等级特权，是不论一个人的智商或是个人条件的，父辈是贵族的生来就是贵族，父辈是奴隶的生来就是奴隶，是完全不一样的。在孔子看来，人生来确实存在着智愚强弱的差别，这可能是遗传问题，生来智商就很高的人，经过教育后会变得更好，更有创造力，成为社会的精英。还有很多虽然天资不太好，但通过很好的教育，也能为社会做出很好的贡献。但是，如果素质偏低，即使受到好的教育，如果能自食其力已经很不错了。有一点是谁也不能否认的，那就是人实际上存在着贤良拙劣的差别，这个是客观存在的，这就是我们强调的人可以分为不同的群体，人的创造能力有大有小的一个很重要的前提条件。

总之，人类社会发展到现在，我们所用所穿所吃所看所听到的一切，都是历史上千千万万个我们称为"精英"或"人民代表"的发明家、理论家们所创造的。离开了他们的发明、创造是不可想象的。当然，先进人物的创造是在既定环境中的创造，他们的成长、他们的思想、他们的灵感都来自他们所处的时代。但先进人物之所以能成为先进人物，主要还在于他们本身的智力、性格和品行具有成为先进人物的条件。他们比别人更聪明、更有远见、更有胆识，能够把群众中最有代表性的思想动机、理论技术汇集起来并加以提炼，成为能给历史打上标记的创造。他们能在人类社会的各个领域推进社会的发展，改造历史的面貌，显然这些是常人做不到的。古人在评价孔子的伟大时，就说过"天不生仲尼，万古长如夜"的话，而恩格斯在评价马克思发现唯物史观时，对马克思的贡献给予了充分的肯定："马克思比我们一切人都站得更高些，看得远些，观察得多些和快些。马克思是天才，我们至多是能手。没有马克思，我们的理论远不会是现在这个样子。"这些评价都充分肯定了伟人给人类历史留下的里程碑式的贡献。

需强调的是，本节所说的"先进人物"概念是一个比传统的"英雄"概念大得多的泛化概念。其构成主要由无数个在各条战线上从事创造性劳动的"能手"组成，而非指少数几个英雄。我们深信，随着人类社会的进步，先进人物在人群中的比重将会越来越大，属于精英范畴的将更多的是那些把理论和技术加以应用和普及，在科学研究、生产劳动等行各业中从事创造性工作的小人物们。例如许多熟练的技术工人把重大发明变成现实生产力，他们所从事的是一种创造性的劳动，这些技术工人当然也属于"先进人物"了。在此需声明的是，一旦某项产品定型以后，从事批量生产时，这种劳动属于重复性和维持性的状态时，这种劳动就属于"潜创造"而不属于"显创造"了（产品换代、技术革新等除外）。这种情况在工业生产、农业等各领域都存在。因为绝大部分的人们的活动是以单个或集体的形式在并不太显眼的情况下发生的，显然他们的"潜创造"不能与先进人物的"显创造"相比，但仍"参与"了创造，属于次要创造者。

二、动机与客观历史结果

承担历史演进的主体是人，而人是有主观能动性的，人的所有行为皆有动机与欲望跟随。本节重点探讨人的动机、欲望的概念及发生原理，借以探讨历史演进中深层的文化动因。

（一）何为动机

什么是动机？动机是人们行为的主观愿望，一动一念皆发自人的心灵，受人的欲望支配，是人的欲望的一种外化体现。动机是什么？是人在行为前的一个念头，一个念想。动机是人们行为的主观愿望，也就是人们在行动前基于自己利益的最大化，怎么做才能达到什么样目的的一种愿望，一种念想，这种愿望是基于人的利害关系，基于人的欲望，基于人性要求，或者是贪欲，或者是需求所产生的。这种主观性的愿望往往受到人的内在思想、道德、地位等因素的影响。

（二）动机与欲望

人的动机与欲望之间的关系。动机是人行为的主观愿望，这是我们对动机概念的界定。由于动机是人的主观愿望，所以主观愿望，一定是基于人的欲念，基于人的需求的。动机是有善恶的，存在着善恶、好坏之分。因为，人在动机发动之时，是受欲望支配的，体现的是人类主观性的愿望。人要实现，要满足自己这种主观的愿望，其一动一念都具有明确的目的性，那就是把自己的利益最大化，使自己集团的利益最大化，使自己民族的利益最大化，这就是动机与欲望的关系。

每个人都有欲望，动机建立在欲望的基础上，欲望是基于人的原始的冲动、本能的需要，欲望是建立在趋利避害的人性基础上的。人是追求幸福的，人追求幸福是最大的快乐，人的一切欲望动机都是建立在这一基础上的，是一种普遍的规律。建立在趋利避害基础上的动机在决定行为之前一定是基于利害的判断，这种选择是不是有危险，是不是利益最大化。所有的政治活动、经商活动，都是以这个为考量的。所以从这个意义上看，人在做某种事情，选择某种行为、某种决策的时候，绝不是平白无故的选择，更不是一时的冲动或是随意的决定，都是有主观意愿的。人有可能受到环境的影响，但是每个人在做选择的过程中都会有自己的思考，除非受到某种势力的胁迫或是不可控因素的影响，除此之外，他一定是以自己利益的最大化为出发点的。

人的动机受人的欲望和需求左右。动机实际上是受人的欲望控制，它的原始动因是欲望，人的一切行为都是有目的的。人的欲望的释放，需要特定的结构和程序，每个人都生活在特定的社会结构、社会环境当中，每个人的地位是不一样的，所以每个人的欲望其实是特定历史条件下的欲望，每个人欲望的释放能力、要求、需求是不一样的，个人的动机都是基于个人利益的考量，都是追求幸福，趋利避害。当每个人面对不同的事物，在动机的选择上，在趋向、行为共同一致的情况下，就会出现动机的一致性，他们就会在某些问题上采取一致行动，历史上大多数"民意"的体现莫不如此。欲望可以升华为一种需要，升华为一种好的理想、好的创造欲。人在动机的表现方面存在着巨大的差异，这种差异正是因为每个人欲望释放的不同方式而产生的。

（三）动机的善恶及后果

动机有善的动机，也有恶的动机，但无论什么样的动机都会产生客观的后果。只是这个结果的性质和类型有所差异，由此产生的结果，客观后果不甚一样。一般来说，善的动机产生善的结果，恶的动机产生恶的后果。然而因历史演进的复杂性和多维性，也有善的动机产生恶的结果；也有恶的动机产生善的结果。这种事情的发生，它是客观的，是不以人的意志为转移的。每个人都希望自己的主观愿望能获得实现，但最后的结果是否与主观愿景相吻合，取决于客观的各种因素所制约的程度。

每人的动机对世界的影响是不同的，这取决于每个人的地位高低和影响力。人的地位很重要，对一国君主和国家领袖来说，他的动机，他的一动一念关乎一个国家的兴盛衰亡，亿万众生的幸福安康。一般来说，到了国君的层级个人欲望的满足已无足轻重了，他的人格已经国格化了，已经完全无我了，完全超越于个人了，考虑的完全是国家大事了。尽管如此，他也是有主观愿望的，如果国君好大喜功，他就喜欢形象工程，喜欢众臣歌功颂德，喜欢万邦来朝。这样的动机就决定了他的政策走向，国君的政策、命令、行为，皆会对现实社会产生影响，一动一念便会产生结果，那么这个结果的大小取决于动机，他的地位高，产生的影响就大，如果这个动机是善的，那么产生的结果可能是善的，也可能是恶的，但是产生善的面大，就会造福人民，就会造福人类；如果动机是恶的，只是满足自己的私欲，维护自己的权力，那么动机产生恶的面大，就会产生强烈的破坏作用，所以，对国家、对世界皆会产生不好的影响。

希特勒发动第二次世界大战的时候，他疯狂地组织人力，加速研究核武器，他的整个动机是征服人类，来体现日耳曼种族的优越，从希特勒残杀犹太人来看，他征服世界以后，对人类的其他种族也不会友善，所以可以判断，如果他掌握了原子弹，如果某个民族不愿被其征服，他就可能使用原子弹。所以，一旦原子弹在他的手里，他会有毁灭全人类的动机，人类所面临的风险更大。

还有一个问题值得思考，希特勒为什么仇恨犹太人？他的动机是什么？现在很多研究希特勒或纳粹德国的著作在讲到这个问题时，都说希特勒在小的时候很贫穷，曾经在维也纳街头流浪过。那时看到街头的商店、银行多为犹太人所开，他仇恨犹太人的富裕。这是其中的一个原因，其实在欧洲有千年排犹传统，在欧洲各国是一个比较普遍的现象。犹太人由于本民族特殊的历史境况，有着强烈的生存危机意识，普遍重视教育，个个勤奋好学，又善于经营，很快掌握了大量财产，所以对于富裕民族的仇恨，是当时的普遍心理。要讲阶级斗争很容易把"仇富"套进去。

同样，在东南亚，华人依靠其聪明智慧，勤劳工作，很快便积累起财富。所以要是讲阶级斗争，华人在东南亚本身就是一个富裕者的象征，可以归类为资产阶级或地主阶级，按照革命理论，穷人肯定要起来革命剥夺有产者，肯定首先要剥夺富人。实际上在印尼的排华、在越南的排华，主要就是嫉妒华人的富裕，他们仇视华人的富裕和聪明勤奋。这里有当地民族仇华的种族问题，更有仇富的问题。这样一种民族的潜意识就会产生这种民族动机，就会变成仇华、排华，甚至发生抢夺华人财产，谋害华人生命的恶性事件。可以通过这件事联想到希特勒。希特勒个人的仇犹、排犹想法成为一种动机，在他成为第三帝国的领袖后就以国家行为的方式付诸实施，其中最重要就是剥夺、没收犹太人的财产，将其关入集中营，结果数百万犹太人被杀，造成了 20 世纪一个最大的人间悲剧。

恶的动机也会带来客观后果。日本侵略中国是日本民族集体的动机，这种动机已经变为该民族的一种民族共识，就是日本大和民族的主观意愿是征服中国，扩大自己的生存权利。1931 年九一八事变后，日本侵占整个东北，并建立伪满洲国。为了掠夺东北丰富的资源，日本人利用中国人廉价的劳力，无视中国人的生命，在东北开矿山、建铁路、修工厂，在很大程度上改造了东北地区的物质外观，出现了一些新的物质形态的东西。日本战败后，这些物质形态的东西依然留存，虽然被部分破坏了，但是基础还在。我们不能因此就说日本侵略有功，不能说日本有功于中国的近代化，这是完全错误的。因为从动机上讲，日本人对东北进行的铁路、工厂等设施的建设是为了更方便地掠夺东北财富，甚至企图永远占领这块土地，日本所建的这些设施是侵略的产物和罪证，实际上它是日本民族整体"主观恶"所形成的客观结果，这个客观结果就是不以人的意志为转移的。

动机是人行动当中的一个主观态度、主观意向，这个主观意向是受人性支配的，受人的欲望支配的。动机固然有善恶问题，但不管是什么样的动机，一旦发动且进入历史演进以后，无论动机是个人的还是群体的甚至是民族总体的，最后它都有一个客观后果，这个后果不一定能够反映当事人的主观愿望。从动机的后果来看，其后果有几种情况，第一种情况，最后的结果和动机的主观愿望大体一致，因为这个动机的发动者主观愿望是善的，符合人性，并且能够反映社会的大趋势，反映社会主流，符合社会发展规律，那么最后的结果和他动机的想法大致一样，他对社会起到一个促进发展的作用。历史上属于善良动机所形成的决策能量对社会起到了巨大的进步作用，有大量的例证可以证明。第二种情况，就是动机与最后的结果是大打折扣的，甚至是截然相反的。一个违背社会进步，逆历史潮流，想改变历史进程的狂妄动机，最后的结果只能是主观愿望破碎，落得身败名裂。这说明什么问题？我们还是回到历史唯物主义的基本原理上来，历史是不以人的意志为转移的。历史是客观历史的发展，每个人都在自己创造自己的历史，每个人都有其欲望，都有其动机，各种形形色色的欲望在社会历史当形成一种互相制约、互相碰撞、互相抵消、互相融合的状态，形成一种"合力"，似乎有一只看不见的手在操纵着，推动历史向前发展。

（四）对动机的观察与思考

我们讨论了动机的一般规则，人的动机是受其欲望左右，动机是基于人的趋利避害和利益最大化而产生的。人有各种各样的欲望，但人在不同的社会结构中，其动机也是不同的。民意是什么呢？民意是一种集体的、群体的诉求。民意是每个人在欲望释放当中的趋同性。在民主时代，民意受到特别尊重，民意会直接投射到政府的施政当中，变成满足民众民意的政治经济及文化行为。在集权和专制时代，所谓民意，是在专制的胁迫下不得不做出的民意。在整个群体的无意识共识中，民意实际上构成了集体的动机，民族动机本身也受集体无意识或是一种民意或是一种社会态度的影响。动机也可以转化为民众的一般行为，每个人的社会动机对社会的影响是完全不同的，我们经常研究的是两种人的社会动机，一类是统治者的动机，在封建专制时代，皇帝具有无上的权力，他的意志往往会变成一个国家的行为，所以我们要仔细研究其动机。在民主社会、国家当中，国家领导人的动机，会有很多的制约和限制，比方说有些国家，在总统选举的过程当中，要对他进行心理测试。在专制制度下，统治者可以为所欲为，当个人的权力不受限制，对决策不承担责任时，大大小小的政权统治者都会使自己的利益最大化，其中隐藏的私欲比重也会最大。我们经常在历史讨论中讲，个人的动机和结果之间的关系，说某历史人物的政治动机是非常纯洁的良好的，但是结果不好。所以动机和结果之间有一个因果关系，一般来说，什么样的因，结什么样的果，但也不尽然，某"因"经过各种合力的作用，也会产生不同的果，所以有些属于纯洁的政治动机的问题，也不尽然。历史上很多改革都有政治动机，这个动机有的是出于维护统治，对一些弊政进行改革，比如轻徭薄赋、与民休养生息等。一般来说历史上统治者实行改革的政治动机大都是从统治者的利益考虑的，是出于维护统治的考量，事实上，很多改革不仅没有达到维护统治的目的，反而导致统治危机四伏、困难重重，最后还加速了灭亡，例如晚清政府实行的宪政改革最为典型。因为统治者的动机一动一念皆为自己私利而设，违背了历史规律，人为地限制阻碍了历史的进步。

历史动机有善恶之分，历史人物出于满足个人的私欲、权欲或是其他的物欲的行动，必然会对社会各方面的结构产生冲击、破坏性的影响，这样的动机就是一种恶的动机，反之，出于善良的、崇高的目的，为了拯救人类，维护和平，发展生产，生产财富，为社会增加正能量，这样的动机就是一个好的动机、善的动机。无论善的东西还是恶的东西，在历史的运作当中都会有相应的结果，这个结果并不意味着善的动机就会产生善的结果，恶的动机就会产生不好的结果，但这个结果一定是客观的，不受动机主体的主观控制。

实际上人们基于趋利避害这个人生基本的原则，在动机的产生及实施过程中都会受到当时的社会条件、价值观、法律、道德范围内的各种条件的限制，也由于人们在不同的社会结构当中所处的地位、环境的不同，制约不同，所以他们在作出判断的时候，会作出利益最大化的选择行为，动机一旦发动了，在历史的演进中就会产生相应的历史结果。所以我们在评价历史人物的过程当中，我们要研究这种动机，研究这种动机在当时历史条件下的几种可能的选择性，为什么选择这样的动机而不选择那样的动机？某种历史问题是受什么样的历史动机支配的？那么在所产生的历史结果当中受到哪些因素的影响，这些都是历史研究中的问题。

并不是所有的历史动机都是平等地产生结果的，动机有的暂停在主观愿望阶段，尚未实施，有的动机则已在实施。动机在实施的过程当中，会受到当时社会条件等各方面的左右，综合合力的制约，有些被抵消了，不会发生丝毫作用，而有些则会发生巨大作用。人的动机一旦与社会潮流的流向相适合，就会产生巨大的社会效果。这方面可以举出中国近代史中维新派的改革例子。维新派的政治动机是什么？是要挽救国家，保种、保国、保教，要在中国建立君主立宪制。当时的中国正处于甲午战争之后，陷于亡国灭种的深重危机之中，当时各界先进人士都强烈要求进行改革，以避免亡国灭种的危机。所以在这种情况下，维新派的革新动机就具有和历史结合的一致性，这种善的动机在演进的过程当中产生了重大的社会影响，为社会增加了很多的正能量，推动了历史社会的进步。

思考题

一、试论创造历史的主体。

二、人民群体如何创造历史？其与英雄的关系如何？

三、试论历史动机的主观性与客观性。

四、历史人物动机的善恶及思考。

第八讲　历史人物评价的理论与标准

　　历史人物评价的理论与标准，是历史研究过程中无法回避的一个重要理论问题。历史的主体是历史人物，而历史人物是有主体意识、有个性、有鲜明时代性和阶级属性的人。只要研究历史就不能不涉及历史人物，因此，怎么看待历史人物就有一个价值判断和理论评价的标准问题。不同历史学学派对历史人物都有不同的评价理论和评价标准。本讲主要围绕着这一问题展开讨论。

一、历史人物及既往评价

　　本节重点阐释历史人物的概念及内涵，并介绍过往学术界对于历史人物站在不同角度上的评价。或站在王朝正统观，或站在国家民族立场上，或用历史唯物主义及辩证唯物主义对历史人物进行评价。不同的评价会产生截然不同的结论，这是我们不得不重视的问题。

（一）历史人物及其内涵阐释

　　所谓历史人物，是指曾经活跃在历史舞台上，参与过历史创造，留下过历史痕迹的人物。历史人物在史籍当中能留下名字或标志性符号，有名有姓，创造过丰功伟业，或者在历史上曾起过破坏作用。也就是人们常说的，或者流芳百世，或者遗臭万年。无论是流芳百世还是遗臭万年，都是历史人物。人类有文明痕迹的历史不过万年，曾在历史舞台上活跃过的人物无数，芸芸众生，皆为过眼烟云。能够在史籍中留下名字和业绩的人实在不多。历史是人的历史，是指人类社会的演进发展史，历史的主体是人，是人民群众，凡是参与过往历史的人民群众，我们都称之为历史人物。

历史人物大致可以分为人民群众和英雄两大部分，从道德判断角度来讲，又可以分为好人和坏人。好人，是指道德高尚、对社会进步和发展起到积极作用的作风正派的人物，这样的人叫好人；还有对社会起到破坏作用，对社会组织、社会道德起毁灭作用的人物，我们认为这种人就是坏人。历史上留下的极反面人物也有不少。历史人物是各式各样的。有爱国英雄，有忠臣良将，也有很多佞臣、奸臣、酷吏；更有帝王将相，才子佳人。就是说，历史人物是由形形色色的人物组成。所以我们将历史人物界定为，曾在历史舞台上出现过的能够在历史典籍中留下痕迹的历史群体。马克思认为，人民群众是历史的创造者，所有历史人物也都是参与者和创造者。但是，如果将人民群众进行细分化的话，就如以上所说的那样：有好人，有坏人；有正面人物，有反面人物；有拥有功劳的，还有没有功劳的；有建设者，还有破坏者；等等。

过去我们讲的历史人物，即所谓"英雄"，主要是指那些开疆拓土、建功立业、保家卫国的所谓帝王将相，历史典籍中记载的主要是他们的活动，这些英雄，我们一般可以叫作"兽性英雄"，因为在古代开疆拓土主要靠武力，历朝历代也都是靠武力争锋天下，即成王败寇，这是中国传统，只要掌握了国家政权，使人臣服了，他就是国王，他就可以建立新朝。所以那个时代，所有的帝王将相都是一种兽性的英雄。而近代以来，我们讲英雄更多的是讲"人性英雄"。因为，近代以来的英雄，多是随着科学技术的发展，在科技、教育、产业等领域崭露头角的先进人物。随着人类进入文明时代，各条战线蓬勃发展，英雄辈出。特别是近代新史学开始注重研究民史，开始建构一个民族的国民史，一个群体的发展变迁史，努力于塑造各条战线特别是政治、经济、文化教育、科技、企业等领域里的英魂，介绍他们的英雄事迹，表彰这类英雄，我们把这类英雄，叫作"人性英雄"。当然古代也有人性英雄，比方说一些思想家，像孔子、孟子等这些大思想家，就可以说是人性英雄；近代也有兽性英雄，如对外发动侵略战争的一些人物、一些专制国家的君主等。但近代以来涌现出的英雄，更多的是人性英雄，近代以来推崇的更多是人性英雄，比如近代以来西方的启蒙思想家伏尔泰、狄德罗、洛克、孟德斯鸠、卢梭以及空想社会主义思想家圣西门、傅立叶、欧文等，还有马克思、恩格斯等。科学家有伽利略、牛顿、查尔斯·达尔文、诺贝尔、尼古拉·特斯拉、托马斯·爱迪生、居里夫人等。这些人的智慧和思想像灯塔一样照亮人间，给我们以启示。自近代以来，蒸汽机的发明、电的发明、电脑的发明等，包括后来的微软、苹果这些世界级高科技公司，当代中国的著名科学家李四光、袁隆平、杨振宁、屠呦呦以及发明激光照排的"当代毕昇"王选，等等，都可以算得上是"人性英雄"。近代以来大量的"人性英雄"的科技发明与创造具有划时代的贡献。

在历史舞台上曾经活跃过的亿万众生，有些留下了名字，有些没有留名，凡是在历史上留下足迹的，曾经活跃过的，在过往的历史当中曾经出现过的，都是历史人物。但凡称得上是历史人物的人，一定是在历史上曾经留下一笔的，曾经留下历史足迹的，或者留下里程碑标识的，这些人不仅是历史人物，还是历史英雄。

（二）历史人物的既往评价

1. 站在王朝正统史观上的评价。什么叫既往评价？既往评价就是过去的评价，就是过去曾经发生的评价。既往评价大概有以下几种评价：第一种评价标准是传统典籍当中对历史人物的评价，这种评价往往是站在王朝正统史观上的一种评价，过去的忠臣良将，都是维护某一个家族王朝的，所以梁启超认为古籍中的所谓忠臣良将都是某王朝的家奴，中国的二十四史就是二十四姓家谱的历史。所以那个时候人物的评价，一定是以是否有利于王朝的巩固和发展，是否合乎君主的好恶，是否能够开疆拓土，是否能够维护强大的王朝国家作为评价的标准，所以这种王朝时代的人物评价多见于二十四史当中的一些人物的评价。

第二种评价标准是道德评价，既往的道德评价体系以封建三纲五常作为评价标准，二十四史中的人物评价基本上是以此为标准，从传统的封建伦理道德出发，以是否符合中国传统纲常伦理规范作为评价的标准，如果符合这套纲常伦理道德标准，就可以获得正面评价，如果违犯了或者不符合这套纲常伦理标准，那就会受到反面的评价。事实上道德品性的评价范围远比三纲五常要广，由于道德本身也具有普遍性与相对性相统一的特点，一方面道德具有时代特点，另一方面道德也具有普遍性。例如基于人性基础上所形成的具有普遍价值意义的一些道德，具有放之四海而皆准，赅诸百世而不惑这样的道德价值，如尊重人的生命权、孝顺父母、尊重长者、人的情感，真诚善良、友爱互助等。其中许多道德因素在古代有，在现代仍有现实价值。所以我们就会发现，在中国古代数千年的时间里形成的三纲五常的道德标准，是以是否忠君、是否爱民为标准的，为臣者是否尽忠，为子者是否尽孝，为友者是否诚信，为妻者是否相夫教子。在古代，服从为第一要义，作为臣民就是要服从，君要臣死，臣不得不死；父要子亡，子不得不亡。这种道德要求在近代发生了很大的变化，因其完全不符合近代民主国家新型人伦关系、人际关系的要求。天赋人权、独立、自由、平等、博爱、男女平等等，逐渐成为一种道德评判标准，所以与传统王朝时代大异其趣。

2. 站在民族民主国家立场上的评价。民族民主国家主要是指近代国家，或已经建立起资本主义制度的国家。资产阶级天赋人权、自由、平等、博爱、法治以及市场上的平等交换原则通过法律形式加以确定下来以后，或者这个社会评价方式被人们广泛认可之后，也就成为历史人物评价的标准。所以，是否尊重人的天赋权利，是否违背了自由平等原则，是否侵犯了人权，是否尊重人民的自主权，是否违背了人民的私有财产权，这些都成为对一个人进行评价和判断的标准。在道德判断上，也会采用野蛮、半开化和文明的评价方式，建立在符合近代西方的自由、平等、博爱这个价值观立场上，人的行为符合这个文明世界观标准的话，就是文明的，若违背了这个标准，就是野蛮的或者是半开化的，所以用这些评价历史人物，就会得出与古代专制国家完全不同的结论。按照这个评价标准，凡是符合这一评价标准的就会得到正面评价，凡是不符合这一评价标准的就会得到负面评价。从评价英雄的角度看，符合这一标准的就是人性英雄，不符合这一标准的就是兽性英雄。

关于道德评价，就是建立在道德评价基础上的对历史人物的评价定性问题，所以这个也是要讨论的。建立在强者即征服者立场上的人物评价，比方说站在“欧洲中心”说立场上的评价，站在欧洲文明史观视角下的人物评价，对于西方国家来说，凡是为本国开疆拓土的，那就是英雄，这个也可以说是站在近代民族主义立场上的评价。我们说近代民族主义也是近代的产物，实际上古代也有民族、民族意识、种族意识，在过去的王朝战争时代就已经存在着这个种族和民族问题，现在仍然存在，只不过是在法律上、在理论上如何划定民族的问题，如何形成一种学理上的共识的问题。那么至少近代民族主义形成以后，对人物的评价就存在着站在民族主义立场上的评价标准问题。民族主义实际上就是民族利己主义，就是民族利益高于一切主义，只要本民族好了，其他民族都可以牺牲。近代民族主义昌盛时代，互相侵略，征战攻伐，这都是民族之间的斗争问题，是普遍存在的问题。在这种价值观指导下人物评价也自然受其影响，在这个立场上，凡是有利于本民族发展，有利于本民族扩张的这些人就是英雄。对俄国来讲，俄国不断向外扩张，所以对那些在俄国扩张领土中作出突出贡献的人物都要树碑立传，将其作为民族英雄来颂扬。由此，我们就可以知道民族主义的狭隘性和自私性。

站在民族主义的标准下，凡是损害了、出卖了民族利益的人，就是卖国贼，这是民族主义的人物评价标准。当然，对于民族主义也不能一概而论，民族主义也有其积极方面。中国近代民族主义，在本质上是救亡图存主义，所以它是合理的，是符合民族诉求的，是属于民族自卫的。所以，对于历史人物的评价，我们必须要考虑这个内容。

3. 历史唯物主义的评价。对人物进行的历史唯物主义的评价，主要侧重于把人放到整个历史背景当中去考察，看其是否有利于推动人类社会历史进步，是否为人类社会进步作出过贡献，是否有利于推动社会进步，是否有利于生产力的发展，因为生产力和生产关系的发展是推动社会前进的动力。

历史唯物主义和辩证唯物主义还认为，当人类跨入文明门槛，一切历史都是阶级斗争的历史，阶级矛盾和阶级斗争推动着社会的发展和进步。因此历史人物的评价应当放到阶级与阶级斗争的互动关系中进行评价。另外，关于人物的评价标准，还要看人物的动机，以及个人意识、社会意识和社会存在之间的互动关系。历史唯物主义对人物的评价已形成了一套评价体系。

4. 站在党派或集团立场上的评价。既往人物评价的第四个方面，就是站在政党或者某一个集团立场上对人物的评价。我们知道，政党也是近代的产物，近代有各种各样的政党，有资产阶级政党，无产阶级政党，凡是政党都一定是某一阶级或某一集团的代表。那么站在这一立场上的评价，凡是有利于某一阶级或某一集团利益的人，就会得到肯定的评价，凡是损害某一阶级或某一集团利益的人，就会受到否定的评价。无产阶级政党也当然有自己的人物评价标准，凡是有利于无产阶级夺取政权，有利于无产阶级意识形态建设，符合无产阶级意识形态道德标准的人物，就会得到肯定的评价，否则就会受到否定的评价。按照这个思路，其他党派皆然。

二、历史人物评价维度

维度（Dimension），又称为维数，是数学中独立参数的数目。在物理学和哲学领域内，指独立的时空坐标的数目。维度是事物"有联系"的抽象概念的数量，"有联系"的抽象概念指的是由多个抽象概念联系而成的，和任何一个组成它的抽象概念都有联系，组成它的抽象概念的个数就是它变化的维度，如面积。此概念成立的基础是一切事物都有相对联系。从哲学角度看，人们观察、思考与表述某事物的"思维角度"，简称"维度"。例如，人们观察与思考"月亮"这个事物，可以从月亮的"内容、时间、空间"三个思维角度去描述，也可以从月亮的"载体、能量、信息"三个思维角度去描述。

笔者采用维度概念，着意从多重思维角度去对历史人物进行评价。因为历史人物的经历复杂，存在着时代、阅历、阶级、身份的不同，构成了不同的思考维度，也是我们对历史人物进行多角度、多维度观察的重要时空坐标。

（一）历史人物评价的时代维度

时代维度是人物评价的重要维度，时代维度是从时间的时空坐标中观察、思考并评价历史人物的重要维度。时代维度规定了历史人物的时空属性和时序标记。时代痕迹也深深地烙印在历史人物的经历之中。每个人都是时代的人，特定时代造就特定的人。我们评价历史人物就是要将其放到具体的历史背景中进行考察。

我们评价古代人物就不能完全用现代的标准进行评价，古代有古代的时代特征，古代有古代社会的历史信息，所以评价古代历史人物只能从古代的角度，站在古代场景下进行评价。用这样的尺度才能衡量出历史人物在当时的地位、思想境界及价值。比如孔子的思想在当下仍有很多普适的，值得我们学习和继承的内容，完全可以进行现代诠释，但确实有更多的不再适用于现代社会的内容。因之不能苛求于他，这是孔子的时代局限，认识的局限性问题。如果我们运用时代维度这把尺子把孔子放到 2000 多年前的中国时空背景下进行考察，就可知孔子思想学说之伟大。孔子的思想为中华民族文明奠定了最基本的价值规范。孔子是可敬可佩的，所以其地位是至高无上的。

同样，对历史人物的思想言论也要放到时代背景中去考察。有许多言论在特定时期说出来会被杀头，然而某些时期可能属于笑谈。现在可以随便讲民主、自由，讲普世等话语，但在封建时代讲这些概念可能面临被杀头的风险，所以任何人物的思想行为都具有时代性，我们判断某一历史人物思想的伟大，行为的伟大，都要放在特定的时代条件下去观察去评价。有些行为放在现在不足为奇，但是放在百年前、千年前，那就是伟大的思想，伟大的行为。

时代特征性也是我们应考察的内容，因为人是时代的人，我们评价历史人物必须将其放到所处的历史时代中加以评价。若按照现在思想道德标准进行评价，那就不准确了。过去对西方资产阶级进行评价时经常会出现很多笑谈，比如说西方资本主义国家建立后，采取了选举制度，但当时有些国家的选举制度规定，国民的选举权与明确的纳税额度挂钩，由国民个人对资本主义国家纳税的额度来确定个人是否有选举权或被选举权。国民个人只要达到了这个额度就有选举权和被选举权，否则就没有选举权和被选举权。过去我们对此类事情的评价，经常认为这是资产阶级的局限性，资产阶级革命的不彻底性决定的。现在看来，这个评价就过于简单过于机械了，因为只要把这个事情放到当时的背景下去考察，就选举制度建立本身而言，在当时较之封建专制已经非常进步了，能够规定纳税人有选举权和被选举权这本身就是一个进步。虽然没有完全实现普选，但实现了选举，实现了对国家有权利有义务，这就非常了不起了。实际上到 20 世纪时，世界上还有很多国家连依纳税额度获得选举权和被选举权这个规定也是没有的，更别提普选制度了。所以看问题一定要有时代维度。

评价历史人物要考虑各种背景条件，人物评价可以有各种维度，人物评价要考虑其存在的时代背景条件，这就涉及时代和人物的关系问题，即任何历史人物都是特定时代的人物，都是在特定时代背景下涌现出来的人物。时势造英雄，讲的就这个道理。不同时代会涌现出不同风格、不同类型的人物。在古代科技极不发达的时代背景下，如果有人在衣食住行方面能够作出改善人类生存环境的重大发明，对当时的人类有重大保护作用，那就是非常了不起的英雄了。所以，我们评价历史人物，一定要考虑时代背景。在近代工业文明时代背景下的人物与封建时代背景下的人物，必然存在着许多不同。不同时代有着不同时代的内容，所以我们评价人物时，一定要考察他所处的时代，要把历史人物放到时代背景下去考察，考察某一特定时代给历史人物可能带来什么样的影响，要特别关注不同时代的信息。

我们要把不同时代的信息放到一起来考虑，考察其对历史人物后天成长的影响。在东西方文明冲突背景下产生巨变的时代，中国近代历史人物思想行为的主要着眼点在于，他要站在民族的立场上，要维护民族的尊严，寻求民族的独立与解放。中国近代的一批先觉者们有着极强的危机意识。中国近代社会转型的时代，会对一个人产生什么样的影响？在那样传统的时代条件下，人们读的是"四书""五经"，在鸦片战争之前，人们几乎接触不到声光化电等近代器物，所以近代人物的知识结构中具有鲜明的封建时代的特点，他们从小就浸润在三纲五常等纲常观念的社会环境里成长，不可能有更多的先进思想，因此评价封建时代的人就不应该过于苛求，认识到这点很重要。历史人物属于什么时代，就一定要将其放到什么时代条件下进行评价，这就是人物评价的时代维度。所以我们评价历史人物，必须考虑到时代维度的影响和作用。历史人物处于什么时代条件下，是封建时代还是资本主义时代，这是评价历史人物的重要参照因素。人物是历史的人物，也是时代的人物。因此，时代维度是评价历史人物重要的时空坐标及思考方法。

我们在历史研究中，首先在大的方面把历史分为不同的时间阶段，比方说古典时代、中古时代、近古时代、近代、现代、当代等时段，按照这个时间段限再分别对应为不同的时代，所以我们一定要把历史人物放到不同的时代背景下去讨论。在古代，人们的社会交往不像现在这样广泛，基本处于封闭和半封闭状态。统一的国际市场尚未形成，世界各国还各自处于自己内部整合与完善之中。这方面以中国最为典型。梁启超就说，中国自黄帝以迄秦之统一，是为"中国之中国"，是中国民族内部发展竞争直至团结的时代；自秦统一后至清代乾隆末年，是为"亚洲之中国"，即中国民族与亚洲各民族交涉竞争最烈的时代；自乾隆末年以至于今日，是为"世界之中国"，即中国民族合同全亚洲民族与西人交涉、竞争的时代。中国自近代以来被卷入资本主义世界，近代中国发生的所有事件均与世界大趋势有关，由此演绎出的这个大背景就具有明确的时代特征，对近代历史人物影响深远。

对于封建专制时代的人物的评价，应与对在近代资本主义时代背景下的人物的评价有所不同，如果不考虑这种时代差别，我们就不能客观、实事求是地评价历史人物，就不能真实地反映不同时期历史人物的特征，也就不可能对历史人物进行准确评价。我们对在封建专制时代的人物的评价，就必须回到封建专制时代的历史场景中，去考察三纲五常及其他伦理道德对当时人们行为的影响。也就是说，在不同的体制之下，无论是在封建专制政体还是君主立宪、民主共和政体，皆对当时的人们产生了不同的影响，所以他们的所思所想和行为方式，一定是受到那个时代的影响，这一点是不能不考虑的。我们放眼整个世界，仍然如此。不过，除了不同历史时代特征对历史人物的影响外，还有不同民族历史文化的特点对于不同民族历史人物的不同影响。不同民族在相同的时空状态下也有很大的不同。让身处古代的人有类似于现代的新思想很不现实，所以不能苛求古人。

同样的，希望一个君主时代的历史人物拥有民主思想，具有尊重人个体生命的价值观也是很难的。战争时代就是个杀戮时代，互相攻伐，人的生命价值已经降到最低点了。指望这样的时代能够尊重人的生命价值，尊重人所固有的天赋权利，基本是做不到的，所以我们一定要考虑到某些时代的特殊性问题。可见，涉及时代的话题甚多。比如近代中国所处的时代和古代中国就很不一样，被西方列强打开了大门的近代中国已经卷入资本主义世界之中，西方大潮拍岸而来，所以在这个时期的中国寻找西方思想因素就非常丰富了。尽管这个时代背景有很多变量，比如在当时的中国，反帝反封建成为时代主题，一方面要反抗帝国主义压迫，寻求中华民族独立；另一方面要反抗封建专制主义对国内人民的奴役，争取人民的自由解放，建立民族民主的近代国家，独立发展中国的资本主义，在这一背景下，凡是参与反帝反封建压迫的人物就会得到正面评价，凡是反对甚至阻碍反帝反封建的人物就会受到否定的评价。

许多历史人物处于新旧交替的时代，以 1840 年鸦片战争为界标，许多历史人物出生于鸦片战争之前，一直受到传统教育，鸦片战争之后，随着西学的输入，相关人物又受到西方思想文化的影响，所以身处这个时代的人物自身的思想观念就容易形成一种混合状态。再到后来，相关人物又出洋访问或留学西方，那么在这些人物的身上，时代所赋予的特点就特别多，这就是我们一定考虑到时代对一个人物影响的重要因素。人是时代的人，每个人皆处于特定的时代当中，一定会受特定时代的政治经济、思想文化的影响，时代痕迹会在历史人物身上打上深刻烙印。历史人物都是特定时代的人物，时代特征会给这个历史人物打上独特的时代标记，不存在没有时代背景的人，所以我们对一个历史人物的评价，一定要充分考察其时代背景，如此才能对历史人物有正确的理解和评价。

（二）历史人物评价的阅历维度

所谓阅历就是历史人物的简历或经历，阅历维度很重要，实际上就谈历史人物经历了什么样的历史过程。不同的历史人物其阅历是完全不同的，世界上没有两个人有完全相同的经历，正因为如此，某一历史人物所经历的故事皆会在其成长道路上留下足迹，这是一个历史人物不同于另一个历史人物的区别之所在，也是我们评价历史人物的重要依据。

某一历史人物从小就在一个地方长大，他的阅历，他的视野都会受这个局限。如果这个人物曾经周游四海，那么他的阅历就会非常丰富，他的整个见识也会与众不同。再比如某一个官员从小在基层历练，是一步步被提拔起来的，或者经历过战争的洗礼，他对军事上就会有一个真切的感知，或者他到各地求学，拜访过不同的名师，还有出国留学的经历，那对这个人物来讲，他的阅历就非常丰富，远远异于常人。阅历对历史人物的思想及其后来所做的一些事业都是有直接的影响，所以阅历的维度对评价人物非常重要，是评价历史人物不可或缺的重要条件。

历史人物的经历具有时代特征，但每一个历史人物又有他自己独特的经历。阅历维度，实际上就是他所经历的一切生命过程。历史人物幼年时期经历过苦难，如遭遇过大饥荒，那他对饥荒所造成的饥肠辘辘、饿殍遍野就有深刻的印象；如果他经历过战争，经历过兵荒马乱，经历过战场上的杀人如麻，死伤累累的残酷的战争场面就会令他终身不忘；如果他经历过大瘟疫时代，这个瘟疫可能是鼠疫，也可能是霍乱，或各种各样的传染病，当他看到自己的亲人一个个倒下去，看到邻居、乡亲大量死亡而无能为力之时，那么他对瘟疫的恐惧感、无力感，也会成为他一生抹不去的梦魇。他也可能因为这个经历而改变了他的人生轨迹，所以有很多人因此发愤学医，从事救死扶伤事业。总之，当历史人物经历过这些之后，那他对人生问题，对战争问题，都有了不同的认识。

对于历史人物而言，一个人的阅历太重要了，某一历史人物出生在书香门第，从小好学，又遇到高水平的老师教导，打下了扎实的学识基础，为其一生的求学之路奠定了良好的基础。然后他就可以遍访名师，周游列国，不断地丰富自己的思想，这是历史上成功学者的基本模板。在中国的唐朝时代，周边国家日本、百济、新罗等都曾不断地向中国派遣留学生，如日本的吉备真备和阿倍仲麻吕（中国名字叫晁衡）；新罗的崔致远都成为所在国家的著名学者。阿倍仲麻吕用汉字楷体偏旁部首草体发明了平假名，吉备真备用汉字楷体偏旁创立片假名，对日本文化的发展做出了不可磨灭的贡献。崔致远则成为韩国历史上的大文豪。

中国近代留学始于 1872 年由容闳组织的幼童留美。其后陆续向欧美选派留学生，中国向日本首次派遣留学生始于甲午战争结束后的第二年即 1896 年。自 1872 年以后，中国拉开了向西方各国派遣留学生，系统向西方学习科学文化的序幕。从此形成了近代留学生群体，他们与在国内接受新学教育的知识群体共同构成了新知识分子群体，在中国近代化历程中发挥了重要作用。当然在近代中国向西方寻求救国救民真理的人物，并不完全限于新知识分子群体，但新知识分子群体的贡献更大。这些留学生去往国外学习近代科学，归国以后发挥了非常重要的作用，其中留学阅历就是凡属于这个新知识分子群体的最重要的评价条件。由于这个群体的历史人物大都有留学或在国外游历、考察的经历，具有跨文化交流的背景，深受西方近代思想的影响，所以他们提出的思想中大多具有自由、平等、博爱的内容，服膺西方的宪政思想，重视民主和科学。特别是五四时期的新文化派代表人物提出民主与科学的两大口号最有代表性。陈独秀、胡适、李大钊、傅斯年等人皆有留学阅历，这说明特殊的阅历对一个人成长的重要性，也是我们评价历史人物的重要维度。以傅斯年为例，他是现代著名历史学家，但同时他也精通数学、心理学等自然科学。他在多年的留欧生涯中，专门学习了数学、物理、心理学等自然科学学科，据传后来他当北京大学代校长和台湾大学校长期间，经常去旁听教授主讲数学课，甚至还登上讲台给大家演示数学公式。就是这样一位历史学家，他要在中国振兴"科学的东方学"——国学，要把历史语言学建设成为像自然科学一样的科学，他的这种雄心壮志是有背景的，就因为留欧的阅历给了他自然科学这些东西。所以阅历对一个人的思想行为产生了重要的影响，即阅历维度是我们考察并评价历史人物的重要条件。

（三）历史人物评价的阶级维度

阶级分析方法也适用于对历史人物的评价，我们称之为历史人物评价的"阶级维度"。历史唯物主义和辩证唯物主义特别强调阶级和阶级斗争，这是历史唯物主义的一个重要的观点。阶级的产生是伴随着人类早期生产力的发展，私有财产观念的产生，导致了财产的分化。氏族部落的首领凭借其地位逐渐占有公有财产，形成了统治阶级，那些被俘的其他部族的人成为最早的一批奴隶，随着本部族的继续分化，那些没有财产的本族人也成为奴隶，成为被统治阶级。按照这个说法，马克思、恩格斯在《共产党宣言》中也特别探讨了阶级和阶级斗争问题，他们强调人类跨入文明门槛以后，所有的斗争都是阶级斗争，阶级与阶级斗争是推动社会进步的一个重要推动力量。阶级分析方法也适合于对历史人物的评价，所以，我们在评价历史人物时就不能不重视并强调阶级维度。那么按照这个理论，在奴隶社会就表现为奴隶主和奴隶的阶级矛盾与阶级斗争；在封建社会，就表现为封建地主阶级和农民阶级的矛盾与阶级斗争。地主阶级占有土地资源，农民很少占有或者不占有土地资源，租种地主的土地，上交租子，这样就形成了地主阶级和农民阶级的共生系统，他们之间互相依存，互相斗争。当农民阶级无法忍受地主阶级的压迫时，就会爆发反抗，发生农民起义，中国古代史中曾发生了多次农民起义。如秦末陈胜吴广起义，汉代的黄巾军起义，明末的李自成农民起义，清末的太平天国农民起义等，尽管原因不同，但是都表现为一种阶级斗争形式。在资本主义社会当中就表现为资产阶级占有资本和生产资料，无产阶级一无所有，只能出卖劳动力，到资本家的工厂里去打工，因为资本家在占有资本的同时占有技术，剥削工人的剩余价值，这是马克思的基本观点，即他重点强调资本主义社会时代的阶级和阶级斗争，无产阶级一无所有，所以它的革命性和斗争性最强，无产阶级特别是产业工人，组织性、纪律性最强，是推翻旧世界的革命力量。

马克思还强调了近代工业化的大机器生产使人成为机器的附庸品，造成了人的"异化"，严重损害了人的自由价值，他的理论表现了对工人阶级的同情。恩格斯还专门写了《英国工人阶级现状》一文，描述英国工人阶级悲惨的生活状况，对工人阶级表示同情。所以说马克思主义理论就是无产阶级理论。马克思主义的阶级与阶级斗争生成理论也给我们以启示，可以作为评价历史人物重要的"阶级维度"，依照阶级与阶级斗争分析理论，我们在评价历史人物的时候，一定要考察他的阶级属性，即对历史人物在评价之前先要考察他的阶级归属问题，他属于奴隶主阶级还是奴隶阶级，属于地主阶级还是农民阶级，属于资产阶级还是无产阶级，先解决这个归属问题非常重要，一般来说，无论是在古代社会，还是封建社会，抑或资本主义社会，统治阶级一般是掌握先进文化的代表者，所以在阶级维度中我们可以进行这方面的讨论。一个历史人物若属于某一个阶级阵营的话，他一定会为他所代表的那个阶级阵营说话。在封建社会，如果我们评价的历史人物是地主阶级的话，那么他一定是站在地主阶级的立场上，维护地主阶级的统治，维护地主阶级的国家。我们可以看到，在封建专制时代的一些思想家基本属于地主阶级的思想家，他们一定维护封建专制制度上层建筑，那就不能指望他们有什么资产阶级思想，根本不可能有自由、平等、博爱的思想。如果按照阶级分析的方法，孔子、孟子都是奴隶社会统治阶级的代表，他们的思想都是为了维护统治阶级的统治，同时他们的思想之所以能够传播久远，因有一些可以穿越时空为后世借鉴的东西，这个我们不能否认。孔子讲礼，孟子讲仁政，这些全是为统治阶级服务的理论，因为任何统治者要想维护统治的话，就不能把人逼到活不下去的地步，"水能载舟，亦能覆舟"，他们希望统治者实行仁政，客观上对被统治阶级肯定是有利的。当然其本质还是维护封建统治阶级，希望统治阶级长治久安，因为只要横征暴敛、草菅人命，老百姓活不下去了，那肯定要反抗。老百姓反抗，政权就不稳了，就会引发连锁反应，此时群雄并起，天下大乱，政权有可能会被推翻，至少对统治是不利的。从中可以看出，按照阶级分析方法，所有的思想都是有阶级出发点的。那么在当时有没有代表农民阶级的思想？当然有，但是比较少。因为特定时代的先进文化，包括话语权，都被统治者掌握，所以，真正能为农民阶级发声的自然很少，有一些人虽然不一定是农民阶级，但是他们对农民阶级表示真正同情，他们替农民发声和代言，比方说杜甫以诗句"朱门酒肉臭，路有冻死骨"，刻画了民间疾苦，揭示了当时的阶级矛盾。最典型的就是历次农民起义提出的纲领都反映了农民最朴素的要求，"均田免粮""替天行道""有田同耕，有饭同食，无处不均匀，无人不饱暖"的口号都真实地反映了农民阶级的愿望。

进入资本主义社会以后，阶级与阶级斗争又表现为资产阶级与无产阶级的对立与斗争，同时产生了各自的阵营，因此，我们在评价历史人物时，就不能不将阶级维度作为评价人物的重要尺度。资产阶级思想家着重于怎么维护现存制度，怎么维护权力制衡，怎么遏制人性，怎么剥削工人又不让他反抗等，我们常讲的西方政治思想基本上是资产阶级思想。随着教育的普及，人们的文化水准普遍提高，从而产生了无产阶级自身的代言人，无产阶级思想家马克思、恩格斯以及傅立叶、欧文、圣西门等空想社会主义思想家，都可以被视为无产阶级的代言人。中国革命产生的领袖人物基本上属于无产阶级革命家或思想家阵营。

以上所讲的阶级维度，就是采用阶级分析方法重点观察历史人物的阶级出身、阶级归属、阶级地位，并运用历史唯物主义和辩证唯物主义历史观，在阶级分析基础上对历史人物进行评价的一个重要维度。

（四）历史人物评价的身份维度

身份维度也是评价历史人物的重要维度，身份维度与阶级维度尽管有一定相似性，但是也有不同，阶级维度重点在于确定历史人物归属的阶级，是统治阶级还是被统治阶级，它的归属问题肯定也是个身份。但是，相同的一个阶级里面的人还有不同的身份，比方说同样是资产阶级，有官员、企业主、科学家、学者、医生等，身份是不一样的，而不同的身份其言谈举止、所用的话语系统也是不同的。所以，我们对历史人物进行评价的时候，一定要看他是什么身份，这点很重要。同样是统治阶级，有体制内的统治阶级和体制外的统治阶级的不同，属于体制内的统治阶级，他所说的话一定是维护同一体制的，是有特定话语系统的。这方面我们以傅斯年为例，他回国以后，先入中山大学任教，不久创办中央研究院历史语言研究所，自任所长长达22年。该所后来不断发展壮大，成为民国时期官方正统史学的代言人。傅斯年又当过大学校长，所以这样一个体制内的人，他的很多的言论就会受到限制，他在发表言论之时一定会考虑他的身份，而且他作为当时社会贤达，影响力甚大。所以不同身份的人，在说话的分量，在思想上影响上是不一样的，在表达方式、语言倾向上也自然不同。

所以，就史学家而言，体制内的史学家与体制外的史学家在身份上有较大差异，官方史学家们掌握史学话语权，维护与体制内相适应的意识形态，与之相适应的历史观，这是体制内史学家的使命。相反非体制内的史学家，如民间史学家就不受体制内史学家所主导的史学观的影响，虽然没有话语权，但仍会有自己的话语空间，有一定的自由度及研究空间。古代有官修史书，相关史官都是体制内的官员，所修历史必须符合官方史学的要求，肯定代表官方的观点，于是在写史的过程当中，所采用的话语系统一定是有利于官方、有利于某一王朝的。而民间历史学家则大概率不受官方的影响，这就是体制内与体制外身份的不同。

体制内的史学家，对本王朝历代皇帝及官员的评价，一定会受主流意识形态的控制与影响。所以，我们在分析历史人物之时，就一定要考虑到他的身份。如果他是体制内的人，思想又非常激进，远远超出体制内所容忍的程度，那就表明他是一个思想非常先进的人物，他能够完全超越于这个体制内的狭隘范围，或者党派的狭隘范围，那么我们在人物评价上就要大张旗鼓地给予肯定的评价。不同的身份对于历史人物的行为方式、言论及思想观念，都是有规定和限制的，所以我们考察历史人物时一个很重要的标志就是，如果这个人在行为方式、言论上能够超出同时代的人，具有超越性，那么他在思想上一定是很激进的，会表现出先进性。一般来讲能够给我们以很多的启示。当我们研究某一个阶级的代言人，通过他的历史人物的身份的确定，去研究他的思想和行为，这样对于我们考察相关历史人物及其思想，了解当时统治阶级的所思所想以及整个阶级动向，都具有重要意义。

身份确实很重要，对于历史人物而言，确定其身份，是学者还是官员，是商人还是普通百姓，这个很重要。在过往的历史中，很多人是留不下信息的，我们知道的能够在历史典籍中留下记录的人或事确实很少，能够在历史上留下信息的人，与过往的人口总和相比，其比例是很小的。从这种意义上讲，普通百姓能够留下的历史信息是很少的，因为他不具有代表性，这就亦显珍贵。历史上能够留下来的更多的是统治者的思想信息，因为就普遍的规律而言，在历史上能够活跃在舞台上的主要都是一些头面人物，这也是一个历史规律，通过这些来看，古今都没有变，这是我们考察历史人物时收集信息的重要标准。

那我们方才谈论的身份问题，身份在同一阶级内也是不一样的，人们有各种各样的身份。近代社会以来，随着社会的演进，社会行业众多，三百六十行，行行出状元，各行各业都有本行本业的代表人物，这就是我们评价历史人物的身份维度。

新中国成立后，强调工农联盟，注重宣传劳动理念，宣传工人阶级的主人翁地位，强调劳动人民的身份，这也使工人阶级的声望和地位获得了空前提高。特别是新中国成立初期工人阶级在技术革新，在创纪录方面积极发挥作用，涌现出了一大批工人阶级的代表，如"劳动模范""技术革新能手"等。这是时代问题，也是在新中国特定的时代背景下突出工人阶级身份维度的重要评价标准。

三、历史人物评价标准

我们在书写历史时会涉及各型各类的人物，在研究这些人物之时，就离不开基本的评价和判断标准。任何人物都是特定历史时代的人物，离不开特定的民族，特定的时代，特定的阶级。固然每一个历史人物都有一些独特的个人经历，而其受教育程度、本身的素质、独特的经历，这些都会在历史人物的成长过程中发挥作用。历史人物的特质实际上是在其原有的民族文化、家族文化背景下熏陶出来的，各种因素相互制约产生作用，一旦成为政治人物的时候，就会对一个国家产生各种影响。所以对历史人物进行评价时，必须要考虑到这些问题。在人物评价上要以有利于社会文明进步为标准。

　　这样我们对历史人物的一生进行评价，盖棺论定，就需要遵从一些基本原则，不应以个人的好恶来评价，不能为尊者讳，为贤者讳，我们要尊重客观事实。对历史人物要给予客观公正的评价，因为他毕竟是个历史人物。此外，还要考虑到时代特点及阶级局限、主观动机和客观效果等很多因素。

（一）以是否有利于社会进步为评价标准

　　对人物的认识和评价涉及历史观和历史认识问题。对于历史人物的评价要看其所作所为，要看某一历史人物一生是否有利于人类进步，是否有利于民族进步和民族发展，是否有益于人民福祉，是否有益于社会进步。符合这个条件就加以肯定。历史人物所从事的事业虽然动机很好，但所带来的客观后果是给社会带来了巨大灾难，对此，我们就不能因其动机的美好而忽略其带来的灾难，仍然要对其加以鞭挞。这是以是否有利于增进人民福祉、推动社会进步等条件，作为评价历史人物的标准。我们评价一个历史人物主要看他是否有利于推动社会进步，凡是有益于推动社会进步的，这个历史人物就是正面人物；反之，某一历史人物不仅没有推动，反而破坏或延缓了社会进步，那么他就是反面人物，他就是负面人物。这是我们对历史人物进行评价的一个很重要的标准。

　　历史学工作者是历史文化的继承者，要加大在历史书写中强化对文明的传承与弘扬意识，要加大力度去褒扬那些对社会文化进步的推动者。人类社会是不断地远离黑暗、追求光明，不断地远离野蛮、追求文明，不断地远离落后、追求进步的过程。这是文明史观的基本内涵。按照文明史观的标准，在评价历史人物时当然要把是否能够推动社会进步作为人物评价的基本准则，按这个尺度去衡量历史人物的一生。无论是帝王将相，还是才子佳人，抑或文武大臣，无论是做出过什么丰功伟绩的人物；也无论是古代人物还是近代人物，抑或现代人物，无论是中国历史人物还是外国历史人物，都适用于这一评价标准。

人类文明是经过近万年，数亿人的努力创造，一点点地日积月累起来的。文明要素、思想与观念，也是不断进化而来的，才形成了我们今天文明的模样。就是说我们现在的文明体系绝不是一两个人可以创造出来的，而是一代代人共同努力创造的结果。所以我们对历史人物的评价，主要看他到底做了什么贡献，是否推动了社会进步，是否对文明积累了新要素。凡是对人类文明做出过贡献，对社会进步起过推动作用，为人类文明积累新要素、增加新能量的人，我们就应将其作为正面人物去评价，挖掘他的好行为，大书特书他的功绩，因为传承人类文明是历史学的重要功能。

按照这个标准，凡是有利于社会进步的，对文明积累起到添砖加瓦作用的历史人物就是正面人物；反之，对人类文明没起到进步作用反而起到破坏作用，起到了推迟和延缓的作用，这样的历史人物就是反面人物。按照这一标准，我们不考虑他的阶级属性，也不考虑他的身份特征，完全以是否符合这一标准为准绳，作为进行判断的标准。这样的话，我们可以看到，古代的帝王将相，包括那些功臣，很多都属于负面的人物，所以我们将他们称为兽性英雄。因为，其中的很多历史人物对历史文明是起到破坏作用的。尽管许多历史人物对改朝换代做出了贡献，但对社会规则和社会文明却起了破坏作用，虽然在历史演进中表现为一个朝代代替了另一个朝代，但实际上就是一次次历史重演，没有为社会发展增加新的信息、新的文明要素，实际上是破坏，是毁灭。所以中国封建社会在几千年里不断重演，仍然没有走出中世纪。金观涛、刘青峰在《中国现代思想的起源：超稳定结构和中国政治文化的演变（第一卷）》（香港中文大学出版社1999年版）一书中对中国封建社会王朝的重演现象进行了描述，认为中国封建社会形成了一个超稳定系统。实际上就是封建王朝的不断复制重演，在破坏的基础上，然后再重建。在本质上并没有推动社会进步。或许稍稍推动了社会进步，但在破坏的过程中，对人民进行了大规模的杀戮，摧毁了原有社会、原有体制，却没有重建新的文明，没有增加新的文明成分。这样的话，相关历史人物仍是反面人物，因为他是文化的毁灭者而不是建设者，所以不可能给予很高的评价，这是一个基本准则。按照这个标准，近代以来很多历史人物都推动了社会的进步，如科学技术的发明，新机械的发明，新定理的发明，他们应属于人性英雄，应给予很高的评价，因为他们推动了文明的进步，给文明增加了新的信息，给社会增加了活力，给历史增加了新内容。

（二）以是否符合人类基本伦理道德为评价标准

以是否符合人类基本伦理道德作为评价历史人物的标准，这是我们评价历史人物的另一重要原则。就是要按照人类的基本伦理和道德观来判断历史人物的基本思想和基本行为。国家应有国家的伦理，政治家应有政治伦理，个人应有个人伦理，还有某一个民族特定的文化传统以及千百年传承的伦理道德。人们的所有言行都需要基本伦理道德的约束，我们用这个标准来判断某一个历史人物，他的行为是什么样的，他的道德属于高尚的还是低下的。据此，对历史人物的人格、思想境界问题都需要考量。

把是否符合人类的基本伦理道德作历史人物的评价尺度，这也是我们评价历史人物的标准之一。判断是否符合人类的伦理道德标准，也是我们对历史人物评价的一个标准。历史学是人学，历史评价是应有道德判断标准的，因为我们是人类，所以人类必然拥有共同的伦理价值标准，比方说人性问题，真善美、正义、自由、平等、公正、法治、诚信、友爱，这些都属于人类的基本道德观和价值观，是具有普适性的。所以这个自然可以作为我们评价历史人物的标准。也就是说，我们评价历史人物要按照这个标准来判断某一个历史人物是否符合人类的基本伦理道德，符合者就是一个正面历史人物，不符合者就是一个反面历史人物。用这样的标准去评价希特勒以及其所代表的第三帝国的纳粹法西斯分子，他们就是反面历史人物。因为希特勒所代表的纳粹德国肆意向外发动侵略战争，蔑视人类的尊严。他把人类分成很多等级，对人类的其他种族、其他民族实行歧视政策，认为雅利安是最高尚的民族，认为犹太民族是劣等民族，对其实施残酷的种族灭绝政策，大规模屠杀犹太人。我们对希特勒的所有言行都用这样的标准进行评价，会得出为大家普遍接受的结论，这个评价标准，也是人类都能接受的。这个标准适用于评价中国历史人物或世界各国历史人物，也适用于评价古代人物、近代人物或当代人物。这些标准也能够为其他国家的历史学工作者所认可，这点非常重要。如果历史学人仅仅站在一个狭隘的立场上对历史人物作出没有原则的评价，那就不会被别人认可，只能自娱自乐，走不出自己狭小的圈子。

将人类基本伦理道德作为历史人物的评价标准，可说的话很多，比方说，侵略与非侵略，人道与非人道问题，那么我们看侵略的一方，它就是非正义的，是违反人类道德的；而反侵略一方就是正义的。反侵略的义士就是民族英雄；相反的，侵略者就是人类伦理道德的破坏者，就是侵略者，是反人类的兽性人物。那么，在中国历史乃至世界历史上，凡是抗击外来侵略的义士都是英雄。中国历史上凡是反抗外来侵略，在抗击帝国主义侵略战争中牺牲的将士，都是民族英雄。同时，凡是那些侵略中国，残害中国人民的侵略者都是兽性人物，反人类人物，需要深入批判。所以在历史书写中我们也要写那些反人类的兽性人物，作为反面教材，警示后人。按照这个标准，我们就可以很好地区分善恶了，对待相关历史人物也是一样。

（三）以是否有利于民族生存发展为评价标准

以是否有利于民族生存发展作为历史人物的评价标准，这需要有两个前提，一是必须符合人类普世的伦理道德，二是必须符合有利于社会进步的标准，这样一来就可以把那些极端民族主义者排除在外了。这两个评价标准都比较宏大，都是站在人类普世正义的立场上进行评判。有利于本民族生存发展，但不能以损害其他民族的利益为前提，更不能成为侵略其他民族的理由，这很重要，因为几千年人类的历史都是先由氏族部落发展为族群，再发展为民族国家。到现在为止，整个世界仍然以民族国家的形式存在，全世界将近200个国家和地区，大部分国家都是由单一民族或者主体民族所构成，它反映出国家利益仍然是当前人类各国交往中的首要问题，同时也是一个民族国家的主权问题。尽管现在已是"地球村"时代，人类之间的联系日益紧密，人类已形成了命运共同体，经济一体化，科技、教育、思想文化甚至政治也大部分一体化了，人类共同价值观、普世的东西被认可的越来越多了。但是有一条仍要特别关注，就是当代世界还是一个民族竞争的世界，现在还远没有达到大同世界，人类各国之间的交往与进步，仍主要建立在民族竞争基础上，我们地球的资源，如水、木材、粮食、煤、电、石油及其他矿物资源的分配仍然是本民族优先，所以民族主义特别是民族利己主义，在这个世界上仍然甚嚣尘上。虽然从长远看，民族主义有式微的趋势，但它仍顽强存在。可以说只要民族国家的形式仍然存在，民族主义就不会消亡。既然如此，那么以是否有利于国家民族的生存发展这个标准作为评价历史人物的标准，仍显示出它的有用性。

中国拥有数千年的文明史，在早期的神传时代，我们的先人，那些神性英雄开疆拓土，保证了我们民族的生存发展。自有文字以来，中国境内各民族之间互相竞争，在这个竞争过程中，华夏民族后来演变为汉民族，各民族又融合发展共同构成了中华民族。在历史上凡是维护民族的生存发展，保护民族原有的生产生活方式的历史人物就是我们的民族英雄，站在民族发展的立场上，我们就要大书特书，要讴歌颂扬。近代以来，中华民族多灾多难，在日本侵华战争暨十四年抗日战争期间，我们牺牲了 300 多万将士，死伤平民 2000 多万人，涌现出无数英烈，他们为了什么？就是为了民族的生存，为了民族的尊严，我们不能成为别人的奴隶，因为中华民族有自己的民族尊严，有自己的民族气节，我们有自己的生存方式，有自己的语言，有自己的文化，有自己的信仰，有自己的追求。我们决不能成为日本大和民族的奴隶。如果我们当时向日本投降了，那些向日本投降的汉奸很可能摇身一变成为"有利于国家统一"的"功臣"了。想想这将是多么荒谬！这是什么历史观？这是多么荒唐的历史认识，所以我们认为必须端正历史认识，确定正确的历史观。研究历史不能采取机会主义态度，研究历史也不能简单地为现行政治背书，必须回到当时的历史场景中去进行考察。对历史人物的评价须以是否有利于民族生存发展为评价标准，同时必须遵循有利于社会进步、符合人类基本伦理的评价标准，这样才能对历史人物给予客观、准确的评价。

需要注意的是，以是否有利于民族生存发展作为历史人物的评价标准这点，一定要同时符合前两项评价标准，一个就是有利于社会进步，符合文明划分标准，第二个要符合人类的基本道德标准，否则这第三条不能成立。如果按照民族利己主义的标准，凡是历史上向外侵略为本民族"开疆拓土"的就是"伟大英雄"，这种历史观我们是不能接受的，这不符合我们的正面人物评价标准，"伟大英雄"这个标准必须在符合前两个标准的前提下才能成立，这是我们的基本共识。

思考题

一、谈谈唯物史观对于历史人物的评价。

二、试述历史人物评价的维度。

三、试论历史人物评价的标准。

四、谈谈历史人物评价的时代维度与阶级维度。

第九讲　历史重演现象探析

　　"重演"一词在现实生活中出现频率非常之高，说明该词已成为日常生活中的熟语，并用它来描述周而复始、不断重复的自然与社会现象。这说明人们都普遍认识到了"重演"的问题。但把"重演"作为人文社会科学学术核心问题进行讨论的论著还很少。与之相较，探讨自然界"重演"现象的论著却非常多。说明在自然科学界"重演"现象或"重演"问题的存在已经得到肯定。但是在社会科学界，对于历史或社会是否存在着"重演"现象，特别是是否存在着"历史重演"这样的问题还有争议，故尽量避之绕之。尽管"历史重演"这一历史哲学命题在一些史学理论著作中有所涉及，但也不过是间接触及或轻描淡写，系统研究"重演"特别是"历史重演"问题的研究成果还非常少。到目前为止，有关这方面的专著还没有出现。直接研究他人相关思想或相关内容的论文就更少[①]。不管怎么说，"历史重演"是

---

① 目前大量学术论文集中探讨自然界中的"重演"现象，探讨人文"重演"现象的仅有严春友、王存臻的《精神全息重演律》(《求索》1986 年第 6 期)，冯天瑜的《关于"文化重演律"的思考》(《浙江社会科学》1996 年第 1 期)，张耕华的《试论历史的"重演"与历史学"预言"》(《史学理论研究》1997 年第 1 期)，张文杰的《略论柯林武德的历史重演论》(《河北师范大学学报 (社会科学版)》1997 年第 4 期)，王德胜的《从哲学高度再探重演律——兼论重演律与辩证逻辑方法的内在关联》(《齐鲁学刊》2001 年第 3 期)，王德胜的《初探重演律》(《光明日报》2002 年 2 月 19 日)，王德胜的《重演律的哲学探索》(《杭州师范学院学报》2002 年第 6 期) 等文。笔者对"历史重演"这一历史哲学命题关注得比较早。在《中国近代文化史》(辽宁大学出版社 1999 年第 1 版) 后记中曾写道："历史与现实之间竟有那么密切的联系，有些事件的发生及其经过竟是那样惊人地相似。我是相信历史存在着'重演律'的，否则，我们去研究历史或者去总结历史也就没有多大的意义。"笔者从 2001 年起曾连续给历史学本科生及研究生讲授"历史重演律诸问题探讨"这一专题。

一个非常值得探讨的历史哲学命题。本讲从历史重演的概念及其解释、历史重演的原因及条件问题、历史重演的时空位相表现、研究历史重演的现实意义四个方面论述历史重演所涉及的理论问题，意在启发读者深入思考。

一、历史重演的概念及其解释

历史重演作为一种历史现象普遍存在于历史演进过程之中，它往往与历史演进中的前进以及暂时性倒退相联系，存在于马克思所说历史的螺旋式上升与下降的过程之中。本节重点阐释历史重演的概念，并阐释其特征。

（一）我们身边的历史重演

1. 现实生活中到处都存在着重演现象：春夏秋冬，四季更替，年复一年，日复一日，春夏秋冬周而复始；月圆月缺，潮汐涨落，昼夜轮换，生老病死……故而，重演现象也得到了人们的普遍关注。

2. 我们的历史教育以及历史宣传往往不自觉地强调重演意识，每当历史纪念日，比如甲午战争纪念日、九一八纪念日等，都是告诫我们要强国，要自强，否则就会"导致历史悲剧重演"。

3. 对过去的忆苦思甜更是告诉我们要牢记阶级苦，不忘阶级恨，避免受二次苦，遭二茬罪。过去经常讲要"反修防修"，为的是要避免"资本主义复辟"，这里讲的都是重演问题，都肯定了历史中存在重演现象。

4. 黄炎培先生与毛泽东在延安窑洞里的"历史周期律对话"最为有名。而所谓的"历史周期律"就是中国历史上王朝兴衰覆没的规律，这个对话也肯定了历史存在重演。

5. 在西方，英国著名历史哲学家、考古学家柯林武德（R. G. Collingwood，1889—1943）承认历史存在着重演。但他所提出的"历史重演"指的是"历史是过去经验在历史学家头脑中的重演"。"历史"就是"思想的历史"，而且历史研究就意味着过去的遗产里面存在着的"思想"的重演。在他看来，"除了思想以外，任何别的东西都不可能有历史"[1]。所以，"史家思想总是反思，因为反思就是对思想的行为进行思想"[2]。史家的任务也是"思想的重演"。那么，既然思想可以重演，历史为什么就不能重演呢？历史的主体是活生生的人，人的思想支配人的行为，所以思想的重演必然导致行为的重演，进而导致历史的重演。

时间存在的向度和维度，即时间的历时性和共时性，是我们讨论历史重演的逻辑起点。

我们说历史有资政育人的作用，总结历史上的经验教训，如果历史不存在重演的话，那我们上述所说的就毫无意义了。既然历史不存在重演，那么我们也就不存在可以借鉴的历史经验教训了，因为没有相同或相似的经验可以借鉴。

（二）何谓历史重演

何谓历史重演？历史重演是指人类社会演进过程中，在不同地域、不同时空态中重复出现的，带有一定规律性的历史现象。特指在新的时空背景条件下重现与过去相同或相似的历史现象。

历次农民起义虽然领袖、旗帜不一样，但其性质和方式相同。贪官的名字不会都叫和珅，但腐败的现象却会不断重现。"重演"问题在自然界随处可见，在自然科学实验中，"重演"作为一条规律在自然科学界是被普遍接受的。在科学实验中，重复实验至每做皆准，则形成了理论。理论从未被推翻的，则称为律。绝对的实验科学要求历史的重演。两份氢一份氧，燃之成为一份水，这个实验100多年来从中学到博士，做了不知多少次，屡试不爽。这是实验科学的"重演"，这是带有某种规律的东西。

国内有学者认为，到目前为止，能作为"重演律"加以研究的内容主要有三项，一是"胚胎重演律"，又称"第一重演律"。高等生物在胚胎阶段的发育过程，重演生物进化史。其中，人的胚胎阶段发育过程表达得最为典型。

---

① ［英］柯林武德：《历史的观念》，北京：商务印书馆，1997年，第304页。
② ［英］柯林武德：《历史的观念》，北京：商务印书馆，1997年，第307页。

10 个月的胚胎发育，快速经历了从单细胞简单生命→水生多细胞复杂生命→有尾有鳃裂似鱼生命→两栖类→爬行类→攀缘类→古猿→人等进化系列。二是"个体发育重演律"，又称"第二重演律"，它是指个体一生的生长发育重演群体发展的历史。这是一种生命的"自相似现象"。这种自相似机制在人类表现得最为典型：儿童从没有语言、不能直立行走，到有简单的语言、会爬、会站、会走，再到掌握口头语言、学会一些技能，再到学会社会交流，再到追求价值实现的成人。代代传承，人生百年，重演人类发展史。三是"思维发展的重演律"，又称"第三重演律"。一个人思维概念的发展，思想情感的发展成熟过程，重演整个人类认识的历史[①]。应该说，从上述三个方面去探讨"重演律"在学术界是不会存在争议的。但问题是，把"重演律"引申到解释社会历史现象时，就存在争议了。

认为历史中存在着重演的观点，在西方以柯林武德和克罗齐最具代表性。克罗齐的名言"一切历史都是当代史"最为典型。柯林武德认为历史就是"思想史"，超越时间的能持久永存的价值，并且能使人享受代代相传的历史文明的唯一存在只是具有"无时间性""媒介性""重演可能性"的"思想"。由此，史学家应该埋头于寻找和继承人类世世代代蓄积下来的无情的、理智的遗产中具有合理性的传统，"历史研究"的最根本的目的就在于此。至于历史到底是怎样重演的、重演的类型等，他并没有论述。

国内学者也有人主张历史存在重演。万斌认为："历史规律和自然规律一样，存在着重复性……但是，历史规律的重复性又有别于自然规律的重复性。在严格意义上，历史规律不存在完全的重复。……每一种社会历史现象和过程在其运行中，都具有不同的主体，打上了不同的主体烙印和风范，具有鲜明的时代性和历史感，不可能完全一致和再现。历史规律所内蕴的现象和过程的重复性，只是对那些具有相似性却具有同类普遍规定的现象和过程的归

---

① 参见王德胜：《从哲学高度再探重演律——兼论重演律与辩证逻辑方法的内在关联》，《齐鲁学刊》2001 年第 3 期；王德胜：《重演律的哲学探索》（《杭州师范学院学报》2002 年第 6 期）。这种概括并无大的新意，只不过把自然科学相关理论加以梳理而已。笔者认为有创意的是他把"重演律"引申推论到学科、文化、经济等方面的重演上。

纳和概括。"① 持这种观点的学者虽然也承认历史存在着"重演",却反复强调历史中的重演与自然界的严格的、完全的重演不同，历史中没有严格意义上的、完全的重演。这种滴水不漏看似严谨的论述，却不利于对"历史重演"问题的讨论。

比较坦率地强调历史存在着重演，并且对这一问题进行积极讨论的是张耕华。他认为："（一）重演一词可以用来指称事实或事物的具体内容上的相似;（二）重演一词也可以被用来指称事实或事物的某种本质、关系或属性上的同类。在前一种情况里，重演相当于类似或相似；在后一种情况里，重演的含义是同类。"② 在他看来，凡是重复出现的事物，无论是相似的还是同类的都是"重演"。我们比较赞同他的观点。上述说明，"重演"现象已被学术界所关注，只是在解释上存在着不同观点。有的认为，历史学不是科学，历史没有什么规律可循，也谈不上什么客观性，因而它也就不可能重演。有的则认为，人类社会的历史是按照某种规律演进的。历史事件在一定程度上或者说在某种意义上会反复出现，因而有可能重演。但其中对规律的认识又不大相同，各有各的解释，对其含义的理解也各异。还有的认为，历史就是过去经验在人们思想中的重演，重演不是事物的重演而是思想观念的重演。

事实上不管同意也好，不同意也好，"历史重演"都是客观存在的，只是其表现形式不同于严格意义上的物理、化学实验的"重演"而已。

按照历史唯物主义和辩证唯物主义的观点，历史是波浪前进的，有时会出现反复，甚至倒退。这些都是伴随着进步趋向而出现的规律性因素。那么，这种"反复""螺旋式前进"就是"重演"。但历史总是要前进的。

（三）历史重演现象的特征

归纳起来看，我们认为"历史重演"现象有如下一些特征：

第一，"重演"是同类事物或相似性上的重演。历史发展中不可能出现两件名称、时间、地点完全相同的事件，因此，所有的重演都不可能是对过去

① 万斌:《历史哲学论纲》，浙江大学出版社，1992年，第168—169页。
② 张耕华:《试论历史的"重演"与历史学"预言"》，《史学理论研究》1997年第1期。

的绝对再现，但重演是一定存在的。

许多学者否定历史重演的理由是，历史是一种已经过去的发展过程，历史一旦发生、一旦过去了，就再也不可能重现了。比如农民起义，虽然起义重复出现，但很多因素如时间、地点、人物等条件都发生了变化。而最重要的因素——时间，发生了变化，所以不可能一致。这实质上把历史的重演等同于自然科学实验的重演了。这也就等于否定了历史重演的特殊性。因为，由于不存在相同的时空态，所有的重演不可能是对过去的历史现象的绝对重演。这正是涉及历史重演一直存在争议的原因之一。

对上述观点的论辩，其实是如何看待社会现象与自然现象的差异性问题。即"历史重演"与"自然重演"是存在着差异的。比如化学实验，用相同的化学元素进行化合，在相同的实验条件下就可以得到相同的化合物。物理实验也可以在相同条件下得到相同的实验结果，是为自然重演。但是，历史发生过了的事件，却不能按照自然科学严格意义上的实验方法去重演再现。因为，历史重演过程不具备自然科学严格实验条件下的重演。比如朝代的更迭，尽管是一个王朝代替了另一个王朝，但是，其时空、名称、内容皆不相同，不可能是历史事件百分之百的重演。这是两者的差别。

但是，如果我们站在哲学的高度看，两者也是相同的：化学实验、物理实验也并非百分之百的重演结果。其一，实验条件不可能一点儿没有误差；其二，实验的时间发生了变化，比如温度、地球引力、太阳黑子、宇宙射线等的影响。如果我们把这些因素考虑进去，物理、化学的重演也不是绝对的，因此所合成的物质与其合成指向的模范体也是截然不同的，更何况是人类社会呢？如果绝对地否认这一点，那么这个世界上就不存在相对的东西，只能存在绝对的东西。当然所谓的历史重演问题也就不存在了。故而，我们只有把同类事物或相似性的重复出现看成重演，才能对此进行合理的解释。

第二，"重演"是同质性事物的重演。由于历史发展本身的复杂性，历史的重演方式和内容也一定是千差万别的，因此，我们只能把那些历史发生的带有同质性的事物看成重演。比如，农民战争、工业化、宫廷政变、王朝更替、世界范围内的革命、环境污染等在世界范围内的再现，我们都可以视之为"重演"。以农民战争为例，无论是秦末陈胜、吴广农民起义，唐末黄巢农民起义，明末的李自成农民起义，清末的洪秀全太平天国农民起义，还是古罗马的斯巴达克起义，14世纪英国的瓦特·泰勒起义，17世纪的俄国的斯杰潘·拉辛起义，其本质上都是农民起义在世界范围内的"重演"。这是因为，农民起义和农民战争，其性质是相同的，尽管它们确实存在着时间、条件、地点、民族、人物等的不同，尽管重演方式、时空条件千差万别，不过谁也不能否认它们是同一类型或同一性质的事物，在这种意义上我们可以把它看成历史重演。此外，工业革命在全世界范围内反复出现，伴随着工业化所造成的江河污染和空气污染，都是同质性的事物在世界各地的重现和重演。

二、历史重演的原因及条件问题

当历史发展中具备了重演某一历史现象的条件时，历史的重演就开始了。在实验室里，我们只要按照特定的条件，就能获得相同的预期结果，获得想要的化合物。历史也一样。比如朝代更替，都明显地存在着周期，比如自然的破坏，河流的污染，农民战争的出现，等等，一旦满足了产生相关事物的条件，就会出现重演。那么历史出现重演的原因及条件是什么？

（一）人性相同本质同构

人性相同。尽管时代不同，人所处的社会条件发生了变化，但人的本质的东西没有变。所谓人性同质，指的是人人皆有欲望，皆有需求。古今中外对于人性的看法几乎是不约而同的，无非是人性本善、人性本恶、人性无善无恶几种。儒家文化圈主张性善说，"人之初，性本善，性相近，习相远"，强调人本性的变化受后天影响较大。西方基督教文化圈基本上是主张性恶说的（例如：原罪说），它们都有自己的论辩理由。但无论是东方还是西方，无论是古代还是现代，都认识到人是有欲望的，是有需求的。无论什么人，其作为人存在的基本需求都是相同的。也就是说人性是同质的，尽管时代不同，人所处的社会条件发生了变化，但人的本质的东西没有变。既然人是历史的主体，那就决定了人类社会演进中的共同性，也就揭示了出现历史重演的原因。例如，腐败问题在古今中外任何时候都可能重演，具有跨时代，不分民族、国家、阶级、朝代、社会性质和时间地点的特点，当对掌握权力和支配资源的人的欲望不加以限制或没有得到有效控制的时候，腐败问题就会出现，腐败就开始重演了。因它所反映的就是人性的问题，是人的欲望问题。再如王朝更替和农民起义的重演问题也是如此，当人民已维持不了最低限度的生存需要，而统治阶级又不能解决老百姓最基本的生存问题时，人民就要为了生存而造反了。秦末陈胜、吴广农民起义揭竿而起就是典型一例。中国历次农民起义的发生无不起因于下层人民的生存问题。并因此导致了王朝更替覆灭的重演（见表一）。

表一　中国王朝灭亡重演表

王朝	建立	兴盛	衰落	灭亡
秦（前 221—前 209） 汉（前 206—24） 隋（581—618） 唐（618—907） 北宋（960—1127） 明（1368—1644） 清（1644—1911）	前代王朝衰落灭亡、农民起义等	初期励精图治、休养生息、轻徭薄赋	皇帝疏于政事、大权旁落；政治腐败、土地高度集中，两极分化严重	民不聊生、社会矛盾高度激化，农民起义发生

（二）人类社会文化延续内在的同构性

征诸历史可知，无论是什么时代的人类社会，都存在着衣食住行这样一些共同性的问题。因此，这也就决定了人类社会的同构性。人人都有追求美好事物和快乐生活的欲望。追求幸福、躲避痛苦是人性中一条带有普遍性的规律。人的这些欲望和需求决定人的行为，决定人的需要，决定社会进步。而人的需求、人的需要是千差万别的，其所造成的合力最后汇成一种推动历史进步的神秘力量。人有什么样的需要，就开始什么样的活动。人的活动是社会的行为，是在一定的组织形式下进行的，因而人的需要的发展必然导致满足这种需要的活动以及活动组织方式的改变，从而也就推动社会结构的改变。当不同的时代、不同的民族都在从事着相同或相似的社会精神的或物质的生产活动时，就会产生不同时代或不同地区的历史重演。因此，追求幸福生活，追求美好的社会制度，构成了人类社会的一条主线。资产阶级革命在世界范围内的重演，也可以在某种意义上解释为人类的不同群体在不同时期、不同阶段，对先进社会制度的追求（见表二）。

表二　资产阶级革命在全球的复制和重演

国家	时间	原因	过程	结果
英国	1642—1649	资本主义生产关系和生产力进步；资产阶级力量的壮大和新阶级关系的出现，要求登上政治舞台	改革或革命，经过反复曲折，最终确立	建立了资本主义制度，推动了新生产方式的发展
美国	1776	挣脱殖民地地位，独立发展本土经济，其他同英国		
法国	1798	同英国		
西班牙葡萄牙	19 世纪初	同英国		
日本①	1868	西方资本主义生产方式的扩张，西方列强侵略外压下造成的民族危机。其他同英国		
菲律宾	1896			
中国	1911			

（三）历史发展中的某些内在不确定性

人类历史发展确实存在着某些内在的不确定性。人类社会历史的演进并不存在着一个外在的绝对精神对社会进程的控制，其实是人类自身演进发展的结果，即人的欲望所表现出的"合力"推动着历史的发展。人的欲望或需要就是"偶然性"，而"合力"就是必然性。无数个偶然性汇集成必然性。人类社会的发展正是由社会各种因素构成的"合力"来推进的。在这个"合力"中，经济因素是最重要的，是具有决定性作用的。在这个"合力"中，物质生活资料的生产处于中心位置，但政治、文化、科学、艺术等因素的作用也十分重要，绝不能忽视。从人类的历史看，在任何一个社会形态中，人类都需要通过物质生活资料的生产作为其生存和发展的物质基础，又需要通过精

---

① 日本资本主义制度是在西方资本主义列强外压下开始的，不是典型的资产阶级革命，但属于此范畴。

神文化活动作为其生存和发展的精神依托。一部人类社会发展史，就是物质文明和精神文明互相促进、共同进步的历史。社会的变动是无穷的，人的需要也是千变万化的，当这种内在的不确定性重复出现或在不同的地区表现出来时，就会出现重演。

（四）人类各民族各地区发展的阶段差异性和不平衡性

人类各民族各地区发展的阶段差异性和不平衡性是普遍存在着的历史现象。这种现象不仅存在于不同国家与不同民族之间，也普遍存在于同一国家与同一民族之间。人有贫富之分，不同地区亦有先进与落后的差别。当某些民族已进入文明社会时，另一些民族却还处在茹毛饮血的原始社会；当某些国家已进入工业社会时，另一些国家却仍在落后的封建社会中徘徊。正是这种社会发展阶段的差异性和不平衡性使重演成为可能。先进国家已经走过的符合人类社会发展规律的历史过程，后进国家也一定会再现这一过程。

（五）人类科技进步和发明创造对社会历史进程的影响

人用自己的劳动和发明创造改造了自己，也创造了这个色彩斑斓的世界。特别是自近代以来，人类科技进步和发明创造对社会历史进程的影响更是日甚一日。可以说，人类每一项重大的科技发明都极大地改造着世界。蒸汽机的发明、电的发明、核能的发现、计算机的发明及普及都开辟出不同的时代，极大地推动着社会的进步，影响愈加深远。其中，工业革命对于人类社会历史进程的影响最有代表性。迄今为止，人类社会共历四次新技术革命浪潮，每一次都极大地推动着自身社会的巨大进步。这种科技进步浪潮是以持续的"历时性"的方式向世界各地、不同国家扩展，直到现在还重演着这一历史进程。

上述几点，只是从宏观上讨论历史重演能够存在的原因或前提。但是，这几点原因或前提，并不能全面地揭示出现历史重演的极为复杂的原因或条件。在中国古代社会中，导致农民起义的原因和条件并不意味着在其他国家也会一定出现农民起义。中国古代改朝换代的"易姓革命"特征并没有在日本的历史上出现过。同样，引发西欧工业革命的那些条件，在中国的14、15

世纪也曾出现过，并不必然地导致工业革命。因此，导致历史重演的条件一定是千差万别的，这里面既有偶然性也存在着大量的必然性。

三、历史重演的时空位相表现

历史是一种线性发展历程，历史的车轮一旦启动，就只能一直向前开去，再也不会回到开始的原点上。人类社会的历史由人类群体共同书写，它所体现的是不同群体、不同民族、不同国家之间各种"合力"作用的发展流向。归根结底，是人的欲望或人的需求推动着社会的进步。也就是说，有什么样的需求就会有什么样的行动，也就会有什么样的劳动行为和生产行为。不同的需求所汇合成的"合力"推动着社会的进步，形成了螺旋式的上升。比方说，每个人都想拥有自己想要得到的东西，但是，每个人的欲望却是难以遏制的，其结果必然是互相制衡互相抵消，每人所得到的并不是自己百分之百想要得到的东西。由此所形成的历史"业果"或历史现存状态，就是历史正在发展着的状态。

既然历史的发展是历时性的，那么，任何一个重演都不可能是"共时性"的，只能是"历时性"的[①]。概括地讲，历史重演在时空位相上有如下表现：

（一）相同文化背景下的重演

相同文化背景，主要是指文化类型或文化模式上的相似或相同，可以有不同的语言表述[②]。在相同的文化背景下，尽管有地域、民族和国家的不同，但由于在生活方式、思维方式等方面的相同，可以称作学习性"重演"或技

---

① 也可能会出现一些例外，如在社会发展程度大致相同或相近的"同构"社会中，出现的社会历史现象可能具有"共时性"，其前提是以国家来划分，不把它们作为一个整体看，例如西欧作为一个地区一个文化单元，其实质上包括数个国家。

② 从对历史论述的不同功能的角度，有基督教文化、佛教文化、伊斯兰教文化、儒家文化的表述；有农业文化、工业文化、农耕文化、游牧文化的表述；还有汉字文化圈、筷子文化圈、城市文化、乡村文化、封建文化、资本主义文化、社会主义文化等表述。

术性"重演"。譬如，在东方文化反复出现的排斥基督教、天主教的运动。近代中国的历次教案、日本的岛原起义、韩国近代的残杀基督徒事件。这种重演大都是以相同的价值观和思想行为方式为基础的。再譬如，在以社会主义文化为主流文化的国度中，无不重演着以马克思主义作为意识形态指导思想的演化过程，并随着时间的推移，相关国家的意识形态出现了"马克思主义本土化"趋向。这在苏联、东欧各国、中国、朝鲜莫不如此。美国20世纪60年代出现的"嬉皮士"，70年代出现的"性解放"，也曾在相关国家里出现和重演。

（二）相同制度背景下的重演

相同制度是指社会政治制度的相同或相似。如封建制度、资本主义制度、民主制度、专制制度等。如在中国封建社会中历代农民起义和王朝更替，在民主国家中不同政权、不同政府的选举和轮换等。中国2000多年漫长的时间里，一直处在封建专制社会。一个王朝覆灭了又产生了一个新王朝；然而新王朝经过了初期励精图治、休养生息、轻徭薄赋后，进入中期的繁荣、鼎盛，然后走向了衰弱灭亡，是为"王朝兴衰周期律"。这个王朝名称可以是秦朝、汉朝、唐朝、宋朝，也可以是明朝、清朝。可能在每个朝代，具体的兴衰灭亡过程有很大不同，但重演的王朝更替，却是相同的。

（三）社会发展程度和生产力大致相同的背景下的重演

当生产力发展到相同的程度，社会就会出现相应的变化。例如，从文化地理上看，早期的人类社会大都分布于大河流域的河谷地带。这里地势平坦，水源充足，土地肥沃，适于人类居住。但是随着人类社会的发展以及人类对自然矿物资源的开发利用，在工业化过程中，人类社会也开始向矿物资源丰富的山地进军，经济以及贸易的发展，使得不太适合人居住的港口也兴旺起来。在任何一个工业社会发展过程中，都是港口、矿山首先崛起，人类居住区也开始由平原河谷地带向矿山和港口聚集。也就是说，人类的各个国家各个民族集团，在由古代社会向近代社会过渡过程中，在社会发展程度和生产力大致相同的背景下，都经历了这样的重演。西欧在古代曾经历了千年的中世纪的"黑暗时代"，却从 17 世纪开始不断进步，至 18 世纪开始了工业革命，整个社会发生了翻天覆地的变化。其他地区出现西欧那样的"专利制度""产权制度"等制度因素后，"再现"了西欧那样的工业革命。换句话说，只要具备了工业革命发生的"条件"，工业革命自然就会重演（见表三）。

表三　工业革命在世界范围内的重演

国家	时间	原因	过程	结果
英国	18 世纪下半叶	商品竞争的需要推动了一系列的发明	新技术应用于各种商业部门	极大地提高了生产力，巩固了资产阶级在各国的统治；社会结构发生了重大变革，近代城市兴起
法国	19 世纪 20—60 年代	同上	同上	
美国	19 世纪 20—60 年代	同上	同上	
德国	19 世纪 30—70 年代	同上	同上	
俄国	19 世纪 40—80 年代			
日本	19 世纪 80 年代			

资产阶级革命也是在全世界范围内不断重演的，先由英国开始，逐渐扩展到西欧诸国、南北美洲、东欧及亚洲各国。尽管各国各地区资产阶级革命的表现形式不同，有的采取的是革命，有的采取的是改良，但最终结果都是资本主义制度的确立。亚洲各国的资产阶级革命各有不同，但一个共同点是都在西方资本主义在向亚洲扩散过程中，他发的结果。因此，就其本质来说，也是世界范围内资产阶级革命的一种类型。

（四）不同文化背景下的重演

不同文化背景主要指的是文化的差异性。无论是不同的文化，还是不同的制度，抑或是不同的社会生产力发展水平条件，都会出现重演的问题。之所以能够出现重演，主要是由于人性的同质性以及人类社会文化延续的内在同构性所致。无论是基督教文化还是佛教文化，无论是资本主义文化还是社会主义文化，都存在着真、善、美的价值判断标准问题，其中有很多内在东西在本质上是相同的，譬如对科学的态度。崇尚科学，讲究科学诚信，造福人类，重视科学的人文后果，这些伦理价值在任何的不同文化间都是认同的。

因为这些道德是从事科学研究的前提和基础。然而，由于人性的弱点，当科学变成一种职业，甚至成了谋生手段之时，个别科学家就会违背这些道德而发生造假事件。发生在 1991 年 3 月的"巴尔的摩事件"①，2005 年初的"黄禹锡造假案"② 都是国际科学界重大的科学道德败坏案。中国科学界也有科研和学术造假事件发生。现在很多国家也都颁布了相应的法律约束和惩罚措施。这些都可以看成在不同文化背景下相关内容的重演。

（五）不同制度下的重演

不同制度在这里指的是两种或两种以上不同制度类型条件下的重演。古希腊和古罗马时代与近代西欧不仅是两个完全不同的时代，更属于两种完全不同的社会制度，但是，近代的英国、法国等国却重演了古希腊和古罗马的民主制度。尽管这两种民主制度在本质上是两种完全不同的事物，但同样作为"民主制度"，其本身却有着某种相同性或相似性。这符合我们对重演的定义。此外，无论在什么样的社会，都存在着统治阶级和被统治阶级、富有阶级和贫穷阶级的差别。如果我们抛开严格概念的限定，可以认为这也是广义上的一种重演。再如，无论是在封建社会、资本主义社会还是社会主义社会，

① 美国 National Institute of Health（美国国立健康研究院，简称 NIH）因有人投诉，经过两轮调查，正式指责一篇经美国洛克菲勒大学校长、诺贝尔生理学或医学奖获得者巴尔的摩教授署名的论文，两个关键实验的数据是伪造的，是严重的科学界的不端行为。后虽证实巴尔的摩对数据造假确不知情，但他还是撤回了这篇发表在 Cell 上的论文，公开向揭发者欧·托勒道歉，还辞去了洛克菲勒大学校长的职务。

② 韩国首尔大学（汉城大学）"黄禹锡科研组干细胞成果"调查委员会于 2006 年 1 月 10 日发布最终报告，宣布黄禹锡伪造了所有克隆体细胞的证据。没有证据支持黄禹锡 2005 年 6 月宣称的研究成果，即已经通过有效的新技术用很少的卵子克隆出了体细胞。黄禹锡 2004 年的那篇论文也系伪造。黄禹锡 2004 年发表在《科学》杂志的论文也存在同 2005 年论文类似手法的图片及数据造假。而且，2004 年论文提及的体细胞核移植培育人体胚胎干细胞不是用患者的核移植培育的。韩国检察官已经禁止黄禹锡与其他 9 名韩国科学家出境，他们称在韩国首尔大学宣布调查结果后，将马上展开调查。调查组公布的报告称，在黄禹锡一系列存有伪造行为的论文中，唯一合法的科研成果是他克隆出了名叫"斯纳皮"的狗，确认"斯纳皮"的确为体细胞克隆的结果。但调查组称，如果利用核移植后的卵子克隆动物的技术，成功克隆出狗，则可以认为具有国际竞争力，但黄禹锡依靠"挤压"方法的脱核难以被认定为具有独创性。

都曾出现过许多次改革。中国封建时代就有王安石变法、张居正改革，在近代中国有洋务运动、维新变法，在日本有天保改革、明治维新，在现代美国有罗斯福新政等。这些看似互不相干的事物，其实在本质上都是属于改革的范畴，可以看成不同制度条件下的重演。

（六）不同社会发展程度和生产力的背景下的"重演"

人类社会有许多问题是需要共同面对的。如腐败问题、环境污染问题以及人口问题等，都是不同历史时期、不同社会形态中所共有的问题。腐败与反腐败问题，不仅在封建社会生产力低下的条件下存在，在现代社会生产力高度发展的历史条件下也存在。在美国那样的发达国家里存在，在中国这样的发展中国家里也同样存在。再如环境问题，在生产力发展水平不高、人类的生产生活主要靠直接向自然界索取的时代条件下，人口的增加便直接导致自然生态环境的破坏，如砍柴取暖烧饭，如果砍伐的速度超过了自然林生长的速度时，必然导致原始森林减少，造成生态破坏。一般而言，生产力越高度发展，人类对环境的破坏力就越大。自从工业革命以来，环境污染问题一直是人类需要面对的课题。大气污染、江河湖海的污染，从西方到东方，从发达国家到不发达国家，从近代一直到当代，一直在重演（见表四、表五）。

表四　河流污染在世界范围内的重演

河流名称	时间	危害	污染原因
泰晤士河	19 世纪—20 世纪中叶	河水浑浊、污秽不堪；河内生物灭绝；疫病流行	工业废水大量排放，生活污水倾泻
淮河	20 世纪 70 年代至今	水体严重污染，给沿岸居民健康带来危害	
淮河	1994 年 7 月中旬	沿河各地自来水被迫停止供水 54 天	
莱茵河	20 世纪 70 年代	水体严重污染，被称为"欧洲厕所"	
苏州河	20 世纪 60—90 年代	河水终年黑臭，水面垃圾漂浮，鱼虾绝迹	
水俣湾	1954 年	造成数十万人受危害，人称"水俣病"	

表五　大气污染在世界范围内的重演

国家	时间	类型	危害	原因
英国	18世纪中叶至19世纪	酸雨	农作物及森林枯死；孩子大量夭折	工业发展，大量有害气体排放；重化学工业污染；汽车尾气；等等
德国	19世纪末20世纪初	空气中出现灰黄色烟幕	植物枯死；晾晒的衣服变黑；白昼需人工照明；水污染；传染病增加	
比利时重工业区马斯河谷	1930年12月4—5日	二氧化硫	大批家禽死亡；几千人中毒，60人丧生	
美国宾夕法尼亚州多诺拉镇	1948年10月27日	二氧化硫烟雾笼罩	6000人患病，20人死亡	
美国洛杉矶	1943年	浅蓝色光化学烟雾	眼病；头疼；呼吸困难，甚至死亡；家禽患病；植物枯死	
美国洛杉矶	1952年	光化学烟雾	400名老人死亡	
英国伦敦	1952年12月5—8日	化学有毒烟雾	4000多人死亡	
日本	20世纪50—60年代	大气污染	肺气肿、气管炎、哮喘等疾病	
日本四日市	1958—1979年	天空终年烟雾弥漫，气味难闻	确定有大气污染性疾病患者775491人，类型有支气管炎、哮喘、肺气肿、肺癌等	
中国主要城市	20世纪80—90年代	酸雨、煤烟型污染、光化学污染	每年有17.8万人因大气污染的危害而过早死亡	

（七）社会文化形态转型和过渡下的重演

人类社会无时无刻不在演进之中。因此，从一种社会文化形态向另一种社会文化形态转型和过渡也就成为社会变迁的一种常态。比如从封建社会向资本主义社会、从专制社会向民主社会的过渡等即是。因此，当不同的民族、不同的国家在重演这一过程时，便会复制已经完成这一进程的民族或国家的历史内容。在西欧进入近代工业社会之前是不存在着真正意义上的资产阶级和工人阶级的，也就是说，伴随着工厂制度的出现，而出现了资产阶级和无产阶级；那么，在中国进入近代社会之前也是不存在资产阶级和无产阶级的，当西方近代工厂制度在中国落地生根，资产阶级和无产阶级也就出现了，从而重演了这一历史进程。其他的事件也是如此。在近代的中国和日本都出现了"全盘西化论"思潮，中国出现了废除汉字、汉语拼音化改良、社会制度和生活方式全盘西方化改造；日本也出现了日语罗马化和人种改良方案等西化思潮。这也可以看成一种重演。从纵向角度看，在中国近代转型期，在社会中普遍出现了社会认同危机和道德危机（如清末时的知识分子思想状态，道德危机），这一现象在当代社会转型期（也称社会转轨期）也普遍出现。也就是说，近代中国从封建社会向近代社会转型过程中普遍出现的道德危机和社会价值多元混乱现象，在当代社会转轨期也重现或重演了这一现象。

四、研究历史重演的现实意义

研究历史重演意义重大，从历史重演在历史演进中经常出现的状况而言，可将其视为历史演进中出现的一种规律。由于历史存在着重演规律，那么我们研究历史、借鉴历史才有意义。尽可能规避坏事物的重演，努力争取好的历史场景的再现，这是历史学工作者努力的方向。

（一）历史重演是人类历史演进的另一种规律

许多学者否定历史存在着重演，主要归因于他们对历史的不同认识。认为历史事件具有不可重复性，即它们不能如自然科学的实验那样，可以反复地实验，反复地再现。从而把历史进程中的重演现象绝对化了。但事实上，历史上的重演现象是大量存在的。因此，如何合理地解释这些现象，是历史哲学研究中的重要课题。我们认为历史重演是人类历史演进的另一种规律。因为任何规律的存在都是有条件的，重演的存在当然也是有条件的。即重演并不是对某一历史事件或历史现象的简单重复，而是对历史螺旋式发展过程中出现的、过去曾发生过的同类事物或相似性或带有同质性的事物的重演。重演是一系列偶然中的必然，是一种带有规律性的历史演进过程。

（二）承认历史重演研究历史才有借鉴意义

了解过去，展望未来，资政育人，总结经验教训，这是我们研究历史的目的。但是，如果历史演进过程中不存在着重演，那么，我们研究历史也就没有任何借鉴意义了。设想：如果西方发达国家工业化过程中出现的生态破坏和环境污染问题绝对不会在后发国家的工业化过程中出现，历史上众多人为造成的灾难再也不会发生的话，那么我们还有什么必要去研究它呢？还有什么所谓的历史经验教训需要总结呢？只有承认历史中存在着重演现象，我们研究历史才有借鉴意义。研究历史是为了借鉴历史，重现并发扬光大历史上美好的事物，防止历史上悲惨的事情再发生。我们之所以去研究历史，正因为历史中有许多值得我们总结、学习的内容，使人类有意识地防止历史上曾出现过的错误再现。

（三）研究重演可以提升历史学的预测功能

导致历史重演的原因和条件是极其复杂的，却是有一定规律的。导致全球性环境污染，一定是大规模工业化所致，人类无限度地消耗自然资源；导致大规模腐败现象，一定是在制度设计上存在缺陷。通过研究历史重演的过程，研究它们产生的原因，就可以找到解决的办法。我们能不能防止东欧剧变和苏联解体的悲剧重现？我们能不能防止当代中国再步近代中国的老路，坚决打赢任何一场战争？这些都是要思考的问题。研究历史中的重演问题，可以提升历史学的预测功能，即根据已知的历史事件去推测未来历史的基本走向。未来学家托夫勒、奈斯比特[1] 对于世界未来的推论都是根据已知的历史事实。同样，历史学家根据已知的历史事实也可以对未来进行预测。

（四）人人皆须怀有历史戒惧意识

尊重历史，以史为鉴，培养全民历史意识，使人人都怀有历史的戒惧感。历史是人类活动的真实记录，尽管人们研究历史有各种各样的动机，有各种各样的目的，但历史事实是不可以改变的，也是不可以篡改的。被篡改的历史虽可以欺瞒世人于一时，却不可能欺瞒世人于一世。尊重历史就是尊重历史事实，只有当我们尊重历史，才能做到以史为鉴，才能从历史中获得教益。历史对于一个民族来说，亦是非常重要的，一个忘记了自己历史的民族，便

---

[1] 前者有《第三次浪潮》，后者有《亚洲大趋势》等著作。

是一个无根的民族。一个民族的文化传承、文化之根、民族自豪感皆从历史而来，所以培养全民的历史意识，对于增强民族凝聚力和文化认同感至关重要。中华民族作为一个具有五千年文化传承的民族，其文化能够得以完好保存，这与其所具有的重史和修史传统有密切的关系。丰富的历史典籍，浓厚的重史传统，这是留给当代宝贵的精神财富，也应是我们引为自豪，并须倍加珍惜的文化资源。

　　培养全民的历史意识，并不是希望人人都成为历史学家，而是让人们有历史感，学会历史地看问题，对后代负责，对历史负责，因为我们所做的一切都会被写在历史里。研究历史的目的是为了防止父祖辈们所犯的错误再在我们这代重演。传承好的文化，延续优秀的文明，这是历史的本真。

思考题

一、简述历史重演概念及其解释。

二、试述历史重演的条件。

三、简述历史重演的时空位相表现。

四、简述研究历史重演的意义。

第十讲　历史偶然性、历史或然性与历史必然性

关于历史的偶然性、或然性和必然性问题是历史哲学当中不可回避的重要问题。本讲拟从四个方面进行讨论：第一，什么是历史偶然性及其表现；第二，什么是历史或然性及其表现；第三，什么是历史必然性及其表现；第四，偶然性、或然性及必然性之关系，它们之间在历史演进中的相互联系，研究价值和意义。

一、历史偶然性及其表现

历史偶然性，是历史演进中不可控的、随时出现又随时消失的历史现象。它与历史必然性是一个对立的范畴，有偶然性就有必然性。本节重点讨论历史偶然性的概念及其现象。

（一）历史偶然性的概念

什么是偶然性呢？偶然性是一种偶发的、突发的、不经意的历史表现状态。在历史演进过程中有大量的偶然性事件发生，它往往是历史演进主旋律的丰富和补充。历史演进有它自己的轨迹，在正常情况之外，常有偶发事件，这个偶发事件是当事人没有想到的，是超出预期的或者是超出当事人控制的。从微观史角度，这个意外改变了原有的正常历史发展轨迹，由于历史偶然性的存在，使历史出现了斑驳复杂的大量的随机性。所以看上去，历史是杂乱无章的，是非常随意的、突发的，不能按照我们正常思维来控制的一个过程，

这就是我们常说的历史偶然性。

我们可以大量用材料来阐释历史的偶然性。在微观层面，很多偶然性还表现为一种不以人类意志为转移的现象，无论当政者或当权者怎样努力，事情的发展有时总是不遂其愿。偶然性表现为一种不可抗拒的自然影响，超出了当时历史主体的预期愿望。比如，元朝皇帝忽必烈在 1274 年和 1281 年两次派军攻打日本。然而，元军两次攻打日本都失败了。横跨欧亚大陆、不可一世的元帝国两次进攻都未能征服日本，除了进攻日本时兵力不足，元军在武器装备及战术上没有丝毫的优势外，飓风也在无意中帮了日本的忙。元军两次攻打日本都遭到猛烈的飓风袭击，损失惨重。1281 年 8 月 1 日第二次攻打日本时，太平洋上突然刮起了猛烈的飓风，风暴持续四天，元军南方舰队的舰船基本被毁，北方舰队的舰船也损失大半，几乎全军覆没，这场飓风在日本被称为"神风"。其实这是一种突发的自然现象，完全是超出当时蒙古大军预期的意外事件。当时没有像现在这样的气象预报常识和知识，一切都是突发的，蒙古大军海船突遭猛烈的飓风袭击，导致全军覆没，这是一个偶然事件。

1941 年 9 月 30 日至 1942 年 1 月 7 日，苏联取得了莫斯科保卫战的巨大胜利，让纳粹德国引以为豪的陆军遭遇了第二次世界大战爆发以来的第一次重大战略性挫折。莫斯科保卫战标志着纳粹德国"闪电战"的破产，为苏联之后的反攻奠定了基础。但是一开始，希特勒在进攻苏联的时候，在列宁格勒，在莫斯科，在斯大林格勒保卫战中都是苏军被围，德军几十万大军兵临城下了，结果苏联却转败为胜。这里原因是多方面的，其中突然到来的严寒则是苏军取胜、德军惨败的一个重要的偶然因素。因为苏联的位置靠北，冬季很长，而且非常寒冷，而德国进攻苏联战争时间很长，一直拖到冬季，严寒到来，给德军带来了很多不利的事情，德军士兵和武器都受严寒的影响，战斗力大大下降，给苏军夺取胜利创造了有利的环境。德军之所以失败，是因为希特勒忽视了环境因素，德军没有做好防冻措施，导致在进攻苏联时失败了。真正爆发的严寒灾难在 1941 年 11 月 12 日。当天夜里，在寒流的影响下，本来是零下 10℃的天气降到了零下 40 多℃。德国的近百万大军和上千辆坦克战车仿佛全部被冻住了。第 5 装甲师在之前两周就一直给后勤部门打报告，要求起码得到 100 吨的防冻液来让部队过冬，但因为运力问题，这些防冻液还在距离前线 600 公里外的火车站积压着。没有防冻液，再加上没有在严寒地区使用坦克的经验，该师的 200 余辆坦克和其他战车抛锚，部件损坏，根本无法进攻。终于，在 13 日的白天，绵延在莫斯科的战线上，德军有 300 多辆坦克的发动机被冻坏，抛锚无法开动，900 多辆卡车因为缺乏防寒设备在突然降温中彻底报废……很多武器的瞄准具也因为缺乏保护而损坏。他们精锐的装甲兵团饱受摧残。由于没有正确地应对苏联天气，再加上后勤补给不到位，导致德军在进攻苏联的莫斯科时，未能很好地防冻，而这也就导致德军的坦克被冻在了雪地里无法使用，间接导致了战争的失败。德军没有防冻措施，导致士兵冻伤、车辆抛锚，溃不成军，最终被迫停止在进攻莫斯科的路上。当天晚上气温骤降，所以很多德国的机械化部队都发动不起来，士兵被大量冻死，这就具有很强的偶然性。这种偶然性对战争的胜负起了决定的作用，这是一种突发式的偶然性。

1936 年西安事变的突发也是一个偶然。所以偶然性和必然性互为一个事物的两面，在偶然性当中存在着大量的必然性，必然性往往是通过偶然性表现出来的。中国红军几十万人经过长征之后到陕北只剩 3 万多人，经历了前所未有的巨大困难。蒋介石为了消灭中国共产党领导的中央红军，派张学良的东北军前去"围剿"，这其实是蒋介石的借刀杀人策略，借此既可以消灭红军，又可以削弱东北军实力。东北军"围剿"红军三次都失败了，一败劳山战役，二败榆林桥战役，三败直罗镇战役。东北军入陕以来，劳山战役 110 师被歼灭两个团，整个师被打残，如果说这是一场大败，榆林桥战役中，整个团及所有武器装备和兵员皆被红军俘虏，则是一场惨败。到直罗镇战役，东北军可谓名副其实的完败了，整个 109 师全军覆没，师长自杀！这样的失败对于已经失去老巢、借地西北的东北军来说是输不起的，由此而引起的震动非常之大。为什么装备相对精良的东北军却打不过装备低劣、子弹匮乏的红军呢？原因是红军为生存而战，是正义之师；东北军家乡被日本占领，他们愿意打日本人，但是让他们打中国人，自然士气低落。与红军打仗三次均惨败，张学良方知蒋介石借红军来消灭自己。如果当时蒋介石不用张学良而派自己的嫡系部队来"围剿"红军的话，红军可能会面临巨大的困难和危险。正因为有这样惨痛的经历，张学良不愿意自己人打自己人，这也是导致西安事变发生的一个原因。于是在蒋介石集团不经意中发生了西安事变，蒋介石与文武大员被扣，张学良、杨虎城逼蒋抗日。从某种意义上来讲，西安事变打破了蒋介石的部署，使全国抗日局面提前到来，国共合作提前到来。由于九一八事变以后日本侵略态势咄咄逼人，中华民族面临前所未有的危机，此时抗日已经成为全民族共识，所以西安事变的发生有其必然性，这就是我们所说的偶然性和必然性的关系。

（二）历史偶然性的特征

很多偶然性实际上都是必然性的一种表现方式，必然性就是通过大量偶然性表现出来的，我们为了历史研究的方便而将它们分开。历史的偶然性是偶然的、突发的一种历史事件，这在历史上非常多见，其所表现出的状态是非常曲折复杂的。我们说偶然性能够改变甚至延缓历史的进程或者时间的进程，所以这个偶然性也是我们今天要研究的问题，这个进程对历史研究产生了非常不一样的结果。第二次世界大战后，美国占领了日本，对日本进行了较为彻底的制度性改造。然而，由于社会主义阵营和资本主义阵营的对抗，开始了"冷战"，以及随后在东亚发生的朝鲜战争，改变了美国对日本的处理方式，美国意识到要把日本改造成自己的帮手，就开始利用日本。所以朝鲜战争发生以后大量的订单飞往日本，由日本进行军事上各种战略物资的制造和提供，这样迅速促进了日本经济的腾飞。现在我们从史学理论角度看，朝鲜战争的发生，发生在什么时间、什么地点纯属偶然。对于日本来讲，朝鲜战争也是一个偶然事件。但从当时"冷战"角度看，无论是朝鲜战争还是日本经济腾飞都有着必然性。有的时候这个事件对另一个事件是一种偶然的，这个事件对另一个事件又是必然的，所以这种偶然性和必然性之间是非常复杂的，不能说这个事件是绝对偶然的，那个事件是绝对必然。对于甲事件来说，乙事件就是必然的，那么就丙事件来看乙事件，可能就是一种偶然的，所以事件之间的内在关系是很复杂的。因为对日本来讲，朝鲜战争的发生是一种机遇，机遇是一种偶然性，日本充分利用了这种偶然的机遇，迅速发展自己的经济，美国也投入大量资金及订单，扶植日本，包括政治军事各方面的解绑。所以我们说日美关系的改变和战后日本经济的迅速复苏，是朝鲜战争提供了千载难逢的机会，这是学术界都承认的。所以历史发展之间的内在联系是非常复杂的。朝鲜战争对于中国来讲是一个偶然，还是必然呢？从当时来看，存在着很多偶然性。我们现在可以说朝鲜战争的发生是必然的，但是实际上它的本来发生时间、地点也有很多偶然性。从后来解密的历史材料中我们知道当时金日成打电报请求中国政府出兵的时候，绝大多数人不同意出兵，因为新中国刚刚成立，经验还不够，经济基础还薄弱，没有力量再进行大规模的战争，为了一个小小的邻国引发与美国的直接对抗不值得。但是最高领导人决定出兵朝鲜，是什么原因影响最高领导人的决策呢？还有很多问题值得去研究。偶然性当中隐含大量的必然性。

（三）历史偶然性产生的条件

我们知道历史的主体是人。历史是人类社会发展的历史过程，历史的主体由无数个有个性、有意识、有情感、有需求、有欲望的人组成。正因为这样，所以它的偶然性具有随意性，人的自主选择和能动选择是密切相关的。我们知道在历史当中，我们说的合力实际上就是一种必然性。每个人都有欲望，每个人都有需求，但是在释放过程当中、在运行过程当中，由于各自互相冲突相互抵消了，互相的制约制衡、冲突和调整，最后形成了合力，就是我们所说的必然性，但是在这个表现的过程当中又有大量的偶然性。因为人的选择具有很大的随意性，所以也就为偶然性的产生提供了前提。

第一，偶然性的产生基于人性，基于人的选择意识当中的随意性或者能动性。因为人性基本上是趋利避害的。由于每个人在历史舞台当中扮演的角色不同，所以对历史进程的影响也会不同，又由于在特定结构当中，有些人的能动选择对社会的影响就大，有些人的能动选择对社会的影响就显得微不足道。例如邓小平主导改革开放，他对中国当代的影响很大。我们也可以从偶然性和必然性角度来论述这一问题。不管是处于机构当中顶端的对社会影响大的人物还是微不足道的小人物，都是主观能动的。所以我们说历史的偶然性基于人性欲求，基于人的主观选择当中的随意性。

第二，偶然性基于事件在演进过程当中影响和制约因素的多样性、多重性和复杂性。每个历史事件演进过程中都有自己的轨迹，但在这个演进轨迹中会受到各种各样的自然条件、社会条件的制约，比方说时间、地点、环境、人群等方方面面的制约。所以某个历史事件绝不是按照我们个人理想、按照既定轨迹来忠实演进的。历史演进过程中会受到多样性的、突发性的条件的制约。这种突发的多样性的、不可预期的、难以预料的这样或那样的事件就是一种偶然性。所以我们有理由说偶然性渗透于事件的复杂性、事件的多变性之中，每个事件皆受特定环境的影响。条件的复杂性和多变性是偶然性产生的另一个重要因素。

第三，历史事件演进过程中复杂的因果联系性。我们常说有什么因就有什么果。这个在一般道理上应该是讲得通的。某些历史事件有一些因果的关系，我们据此有一个客观预期，但是历史事件当中有许多选择性，受很多因素影响，所以很多历史事件会突发、会形成很多变量，这也是偶然性所产生的基本条件。历史事件的发展并不是直线的、线性的，而是异常复杂的，所以马克思说历史发展是一种螺旋式上升，讲的就是这个道理。历史过程有的可能会上升，有的可能会下降。历史事件发展受很多客观条件的制约，这本身也是偶然性所产生的一个条件。历史有很多不确定性，我们说历史存在重演，并不是说历史在某些特定的时间、地点出现了，以后还会在相同的时间、相同的地点出现，就如同古希腊哲学家所说的"人不能两次踏入同一条河流"一样。如果我们从线性思维的角度来讲确实是不会存在重演的。但是如果我们站在历时性角度或者共时性角度来看，历时性当中的不同时间、地点，共时性当中的不同空间地域，出现的相同或相似的历史事件我们就视为历史的重演。如果我们承认存在着这个重演，就等于肯定历史演进当中确实会存在很多不确定性因素。这个不确定性一旦具备了一定的条件，就会出现带有一定规律性的发展趋向。这种不确定性就是我们所说的偶然性。这也是我们所讨论的偶然性所具备的条件的内容。

二、历史或然性及其表现

历史或然性是史学界最近才关注的概念，它是概率论在历史学领域的运用。历史或然性是指历史演进中某些事物可能会出现的大概率事件，具有某种可能性或多重选择性的情况。本节重点讨论历史或然性的概念及其表现。

（一）历史或然性的概念

历史或然性表示事物联系发展的随机性，也就是历史演进中存在的某些可能性、多重选择性。从概率论的角度讲，就是从 0 到 10 之间存在着大量的可能性，都会出现一种可能的概率。随着概率论、量子力学和数理统计等学科的产生和发展，人们在自然科学和应用科学的某些领域中已在不同程度上对或然性进行探讨。或然性也是历史规律论中一个重要问题，或然性的因果联系是一种多义性的因果联系，即原因和结果的相互关系不是单义的，而是多义的，并带有一定的概率性。可以将其理解为具有客观内容和必然根据的范畴，它不仅从数字上反映了可能性中所包含的必然性，而且从数量上（比数字更广泛）说明了可能性与必然性的关系，是在大量的偶然性和必然性之间客观联系的基础上，反映出事物发展的历史趋向中的最大可能性。

（二）历史或然性的特征

与历史偶然性、历史必然性相比，历史或然性作为历史事物或现象运动、变化和发展的一种趋势，具有自身的一些特征。

第一，历史或然性在历史演进中总是表现为非线性的运动过程。在事物现象中表现出一因多果或多因一果，并非沿着单一的因果联系呈现线性运动，多是以波动的形式出现。

第二，历史或然性是建立在大量历史偶然性基础之上所表现出的中观最大可能性。即在历史演进中出现的大量历史偶然事件的总和会导致各种偶然性偏向被平均化，形成了肯定的倾向，因而出现某种规律性的东西，这种带有一定规律性的东西就是历史或然性。

第三，历史或然性在历史演进中会显示出某种历史趋向性。在其统计性的发展过程中，只能在某一段时间里，以某种实现程度的趋向表现出来。也就是通过统计在某一时段大量出现某一类型的偶然性来判断历史发展的某些趋势，并且是以历史研究中的个案去推断研究对象的整体，也就是通过历史发展的偶然性总结归纳历史发展的必然性。

（三）历史或然性产生的条件

第一，历史主体的主观选择性造成历史因果的多变性或可能性。剖析历史的宏观层面，充斥的到处都是必然性，我们会看到历史按照它自己的预定目标，按照自身的惯性发展。但是，当我们剖析历史的微观层面之时会发现到处都是偶然性甚至是或然性。因为我们知道，历史演进的主体是人类社会，人类社会是由无数个大大小小的人组成的。每个人在心理上、人性上大致相同，但是又有很多差异。这种差别是由人的阶级性、时代性、受教育程度、所处的阶层性、国度、民族等各种各样的要素结合在一起形成的。人又有欲望，人为了满足自己的欲望，会在趋利避害基本生存准则的指导下进行多重选择。这种选择是什么情况呢？这种选择是在考虑某事件对自己有利还是有害的这个范围内进行选择。我们往往都会选择对于自己而言伤害最小的、获利最大的行为。所谓"两害相权取其轻""两利相权取其重"是也。如果身为统治者或当权者或者是影响比较大的人物，那么他的选择对历史的影响就比较大了，这有时候就会造成历史的或然性。

或然性问题是很值得我们去研究和讨论的。或然性就是历史演进中的一种可能性和选择性。历史的必然性是从宏观的角度把握历史的进程，指那些定格化为结论的部分，它们是具有必然性的。我们承认历史是有规律的，历史按照其内在的一种规定性在演进，这种演进是不以人的意志为转移的。而且历史的演进是遵从从低级到高级、从野蛮到文明、从落后到先进这样的一种演进过程。尽管演进过程中会存在反复、存在螺旋式上升或下降，但总的趋势是已经设定好了的，这也就是我们所说的历史决定论。这种决定论从宏观的角度来看一般都很长，但对于我们来讲，又有其存在的意义。但是从中观或微观的角度去研究历史，我们所说的历史必然性的表现，它则是通过大量的历史偶然性所表现出来的。其历史主体参与历史发展中的各种方案、各种选择就是我们所说的或然性。因此人在参与历史时，人性中的趋利避害，选择利益最大化的特点则是历史演进中出现可能性、多重选择性的前提之一。人作为行为主体，在决策的过程中也会受很多方面的制约。在趋利避害的时候，他只能依据选择利益最大化、伤害最小化的原则，只能在"两害相权取其轻"和"两利相权取其重"之中进行选择，而这个选择过程由于人的主观能动性的加持就使事物演化过程中出现了选择性或最大可能性的趋向，就是或然性。

通过对历史或然性的研究，我们应该牢记这样一个道理，历史不是只有必然还有偶然，其同时还存在一个人类自由意志选择的王国——自由王国。历史是自由王国和必然王国所共生，互相制约和影响，是拥有两面性却同一的演进过程。因为历史是由我们人所组成的，人类选择过程中有各种各样的可能性、随机性、偶发性。我们所说的偶然性就是属于一种突发的，是在历史演进过程中突然发生的现象，它会终止、延缓或局部地改变整个历史进程。我们可以说最后的结果是一种必然，这都是我们要研究偶然性的一个很重要的条件。这种偶然性的发生，从客观方面体现出来就是一种偶然，但实际上它本质是一种主观性，我们说选择的概率性、事物出现的概率性是在自由王国出现的，体现出自由王国的一些规则、法则。如果历史全是必然的，那么我们研究历史就索然无味了。在历史宿命的背景下，无论我们如何去努力发展，未来都是先定的，都是同样的结果。那样的话我们的人生就毫无意义可言。从国家而言，就算我们不通过自己的努力，但是我们的国家早晚会变成发达国家。如果真是这样的话，还需要奋斗吗？还需要研究吗？还需要等待吗？还需要理想吗？如果这些都不需要了，一切奋斗和努力也就变得毫无价值、毫无意义了。当然历史的发展幸好并不如此，所以我们说历史的必然性是有条件的。比如我们会承认历史存在必然性，因为历史存在内在的规律，这种内在规律就是说历史是不断永恒延续发展的，是不会停止的。还有一个规律就是有什么样的因就会有什么样的果，这也是我们所说的规律性。但是有人会说种什么因并不一定或并不必然会得到什么果，其实这个果是有的，虽然这个果可能和预想的不一样，没有设想的那么好、那么大、那么成熟、那么理想，也可能是歪瓜裂枣，但是它毕竟是果，这个果就是必然性。中间变化的条件和可能出现的可能性则可能改变这个果的部分形态。

第二，历史或然性存在的第二点因素，就是在微观历史演进的层面存在着某种重演性，即条件论。事物的发生都有其概率，当某一历史事件概率越大的时候，其选择性也就越大，就越接近必然；概率越小的时候就越接近偶然。在必然和偶然之间存在着许多可能性，这种可能性是一种条件。这种条件往往会受历史演进当中各种各样因素的影响，这些因素有主观的，有客观的，有自身的，有外在环境的影响等方面。当某一事物具备了其演进中的一些基本条件的时候，它就会重复出现以前的现象，这就是我们所说的历史重演。历史演进中出现的重演现象是在某一特定历史阶段大量出现的偶然性，带有趋向性特征，即带有某种"局部规律性"或暂时规律性。这时历史或然性就产生了。在某种意义上历史或然性还是一种"局部决定论"，它所指的对象不应是"宏观"的人类整体历史，而应是某一段或"局部"的历史，形成片段性的"局部决定论"。

历史必然性是有条件的，任何历史事件发展的必然性都是偶然性、或然性发展中的必然性，否则我们就会陷入先定的纯粹的历史绝对论之中了。历史除了必然性之外还存在偶然性和或然性，这就使我们研究历史变得非常有意义。人的主观选择是存在多重性的，每做出一种选择后，它都会进入历史的延续当中，同时又会受很多因素的制约，在这个客观过程中，就存在着很多或然性和概率论，会有很多的带有某种历史发展趋向性的偶然性。

三、历史必然性及其表现

历史必然性是一种带有规律性的历史现象，是指在历史演进中无可避免，肯定出现的历史现象。它与历史偶然性是一对范畴。本节重点讨论历史必然性的概念及其表现形式。

（一）历史必然性的概念及其阐释

历史必然性是指历史演进过程当中那些带有某种规律的客观的历史发展趋向。必然性就是历史演进中一定会出现的具有某些规律性的历史事物或者历史过程。这种过程是客观的、非主观的，是不以人的意志为转移的，是带有一种趋向性的客观历史。必然性的因果联系是一种单义性的因果联系，即原因和结果的相互关系是单义的。在这种联系中，只要知道事物运动的开始状态，就会比较精确地预言它的未来发展状态。我们讲到历史必然性时就会提到马克思主义理论中的社会形态学说，即人类社会一定会出现的五种社会形态：原始社会、奴隶社会、封建社会、资本主义社会、社会主义（共产主义）社会。这些社会形态一个比一个进步，一个比一个符合人类的发展。这是一种历史演进的过程。当然它是马克思伟大的天才设想，这种历史演进当然具有某种历史决定论的色彩，但是，这种科学推断是符合历史发展的必然趋势的。

关于历史必然性还有很多种表述，比方说，历史演进的过程，就是文明不断战胜野蛮、光明不断战胜黑暗、进步不断战胜落后的这样一种趋向，是人类历史进步的一种过程，而且它反映的就是一种历史的必然过程，也就是反映的历史必然性。人们观察历史现象时，往往看到的都是历史的外在表象，往往充斥着大量的偶然性，觉得这些偶然性都是随意的，但实际上它的背后隐藏着某些必然性，或被必然性支配。必然性是隐藏在偶然性背后的内在的一种客观性。

历史必然性是宏观的历史进程中来表现出来的带有某种发展趋向性的必然进程。种什么因，这个果一定是要结的，这就是一种必然的趋势。人类社会始终是从低级阶段向高级阶段演进，这也是早已被历史证明了的。追求光明，追求幸福，是人类最正常最基本的选择。这是人类追求美好、趋利避害、追求幸福这个基本的心理要求决定的，为人性所规定。我们可以说推动历史的是一种合力，这种合力表现为一种理性力量，但这种理性力量实际上是由人类个体不同的欲望和需求共同形成的，欲望在释放过程当中由于会产生社会破坏，人类社会为了避免灾难性后果就自觉或不自觉地互相制约，然后建立了相关制度，由此所形成的一种具有理性的社会结构来推动着社会进步。所以我们说这种理性社会是由很多因素规定的。历史上某个个体欲望很强的领袖人物，他作出的决策可能会对社会产生积极的或消极的作用，还有可能产生某些破坏作用，但是他的动机在历史实际运行中并不一定完全能达到目的，当然他一定会有个果，但这个果不一定完全是他所预期的。那么在这个演进过程当中，一种什么样的神秘力量在左右事物的发展？当然这就是一种必然的东西，这个必然的东西这就是我们所说的必然性。

（二）历史必然性产生的条件

第一，人类社会受宇宙、自然规律及其自身规律的影响，所以这是必然性产生的基本条件。因为从人类的角度来讲，人都要经历生老病死，最长也不过百年，所以，我们人类都想方设法使自己长寿，但生命都是有限的。所以这个过程都是有规律性的。人类社会也是不断延续的，一代接着一代，一代过去了有另一代接替，不断地重演，不断地延续，这个过程都受自然规律的影响。这是历史必然性产生的第一个条件。

第二，还有一种历史规律是我们必须承认的。人类社会衣食住行等生存需求是人类生产生活中所必须要满足的。人不管做出什么样的选择，处于什么样的地位，都要满足这些基本需求，无论是低级还是高级社会形态都是这样。为了满足人们的需要就要去生产，不断地去创造，生命的发展需要经济社会发展以及财富的创造。如果没有这些，那么一个社会就不可能演进，这就是一个规律。其实社会都是围绕着这个本质来运作，由此推进社会的发展。还有一个规律就是文明一定能战胜野蛮，光明一定能战胜黑暗，进步一定能战胜落后。人类必须拥有这样的信念，这就是历史规律，是历史的必然性所承载的。同时还要坚持马克思对未来社会的设想，就是人类必然经历五种社会形态，必然会从原始社会到奴隶社会，从奴隶社会到封建社会，从封建社会到资本主义社会，从资本主义社会到社会主义、共产主义社会。这是人类社会的演进过程，这个总的趋势的设计是有道理的。但是不等于说我们不努力，我们的社会就会进步。从总体上而言，只要我们人类中的每个人都活着，就会努力，因为最低点是我们努力地活着。因为我们生存，我们活着，不能只限于物质方面的生产，不可能仅满足于温饱，还会有更高的要求。人的欲望、人的需求必然会推动社会的发展，以此循环往复以至无穷。按照马克思主义的理论，各民族、各地区社会发展程度可能存在差异，还会存在反复，但终究会沿着这个规律去演进。这是历史必然性产生的第二个条件。

第三，历史必然性产生的第三个条件就是因果律。人类社会的演进过程受因果律的支配。所谓因果律，即有什么因产生什么果，这个因果律的支配是宇宙之间的规律作用的结果，这是必然性所产生的第三个条件。

承认历史必然性就必须承认历史是有规律的，历史演进过程是不以人的意志为转移的一种有序的过程。人类社会和春夏秋冬、昼夜更替一样，也有自身的内在规律，既受宇宙自然法则支配，也受人类社会法则和人类自身内在规律支配，这是必然性产生的基本条件。

四、偶然性、必然性与或然性之关系

历史偶然性、历史或然性与历史必然性是一组表征历史现象的范畴。它们之间互相依存，因条件的变化而相互转化。其中或然性表示历史演进中出现的大概率事件，具有中观规律的性质。它以依存于必然性与偶然性之中为特征。

（一）偶然性和必然性的关系

在自然界和人类社会中，广泛地存在着两类不同的现象：一类是确定性现象，另一类是随机性现象。确定性现象是指在一定条件下一定会出现某一种肯定结果的现象。而随机性现象是指在一定条件下，某种原因所造成的结果，具有多种可能性，而事先并不能肯定究竟会发生哪一种结果。确定性就是必然性，随机性就是偶然性，这是两者的差异和区别。但是在历史演进过程中，往往必然性是通过大量的偶然性表现出来的，特别是在一个短时段表现得尤为突出。而必然性必须长时段考察。

必然性与偶然性是同一事物所具有的双重特性，即同一事物的独特性与共性。也就是说，每个具体的事物有其自身的独特本质（偶然性），同时还有其所属同类事物的共同特征（必然性）。历史必然性与偶然性的辩证统一，决定了历史必然性是内在规律，需要历史偶然性的外在表现并逐渐积累，形成必然性。二者通过有机结合，通过不同的社会进化类型来推动人类社会历史向前发展。

我们承认历史是存在必然性的。必然性是通过大量的偶然性表现出来的，没有偶然性也就没有必然性，必然性是偶然性的结果，偶然性的表现虽然是偶然的，但实际上它的内在本质很多是必然的因素，无数个偶然性最后形成的结果就变成了一种必然性，就是说我们在看历史演进过程时，有很多表现都是非常偶然的，但在实际上孕育着很多必然因素，看似偶然的东西实际上存在着一些必然的要素。偶然性会暂时改变或者延缓整个历史发展的进程，但是永远也不可能改变历史发展的总体方向。

晚明时期中国沿海地区已经出现了资本主义萌芽，晚明的封建专制制度已经腐朽没落，加上天灾人祸等因素合成的力量导致酿成李自成起义，最后明王朝被农民起义推翻。明清之际上演了所谓的"天崩地裂"，然后又发生了许多突发事件，导致满洲贵族势力入主中原。当时有三股势力，即晚明残余势力（所谓南明政权）、李自成农民军、后金满族势力，三方角逐争夺国家统治权，到底鹿死谁手确实存在着一些偶然因素。比方说，如果李自成军当时纪律严明，进入北京秋毫不犯的话，也许吴三桂就不会引清兵入关，没有明王朝的崩溃也许仅凭后金的势力还不足以征服中原，等等，这些都有很多偶然性。

从大的方面来看，欧洲当时已经开始进入工业革命，资本主义制度开始逐渐确立，相反由于后金入主中原，由于其本身制度上的落后性反而却在进一步强化封建专制制度，连晚明已出现的资本主义萌芽也无法发展壮大，资本主义因素更难以为继，中国没有发生工业革命，这些都是有其内在原因的。明清之际朝代更替，制度替嬗，客观上阻碍并延缓了中国近代化的进程，站在全球史的角度来看是这样的，这里面包含了大量的偶然性。同时，也存在着很多的必然性。那就是中国当时社会矛盾的集中发展，中国历史文化的内在制约因素，这些内外因素的互动形成了一种必然趋势。所以我们要知道偶然性和必然性的内在关系，没有偶然性就没有必然性，必然性是通过无数个偶然性表现出来的。偶然性实际上是在历史演进时不同的社会力量之间互相制约和互相抗衡中出现的，是由于利益诉求的不一致造成的偶然性。如果说历史是由历史的合力所推进的话，那么是什么因素造成了这种合力的呢？就是由无数人的欲望和追求所形成的不同的博弈力量抗衡产生的。马克思所讲的阶级与阶级斗争的表现及其现象正是历史上不同利益群体、经济群体不同诉求的表现方式。所谓阶级，就是不同经济群体的自然分属和经过博弈而认同的群体，同一阶级具有相同的利益、相同的主张。统治者在施政过程中也受内外因素的制约。对统治者来讲，权力、用人、资源调配都是其可控的东西，但是在政令执行过程中，又受到各种利益关系以及社会生产力发展水平的影响，所以也有很多不可控的因素。这种大量的不可控因素就是我们所说的偶发事件，统治者的计划可能随时被偶发事件打乱。所以说历史既存在着"一因多果"也存在着"多因一果"，而且"多因一果"更为普遍。所谓"一因多果"就是历史演进过程中可能有单一的原因却产生出了多个历史结果。但是更多的是"多因一果"，历史演进有多个因由，而结果却只有一个。往往看似偶然的东西，其成因上有大量的必然性，看似必然的东西，其实背后却蕴藏着大量的偶然性。比如一个事物在演进过程中突然被中断，或者事物发展方向的改变，那么这个突发的东西就是偶然性。实际上偶然性是指必然性在延续发展的过程当中暂时脱离轨道或者偏离轨道或者是跳跃式发展或者是中断的一个非常重要的因素。偶然性和必然性之间看似没有内在的必然关系，但实际上我们往前追溯都能找到其内在联系性。这种联系性往往是前一段时间的因或者果。所以我们说内在的因果联系，果就是必然的，前面就是因。此次为因，他次就为果；他次为因，此次就为果。因果关系永远是一种相互依存延续不绝的关系。任何事物之间都有某种必然的内在联系，研究历史就是要找到不同事物之间的因果关系、因果联系、内在的联系。偶然性看上去没有必然的因果关系，实际上它们都有内在的因果关系。

（二）或然性与偶然性、必然性的关系

前面谈到了必然性和偶然性的关系，一般说，无数个偶然性构成了必然性，没有偶然性就没有必然性。偶然性是必然性在某一历史时间内显现出的现象。在必然性、偶然性之外还有一个或然性。或然性是在大量的偶然性基础上表现出来的具有一些概率性、历史趋向性的历史现象。

在历史演进过程中，必然性、偶然性、或然性都交织在一起，有偶然性的历史事件，有必然性的历史事件，也有带有中观规律性的或然性历史事件。必然性是历史演进中必然要出现的历史现象，一个长期可预见的历史规律；还有在某一个特殊历史时段存在着的某一个局部可以概率性判断的发展趋势，这个发展趋势就是历史或然性。它所代表的这种趋势也有一定的必然性和规律性，是一种中观状态的历史规律。必然性是长时段的，必然会发生的，不受任何影响的，不以人的意志为转移的，带有规律性的历史现象；偶然性是偶尔出现的，捉摸不定的，没有办法用规律性进行概括的，偶然出现的历史

现象。但是在偶然性和必然性之间，还存在着大量的概率性历史现象，即或然性，它是介于偶然性和必然性之间并表现出的一种概率性历史趋势。

在某一个历史时段内出现了大量偶然性历史事件，并且这些偶然性历史事件带有一种集中的趋向性的状态，那么这种趋向性状态历史现象的表达即为或然性历史现象。在历史长河中，我们会经常发现这种现象，就是在历史的某一个时段内，在历史共时性状态下，在各个地方突然出现了一大批性质相同的偶然性事件，与历史演进中的预期性发展完全不相融，甚至格格不入，还有一些中断性的性状，带有某种趋向性。这就是我们说的概率事件，历史或然性现象。这种或然性在历史的中观层面是比较普遍存在的一种历史趋向，我们也可以说它是仅次于必然性的一种中观规律。它表示历史发展规律的某一个阶段特征的趋向性，所以它是某一个阶段的历史规律，与历史必然性有密切关系，它在偶然性与必然性之间架起了一座桥梁。

偶然性和或然性的关系。偶然性是事物历史发展当中偶然出现的一种历史倾向，或然性是这种大量偶然性在某一个历史阶段所表现出来的历史趋向，这个历史趋向就是历史或然性。历史或然性依附于历史偶然性，没有大量的历史偶然性就表现不出来这种历史或然性。也就是说没有偶然性，也就没有或然性，或然性依附于偶然性，特别依附于某一个历史阶段当中大量出现的具有趋向性的偶然性，从而能够产生出一种带有一些趋向性特征的或然性现象。

历史或然性和历史必然性的关系。历史必然性是历史发展中的一种必然趋势，是不以人的意志为转移的。我们常说，历史必然性是通过偶然性表现出来的，其实在偶然性和必然性中间还存在着大量的或然性，就是历史选择性。在历史发展中，各种因素的介入，使历史发展存在着某种重演性，存在着某种螺旋式的上升和反复，历史发展中存在的这种历史性反复，螺旋式上升或螺旋式下降，甚至一些重大的倒退现象，或者是历史发展的一种超出历史原来进程的激进现象，都是不正常现象，但这些现象具有规律性，这种趋向性的概率性表达，就是我们所说的历史或然性。它能提供给我们一些新的历史线索，证明历史发展并不是宿命性的，也不是被什么神早已设计好的，我们只能认定它是历史发展的一种趋向。由于历史存在着大量的或然性，所以给我们进行历史研究提出了一个新课题，由此也能够证明，历史的发展并不如人们想象的那样，是一帆风顺的，勇往直前的，按照既定的轨迹一直向前走的，它也有反复。因为历史的主体是人，人是有意志有选择的，所以在这个历史演进中主体的大量欲望、需求等各个人的意志就会交汇在一起形成一种合力，决定历史的发展方向。各种因素的制约也会造成历史发展中的某一阶段形成某种不同的路径，如果这种路径在其中的某一阶段发生了一批具有概率性的偶然事件，我们就会认为此类偶然性事件是标志着历史演进中带有一定发展趋向性标志的内容，是历史演进中出现的一些规律性的东西。这一方面能够证明历史必然性确实是存在的，另一方面也证明历史的必然性是通过大量的偶然性表现出来的。当某一个时期偶然性集中表现出了一种带有规律性的倾向的时候，那就标志着这种或然性的出现，偶然性、必然性、或然性相互依存，共同构成了历史演进的基本趋势。

历史必然性受因果律支配，有什么因就结什么果，种瓜得瓜，种豆得豆。有什么样的历史原因就产生什么样的历史结果，这个结果是具有历史必然性的。当然在历史演进的整个过程中都充满了大量的偶然性和或然性，就是说，种了这个"因"一定会结这个"果"的，但这个果有多大，这个果的质量怎么样，是甜的还是涩的，是香的还是苦的，长得是否好看，等等，肯定是受多种因素制约的，这个"多种因素"其实就是大量的偶然性甚至或然性。从偶然性和必然性之间的关系来看，历史事件在发展过程中会出现大量偶然性，但它受必然性支配，尽管偶然性在某种程度上可以改变、延缓必然性的发展，甚至使其改变直至偏离这个轨迹。所以，偶然性对历史事件演进的影响还是不可轻视的。

历史是建立在客观物质世界之上的，并按照人类的价值取向和利益索取并付诸行动等综合作用的结果。无论是历史事件、历史现象，抑或历史的发展演变，都不可能是纯粹客观的，总是要打上个人主观意志的烙印，带有或然的性质，从而形成一种或然性规律。

（三）或然性在历史研究中的重要性

客观历史演进中存在着大量的历史或然性现象，非常值得深入探讨。在历史研究中应用或然性解释历史事件具有一定有效性。第一，对我们目前还无法找出因果关系的"纯粹"偶然事件进行概率性解释，可以把人们由于认识能力局限和习惯局限认为"没有"任何联系的纯偶然性历史事件联系起来，从中发现某种规律；或者对从属于不同因果关系序列的同类型偶然性历史事件进行概率解释，将貌似无关的历史事件加以联系，从各自的因果联系中找出历史规律。第二，对一因多果、多因一果的历史事件进行概率性解释。在历史发展线索不清，抑或因果联系尚不明确的情况下，理出若干头绪，并进行概率研究，辅以史实验证概率的正确性或反向验证历史决定性解释，使历史决定性解释更加客观，符合历史规律。第三，计量史学方法在本质上就是一种概率性解释方法，统计规律本身就是概率性规律。概率论成了史学研究中的一种基本方法。只有肯定历史发展规律的或然性解释，计量史学方法才可能被学界普遍接受。在历史规律研究中加入偶然性研究和或然性解释，不仅能促进史学认识论的变革，还能促进史学方法论的变革。

思考题

一、试述历史偶然性及其表现。

二、试述历史或然性及其表现。

三、试述历史必然性及其表现。

四、试论历史偶然性与必然性的关系。

五、试论历史或然性与偶然性、必然性的关系。

第十一讲　历史想象、历史假设与历史预测

本讲重点探讨历史想象、历史假设与历史预测这三个重要概念，相关概念都是历史研究中不可或缺的重要概念。历史研究不能没有想象，也不能没有假设，更不能没有历史预测，但是，历史想象并不是凭空想象，历史假设也不是没有根据的假设，历史预测更是根据已知历史背景内容的科学预测。所以，对这些问题的探讨，能启发我们的想象和深层的思维灵性，使我们的历史研究更加有血有肉，更富有人性化，是不可或缺的重要内容。

一、关于历史想象

历史想象是史学工作者参与历史研究的一种主观手段，发挥主观能动性，让自己的精神和思想以及感觉全方位参与到历史研究中来。本节探讨了历史想象的基本概念及运用方法。

（一）历史研究需要历史想象

何谓历史想象？所谓历史想象就是历史过程在历史研究者头脑中的一种再现，即历史研究工作者们在研究历史的过程中，根据已知的历史局部线索和因果联系而构建起来的关于历史事件或历史人物的主观想象。历史想象包括空间想象、时间想象，还有人物想象、历史过程想象等许多内容，实际上是史学工作者基于已知历史材料，对过去历史已经发生的历史事件的一种完美的架构。当我们面对历史废墟留下来的城墙遗址或城堡的空间遗址，面对

这种荒凉的景象就需要历史工作者穿越时空回到远古，构想出当年城堡的雄伟壮丽、国王的尊严以及城市人们繁忙的商业交换、丰富的城市生活、贵妇人穿着华丽的衣服、城市街道等历史想象。梳理杂乱无章的历史线索并勾勒出优美的线条，这些都需要通过历史想象来实现。但这些历史想象并不是无源之水、无本之木，而是历史工作者们基于常年大量历史知识的积累、文学艺术的修养，并在此基础上融入理性思考而形成的一种构思。它不是天马行空、任意随便的想象，历史想象绝对是一种内涵与外延皆受到限制的构想。

历史想象需要通过假设来设定，假设需要通过历史想象来完成。我们强调历史假设的成立是需要通过历史想象来完成的。当我们对某一个事件的整个过程不甚清楚或中间出现历史空白时，就需要借助历史想象来构思、来假设其有几种可能性，然后寻找一些合理的解释，并通过相关历史事实和材料的互证来加以实现。历史研究需要大量的天才的充满灵感的想象，我们说上下五千年，纵横九万里，皆任我驰骋，我们的思想可以纵横在广袤无垠的历史时空中去翱翔、去想象。历史是已经逝去的历史，已经过去的历史早已被定格，我们确实无法改变，但是，我们可以通过历史想象将过去的历史变成活生生的历史。如果想把这段历史书写出来成为我们理解的活生生的历史，就需要通过想象进行构思创造，通过想象来勾勒出当时的历史生活轨迹，然后我们才能通过文字或其他方式书写出来，最终呈现给世人。不仅影视作品、文化艺术作品需要想象，严肃的历史著作更需要想象。如果历史研究没有想象参与其中，那么我们的历史著作就会索然无味，就会干瘪如同木乃伊一样。历史想象不是凭空的没有任何依凭的想象，它是基于我们丰富的历史知识，基于我们对人类社会现实生活经验的丰富积累基础上的想象，所以历史想象的重要性是不言而喻的。

历史想象的成立，就是根据对人类社会一种内在普世性或者内在同一规定性认同基础上建构起来的。人类社会存在了上万年，进入文明时代也已有数千年，古代人与现代人在外在形象上存在差异，古代社会与现代社会在社会面貌上也存在着差异，但是人性相同，人的欲望相同，仍然没有离开衣食住行这些基本问题。也就是说，无论是古往今来还是古今中外，人类都是为了衣食住行去奋斗，去活动，去开展。这些都是我们历史想象的依据条件。

古代生活条件虽然不如现在，但是我们凭此是可以想象的，是可以进入数千年、数百年、数十年前的历史场景中去的。人类生存的需求是历史想象存在的前提。在远古时代，没有高楼大厦，到处都是茂密的森林、凶残的野兽，甚至蚊虫、细菌病毒都会威胁人类的生存。面对这样非常恶劣的生存环境，我们的先民仍然开创出属于他们时代的文明，创造出了辉煌的财富。我们可以想象当时的历史图景，因为历史图景的知识前提是存在的，所以可以用这种背景去想象当时的各种情况并进而依据史料进行细化建构。对于封建社会的历史问题，我们同样可以通过想象来加以构建。关于中国封建社会、中国传统文化、中国历朝历代的服饰以及传统城市的景观，我们大致是知道的，已经具有已知的经验。在研究这段历史的时候，首先就可以确定它的朝代、时间、地点，对一些历史资料记载不太详细的内容，可以通过想象进行构思，可以借助于已知的历史背景、历史先验的知识来复原某一个局部的场景，这个场景是有历史资料依据的。同样，对于其他时代、对于外国历史的研究都可以借助于历史想象。我们通过想象来构思几种可能性历史场景，然后通过考证来订正想象中的不合理成分，剔除不合理的内容，保留合理的内容。对历史的想象，对知识的联想，皆能给我们提供大量丰富的信息。

对于历史人物的描述，更需要历史想象。在过去没有发明声光化电等工具的时代，人类没有照相机、录像机等视频技术设备，所以，关于历史人物的描述，人们只能依靠画像或文字来描述人物的相貌、身高、体质健壮程度、服饰以及精神状态等。靠文字描述就离不开想象。利用文字，同时借助于想象，然后在历史工作者的脑海中就会形成并进而建构起一种新的概念，加深了对历史的理解。如对一些历史场景的想象，包括对皇帝出行的壮观场面的想象，对数十万人参战的波澜壮阔的战争场面的想象，等等。总之，对所有历史场景、历史人物、历史事件的理解都离不开想象。不能说有了历史想象，我们的历史研究就不严谨了，就缺少学术味道了，只能说因为有了历史想象，才使我们的历史研究更加精细化，更加有血有肉，更加伟岸丰满。

有人批评历史研究与历史想象的密切关系，认为历史研究作品不是文学作品，不需要想象。我们认为这个观点是不正确的，历史研究也是需要想象的。历史想象是帮助历史工作者在历史资料不足的情况下，通过采用历史假设的方法建构历史场景的重要方式。我们需要包含历史想象的史才，过去讲，研究历史需要具备史才、史德、史识，问题是什么样的史才、史德、史识？至少我们认为史才应包括科学的历史想象。在这样富有天才的想象中，再加以科学的推论和细致的考证，然后将研究心得写到历史作品当中，更会使历史著作有血有肉。所以历史想象绝不是可有可无的东西，也不是说有了历史想象，历史学术著作就增加了非学术的成分。而是有了历史想象的参与，将使我们的历史著作更丰满，更有血有肉，更接近历史场景。至于说它是否符合史实，那就要靠材料说话，经过考证，才会得出科学的结论。所以，对此我们并不觉得矛盾。

在历史研究过程中我们需要历史想象，这应该是不争的事实。几乎在历史研究的每一个阶段都需要历史想象。当我们对某一个事件进行研究之时，先要接触材料，一旦接触到相关材料之时就需要想象，并通过联想把历史线索联系起来加以考虑。研究历史需要通过想象来联想事物之间的内在联系、因果关系。在历史研究中固然有很多思维方法参与其中，有归纳、概括、推理、考证，然而更应该有想象。我们大胆地去假设去想象，在每个过程中去参与，这样在材料证据不足的情况下，我们需要通过想象去构建；即使在材料非常充分的情况下，我们对当时的场景、历史状况、人物形象等历史情景，仍然需要想象的参与。这个想象，实际上是史学工作者将理解已有现实社会的经验以及个人经历参与到历史研究与写作中来。历史想象当然也有其规则，不能超出这些规则，比方说我们要严格考证、尊重历史真实。但历史往往不像我们想象的那样完整，历史留给我们的大都是记忆残片。如何形成一个整体的形象就需要我们想象的参与，对其进行架构，架构成完整的形象。也就是说，通过想象，逐渐把很多分散的局部的残缺的历史片段在我们脑海里形成完整的形象。

当然，光有想象还是不够的，还要通过一列具体的操作，经过考证，严格地按照历史学的学术规范进行研究，最后才能拿出符合学术规范，为学术界所承认的史学作品。历史想象是历史研究中的必要手段、补充手段，有历史想象的参与，历史才能鲜活，才能丰富起来、生动起来。

读一读司马迁的《史记》或希罗多德的《伯罗奔尼撒战争史》等历史名

著，从中可以看出，早期历史学著作里面都有大量的文学描述，这些文学描述使书中所讲述的历史内容更加丰富和生动。文学描述是需要历史想象的，还要符合历史真实的场景以及人物的身份，因为所有的材料是记忆的残片，它需要依靠想象及其他方式进行架构，在历史工作者的脑海中形成一个总体的印象，也就是通过想象形成总体的印象，并最后表现出来，这就是我们所熟悉的历史事件、战争或人物。凡我们所看到的历史工作者的史学学术论文、学术著作实际上都是经过反复推敲，反复论证，每个词、每句话、每个历史事件，都有历史工作者的历史想象参与其中。实际上在历史工作者脑海中所形成的历史想象远比他写出来的丰富，不知道要丰富多少倍。然而由于历史表达所要求的严谨程度的限制，这些奇思妙想不能够原样表达出来，也就是说，想象是一回事，历史表达出来又是一回事，它只是我们研究历史过程中需要借用的一种手段而已，尽管这种手段在严肃的学术论文、学术著作中仍然是必须参与，不可缺少的，因为它是我们在架构历史理论、历史过程、历史人物、历史事件过程中，非常重要且不可缺少的思维要素和思维条件。

（二）历史想象的基本规则和方法

当我们研究历史，构建历史整个完整画面的过程时，我们需要历史想象，但是历史研究中又不能完全凭借历史想象。我们书写的历史若想成为信史，还需要经过历史的推论、考证，在尊重历史材料的情况下进行建构，才有信服力。

历史想象是有基本规则和方法的。

第一，历史想象绝不是可有可无的，在我们研究历史的过程中，通过材料的研读和构思，历史想象都应参与整个过程。

第二，历史想象的空间是有边际的，上下五千年、纵横九万里固然是历史研究应有的历史时空，但当我们在论述某一个具体历史事件的过程中，它是有明确的时间和空间限定的。我们的想象绝不是天马行空、自由驰骋，必须依据具体的材料，依据具体的实践去想象。尽管在想象中可以加入各种现实生活中和其他的历史经验包括材料中的种种元素，但是我们必须以原有的材料为核心，当材料不足之时，我们则需要借助于自己的研究经验、其他间接的历史材料去衬托和补充，然后形成对该历史问题的完整建构。

在历史著作中，历史想象的空间实际上是被严格限定的。实际上它仅参与研究过程，尽管如此它还是会留下历史痕迹。这种痕迹与历史本身无关，而与历史学有关。历史学是把客观历史作为研究对象的一门学科，重点在于依据我们现实生活的需要，或者依据人类与生俱来的好奇心和探秘的需要去探讨历史问题，以求得我们需要的答案。过去的历史曾发生的各种事件若想成为让人们了解的知识，就必须重新再现、重新建构，形成一般群众能够认知、能够理解的知识体系。当然，历史学家能够重现的绝不可能是原汁原味的历史本身，他们只能无限地去接近历史本质，这也是在尊重历史资料真实性的前提下，唯一能做到的历史再现。历史学实际上是一种主观的知识架构体系，历史学家根据已知的历史材料在尊重客观历史真实的前提下，本着人类基本的理性精神，在研究过程当中还原历史本相，进行知识构建。诚然这种历史构建是离不开想象的，历史研究如果没有想象，就没有历史成果的丰富多彩，所以历史研究不能没有想象，想象是必然要存在的，它具有存在的合理性。但不能说历史研究中介入了历史想象，历史学科就不科学不严肃了，当然历史学的科学性是指人文科学的科学性，而非自然科学的科学性。中国现代史上曾经有人想要把历史学建成像自然科学中的数学、化学、生物学、天文学、地理一样的科学，但在事实上是办不到的，因为历史学本身有自己的特点和个性。历史学作为人文社会科学的基础，它实际上是人文学科。因为客观历史的主体是人，我们讲的历史是人类社会的历史，不是自然史，尽管人类社会也会受到自然宇宙规律的左右与制约，然而，由于人类社会历史的主体是人，人是有目的、有动机的高级智慧生物，他们为了生存所需要的衣食住行无不受人的本能的欲望和动机支配。整个的衣食住行的背后都有某种动机、某种欲望、某种生活需求在里面，尽管看上去是客观的，因为每个人的欲望和动机投射到历史过程中，就会存在着不同欲望、不同需求之间的竞争和博弈，制约与限制并形成合力，推动历史发展，这个结果是我们没法改变的。但是在形成结果之前，某些人或某些集团的欲望和需求由于顺应了自然社会规律而发挥巨大作用，从而在一定程度上推进或改变了历史发展进程，即使在这种情况下，一旦形成结果，又会产生另一种新的必然性和偶然性之间的互动关系。总之，在研究历史的过程中如果我们不通过想象去再现当时的复杂的社会生活，历史会显得枯燥无味，无法引起我们的心灵共鸣。

二、关于历史假设

历史假设作为历史研究的一种手段，是为应对客观历史演进过程中的偶然性而提出的。历史中存在着大量偶然性，在局部时空状态下历史可能会出现多种发展路向。当然假设不必为真，但假设可以让我们大胆推测，最后只要小心求证，即可完成历史研究的求真过程。

（一）历史假设与科学求证

何为历史假设？历史假设作为历史学的一种研究方法，就是在历史研究过程中，对客观历史演进中的几种可能性的猜想和推测。关于历史假设，胡适有一句名言说得最为贴切，"大胆假设，小心求证"，这句话的意思就是说历史研究是可以有假设的。过去学术界曾围绕着历史假设问题发表了大量文章，其中有的人赞成历史假设，有的人则认为没有必要在历史假设中浪费时间，因为历史不存在假设。个人认为历史研究是存在假设的，这种历史假设不是客观历史的假设，而是历史学的假设，是历史研究的一种思考方法。历史的演进过程和播放电影是不同的，放电影时，某个片段已经放过了，如果我们再想看一遍，可以倒回来再播放一遍，这种播放电影的操作技术在历史演进过程中是不可能存在的。虽然历史也有重演现象，但它不是假设。重演是在更高的层面上，在满足新的条件下历史的一种重现，这个问题已有专门讨论。历史重演是历史演进中出现的带有规律性的一种历史现象。

历史假设作为一种历史学的研究方法有其内在价值，因为我们人类社会历史的发展并不是一种单一的选择，每一个历史事件的发展路向都是有多种选择的。我们讲的历史是人类历史，是由无数个个人所构成的，人的欲求是有多种选择性的，由无数个人欲求汇成合力决定历史发展的方向，历史的发展是由无数种"合力"，无数代人的"合力"叠加而形成的历史惯性。这是我们过去人类祖先选择所形成的历史关系的延续发展，到了我们这代或我们儿孙那一代时或许会重新选择，历史的演进过程又会增加新的内容。但是，试图改变这种历史的惯性是不可能的，我们只能尽最大的努力对其局部进行改变，把我们不需要的、不符合我们认知的关系进行改变，历史演进因此也会产生新的变动。历史发展是存在多重道路的，结合具体的历史可知很多事情都是偶然发生的，尽管事先备有很多方案，当某一方案的实施符合历史发展进程时，就会大大推动历史前进，若某一方案不符合历史发展甚至违背历史发展路向时，就会大大延缓历史的发展速度。所以重要决策者的决策会影响历史发展过程，甚至延缓历史进程，但在历史局部上他实际上已经决定了人类历史的发展。从历史全局角度看这一决策又无法阻挡历史前进的脚步，因为还有另一部分的力量通过合力，在博弈的过程中抵消了其决策作用。历史上也有很多统治者能够主动适应历史的发展去寻求变革，从而大大推进历史的发展进程。

历史有很多选择方案，有时候我们会追问，历史为什么是以那种方案而不是这种方案发展呢？这就要求我们在研究当中多做思考，这就是历史假设。所谓历史假设，就是在研究历史的过程中根据已知的结果，回溯过去，提出几种可能改变历史演进方向的可能性方案，从而合理推断出事物本来面目的一种科学研究方法，这就是我们对历史假设的认知。

在历史研究中为什么需要科学的考证和证明呢？比如历史当中有很多人物事件，由于历史材料的缺乏，不能得出正确的结论。因为我们知道，很多国家是以政府行为公开大规模地销毁了当代的档案。这样做的话，可能以后我们就没有办法再现历史了。没有档案了，我们怎么去研究呢？就只能根据遗留下来的残片、回忆录、著作、笔记等各种东西，通过间接或直接的考证来建构。在这个过程当中，我们就会提出很多假设，这种假设是我们证明某种理论的一种构想，假若我们要证明材料是正确的，光有历史假设还不够，还必须有科学的求证，这才是历史研究的一个完整的方法。到底是"论从史出"还是"史从论出"或是"史论结合"，实际上在我们看来这是研究的三段论式。当我们对具体历史内容还不完全了解的时候，只能是"论从史出"，只有把这段历史研究清楚了，才能得出结论。当我们对一段历史已经很清楚了，可以通过这个结论重新更清晰地架构过去的历史，这就是"史从论出"。至于

"史论结合"则是最高层面的东西，这是一个研究的过程，如果我们隔断某一句话，隔断某一段联系，则它们都是片面的。正如胡适所说"大胆假设，小心求证"，如果我们只考虑大胆假设而不考虑小心求证，那么这段话就不完整了。大胆假设的前提，是我们创造性地思考问题，提出很多能够超越或者能够突破前人观念、既定理论框架的一个设想。但是我们所提出的思考对不对，则需要通过一个小心求证的过程、科学的论证来获得。如果我们通过不同的材料论证我们的设想是正确的，那么我们的假设就成立了，我们就可以推翻前人对于历史的结论。因为前人的历史结论是基于时代的要求，有些历史结论在当时是正确的，但在现在就不一定正确了。

对于参与历史真实事件的当事者也存在着一个"不识庐山真面目，只缘身在此山中"的问题。如某人确实是当时事件的参与者，但由于历史的局限性，他不是事件的主要领导人，他只是个士兵，只是局部地参与历史事件，那么他就不能观测到历史事件未来发展的趋势以及结果。如曾参加过五四运动的人们，当五四运动过后十年、二十年以至五十年，再请他们回过头来谈五四运动时，得到的结论则是与事实有异，甚至截然不同。在价值层面上，也有很多五四时期的领袖人物，最后都否定了五四时期他们的做法。历史发生了变迁，后来产生的结果是他预料不到的，甚至不会想到会出现这样的一种结果。所以他得出的结论也是有历史局限性的。我们在某个历史时期对中国现代史上党史人物的评价所做出的结论都是有其局限性的。后人看前人的历史也是这样的，因为会看得更加清楚。

还有一个材料的新发现问题，目前党史的很多结论，随着史料的不断挖掘、新材料的增多，为党史提出了很多修改意见。特别是苏联解体之后，很多红档被揭秘、被公开，中共和共产国际的一些恩恩怨怨，我们现代史的很多事情也越来越清楚了，这也就是说，材料的新发现也会使我们推翻一些过去的结论，同时会产生很多新思想。时代的变迁，人们不同的思考方法、新方法的产生、新观点的出现也会使对过去某些材料的解读产生新观点。因此我们可以看到求证和假设在历史研究当中是非常重要的科学方法。

历史假设作为一种史学的研究方法有其合理性，但它不是绝对的，它的使用是有条件的。那么我们运用历史假设是在什么情况下能够成立的呢？

（二）历史假设成立的条件

有的人认为历史是不存在假设的，历史是一个客观的过程，一旦发生就固化了，就只有一个客观结果，所以假设是没有意义的，特别是站在历史的整个发展趋势上，假设是没有任何意义的，是不发生任何作用的，是徒劳的。基于此，有学者强调不要在历史假设上浪费时间，这些当然是有道理的。因为客观历史过程是不存在假设的。但是我们研究历史，历史假设作为一种历史研究方法则是有其价值和意义的。从客观角度来讲，我们把历史作为一种对象，去看历史当中所发生的事件，有些问题是弄不清楚的，这样一来，我们通过假设的方法去研究历史，就会有很多的可能性，可以说增加了一种思维方法和研究方式。

1.历史假设成立的条件之一，历史主体具有主观能动性。历史假设作为一种史学方法，主要体现在研究、分析客观历史的有效性和有用性。历史唯物主义者常说人民群众是历史的创造者。这个论断首先肯定了"人"是参与并推动历史演进的主体，而"人"是有欲望、有动机、有思想的人，人是有主观能动性的，人的行为是极其复杂的。因此当我们研究历史人物动机想法以及某一时代的思潮时，历史假设法就非常适用，就是说在研究历史人物动机的时候，我们需要使用假设的方法。

人的动机是非常复杂的。有善良的动机，有邪恶的动机，动机和结果之间是不一样的。我们说某领袖最初的动机是非常善良的，但是最后的结果却不怎么好，这是一种道德判断，道德的判断不能代替事实判断，更不能改变事实判断。为什么历史人物的主观动机好，但收获的历史客观结果却并不一定好呢？这中间到底出现了什么情况，出现了什么不可逆的情况而改变了某领袖的善良愿望呢？历史有没有多种道路选择呢？这时就需要用假设的方法进行推演并研究，我们在此时采用历史假设方法就是从中找出影响动机背景的历史因果关系。我们研究的历史人物，他们是有主体性的，人的选择是有主观能动性的，是存在着动机的，这种动机就是趋利避害，就是利益的最大化，所以某位决策者在决策时一定有多种选择方案，在选择的时候肯定选择对自己最有利的一个决定。为什么他会选择这种而不是那种，这是我们所要研究和讨论的。对这种选择性进行研究，是我们历史假设存在的一个重要条件。

为此，当我们研究具体历史人物之时，就需要把心理学的一些知识，如人的本能、欲望的东西融进研究中去。历史人物的动机到底是什么，他为什么选择这种方式而不选择那种方式？他为什么有这种想法而没有那种想法？这样深究起来就会发现历史有很多选择性。或是基于个人本能欲望的选择或是基于个人所在群体利益最大化的选择，或是基于两害相权取其轻、两利相权取其重的选择。总之，我们需要有针对性地进行假定、假设，需要通过假设的方法进行排查、设计和研究，然后才能搞清楚，并丰富我们对历史内涵的深刻认识，这是我们研究动机时需要假设方法的理由之一。

2. 历史假设成立的条件之二，重大历史事件在定性过程中缺乏关键史料支撑。我们在研究重大历史事件的过程当中，由于材料的缺失或不足，对历史事件的某些问题难以构建起一个比较完整的形象，这时就需要借助历史假设的方法。无论是历史档案还是历史资料，都是历史记忆，都是记忆的残片，它不可能给我们提供一个完整的信息链，形成一个完整的印象。这时就需要通过一些假定的可能性进行构思，需要假设的历史研究方法，有很多的材料可以解释这个问题。先以西安事变为例，在档案大量公布之前，我们对西安事变的研究基本上是基于当事人的口述资料，具有很大的不确定性。1979 年李新在《历史研究》第 11 期上发表的《西安事变初探》在当时是关于此事件最权威的论文，基本上把此事件的来龙去脉说清楚了，但是学术界仍然不满意，为什么呢？因为该文作者虽然是党史学术权威，但该文所用资料都是当事人的个人回忆或地方文史资料，基本上没有权威的档案支撑。那么在档案缺失的背景下，从动力学的角度研究，西安事变中张学良的动机是什么，蒋介石的动机是什么，杨虎城的动机是什么，这方面有个动机博弈问题，这就需要用历史假设方法进行推演，用逻辑的方法判断其动机选择的可能性。从材料的角度看，当时研究西安事变的材料是大量缺失的。随着我们不断挖掘，现在是很清楚的。当时材料来源大多基于人们的口述，这些就需要考证，当事人的口述资料尽管具有现场感，但由于当事人的个人利益考量，凡是涉及于己不利的情况大多会回避，甚至曲解，这些符合人的正常心理，既然如此就可断定口述史料的非客观性。事实上口述史料也难以做到百分之百的客观准确。另外，人的记忆也有不可靠性，回忆录中许多事实与历史真实相距较远，差异巨大。总之，西安事变还发生了很多诡异的现象，这些都需要我们通过假设的方法进行检测和排查，这就是我们所说的第二条。在材料不足、历史条件不充分的情况下，我们需要通过假设的方法进行考证，假定某些事情是存在的、合理的。现在随着西安事变相关档案的问世，史学界研究的深入，再回头来看李新的那篇权威论文，许多内容已经需要更正了。

我们再看现代中日关系史中的一个诡异现象，就是关于《田中奏折》的虚构性问题。《田中奏折》是日本提出侵略中国的"新大陆政策"的文件。1927 年 6 月 27 日至 7 月 7 日，日本首相田中义一在东京召开东方会议，参加的有外务省、陆军省、海军省、参谋本部、军令部、关东军和驻华使节等官员。会议通过《对华政策纲要》，制订了秘密的侵华"新大陆政策"。7 月25 日，田中致函宫内大臣一木喜德，请代将《帝国对于满蒙之积极根本政策》密奏天皇，即统称为《田中奏折》。不过该奏折在多年后，已被很多学者认为是虚构而不存在的。被认为日文原本的《帝国对满蒙之积极根本政策》，实际上是由参谋本部铃木贞一少佐应外务省次官森恪写的一份关于对中国问题的备忘录。即使如此，相关内容也表明日本朝野确实存在一个侵略中国的既定计划。当然，《田中奏折》现在是不是真的，对我们来说已经不重要了，因为所有事实已经发生了。《田中奏折》本是日本军政两界的内部机密，其作为日本首相田中一义上奏给日本天皇的奏折，作为关于侵略中国的计划报告书，本来就是日本内部顶级机密文件，是不能公开的。1928 年 12 月，田中义一的政敌、日本政友党主要负责人床次竹二郎到东北访问，到张学良处要钱，说如果他们竞选获胜，对东北问题可做出让步。张学良认为这是利用日本国内统治阶级内部矛盾的一个极好机会，欣然答应支持床次竞选，随即令东北官银号总裁鲁穆庭先支付 50 万元给床次，并派一位得力人物蔡智堪去东京搜集情报。蔡得到了床次竹二郎的帮助，与当时担任宫内省大臣牧野伸显取得联系。牧野伸显掌握了田中义一侵略东北的全部秘密，下决心把《田中奏折》透露给中国，利用中国问题来牵制田中义一的势力发展。牧野很快同意了床次的请求，要蔡智堪装扮成装订工人进宫补册。于是蔡把《田中奏折》从日本皇宫书库里抄录到手。由蔡从东京分批发送东北，共 10 余次才发完。张学良与王家桢等对密件加以译述整理，张学良知道这就是"东方会议"的阴谋，会后经过整理后由田中义一奏呈天皇的密件，按中国的习惯称之为《田中奏折》。张学良把译文交东北官银号印刷所付印。1929年在南京《时事月报》上披露的《田中义一上日皇奏章》就是张学良送去的那份译本。该文件公布后，在当时在中日及世界主要国家引发了强烈反响，中国的反应尤为强烈，使中国人民更加看清了日本侵华的真面目，该"奏折"证明日本侵华是日本军政学界早已计划好的早已预谋好的，日本侵华有既定的计划和步骤，更加坚定了中国军民抵抗日本侵略的决心。事情败露后，日本当局十分害怕，日本外务省出面反驳，说《田中奏折》纯属"伪造"，日本各界的反应则是矢口否认有此文件，不过，由于床次竹二郎被日本当局指控犯了"叛国罪"，这就可以肯定确有其事。

现在日本学术界更是坚决反对有此文件。其理由有三：一是田中义一没有上奏过什么《田中奏折》；二是文件的格式有不符合之处；三是在日本宫内省档案中没有此项文件的档案记录。对此，我们就需要采用假设历史研究方法，首先假定其有，然后采用排除及其他历史互证、历史考证法进行论证。我们认为，《田中奏折》一定是有的，有可能名称不叫《田中奏折》，有可能是日本各界提交给日本当局最高决策者的各种侵华计划书和报告书，由田中汇总后以奏折的形式上奏天皇。《田中奏折》公布于先，在此之前日本的侵华计划一如文件中所述，完全是按此进行的，就是文件公布以后，日本的侵华计划仍然是按此文件所述路径进行，就不能不让人认定这是真的。由此可见，日本学术界反驳的理由并不充分，全是枝节末叶问题。况且，日本官方一直未予承认，史学界也众说纷纭，但大部分日本学者认为日本政府在九一八事变以后的海外扩张，与《田中奏折》的内容"竟然不可思议地对应"。即使田中不通过《奏折》向天皇报告，上述情况也足以证明《奏折》所表达的政策是存在的。

3. 历史假设成立的条件之三，历史存在着大量偶然性和选择性。历史学存在假设方法的一个客观条件是，如果历史的演进过程都是必然的，不存在偶然性、或然性，那么我们的假设方法也就失去了它的存在性，也就没有任何意义了。可是历史的演进过程在微观上存在大量的偶然性和或然性，因此我们常说历史偶然和历史必然的关系，就是必然性通过大量的偶然性表现出来。也就是说，历史存在大量的偶然性和或然性，偶然性是历史演进过程中偶然出现的，或然性则是历史演进中可能大概率出现的历史趋向，也就是历史演进中曾出现过多种可能性和选择性。站在宏观的角度观察，历史是客观的、必然的；假若站在微观的角度来观察，就会发现历史演进中充斥着大量的偶然性。实际上偶然性是各种各样的条件、各种各样动机的多维、多元表现，必然就是因果之间存在着一种必然性。但是历史的"因"甚多，确实存在着很多选择性、偶然性和或然性。

在同类事物出现的一因多果或者一果多因的条件下，为什么会出现这样而不是那样，为什么两个相同的事物会出现截然不同的选择、不同的历史结果，这时就需要借助于假设的研究方法来进行推论、来丰富我们的历史思维。李约瑟提出的所谓"李约瑟难题"，即在13—15世纪的时候，欧洲开始了工业革命，中国也几乎是在这一时期具备了跨向工业革命的基本条件，但是为什么在中国没有出现工业革命而在西方却出现了工业革命浪潮，这就需要用假设的方法来探究其中的一些奥妙，可以从很多方面去考察。比方说人的动机问题，人的选择问题。在历史上，相同的动机产生不同的结果，相同的结果但是动机却不同，这种现象是非常普遍的。这种情况就需要运用假设的研究方法来解决。

历史上有很多值得假设的事件。如果光绪不是死于慈禧太后之前，而是仍然活着并掌权，那么中国的维新变法就可能会取得成功，中国历史发展就会是另一个样子，这是一种假设。这个假设之所以成立，就是因为光绪与慈禧在同一天之内相继去世了。因为大清同时失去了两位最高统治者，这是一件大事。

假如列宁不过早逝世，而活到20世纪50年代，推行新经济政策的苏联，会不会是另外一个样子？如果斯大林不是死于1953年，而是晚10年的话，那么是否会有赫鲁晓夫的秘密报告？如果没有戈尔巴乔夫、叶利钦，苏联是否不会解体？当然，我们可以为历史设想无数个假设，但是，历史注定是不能依赖假设而存在的。就是因为历史是曾经的存在，是常然，是无法改变的事实。所以这就是历史的真实性，就是历史的客观性，这种客观性是不能被改变的。

总之，没有假设就没有求证。历史学是一个开放的学科，凡是有利于学术研究的所有方法都可以采用。采用的前提是尊重历史客观真实性，尊重结果。结果固然是无法改变的，但是为了弄清楚结果之前的一些动机、一些复杂的问题，我们需要采用历史假设这个研究方法，目的是为了搞清楚历史演进的整个过程，构建真实的历史。

（三）历史假设方法的价值和意义

历史假设法有其存在的价值和合理性，因它大大地丰富了历史研究的方法和手段，该方法是其他历史学研究方法所不能代替的，具有自己的独特优势。历史假设是历史想象和历史预测的前提，没有假设就没有历史想象，没有假设更没有求证。假设不是真实的，它是我们的一种设想，是我们的一种推论，但是这个假设是否成立，还需要考证、求证，历史假设是在尊重历史史实的前提下进行的。这就是历史假设的价值。

我们提倡历史假设，并不等于我们否定真实的历史，承认假历史以及虚构的历史；并不是我们要推倒客观历史，然后按照自己的假设重新设计历史。因为历史已经发生了并定格在那里，是无法改变的。我们承认客观历史的不可更改性，它是不以人的意志为转移的。我们研究历史的过程中无非是想丰富历史思维、启动历史想象。因为客观历史留下了很多疑案和谜团需要历史学家给予解答。

历史有很多选择性，为什么选择这种道路而不是那种道路，当时的条件是什么，有什么样的经验教训，运用历史假设法可以提供大量历史信息。人们在学习研究历史的过程中，通过借助于历史假设方法，把历史选择的可能性用学术研究表达出来，会使读史者受到启发，能给人深思。比如研究近代中日两国的现代化问题，为什么日本能比较顺利地进入现代化，通过明治维新顺利地走上了资本主义道路。中国也经历了洋务运动，却在这条道路上步履蹒跚，这到底是什么原因呢？这里就有很多可能选择的道路，倘若用历史假设的方法加以讨论，就会有很多的启发。

假设对于寻找历史教训是非常有重要价值和意义的。客观的历史是没有假如的，我们自身的体会也是一样，却可以从中吸取教训，这就是使用历史假设法的一个很重要的理论依据。

三、关于历史预测

何为预测？就是对历史未来发展方向的大胆推测。历史预测也是史学研究的一种方法，是调动史学工作者更多地借助于数字计量、逻辑推导等理性活动，参与历史研究的重要手段。

（一）何为历史预测

所谓历史预测，它是建立在对已知历史过程的基础上，对未来历史发展走向所进行的一种科学判断或一种结论性判断。也就是对未来的一种洞窥、一种感知、一种认知，它具有超越时空的特性。我们所说的历史预测不是迷信不是算命，它不具有通常所理解的神秘性，它是一种科学方法。

历史预测既然是历史工作者建立在已知的历史资料、已知的历史认识、已知的历史结论基础上对客观历史未来走向的主观判断、主观设想或结论性概括，那么历史预测一定具有主观性是不言自明的。当然它也有客观性，历史预测中的主观性和客观性的比例，取决于历史工作者本身所占有材料的客观性、准确性，用于进行判断的历史知识的客观性和准确性。所以历史预测并不等于历史本身，它是研究者对未来历史演进轨迹大体趋向的一种认识或判断。历史不会按照某些人的想法去演进，历史有它自己的演进轨迹。但是，如果我们掌握了历史演进的规律，就能认识、就能理解、就会利用历史发展演进出现的可能性及其历史经验为我们服务。从历史预测的价值和意义来看，研究历史的动机、目的和意义是什么？是为了了解过去，重在面向未来。了解过去的历史，实际上是为了知道它的前因，知道了前因，才能知道它的后果、它的现在和未来。一个不知道中国几千年文明发展史、中国王朝更替史、中国政治制度史、中国文化史的人，他也就不能客观、理性地认识中国现在的历史、中国的现实政治、中国的现实社会，也就不可能对中国未来的走向作出科学的判断。所以说历史预测是历史研究的重要手段。通过历史预测手段，就可以大体预测出世界的未来趋向，中国的未来走向。

历史预测有大预测和小预测，有关人类社会发展的总趋势的预测，是大预测；有关不同地区、不同民族、不同地域、不同集团整体发展趋势的预测，是小预测。总的来讲，人类各个国家、各个集团的历史发展共存于人类社会历史总体发展的大背景之下，不能脱离这个大的背景发展，所以孙中山的名言"世界大潮浩浩荡荡，顺之者昌逆之者亡"讲的就是这个道理。也许一个小朝廷可以偏居一隅，除非永远封闭，当它打开了开放的大门与世界交流之时，它就不可避免地要受到外部世界的冲击和影响。随着人类信息化和科技的发展，"地球村"的出现，知识爆炸，网络的发展把世界连成一个整体，这些都加速了不同国家、不同民族、不同地区的信息交换和交流。所以人类社会中的任何一个小的局部发展与变化，必然服从于大的整体的发展与变化，任何一个局部的小环境都必然服从于人类总体的大环境，所以，历史预测的起点或基础，首先要看历史发展的主流。没有比较就没有伤害。综观一百多年来中国历史的发展就会清楚地看到，一个与世隔绝的世界，看上去是个庞然大物的清帝国，一旦打开了国门就会发现与世界大潮相比，形同纸糊的罗汉，外强中干，近代中国与世界先进文明存在着巨大差距，这种差距是"文明级别"的差距。当世界工业革命蓬勃发展之时，我们还沉醉在所谓天朝上国的千年迷梦之中，沉醉在"康乾盛世"的梦幻之中。在当代，许多学者都对所谓的"康乾盛世"赋予诸多溢美之词，但它到底是不是盛世，学术界一直存在很大争议。笔者认为，在康熙、乾隆当政之时，是中国文字狱最猖獗的时代，也是政治迫害最严重的时代，一个实行民族压迫、实行闭关锁国之制，思想被严重压抑，人民在困苦中挣扎，内有内乱，外有外患，人们不能安居乐业的时代，是谈不上什么盛世的。中国只有汉代的"文景之治"、唐代的"贞观之治"可以勉强算得上是盛世。认为清代是盛世，甚至电影、电视屏幕上满满都是"清宫戏"，为清朝皇帝"歌功颂德"，甚至满大街都在播放"还要再活五百年"，不知始作俑者的心理动机为何？这种虚妄的个人的自我慰藉和自我陶醉，完全沉睡在虚幻的迷梦之中，是典型的历史虚无主义。由此可以预测，中国现代思想建设还需要漫长的路要走。

1793年，乾隆年间，英使马戛尔尼使华，双方由此发生了礼仪之争，初看是维护中国传统政治体制之争，其本质则是中国传统农业文明（中国传统封建制度）与西方现代文明（资本主义制度）的一次真正的接触和交锋。由此可以预测40多年后中英鸦片战争中国的失败，也就是说从马戛尔尼使华中西之间的交锋，就已埋下了中国在 1840 年鸦片战争中失败的种子。纵观历史，可以对历史进行大预测或小预测的事例甚多，难以一一枚举。

（二）历史预测的成立

历史预测作为一种史学研究方法是成立的。

1. 历史发展的内在规律性是历史预测成立的前提。我们所说的历史预测之所以能够成立，因为历史是有规律的，它是建立在历史的必然性基础上的。历史必然性是客观存在的，因为历史演进有规律可循，那么历史发展就有轨迹可踪，这是历史预测成立的理论前提。历史预测既然是我们在掌握历史发展大趋势的背景下，对未来历史发展趋向的一种合理推断，那么这种推断一定是依据历史发展显现出的某些带有规律性的东西而进行的判断。历史发展中出现的带有规律性的、趋向性的因素越多，历史预测的准确性也就越高。我们不是算命先生，但是历史演进中存在着的某种客观必然性，给我们进行预测留下了可能性，这是我们能够进行大胆预测的理论前提。

2. 历史主体的"人性"是历史预测成立的基础。我们讲的历史，是人类社会发展的历史。因为人作为同一个"类"，是具有共同的"人性"的。人性是什么？是人的本能自然属性，是由"本我""自我""超我"所组成的集合体。人有各种各样的欲望，有各种各样的需求，人是历史发展的主体，人是有主观能动性的，人是趋利避害的，人的欲望在释放的过程，就是由本能感觉再到理性选择的过程。我们通过对"人性"动能的研究，对人性实现方式的研究，就能大致掌握了历史预测的方向，所以在这种意义上讲，作为历史主体的"人性"是历史预测成立的基础。

因为历史的主体是人，人是有主观能动性的，人有追求美好幸福的欲望，它构成了历史工作者进行历史预测的依据原理。看看近代世界各国都在追逐现代化，就可能推测出人类历史发展的大体规律。

人性是趋利避害的，而趋利避害实际上就是人类群体所进行的理性选择过程。德国经历了纳粹的统治，那么，德意志民族是否还想回到这个时代呢？历史会给人们提供丰富的经验教训，会促使人们进行一些反思，所以，我们预测的结论是，德国不可能再回到那个时代去了。因为人类演进的方向是由绝大多数民意决定的。人们从历史经验教训中获得的反思，会变成一个民族的群体意识，甚至成为人类共有的认知。

我们还可以依据"人性话题"得出几种预测依据。比如，人性有自私的倾向也有利他的倾向。如果人完全自私，他将寸步难行，可能很快就会崩溃而不可能在这个世界上立足，所以他会有一些利他的行为。特别是政治家们需要更多的利他行为。人性的这个特点是我们进行历史预测的依据。还有重要的预测，就是人类认可的文明，都存在着真、善、美、公平、正义、平等等一些基本的价值观，进入到现代文明，人类还存在着一些普世价值观，这些东西在历史中都会发挥作用。人们为了生存而进行的衣食住行的消费都属于人类共同的普适行为。人们为了生存就需要去消费，人类为了生存，就要完成人的再生产包括生活的再生产、繁衍的再生产，总要满足人类最基本的物质生存需求。建设繁荣昌盛的社会主义现代化强国，是我们数代人的梦想。我们建设社会主义社会是为了什么？是为了自由、平等、健康、富裕、公平公正、安全，"贫穷不是社会主义"，这是邓小平早已经做出的科学阐释。

3. 通过已知预测未知是历史预测成立的条件。通过已知历史内容预测历史演进趋向，这是历史预测的基本原则。著名未来学家托夫勒著有《第三次浪潮》一书，对未来进行了大胆的假设和推测。奈斯比特著有《亚洲大趋势》一书，对亚洲的未来趋向进行了一番大胆推测。我们称托夫勒、奈斯比特等人为"未来学家"，称他们的著作为"未来学著作"。那什么是"未来学"呢？就是关于未来的学问，实际上就是预测学，就是通过历史上已经发生的事件，已经获得的历史知识，用之以大胆地预测人类社会的未来走向。我们从他们的著作中可以看到，相关著作中所用的材料，大都是历史材料。他们正是运用了已有的历史知识来进行历史未来发展方向的大胆推测。既然未来学是成立的，那么"历史未来学"在某种意义上也应该是可以成立的。

历史工作者通过对历史的精细研究，也可以做到对未来历史走向的预测。马克思经典作家提出的社会形态学说，强调人类社会必然要由原始社会走向奴隶社会，由奴隶社会走向封建社会，由封建社会走向资本主义社会，再由资本主义社会迈向社会主义（共产主义社会），这其实就是对人类历史总体走向的科学预测。甚至我们有理由说，"历史预测学"之学科雏形，始于马克思。人类社会经历农业采集时代，后来又进入农业时代，再后来不断地发展，人类进入工业文明时代，摆脱了土地的束缚，社会制度发生了变化。工业革命又分为几次工业革命浪潮，有的国家赶上了，有的国家没有赶上；有的国家赶上了一部分，有的国家赶上了但却没有抓住好机会。这些都可以通过历史背景的分析作为历史预测的依据。

当然历史预测并非百分之百准确，因为除了存在历史必然性即规律性以外，还存在着在大量偶然性及或然性。如果人类历史完全是由必然性决定的，那么历史的演进就变成了宿命论了，变成历史决定论了。那样的话，人类就不用努力，我们也就不需要工作了，就可以放心大胆地等待命运之神的降临就可以了。因为历史总是进步的，我们可以自然而然地等到共产主义的实现，我们也就不必要为了享有美好的现实生活而奋斗了，因为不论努力与否，结果都是一样的。这就是历史宿命论、历史决定论必然带来的消极态度。历史虽然存在必然性问题，但是还存在着大量的偶然性和不确定性。所以，历史预测，只能是关于历史趋势的预测，只能是对于历史演进基本趋向的推演，并且还要考虑到历史演进中大量偶然性因素、或然性因素的左右和干扰。

4. 历史存在"重演"现象是历史预测成立的另一个条件。历史存在着"重演"现象，存在着"或然性"，这是历史预测的另一个条件。人类所具有的普世的价值观、人类所能接受的一些观念，是我们进行预测的另一个理论前提。历史存在着"重演"现象，这是历史或然性在发挥作用。在历史时空中会出现大量相似或相同的事件，我们称之为历史重演事件，这种历史重演事件是基于人类社会的不确定，人类文明的普世性，人性的相同性，包括历史规律在起作用，包括历史的必然性重演，也就是说历史的因果之间是存在必然联系的。比方说环境污染问题，当人类出于满足自身各种欲望而砍伐树木、破坏水源、污染空气之时，其结果就会造成森林植被破坏，水土流失，山洪暴发，空气污染、水质污染等严重问题。这些现象的出现都有一些规律，这个规律我们称之为重演律。比如100年前，在欧洲工业革命时代出现的环境污染问题，在中国20世纪七八十年代也悄悄地发生了。我们为了扩大再生产，不注意保护环境，于是我们不自觉地重走了欧洲工业文明时代的老路即先污染后治理的路子。这个代价太大了，我们的空间资源非常有限，我们的道路不同于西方，整个西方列强的发展是在掠夺落后地区财富的基础上实现的，而我们只能依靠自己发展，如果我们单靠破坏自己的生存环境，想获得发达的生活，那么这个代价我们自己将承受不起，最后会使自己的生存环境变成荒山污水，满目疮痍。近几十年来中国人受到的教训还少吗？上述所说的工业化与环境问题，其实就是一种重演，许多历史现象都会在我们不经意的情况下自动重演。基于以上的理解，只要我们掌握了历史演进中的"重演"规则，我们对未来也是可以预测的。

如果一个国家对自己历史上曾经出现过的社会矛盾不能够解决的话，就会积重难返，有可能重现过去那些动乱，这也是有规律可循的，因为历史事件之间是有因果联系的。当然也许也有人会说，历史没有什么规律，历史就是杂乱无章的，历史事件往往是突发的，历史充斥着大量偶然性，研究历史完全是个人的兴趣爱好。对于这样的说法，我们是不同意的。如果历史演进果真如此，那我们研究历史还有什么价值？历史如果没有自身的规律，我们研究历史也就没有借鉴的意义了。

我们相信历史不全是必然王国，而没有自由王国；若历史完全被必然性所左右，而没有或然性或偶然性，那么我们也就不必去研究了。如果我们完全依凭"历史必然就会出现"，我们也就不用思考了。社会总是不断地再进步固然不错，但只能在宏观层面这样认知，历史必然性更多表现在宏观的历史过程中，在微观的历史状态下更多地表现为或然性和偶然性，因为每个偶然性、或然性都与必然性有关联，这才使我们的研究存在着多样性选择。历史有偶然性、或然性还有必然性。有必然王国，也有自由王国，因为人有大量的自由选择意志，所以我们进行历史预测才是有意义的。

在历史研究中实际上有大量的研究成果是运用历史预测方法产生的。在当代外国史研究当中，正大规模地应用这一方法。比如预测当代日本某届政府垮台，经常预测某届政府谁能当首相，他会采取什么样的施政方针。比如预测小泉、安倍，预测右翼势力的几位首相，则主要根据某个人的出身、平常的言论、社会经历以及他的施政主张来判断某人当选日本首相后会采取什么样的施政措施。学术界基本上进行了精准的预测，比如现任的日本首相，他会对华采取什么措施，比如钓鱼岛问题、修宪问题。在某位首相上台之前就有很多学者进行了预测，预测某某某会上台，而且上台以后会造成中日关系的缓和或紧张等，这都说明了预测的重要性，说明了历史预测是真实有效的。

还有一个事例，是笔者的亲身经历。大概在30多年前，笔者还在读研究生时，托夫勒的《第三次浪潮》翻译出版，在国内形成了一股不大不小的"未来学热"。当时的研究生同学都非常兴奋，差不多每个人都买了一本，人手一册进行研读，互相讨论。这本书在20世纪80年代中期的中国也引起了很大的反响，报纸也发表评论，认为托夫勒的《第三次浪潮》是抹杀阶级斗争，散布和平演变的思想，而且认定托夫勒的那些奇思妙想，脱离实际，那些东西充满了想象，是不科学的。托夫勒在书中描述了近代工业的系统化、规范化、制度化，并预测将来办公将信息化，电话机、传真机、打印机、电脑都将完全进入家庭。记得当时我们这些研究生们对这种生活方式及工作方式皆非常感兴趣，大家都发出了"那要等多少年才能轮到我们"的感叹。可是在30多年后的今天，现在这些全都实现了。现在不仅实现了居家办公、网上授课，还实现了即时视频。但在那个时代，这些对于我们简直就是天方夜谭，然而托夫勒已经预测到了，他强调随着工业化、信息化在全球的普及，这个时代很快就会到来，事实上早在20年前，我们就已经部分实现了，现在已经完全实现了。现在办公已经完全信息化了，我们大部分人都有电脑，几乎都有手机，有电话，还有视频电话，现在电脑已经实现了这种视频。我们还有传真机、打字机，完全能够在家里实现信息化办公。在20年前我们想拥有手机、笔记本电脑、汽车，都是很困难的，现在基本上都实现了。从中就可以看出，对未来的科学预测，如果预测是符合世界发展趋向的，那基本上是准确的，是能够实现的。为什么？因为它符合人类的衣食住行的生产和需要。因为人类整体来说是追求幸福的，追求利益最大化的。我们不会忽略的事实是：从近代以来所有人都承认，汽车就是比马车好，电灯就是比油灯好，轮船就是比帆船快，枪炮就是比长矛大刀好。我们现在对西方所有的先进东西都采取拿来主义，确实也改变了我们社会的整个发展面貌，对我们的政治制度、经济观念也产生积极的影响。但是物化的东西要比制度和文化价值层面的东西容易接受得多。为什么？这就是人类对物质的需要更容易接受。现在来看，从物质形态方面，从城市景观来看，中国和一些中等发达国家基本上也没太大的差别。高楼林立，城市繁荣，经济发展成果丰富；我们有宽阔的道路，有动车，有地铁，私人汽车的拥有量也成倍增长。所以在这方面可以看出，它是符合历史发展趋势的。那么未来是否还有很多趋势？那要看未来人类发展的主流是什么，这就是我们能够成功预测的重要条件，它是经验性的，是社会发展主流的，是社会动力的，社会动力是没办法改变的，除非将自己封闭起来过原始人的生活，否则只能采用并吸收科学文明事物，否则一天也生存不下去。

总之，历史预测也是一种重要的史学研究方法。历史预测可以是研究者对某一历史事件的走势及未来的现象作出一种大致的走向的预测和推论，实际上是对某一事件内在的背后规律的一种描述，基于历史预测，大致可以得出符合历史趋势必然性的几种基本规则和遵循的原则。

（三）史学研究需要历史预测

历史演进过程是历史合力作用的结果，它不以人的意志为转移。历史的发展是偶然性和必然性相结合的产物，无数个偶然性构成了必然性。那么我们宏观地看待历史过程就会发现，历史都是必然的，但当我们节选出某一个节点或某一个片段的时候，会发现它们都是偶然的。据此，我们可以得出这样的结论：历史是由无数个偶然性相互作用的结果所延续下来的一种必然过程。我们也经常说历史存在着偶然性，历史演进的最原始动力来自人类的欲望，可以把欲望分成为物欲、食欲、情欲等。欲望分类不少，但本质上是人类本能的自然需求，可以是人们物质上的追求，精神上的追求，但实际上它是本我自然的一种欲望。历史是由人类无数个个人集合而成的，既有共同的社会心理、社会态度，也有每个人独特的心理和个性。固然每个个体都是有欲望的，这种个体欲望在行为中表现为不同的追求所形成的合力，由此构成了历史最终的客观结果。不管你愿意不愿意，不管你同意不同意，你都无法改变。这种过程实际上是由每一个偶发的因素一个个集聚起来的，无数个偶发的因素形成合力在特定历史时空当中的一种交错并互相产生了一种反应、结合、整合、交叉、互动、斗争、内耗、添加、正能量、负能量等变量"合力"，最后形成了历史过程。所以说历史形成的结果是可以追寻到的。基于人类的人性和心理的普遍性，不管白种人、黑种人、黄种人，很多人类的心理本能都是一致的，基于这种人类文化上的普遍性和普世性，可以作为对历史未来进行预测的一种基本的理解，可以根据现有已知的历史，来判断历史发展的基本走向。

但是，我们不是算命先生，历史预测只能预测几种路径，根据已知的历史结果，它还会无限地去延续，这种延续的轨迹，我们已经看得很清楚了，即无论你怎样改变，这种轨迹及其痕迹都会一直延续下来。据此可以判断出来历史发展的大致的几种可能性即发展、中断、倒退或路径改变，一般来讲历史发展大都不会超出这几种可能性。历史预测是有其存在的合理性的。这种历史预测到底存不存在，到底有没有科学性呢？在一定范围内我们是没法否定它的存在的。马克思经典著作对人类历史上五种生产方式，人类不同发展阶段的历史性概述，就是一种大胆的历史预测。我们时常把它称为一种科学的预测，实际上所有的预测都具有主观性，都是建立在已知基础之上的。建立在一种数学模型的计算，即使如此定量的分析也都具有主观性。因为历史的发展不一定按照人类的设计演进，未来的发展不一定按照这种轨迹去走，因为历史是很复杂的，无数种力量在左右着历史前进的脚步。

当然，我们并不由此否定历史预测的客观性和科学性，历史假设和历史预测是一对范畴，没有历史假设也就不存在历史预测。历史假设有其假设的合理性，历史预测有历史预测的合理性，假设也是根据已知的历史条件，根据研究者对已知的历史的了解，在已经掌握的历史材料的基础上，对过往历史上还有几种发展可能性的一种设想。当然，由于每个人知识上的局限性、思想上的局限性、时代上的局限性以及个人学识占有资料上完整性的有限性问题，都会影响历史假设的提出，另外这种历史假设，它实际上是我们研究中的一种问题意识。我们经常说历史研究要有问题意识，不能平铺直叙，要解决历史上的难点，解决别人不能解决的问题，或者解决大家都感兴趣的但是不知其所以然的一些问题。解决这些问题就需要历史假设，就是一个很好的能够体现历史问题意识的研究方法。没有假设怎么能有问题，因为有问题我们才有各种设想。一个历史事件的发生为什么是这样而不是那样呢？为什么同样是人，发展轨迹为何不同？为什么这个人是这样的人生轨迹，那个人是那样的人生轨迹？我们讲到环境条件，各种背景差异。那么在相同背景下为什么不同人走向不同的道路？我们可以从内在的人格、性格、自身的素养、态度、努力程度等方面进行讨论。但是如果都相同了为什么又不同了？所以这是一种问题意识，需要历史假设更需要历史预测。

思考题

一、何谓历史想象？为什么说历史研究需要想象？

二、试述历史想象的基本规则和方法。

三、何谓历史假设？为什么说历史研究需要假设？

四、试述历史假设成立的条件。

五、何谓历史预测？为什么说历史研究需要预测？

六、试述历史预测成立的条件。

第十二讲　历史叙事与历史阐释

　　本讲重点探讨历史叙事、历史阐释理论及其相互关系。历史内容是具象的，历史知识的传播需要通过历史叙事的方式，将历史事件的来龙去脉讲清楚，而历史事物之间的深层关系就需要通过历史阐释加以说明。二者在内涵上既有联系又有区别，它们都是表达历史内容的不同方式。相关问题的讨论有益于细化历史研究。

一、历史叙事的理论与实践

　　历史叙事，就是对历史事件的记录和描述。其重要功能在于传递历史，这种传递，既包括历史事实的传递，也包括叙事主体个人意识的传递。历史叙事本身是兼具客观性和主观性的一个过程，如何实现客观性和主观性的统一，使历史叙事更加接近于历史真实，就是我们当前历史研究中的一个重大的问题。

（一）历史叙事的概念及内涵

　　什么是历史叙事？叙事是指运用一定方式叙述历史事件、人物、制度、社会现象的来龙去脉、起止始末，以客观呈现其全貌为特征的表达历史方式。历史叙事一般指对过去的事件或人物客观事实的记录。历史叙事不同于文学描述，历史叙事就是历史学家将历史内容的来龙去脉，按照时间的逻辑展开，通过语言的形式，按照一定的空间和时间，去描述，去展开的过程。中国传统的历史叙事文本，体现的是以历史为核心的叙事方法，叙事侧重点在事而非在人或事件的意义，显性的时间秩序保证了中国历史叙事的独特性与独立性。

历史叙事有别于历史书写。尽管历史书写和历史叙事都是以历史事实为依托，并借助于史料来进行，但历史叙事采取的是平铺直叙，把历史事件、历史人物的来龙去脉、始末叙述清楚就可以了；历史书写则是对历史问题的研究，它以问题为导向，通过书写建构历史。历史叙事对以往历史事件、人物、制度的演变发展进行叙事，历史书写不仅对过去的历史阐明由来，同时还要合理地揣测历史的去向。

中外史学发展历程中都非常重视历史叙事，传统史学更以叙事为主。西方古代史学家希罗多德就利用高超的历史叙事技巧，摆脱了束缚手脚的编年手法，运用史诗和戏剧，变换时空的特长，晓畅生动的语言，引人入胜的史诗情节，克服了冗长可能带给读者和听众的烦闷。也就是说从希罗多德的时代开始，叙事就成为历史表达的重要特征。

历史叙事的事件或人物要有线索，有前后序列，有脉络，同时还要注重表达的技巧。到了近代，随着各种史学流派的崛起，叙事史的传统被打破，历史学已经从纯描述及叙事的方式，发展为分析和说明，从集中研究独一无二的单个事件转向对规律的研究和推理。因此，叙事史的传统被一种重分析解释的科学史学倾向冲击，但这不等于说叙事史就已经不存在，相反，它仍然是享有最大读者群的历史撰述形式，从某种意义上说，历史叙事体裁仍是历史重要的表现形式，因为它符合历史学的本质规定。

在叙事表达上，中国古代史家强调历史叙事，主要集中于历史撰述的方式上，比如是否表达准确，是否夸张虚饰，是否平实简约，是否流畅，等等。当然，他们也会强调叙事体例是否统一，结构安排是否层叠有序。西方史家同样重视叙事的表达，也注重内容结构，注重史家个体的叙事风格。但更重要的是，随着时代和历史哲学的变化，史家对叙事史的态度发生了较重要的变化，这些也开始影响到中国当代史学，叙事史的这样一个变化过程，恰好反映了历史编纂中叙事与议论的关系问题的重要性。

叙事的语言，要用当代语言，而非古语，要讲究修辞，注意文采，所谓

"言之不文，行之不远"。但不能过分修饰，以骈文入史，那样是"华而失实，过莫大焉"，"夫史之叙事也，当辩而不华，质而不俚，其文直，其事核，若斯而可也"。"叙事本位"是中国史学的优良传统，然而近代以来的新史学却日趋与中国固有的历史叙事传统渐行渐远，由此导致了史学的空框化。20世纪八九十年代出现的史学危机，除有政治原因外，实质上是史学叙事功能退化所引发的传播性危机，所以我们应该继续发扬我国悠久的叙事传统，为历史研究与历史普及开辟新天地。

（二）历史叙事皆有其依凭的体例

中国古代史学强调叙事，是对历史编撰的一种表达要求。从文体上看，中国古代史书无论是纪传体还是编年体，都是非常注重叙事的。中国传统史学就是以叙事为本位的史学。叙事形式采用的是编年体、纪传体和纪事本末体等形式。

中国传统史学的历史叙事成熟于《左传》，《左传》是编年体史书，其叙事不仅明确时间概念，还采用插叙、倒叙等形式，将事件的本末交代清楚，有些事件的叙事非常生动，比如郑伯克段于鄢、晋灵公不君、城濮之战、曹刿论战等。但这种编年叙事的史书，对人物的记述远远不够，有时读者很难对叙事过程中出现的人物的身份有确切的了解。有鉴于此，一种新的能更加全面叙事的史书体裁——纪传体产生了。

纪传体创始于西汉司马迁的《史记》。《史记》是中国第一部纪传体通史，共130篇。记上起黄帝，下迄汉武帝时期共3000多年的历史。包括十二本纪、三十世家、七十列传、十表、八书。本纪，按年月记载重要史实，兼述帝王本人事迹。世家，主要是记载诸侯和贵族的历史。列传，是各方面代表人物的传记。表，是用来表示错综复杂的社会情况和无法一一写入列传的众多人物。书（后世史书多称"志"），主要记载典章制度和有关自然、社会各方面的历史。纪传体是一种以人物为中心的多重叙事体裁。司马迁《史记》的产生，标志着中国史学叙事模式的成熟，这种模式影响了中国2000多年。

在司马迁之后，东汉班固、南朝时期的范晔对纪传体的完善做出了重大贡献。班固《汉书》记西汉一代历史，包括十二本纪、八表、十志、七十列传，共 100 篇。其贡献一是创纪传体断代史，这种体例成为中国史籍最主要的编纂形式。二是扩大了记事范围，增加了地理、五行、艺文、刑法四志。范晔《后汉书》综合了当时流传的多种后汉史料，简明周详，叙事生动。在列传部分增加了党锢、宦者、文苑、独行、方术、逸民、列女七种类传，多为后代史家所承袭，使更多方面的人物得以载入史册。

纪传体经班固、范晔及后代史家的努力，叙事范围不断扩大，成为史家编史的首选体裁，编年体史书虽有东汉末年荀悦《汉纪》（连类列举）、东晋袁弘《后汉纪》（连类同书）的贡献，但重视不够。直到北宋时期司马光编著《资治通鉴》，编年体史书才再次得以兴盛。

《资治通鉴》是北宋司马光主编的我国第一部编年体通史，是编年体史书历史叙事发展的高峰，它在载人和记事两个方面都有较高的成就。其记事之法则主要是借鉴了《左传》的叙事手法，运用丰盈细腻的文字，通过刻画人物的心理活动来揭示大的时代主题，并以记言形式来丰富记事。从而使载人和记事同时成为牵动编年体史书叙事发展的两翼，进一步推动了编年体历史叙事的发展。

编年体和纪传体这两种叙事体裁对于叙事都有其自身的缺欠，编年体编年记事，事件往往被分割支离，纪传体以人物为中心叙事，也往往因为涉事者非一人，而出现重复，因而一种完整叙事体裁的书籍就很有必要。这样在南宋时期，一种完全以事件为中心的体裁就产生了，这就是纪事本末体。

纪事本末体创始于南宋袁枢的《通鉴纪事本末》。他将《通鉴》所记之事，区别门目，分类编排。专以记事为主，详细地叙述每一事的始末。纪事本末体的优点是每一历史事件独立成篇，各篇按时间顺序编写，能够完整地反映历史事件的全过程，可补编年体与纪传体之不足。缺点在于不能表明同一时期各个历史事件的联系。除此以外，人物传记类的史书，也属于史学叙事的范畴，专以人物为中心来写其生平事迹。

对于叙事采取什么体例适合，每个史家的认识不同。用编年体的叙事史家认为编年体更具优势，用纪传体叙事的史家认为纪传体更能全面反映历史。编年体叙事过于简约，而且按时间排比，难以形成事件的整体概念。纪传体虽然"人始区分，详而易览"，但在记事方面缺欠很大。刘知几认为编年体和纪传体各有优劣，可以互补不足，所以应二者并重。他认为编年体的长处是记事不重复，短处是会遗漏重要的人物。有些小人物比如杞梁妻、绛县老，因为和国君、正卿打过交道，就被记载下来，但像颜回、柳下惠这样的大贤人却不见记载。纪传体的长处是大事小事记载比较全面，短处是容易出现重复。

自近代以来，中国历史书写多采用西式撰著体例，采用章节体形式进行历史叙事。一般来讲，每章都是一个主题，章下设节、节下设目、目下设子目，用以区分叙事的层次。每章设若干节，设为平行问题，每节下的小目则是叙述历史分支细节的层次，这样就使历史叙事更具有逻辑性和层次感，使历史叙事有章法可循。到目前为止，全世界各种历史著作尽管体例不一，但无外乎上述四种体例，各有各的好处，各有各的缺点。最重要的是都是历史在叙事过程中可依凭的体例，形成了各个不同体裁所特有的叙事风格和叙事方式。

历史既有体例的依凭，更有叙事层次的约定。历史叙事是分层次的，既有纯粹的事件叙事，也有把事件叙事和因果分析交织在一起，夹叙夹议的叙事方式。中外史家皆关注叙事体例是否统一，叙事结构安排是否层叠有序。尽管有不同史家个体的叙事风格，存在着各种各样的叙事表达，但无论怎样分层都不可违背历史的叙事逻辑。

（三）历史叙事必以真实材料为依托

历史叙事必须以真实的第一手原始资料为依据，要注重史料选择的科学性。历史叙事不是文学虚构，真实的史料是历史叙事的前提。在史料浩如烟海和难以穷尽的情况之下，任何历史叙事都需要在选择史料中辨伪存真，这是历史叙事能否接近历史真实中至关重要的一点。如果历史叙事主体由于历史观、价值观甚至学术背景的影响，在选择史料时事先戴上了有色眼镜，其无意中就给自己戴上了无法客观真实的枷锁，一旦历史叙事失去了历史真实，就失去了其存在的前提。在这方面史学研究者就需要加强自己的学术修养，提高自身的学术定力，提升辨别史料真伪的认知能力，从而不断地去接近历史真实。中国的传统史家都很重视史料的搜集与选择。他们都认为应该收集大量的史料并进行精选，择可靠者入史。比如刘知几在《史通》中就提出了

"博采"主张，在史料的采择上，更要"善择"，特别重视原始史料。近代历史学家梁启超、顾颉刚、傅斯年等人也都非常重视第一手史料也就是原始史料的重要性，为此不惜"上穷碧落下黄泉，动手动脚找东西"。可以说重视史料特别是第一手史料，这是所有历史学家的共识，只有建立在真实历史资料基础上，才能进行真实的历史叙事。

历史的叙事，就是对历史记录和描述，它的重要功能在于传递历史，这种传递，既包括历史事实的传递，也包括叙事主体个人意识的传递，历史叙事本身是兼具客观性和主观性的过程。如何实现客观性和主观性的统一，使之更加接近于历史真实，是我们在历史研究当中的一个重大问题。

为什么历史叙事受很多人的关注？在20世纪七八十年代以来，历史叙事成为中外史学界关注的热点，就在于大量哲学、社会学和文学等方面的理论冲击了历史学传统的研究领域和理论体系。使得历史学遇到了前所未有的挑战和危机，它所遭遇的挑战主要是来自后现代主义的思潮。影视、戏剧、网络大众传媒叙事及文学叙事，被人们误与历史叙事混为一谈，对历史记录的客观性产生了干扰和影响。由于将史和事割裂开来，认为事不必尽出于史，人们可以为了叙事而任意杜撰历史。特别是以历史为题材的文学作品的盛行，以历史为题材的电视剧对一些历史事实的杜撰，虚构了很多的历史事实，架空了很多真实的历史，影响到了民间对史学的认知和对史学史实的判断。而这些问题就涉及历史的编撰、叙事和传播，又都与这个历史叙事的研究有关。

善叙事是中国史学传统，历史著作主要是以记载历史人物的言行活动为主，叙事占有很大的比重。在古代，善于叙事就会被视为良史。比如说中国古代有左丘明、司马迁、班固、司马光等史家，在西方有希罗多德、修昔底德、塔西陀等史家，他们都是比较优秀的历史叙事史家。虽然他们撰写的著作有不同的叙事风格，但是他们对叙事的求真向善以及追求宏大叙事的结构，高超的技巧和审美旨趣却是相通的。

随着现代和后现代思潮对史学传统的冲击和解构，阐释历史的话语权逐渐由官方和学者转向大众传媒和普通民众，由过去宏观和正统的立场，转向微观和个人化的表达。有些人甚至把历史撰述等同于文学写作，这就偏离了历史叙事的本质。历史叙事和文学叙事在目的和性质等方面，其实是有根本差异的，文学叙事可以虚构事件的经过，但是历史叙事就必须依照史实展开。它不像西方历史叙事学理论所说的那样，史家可以出于自身的历史观或价值观或者特定的动机和要求，采取一定的修辞和策略，对史实进行重构或者阐释。但必须在尊重历史事实的基础之上，通过公正、客观和科学的考定、分析和论证，尽可能地重现和还原历史事实。历史叙事可以有多种表现手法，或采用各种史学体裁，但必须忠实于历史真实，将历史事件客观地记录下来。

历史叙事允许多元叙事方式的存在，由于历史叙事主体偏好的不同，自然带来了历史叙事方式的多样化。只要是接近历史真实的叙事，就可以从多个角度、多重视野、多重历史叙事途径去叙述历史过程，这样更有利于历史的整体研究，进而在求同存异的多元认知中，不断去接近历史真实。总之，历史叙事有文有志，既具备了丰富的表情，又接近真实的本貌。

（四）历史叙事必有其价值依凭

历史叙事必须具有其价值依凭，也就是我们需要什么样的历史叙事的问题。

第一，要确立历史叙事原则。历代史家在谈及历史叙事时都要求直书实录，《史记》就是本着实录原则记事的，东汉史家班固赞誉司马迁记载历史"其文直，其事核，不虚美，不隐恶，故谓之实录"。此后史家皆把"文直事核""善恶俱书"的"实录"境界作为叙事追求的目标。刘勰赞成"文疑则阙，贵信史也"；刘知几也主张叙事不虚美，不隐恶，他还曾专门写了《直书》《曲笔》两篇论文盛赞直书而贬抑曲笔。认为直书的史家和曲笔书事之人，"贯三光而洞九泉，曾未足喻其高下也"。记录历史并不可能将全部往事毫无遗漏地记下来，只要能反映历史的主要框架，将历史事件叙述圆满即可。

第二，要汲取中外历史典籍中的叙事精华。中国古代叙事体历史著作丰富，为我们提供了丰富的素材。可以将自先秦以来历史叙事著作中的精华加以吸收，结合自己的叙事技巧，形成自己独特的叙事风格。同时也要借鉴国外史学著作中多元的叙事风格，不断丰富中国史学的叙事方法。文学、影视作品中的叙事风格与叙事程序与技巧中有益的营养成分也值得汲取。

第三，历史叙事要传承中华民族精神。历史叙事会受到个人因素的影响，如个人伦理审美偏好的不同，使史学家对同一历史事件做出不同的构想和阐释。基于此，历史叙事就更应该忠实于事实本身，多吸收中国历史典籍中优良的叙事传统，不断提升和完善历史叙事的理论和方法，才是重要的价值升华途径。

二、历史阐释的理论与应用

历史阐释，是对历史现象的解释和说明，更是对历史发展规律的深刻探索，其本质是历史观点、历史思维和历史价值取向的综合集合体。历史阐释与历史叙事客观忠实地记述历史不同，它更多体现出史家的主观性，即史家对客观历史过程的内在规律的阐发和解释。历史阐释，是对历史事实的原因、结果、意义进行阐释的过程。除带有强烈的主观性外，谁来阐发，谁来解释，其可信度怎样，是否具有影响性，还取决于解释主体的历史话语权问题。所以，历史阐释的权威性是存在争议的，历史阐释的本意是追求真理性和科学性，是对历史问题的回应，但是，时代和社会现实政治也会对历史阐释产生重要影响。

（一）历史阐释的概念及内涵

历史阐述是对历史事实的原因、结果、意义进行阐释的过程，历史阐释是阐明历史发展轨迹及其意义之所在。历史阐释注重对史料的解读，要求不加入个人观点，不能有预先的设定，必须从史料本身以及史料发生时的社会背景等方面入手分析。在此基础上，史家们还要对历史事件之间的关系进行参透和解读，这时，主体性和主观性就不可避免地加入了。也就是说，历史阐释有说明历史价值及意义的功能。当人们不满足于"是什么"，而不断追问"为什么"的时候，解释就出现了，可以将解释理解为更深层次的议论。中国史学上的历史解释起源甚早，如《国语·郑语》，记周代史官史伯论周的兴衰，其指陈历史形势，论周之将亡，即属此类。西汉初年陆贾撰《新语》，贾谊撰《过秦论》，亦属此类。历史阐释不仅对客观存在的历史运动进行解释，而且还会针对历史撰述发表解释性的意见或见解。总之，历史阐释不仅是对历史现象的解释和说明，更是对历史发展规律的深刻探索。

历史阐述带有一定的主观性。历史阐释的权威性存在着争议，历史阐释的本意是追求真理性和科学性，但因受历史时代和现实的影响，现实政治会对历史阐释产生重要的影响。特别在古代君主专制时期，政治对治史具有很大的影响，在某些历史阐述中会不自觉地倾向政治权威，为帝王服务，为政治服务，出现历史阐释偏向政治服务的倾向。

历史阐释的主体既然是人，那自然就具有主观性。但是，由于历史学的学科规定，历史阐释的主体性，必然以客观性为前提。简单来说，历史是客观历史过程，是客观事实，历史阐释的主体无论怎样发挥主体性，都必须以历史的客观性为前提，这是重要的历史阐释尺度，脱离于此的历史阐释就会失去应有价值。因此，历史阐释主体在阐释历史时，必须坚持用历史本身的客观性来阐释历史，坚持历史的客观性，反映历史本来的面目。客观阐释文献史料或是考证证据，是我们重构历史的前提条件，因为很多东西离我们时代久远，历史上没有充足的文献记载材料，甚至有些材料已经佚失，这就需要阐释者对历史进行假设和推论，发挥个人的主观能动性，寻找材料、考证材料，证明推论。历史阐释的主体是社会的人，不是单独脱离社会存在的个体，因此必然受到时代的限制和历史的局限，这是无法超越的。就个人而言，人都是在一定条件下认识事物的，条件达到什么程度，认识就达到什么程度，条件可能会影响历史阐述主体的认识水平，尽管如此，力求真实地再现历史，这是历史阐释主体应恪守的基本原则。

（二）历史阐释存在着阶级性、民族性和时代性

历史学家是历史阐释的主体。由于历史学家是时代的人、民族的人、阶级的人，所以历史阐释必然存在价值判断的多元性。历史阐释主体是阶级的人，其必然受到阶级意识的局限，阶级矛盾和阶级斗争观念必然不自觉地出现在历史阐释的内容之中。一般会对同一阶级的人或事抱有认同趋向，对同一阶级的遭遇会抱有更多的同情。历史阐释主体是民族的人，就意味着他会受到民族意识、民族感情以及民族行为方式的约束，在历史阐释中难免打上

民族的烙印。历史阐释主体是时代的人，因此他不可能不受到时代的影响，所以在阐释历史时也存着这样相同的问题。一般而言，不存在着超越时代的历史阐释，因为不可能被同时代的人接受，也就意味着这种阐释不能生存。

历史的阐释不仅仅是历史解释和说明方法，更体现为一种历史哲学问题，不论是历史阐释的理论出发点，还是它阐释的内容本身，都明显地体现了对历史的基本态度和看法，因而是历史观点、历史思维和历史价值取向的一种综合反映，不可避免地存在着历史阐释中的阶级性、民族性和时代性特征。

（三）历史阐释存在着多元性的价值判断

历史阐释总是和价值观联系在一起的。历史的再现，需要历史的书写，而历史的书写就必须要有历史学家价值观参与。历史阐释价值评价的主体，会受各种因素的限制，会存在着价值评价的利益限定，历史阐释无非是价值利益的一种文化表达，它代表什么样的利益，就会有一种什么样的价值取向，反映在历史阐释中必然存在着多元性的价值判断。当然，在历史研究中，历史阐释价值评价不能凭借自己的一种情感、立场和主观而决定是非对错，还应该看其是否代表了历史发展的方向，是否体现了社会的进步。真正合理的价值评价所反映的并不仅有史家个人的利益，更有某一群体的利益，还应当反映最广大人民群众的利益。

历史认识离不开历史阐释，更离不开历史的价值判断。历史阐释的基本价值，就在于客观真实，但是，无论多么强调这个客观真实，都不能完全做到绝对真实，这就是历史阐释不能够排除阐释者价值观偏见的原因。一般来说，阐释者在阐释历史的过程中会带有明显的意识形态特色，或带有自己本身所代表的某种政治取向，自然会将自己所服膺的意识形态带入历史文本中来。历史学家的历史阐释作为一种话语行为，本身即具有道德评判和政治统治的双重意义。因为话语这种东西，从来就不是一种纯粹客观的东西，也不是绝对中立的，历史阐释者在进行阐释的过程中，自己的价值观和伦理判断会自动参与到历史阐释活动中。因此，阐释这个过程也就不可能是完全客观的和绝对真实的。这是我们在学习和研究历史著作中不可不注意的重要问题。

（四）我们需要什么样的历史阐释

在历史研究中，只有叙事没有阐释的历史，不叫历史学，只能叫史料学。历史叙事，只有通过历史阐释才能彰显其价值及意义。故历史阐释是具有历史价值意义的。

第一，需要以唯物史观指导的历史阐释。我们需要什么样的历史阐释？当然需要在唯物史观的指导下，在尊重历史真实，关注现实需要的条件下的历史阐释。历史学是以"历史事实"为前提的，但对于何为"历史事实"存在很大的争议，因为历史本身是过去的，不能直接呈现出来，只能靠后人的书写才能还原历史，根据文献资料和考古发掘进行历史还原、核实，弄清楚历史的真相，虽然历史文献和考古资料在后期的发掘中有新的发现和更正，但是无论怎么阐释都是根据现在持有的资料进行阐释，在最大限度上尊重事实，这就需要对事实有一个正确的认识和把握，坚持以唯物史观指导历史阐释。

坚持唯物主义历史观就是坚持以整体的、联系的观点来看待历史事实。哲学上，任何事物都不是孤立存在的，世界上的事物存在普遍联系。因此，在对待历史事实时就要全面地、整体地把握和理解基本事实。把基本事件放在历史的长河中分析和考察，获取历史研究价值。强调历史的整体性和普遍联系的观点，并不是否定历史细节，要弄清历史基本事实，细节研究非常必要。弄清楚事实的来龙去脉，就要对基本事实进行精细化研究，可以通过关键性的细节获取对历史事实的基本判断，同时也要注意研究在历史事实中的决定性、关键性细节，对一些无关紧要的细节研究不仅不能洞察基本史实，有时还可能会影响历史判断。

另外，对历史基本事实的阐释，要将其放到当时的历史背景和历史条件中考察，任何历史现象和历史事件的发生都有深刻的历史根源，评价历史事件和历史人物都应放在当时的历史条件背景下进行评价和考量，这样才能获得一个完整的相对清晰的全景。要坚持用唯物史观来认识和记述历史，把历史结论建立在翔实准确的史料支撑和深入细致的研究分析的基础之上。

第二，需要以实现人民价值为标准的历史阐释。在历史阐释中我们要坚持人民价值标准。史家个体价值应尊重和契合民族价值观，代表民族的利益和价值阐释历史。历史阐释违背民意的评价不能算合理的评价。历史阐释还应以历史进步为价值出发点，在对历史事件和历史人物进行阐释时，应当看其是否代表了历史发展的方向，是否体现了社会进步。顺应历史发展的，推动社会前进和进步的，应给予正面评价，逆历史潮流而动的应给予否定评价。

第三，需要以历史事实为依据，坚持客观历史标准的历史阐释。发挥阐释的主体性需要以客观事实为前提，也就是以历史事实为前提。历史阐释主体在发挥主动性时需要尊重客观历史事实，以历史事实为前提，这是重要的历史阐释尺度，因为脱离历史客观事实的阐释是毫无意义的阐释，阐释历史不外加任何的想象和其他原则，即坚持历史的客观性，反映历史本来的面目。力求真实地再现历史，这是历史阐释主体应恪守的基本原则。客观阐释历史与坚持历史主体并不矛盾，人在其中既是历史阐释的主体，同时又可以发挥人的主观能动性。

第四，需要深度挖掘历史规律的历史阐释。在历史阐释中把握和挖掘历史规律，历史阐释要深入历史因果关系中的规律层次进行深度解读，也就是说历史阐释的真正价值不在于历史事实的基本陈述，而是对历史基本事实发生原因深层次规律的阐释。通过规律性的分析，还原历史的真相，对历史规律的把握和挖掘，才是阐释历史的真正意义，从而达到知古鉴今的目的。

思考题

一、试述历史叙事的概念及理论。

二、试述历史阐释的概念及理论。

三、试比较历史叙事与历史阐释之异同。

第十三讲　史学范式探微

　　学术界普遍认为，1962 年科学史学家库恩在其所著《科学革命的结构》一书中提出了"范式"概念。按照库恩的论述，范式是由从事某种特定学科的科学家们在这一学科领域内所达到的共识及其基本观点，是一个学科的共同体在研究准则、概念体系等方面的某些共同约定，范式包括在一个群体内共同遵守基本理论、观点和方法，共有的信念等，在认知逻辑上，范式都意味着共同体成员围绕着特定学科或专业领域建立起来的共同信念、共同取向和共同的研究范围。通俗地讲，范式实际上是一种思想体系、某种研究方式，一旦某种范式形成就会产生共同遵循的群体，从而产生范式共同体。在这一体系当中，大家都遵守相同的概念、定理、话语系统等。

　　按照这个概念进行讨论，中国百年史学演进过程中确实曾出现了多种史学范式，如"新史学"的进化史学范式、科学史学范式、革命史范式、现代化范式、全球化范式等。我们认为，史学研究范式就是在某一特殊时代处于权威地位的史学思想、史学观念以及史学话语系统被某一特定史学群体共同遵循、共同服膺，从而形成史学共同体准则，有共同信奉的理论、有共同的史学理念和价值追求，有特定的研究群体，产生出一批研究成果，并形成了史学派别。基于此，本讲将从历史纵向角度介绍中国自近代以来曾出现过的主要史学研究范式。

一、"新史学"范式

"新史学"范式主要指戊戌维新时期采用进化论理论指导史学研究而形成的史学范式。它是维新时期"史界革命"的产物。因梁启超在一篇论文中提出"新史学"概念，故命名之。梁启超于1901年在《清议报》上发表《中国史叙说》，1902年在《新民丛报》上发表《新史学》，这两篇论文成为"史界革命的宣言书"和"新史学"诞生的重要标志。该史学范式主要以进化论作为史学研究的指导思想，以进化论的"物竞天择，适者生存"，群体进化、演变、进步等概念作为基本话语，有一批志同道合的思想家、史学家加盟，共同遵循并提倡这一范式，展开了一场轰轰烈烈的"新史学"运动，并产出了一大批新史学著作。

（一）以进化论为史学指导思想

甲午中日战争之后，中华民族危机加深以及维新变法运动的深入发展，是产生"史界革命"最重要的客观前提，中国传统哲学的"变易"思想和西方的进化论，则为近代新史学提供了新的理论武器。

1898年4月，由严复翻译的赫胥黎的《天演论》正式出版。严复开宗明义地提出他翻译这本书的宗旨是为了"自强保种"。他说：赫胥黎一书"其中所论，与吾古人有甚合者，且于自强保种之事，反复三致意焉"[1]。严复所介绍和宣传的"物竞天择，适者生存"的进化论思想，在当时的思想界起到了振聋发聩的作用，敲响了祖国危亡的警钟，引起了维新派的共鸣。《天演论》译成后其中宣传的许多观点，在该书刊刻前就在维新派中流传。1896年严复曾将一部分《天演论》底稿交给梁启超、康有为阅读。梁启超在《与严幼陵先生书》中曾提到"读赐书二十一纸，循环往复诵数过，不忍释手"[2]。《天演论》在中国影响长达数十年之久，可以说在马克思主义唯物史观传入之前，一直在中国学界占据着重要地位。蔡元培曾说："自此书出后，

---

[1] 严复：《〈天演论〉自序》，《严复集》第5册，中华书局，1986年，第1321页。
[2] 梁启超：《饮冰室合集》文集1，中华书局，1989年，第106页。

'物竞'、'争存'、'优胜劣败'，成为人人的口头禅。"[①] 总之，《天演论》中的进化论思想对史学的影响是巨大的，它推动了史学从近代的经世史学向以社会进化史观为指导的新史学的转变，为资产阶级新史学的产生奠定了重要的理论基础。

康有为的"三世进化"历史观也对"史界革命"作出了理论贡献。他以《易经》中的变易、辩证观点来说明变的必然性，说明一切事物通过变化才能发展的道理。在他那里，"据乱世""升平世""太平世"是处于不同时代的社会发展阶段，历史的发展就是沿着"据乱世"向"升平世"，再向"太平世"的发展过程。他的进化观批判了"天道不变"的顽固守旧思想，也基本上摆脱了那种"复返其初"的循环论观点，强调了社会由低级向高级、由蒙昧向文明、由专制向民主发展的必然趋势，表现了一个在传统文化培养下的知识分子，面对时艰勇于探索的精神。康有为的"三世进化"史观与严复的《天演论》相得益彰，在戊戌维新时期，成为新史学思想酝酿时的一种思想利器。此外，康有为的批判精神和疑古思想对新史学的思想的形成影响较大。他提出"中国之民遂二千年被暴主、夷狄之酷政"[②]，激烈地抨击了中国 2000 年来的封建制度，将帝王称为"匹夫""民贼"，并以初步的民权观点解释了君权论。他说："天下归往谓之王。天下不归往，民皆散而去之，谓之匹夫。"[③] 康有为还对上古史提出了怀疑，认为"上古事茫昧无稽"，三皇五帝的事值得怀疑，这种反对封建专制和疑古思想对新史学有很大影响。而让历史学为维新变法、救亡图存，为否定封建君主专制、建立资产阶级政治制度服务，正是"史界革命"的目的。维新派侧重研究的"维新史""变政史"，革命派侧重研究的"革命史""独立史"，都体现了这一点。

严复搬来的西方资产阶级的"天赋人权"论，对新史学的酝酿也产生了重要影响。他用"天赋人权"批判封建专制制度，提倡资产阶级民主从而启发和推动了对封建"君史"的批判与对"民史"研究的重视。严复的民权思

---

① 蔡元培：《五十年来中国之哲学》，《蔡元培选集》，中华书局，1959 年，第 216 页。

② 宸有为：《康有为政论集》上册，中华书局，1981 年，第 199 页。

③ 康有为：《孔子改制考》，《康有为全集》第三集，上海古籍出版社，1987 年，第 225 页。

想在当时引起了社会上进步人物的共鸣，使人们对帝王家谱式的历代正史所反映出来的封建史学的尊君抑民本质有了进一步的认识。

总之，西方进化论的传播，中国传统变易思想的阐释，为"史界革命"的到来提供了历史条件和理论准备，促成了新史学的诞生。

梁启超声言："呜呼！史界革命不起，则吾国遂不可救，悠悠万事，惟此为大。"① 明确提出要按照近代学术思想和体例改造传统史学，建立适应日益变化着的近代社会需要的"新史学"。几乎与梁启超同时，邓实也明确提出了"史界革命"的问题。他说："悲夫，中国史界革命之风潮不起，则中国永无史矣，无史则无国矣。……新史氏乎？其扬旗树帜一大光明于 20 世纪中国史学界上以照耀东洋大陆乎！鸡既鸣而云将曙乎？吾民幸福其来乎？可以兴乎？"② 热烈地呼唤着"史界革命"的到来。新史学的提倡者还明确宣告了他们所建立的"新史学"与"旧史学"的根本不同："前者史家，不过记载事实；近世史家，必说明其事实之关系，与其原因结果。前者史家，不过记述人间一二有权力者兴亡隆替之事，虽名为史，实不过一人一家之谱牒；近世史家必探察人间全体之运动进步，即国民全部之经历及其相互之关系。"③ 同时，他们还明确界定"新史学"是为了探究群体进化之理，以"鉴既往之大例，示将来之风潮"。强调"历史者，叙述进化之现象也"，"历史者，叙述人群进化之现象而求得其公理公例者也"。在这里，他们把历史的意义和目的规定为"探察人间全体之运动进步"，及其"相互之关系"。这就肯定了历史是运动的、进步的，在一定意义上划清了新史学与旧史学的根本区别。

用西方进化论历史观作为历史研究的指导理论，这是"史界革命"倡导的重要原则内容之一。梁启超是新史学的主要代表人物，他的进化论历史观最为典型，代表着"史界革命"的理论潮流。他在《新史学》一文中提出的历史学应叙述"进化之现象"，尤其是"叙述人群进化之现象"，并"求得其公理公例者也"的观点，就是以进化论历史观指导历史研究的典型表达。梁

① 梁启超：《新史学》，《饮冰室合集》文集 9，中华书局，1989 年，第 7 页。

② 邓实：《史学通论》，《政艺通报》第 12 期，1902 年 8 月 18 日。

③ 梁启超：《中国史叙说》，《饮冰室合集》文集 6，中华书局，1989 年，第 1 页。

启超由于接受了达尔文进化论学说，在 19 世纪末形成了他的早期进化论历史观，并成为他宣传维新变法、批判封建专制制度最锐利的思想武器。20 世纪初年，在他建立资产阶级新史学之际，又把进化论学说引进历史研究之中，坚持人类历史是不断地由低级向高级发展进化的观点，冲破了"天不变道亦不变"的历史不变论和"治乱相循"的历史循环论的束缚，指出历史的进化不是直线式的发展，而是"或尺进而寸退，或大涨而小落，其象如一螺线"，由低级向高级曲折前进，但总的趋势是今天胜过昨天，将来超过现在，越变越进步。据此，他认为，旧史学那种"一治一乱，治乱相循"的观点是错误的。他说："吾国所以数千年无良史者，以其于进化之现象，见之未明也。"这就点出了他的进化史观与旧史观的根本区别。他确认历史是不断进化的，是有规律性可循的，而研究历史的目的在于"将以施诸实用焉；将以贻诸来者焉"，"历史者，以过去之进化，导未来之进化者也。吾辈食今日文明之幸福，是为对于古人已得之权利，而继续此文明，增长此文明，挚殖此文明。又对于后人而不可不尽之义务也。而史家所以尽此义务之道，即求得前此进化之公理公例，而使后人循其理率其例以增幸福于无疆也"[1]。

梁启超进化史观的另一项内容是将生物界进化法则运用于历史领域。他根据达尔文学说明确提出："世界以竞争而进化，竞争之极，优者必胜，劣者必败。久而久之，其所谓优者，遂尽占世界之利权；其所谓劣者，遂不能自存于天壤。此天演之公例也。""竞争者文明之母也。竞争一日停，则文明之进步立止。"他把竞争看作世界进化的根本动力。在《新史学》中，则明确地将人类历史概括为人种竞争的历史。他说："历史者何？叙述人种之发达与竞争而已，舍人种则无历史。""叙述数千年来各种族盛衰兴亡之迹者，是历史之性质也；叙述数千年来各种族所以盛衰兴亡之故者，是历史之精神也。"竞争是历史进化的动力，竞争是历史发展的法则。他从人与人竞争的方式上把历史划分为"自结其家族以排他家族""自结其乡族以排他乡族""自结其部族以排他部族""自结其国族以排他国族"[2] 等四个竞争阶段。又认为"一国

---

① 引文皆出自梁启超：《新史学》，《饮冰室合集》文集 9，中华书局，1989 年，第 7、8、9、11 页。

② 梁启超：《新史学》，《饮冰室合集》文集 9，中华书局，1989 年，第 11 页。

者，团体之最大，而竞争之高潮也"①。而当时的世界正处于国与国间竞争的高潮阶段。他用竞争解释了历史发展的递进关系，在理论上回答了竞争、奋斗、自强对国家、民族的重要意义。

进化论思想在其他许多人的历史观和历史著作中也都阐释过。如曾鲲化指出："近世以来，英国大哲学家达尔文、斯宾塞等，阐发天演公理，曰：'社会者，经岁月而愈复杂者也。人智者，经复杂而愈进化者也。'余谓历史学之精神，亦以此为根据地。"②夏曾佑也是运用今文经学的变易思想和吸收西方的历史进化论观点来研究历史的。他说："凡今日文明之国，其初必由渔猎社会，以进入游牧社会，自渔猎社会，改为游牧社会，而社会一大进。""自游牧社会，改为耕稼社会，而社会又一大进。""而井田宗法世禄封建之制生焉。"③甚至用"生存竞争，优胜劣败"的理论来解释中国古代社会历史的发展。章太炎与梁启超同时论述了新史学的宗旨和功能，为新史学的产生奠定了重要基础。他主张通过史学的研究求得历史发展变化的规律，"令人知古今进化之轨"，"发明社会政治进化衰微之原理"，并以历史进化的规律来"鼓舞民气，启导方来"④。

章太炎的进化史观既包含有中国传统的变易观，又受西方社会学和自然科学的影响。他主张改革旧史学，强调史学的宗旨是论述社会历史发展变化的原理。1902 年他在给梁启超的书中曾写道：他主张写中国通史的理由就是为了标明社会的发展变化。他说："今日作史，若专为一代，非独难发新论，而事实亦无由详细调查。惟通史上下千古，不必以褒贬人物、胪叙事状为贵。"⑤他还试图以社会的物质生产及生活方式的变化来说明历史的发展，不仅在方法上是一种新的探索，在历史发展观上也是一种革新，具有鲜明的资产阶级性质。

邓实在方法论上更注重从对人类历史发展的全过程作宏观把握中去彰显

---

① 梁启超：《新民说》，《饮冰室合集》文集 4，中华书局，1989 年，第 11、12、18 页。

② 横阳翼天氏（曾鲲化）：《中国历史》，1903 年东新译社本。

③ 夏曾佑：《中国古代史》，商务印书馆 1933 年版，第 10 页。

④《章太炎来简》，《新民丛报》第 13 号，1902 年。

⑤《章太炎来简》，《新民丛报》第 13 号，1902 年。

进化论的历史观。他将人类历史已然的进化分为四期：太古时代、群争时代、君权时代、民权时代，并指出 20 世纪还将进入第五期的"世界主义"时代。他不仅指出了人类社会历史是进化的，而且还指出这种进化在不同历史阶段，表现为不同的社会形态。强调中国社会将无可避免地要结束千年封闭的君主专制时代而走向民主共和、走向世界的历史进化轨迹，有力地突出了进化论的历史观。此外，刘师培也是主张用进化论历史观来研究历史的。他于 1903 年撰写的《中国民约精义》和《攘书》就是系统运用历史进化论的观点解释中国古代史的代表作品。

总之，晚清一大批文史学人运用进化论观点对历史及历史学的目的、任务作出的明确表达，代表着新史学理论建构中以进化论历史观作为历史研究指导思想的基本倾向。

（二）以建立国民史学为宗旨

近代新史学在研究范式内容上更着眼于"民史"的建构。梁启超认为，新史学必须探索人类整体的进步过程，"所贵乎史者，贵其能叙一群人相交涉、相竞争、相团结之道，能述一群人所以休养生息、同体进化之状，使后之读者，爱其群、善其群之心，油然生焉"[①]。他在《新史学》一文中明确提出了"为民而作"，促进国家思想兴起，加速"国民之群力群智群德"发育的"民史"思想。同时与批判封建正统观相对，梁启超又提出了"民统"的观点，指出："统也者，在国非在君也；在众人非在一人也。"他又说："西之良史，皆以叙述一国国民系统之所由来，及其发达进步盛衰兴亡之原因结果为主，诚以民有统而君无统也。"由此可见，他所说的"国"，乃是资产阶级的民族国家；他所说的"民"，乃是资产阶级的"国民"。强调"民史"，否定"君史"，强调"国统""民统"，否定封建"君统"，这是他倡导"史界革命"的核心观点之一。

1902 年，邓实在《史学通论》中提出，社会的进化不是一二人的进化，而是群体的进化，"人是群体的生物""以群生，以群强，以群治，以群昌"，

---

① 梁启超：《新史学》，《饮冰室合集》文集 9，中华书局，1989 年，第 3 页。

因此，"舍人群不能成历史"。所谓"民史"，就是应当颂扬政治家、哲学家、教育家、生计家、探险家等"人群之英雄"：记述学术、宗教、种族、风俗、经济等"人群之事功"。这些才是真正的"历史之人物"和"历史之光荣"[①]。邓实还以"民史氏"自命，作《民史总叙》一篇、《民史分叙》十二篇，即《种族史叙》《言语文字史叙》《风俗史叙》《宗教史叙》《学术史叙》《教育史叙》《地理史叙》《户口史叙》《实业史叙》《人物史叙》《民政史叙》《交通史叙》，对1902年所著《史学通论》中"民史"部分作了进一步的丰富和发展。又对有关"民史"的基本理论和方法问题，如什么是历史、什么是"民史"、"民史"的研究对象、"民史"的意义、"民史"与民权的关系，以及各种专史的编修等问题，都阐述了自己的思想认识。这样专门地、全面地论述"民史"的问题，在中国近代史学史上可以说是并不多见的[②]。

此外，陈黻宸在《独史》一文中明确指出："史者，民之史也，而非君与臣与学人词客所能专也。"[③] 旗帜鲜明地提出了国民史区别与其他旧史学的观点。樵隐著《论中国亟宜编辑民史以开民智》[④] 一文，也明确提出中国急需编辑一部"普通民史"的倡议。总之，批判并否定"君史"，提倡"民史"已经成为20世纪初"史界革命"中的一股潮流。

（三）重在塑造国民史观

国民史观在本质上是与臣民史观相对立的，就是强调把人民作为推动历史发展与演进的主体，强调"以民为统"，培养新民意识和国家意识。民史建设在本质上是适应中国近代社会转型、为建设近代国民国家服务而主动进行的史学界内部的变革，通过重新架构新史学表述体系，让国民史观成为与国民国家相适应之价值观的重要内容。

在思想观念上，强调新国民意识和近代国家观念，企图通过构建民史体

---

① 邓实：《史学通论》，《政艺通报》第12期，1902年8月18日。

② 资料及观点引自曹靖国：《中国近代新史学》，吉林大学出版社，1992年，第159—160页。

③ 陈黻宸：《独史》，《新世界学报》1902年第2期。

④ 陈黻宸：《独史》，《新世界学报》1902年第2期。

系来达到塑造国民、造就"民族精神"，形成近代民族国家观念的目的。梁启超强调："史学者学问之最博大而最切要者也。国民之明镜也，爱国心之源泉也。今日欧洲民族主义所以发达，列国所以日进文明，史学之功居其半焉。"[①]强调史学在现代文明建设中的重要地位，而民史更是有助于国民"团结"、群治"进化"的重要学术工具，可以并且能够起到"激励其爱国之心，团结其合群之力，以应今日之时势而立于万国"，"强立于此优胜劣败之世界"[②]的作用。黄节更直白地指出："造新民为历史家第一要义。否则外族入霸，国恒亡。"[③]

上述相关论述，明确了"民史"建设的目的就是为了造就新一代国民，为救亡图存、建设近代国家需要而服务的。总之，通过人类尤其是民族群体进化史的叙述，使读者能明"团结之道""同体进化之状"，培养爱群、善群思想，培善"国民之群力群智群德"以及相交通、相竞争、相团结之道。发明社会政治进化原理，启导未来人类文明进步，"挚殖铸酿其文明"。

（四）重在书写国民生活内容

国民日常生活史应是民史的主要内容，着重写国民生活中各行业各领域的发展轨迹，介绍在各个领域作出突出贡献的人物。

"当以平民之生活为中心点"，叙述社会各业的发展历史，尤其应着重于叙述人民生活史。梁启超认为，民史的标准是"在一城一乡教养之所起，谓之民史。故外史中有农业史、商业史、工艺史、矿史、交际史、理学史（谓格致等新理）等名，实史裁之正轨也"[④]。陈黻宸也认为，"我观于东西邻之史，于民事独详"。"欧美文化之进，以统计为大宗，平民之事，纤悉必闻于上。是故民之犯罪者，自杀者，废疾者，婚嫁者，生者，死者，病者，有业者，无业者，每年必为平均分数，而以其所调查者，比而较之，比较既精，而于

① 梁启超：《新史学》，《饮冰室合集》文集9，中华书局，1989年，第1页。

② 梁启超：《新史学》，《饮冰室合集》文集9，中华书局，1989年，第6—7页。

③ 黄节：《黄史总叙》，《国粹学报》1905年第1期，第1—3页。

④ 梁启超：《变法通议·论译书》，《饮冰室合集》文集1，中华书局，1989年，第70页。

民人社会之进退，国家政治之良否，折薪破理划然遽解。斯所谓弥纶一代之巨作矣。"① 按照提倡民史者的设计，举凡与平民百姓生活相关的事物，都可以入史，都可以成为民史的重要组成部分。

民史应重点书写人类或民族史上在各个领域作出突出贡献的人物事迹。梁启超强调民史当叙述中华民族在世界中的地位："自今以往，实为泰西文明与泰东文明（实为中国文明）相会合之时代，而今日乃其初交点也，故中国文明力未必不可以左右世界。"② 邓实主张政治家、哲学家、美术家、教育家、生计家、探险家等"人群之英雄"，也是"历史之人物"，应当成为民史的内容；其他如学术上、宗教上、种族上、风俗上、经济上、社会上等"人群之事功"，也是"历史之光荣"，也应写入。"呜呼！夫是之谓史，夫是之谓民史！"③ 陆惟昭认为"一切史迹大都为人类公共合作而成"，"盖世上事实，无论大小，不独成功之日，有赖于各方之扶助；即发端之时，其计划分配，在在都彼此相生者。无几何微积等之发明进步，决无今日之天文学；无西方文明之输入，决无今日之中国。所以旧时认一切伟大事业，为伟人所发明或成功者，皆是一部之见识。从历史上看来，只能说某人集其成，或某人发其端，决不能说尽是某人所造。今日之汽机，决不是瓦特蒸气壶上之物；今日火柴，亦决不为燧人氏所梦想得到"④。强调人类社会各种发明都是集体所为，这是典型的民史观点。

总之，强调"以民为统"，重点写人群发展演进之史，其中包括农业史、商业史、工艺史、矿史、交际史、理学史、社会史、学术史、种族史、教育史、风俗史、技艺史、财业史、外交史，等等，强调书写各行各业作出过重要历史贡献的人物，突出人民群众的集体创造。上述这些共识，是为"民史"的基本学术框架。

---

① 陈黻宸：《独史》，《新世界学报》1902 第 3 期，第 4 页。

② 梁启超：《中国史叙论》，《饮冰室合集》文集 6，中华书局，1989 年，第 2 页。

③ 邓实：《史学通论》，《政艺通报》1902 年第 13 期，第 18 页。

④ 陆惟昭：《中等中国历史教科书编辑商例》，《史地学报》1922 年第 1 卷第 3 期，第 26—27 页。

（五）反封建史学声援维新运动

提倡"民史"，否定"君史"，批判"帝王中心论"和"正统观"的封建传统史学，以"民史"代替"君史"，是"史界革命"的一项重要内容。在这个问题上梁启超、邓实、马君武等人都作了很多论述。

梁启超认为，要进行"史界革命"，就必须全面地清算"旧史学"。在他看来，一部二十四史不过是"二十四姓之家谱"[①]，不过是记述"有权力者兴亡隆替之事"[②]，"无有一书为国民而作"[③]。旧史学的这些弊端皆因封建史家眼中"知有朝廷不知国家"，"只有王公年代纪，不有国民发达史"[④]。由于中国封建史家不知记述人群进化之事，只知为封建朝廷作本纪列传，而且"一篇一篇，如海岸之石，乱堆错落"，不过是"合无数之墓志铭而成者耳"。更由于封建旧史因只"认历史为朝廷所专有物"，因而对于当朝统治者就不能不有所"忌讳"。其结果只能是"知有陈迹而不知有今务"，只知记陈迹，不记今务，所以"非鼎革之后，则一朝之史，不能出现"，历史成了"为若于之陈死人"所作之"纪念碑"。史书既不能给人们以何种借鉴，又无精神、无理想，因而不但不能成为"益民智之具"，反而成了"耕民智之具"[⑤]。

梁启超把封建史学斥为"帝王家谱""相砍书""墓志铭""纪念碑""蜡人院"，矛头直指"帝王中心论"。其思想之大胆，语言之泼辣，锋芒之锐利，在20世纪初年罕有人能与之相比，堪称史学革命的前卫和先锋。

梁启超在批判"帝王中心论"的同时，还批判了封建史学的"正统观"和"历史书法"，从而更加典型地表现出他的进步学术立场。他说："中国史学家之谬，未有过于言正统者也。"[⑥]他用大量的历史事实证明所谓"正统"其实就是"君统"，是封建君主制造的"君权神授"迷信教条，是用以统治人民的荒谬理论。他讥讽那些怀有正统观念的封建史家为"陋儒"，他们宣扬的"正

① 梁启超：《新史学》，《饮冰室合集》文集9，中华书局，1989年，第7页。

② 梁启超：《中国史叙论》，《饮冰室合集》文集6，中华书局，1989年，第1页。

③ 梁启超：《新史学》，《饮冰室合集》文集9，中华书局，1989年，第7页。

④ 梁启超：《中国史叙论》，《饮冰室合集》文集6，中华书局，1989年，第1页。

⑤ 梁启超：《新史学》，《饮冰室合集》文集9，中华书局，1989年，第4—7页。

⑥ 梁启超：《新史学》，《饮冰室合集》文集9，中华书局，1989年，第20页。

统观"本是为一家一姓之私天下服务的谬论，而后世之陋儒却"攘臂张目，笔斗舌战"地为某家某姓争一个"正统"之名，只能说明他们甘当封建帝王的奴仆，是"自为奴隶根性所束缚，而复以煽后人之奴隶根性而已"①。

与批判"正统性"相联系，梁启超对封建史学的"书法"也进行了批判。按照他的解释，所谓"书法者，本春秋之义，所以明正邪，别善恶，操斧钺权，褒贬百代也"②。他指出，在封建正统观念的束缚之下，封建史书"衡量天下古今事物""藏否人物"的唯一标准是看其事其人是否对封建君主有利，凡"有利于时君者则谓之功，谓之善；反是则谓之罪，谓之恶"，故此，封建史书"其最所表彰者，则死节之臣也；其最所痛绝者，叛逆及事二姓者也"。其结果必然"专奖励一姓之家奴走狗"，颠倒黑白，歪曲历史，只能"陷后人于狭隘偏枯的道德之域，而无复发扬蹈厉之气"。梁启超所以大肆抨击封建史学观，是为建立他的新史学体系服务的，只有突出强调其批判性，呼吁从信古的束缚中解脱出来，才能"摧陷千古之迷梦，破除学术上的奴性"③。其对封建旧史学的批判代表着新史学与旧史学的决裂程度。

此外，其他一些思想家也把批判旧史学看成建立新史学的前提。马君武在《法兰西近世史》译本序言中就曾谈到中国 4000 余年历史"有君谱而无历史"的问题。1902 年 10 月，《新民丛报》转载新加坡《天南新报》的文章《私史》中也指出，中国旧史"把数百年事务，作一人一家之谱而为之，一切英雄之运动，社会之经练，国民之组织，教派之源流，泯泯然，漠漠然，毫不关涉"，"甚矣中国之无公史"④。有的还发出了"中国无史"的感叹，如黄炎培等指出，二十四史于"兴灭成败之迹，聒聒千万言不能尽，乃于文化之进退，民气之开塞，实业之衰旺，概乎弗之道也"，"恫哉，我国无史"⑤！

不仅如此，不少学者都把对封建史学弊端的批判锋芒指向了封建专制主义。邓实就批判中国过去的封建旧史是"朝史耳，而非民史；君史耳，而非

---

① 梁启超：《新史学》，《饮冰室合集》文集 9，中华书局，1989 年，第 20 页。

② 梁启超：《新史学》，《饮冰室合集》文集 9，中华书局，1989 年，第 26—29 页。

③ 梁启超：《近世文明初祖两大家之学说》，《饮冰室合集》文集 13，中华书局，1989 年，第 1 页。

④ 佚名：《私史》，《新民丛报》，1902 年 10 月 31 日第 19 号"舆论一斑"。

⑤ 支那少年编译：《支那四千年开化史·弁言》，支那翻译会 1903 年初印本。

民史；贵族史耳，而非社会史。统而言之，则一历朝之专制政治史耳"①。明确指出："异哉，中国三千年而无一精神史也！其所有则朝史耳，而非国史；君史耳，而非民史；贵族史耳，而非社会史。统而言之，则一历朝之专制政治史耳。若所谓学术史、种族史、教育史、风俗史、技艺史、财业史、外交史，则偏寻乙库数十万卷充栋之著作，而无一焉也。""呜呼！中国无史矣，非无史，无史家也；非无史家，无史识也。"② 中国无史，其实是无"民史"，就是不让人们真正了解事实以及与民众日常生活息息相关的真实历史。

第一，"君史"无益于近代国家观念和民族思想的形成。传统史学主要以帝王为中心，主要叙述一家一姓的历史。由于封建统治阶级的严密控制，"史在朝廷，史局由朝廷诏设，史职由朝廷特简，监修有官，分纂有官"，"举天下之史而专制之"，致使私家动触禁网，而官修史书则"惟贡其谀佞，舍铺张虚美盛德大业外无文字"。写史的权力被国家牢牢地控制，其目的就是为了颂扬君主的神圣和伟业，防止任何对官家不利的描述。"籍曰君而有统也，则不这一家之谱牒，一人之传记，而非可以冒全史之名，而劳史家之哓哓争论也。然则以国之统属诸君，则固已举全国之人民，视同无物，而国民之资格，所以永坠九渊而不克自拔。皆此一义为谬也。故不扫君统之谬见，而欲以作史。史虽充栋，徒为生民毒耳。"③ 君史的毒就毒在肯定并神圣"君统"而否定"民统"，忽视人民的存在，其结果造成了"有君谱而无历史""只认朝廷为历史专有物"。在思想观念上，造成了"知有朝廷不知有国家""知有个人不知有群体""知有陈迹而不知有今务"。于是，现代国家观念无由发生，国民永无国民资格。历史若不叙述人类群体演进变迁，人民永远不知道自己是历史的主人。

第二，"君史"不让民众了解历史真相，本质上是愚民之史。在近代思想家们看来，"君史"是中国致弱的思想根源。"君史"造成了"此我国民之群力群智群德所以永不发生，而群体终不成立"④ 的有利于专制统治的局面。"中

---

① 《政艺通报》，"史学文编"，1902 年 8 月 18 日第 12 期，9 月 2 日第 13 期。

② 邓实：《史学通论》，《政艺通报》1902 年第 12 期，第 23 页。

③ 梁启超：《新史学》，《饮冰室合集》文集 9，中华书局，1989 年，第 21 页。

④ 梁启超：《新史学》，《饮冰室合集》文集 9，中华书局，1989 年，第 3 页。

国自秦以后而民义衰矣。户口非无册报也，而藏匿者如故；物产非无清查也，而虚浮者如故；吏缘为奸，官私其橐而欲以比而同之，使适合于欧美统计之事，斯必非作史者所能为力矣。"[①] 陈黻宸明确指出了"君史"在史料选择上的原则，即不是没有户口报册，不是没有物产清单，更不是没有其他真实的史料，主要是不想让人们了解真实的历史。由于各种禁区限制，史家"往往宗旨所存，仅于言外得之"[②]，只能采取隐讳的方式暗示而已。中国史家不是写不出像西方那样的"民史"，主要是出于专制愚民的需要，不允许史家如此书写。史书既不能给人们以何种借鉴，又无精神、无理想，因而不但不能成为"益民智之具"，反而成了"耕民智之具"[③]。

"史界革命"的另一项重要内容，就是挖掘并进一步开拓了历史学的经世功能，用史学为爱国救亡服务。梁启超在论述历史学对西方社会进步的作用之重要性时说："史学者，学问之最博大而最切要者也，国民之明镜也，爱国心之源泉也。今日欧洲民族主义所以发达，列国所以日进文明，史学之功居其半焉。"[④] 一个国家只要重视史学，发挥历史的爱国主义教育作用，则人民就会团结起来，社会就能进步发展。因此，他提出，"国民教育之精神，莫急于本国历史"[⑤]。他对本国历史与发扬本国人民爱国精神之关系讲得具体而明确。

1903 年，曾鲲化在其编纂的《中国历史》中论述历史的目的时也曾指出，"历史学者，为学界最闳富最远大最切要之学科"，非常重视历史与爱国心的密切关系。历史学的任务应该"调查历代国民全国运动进化之大势，最录其原因结果之密切关系，以实国民发达史价值，而激发现在社会之国魂"[⑥]。所以，《浙江潮》在介绍曾鲲化的《中国历史》时也提出了"历史为国魂之聚心点，国民爱国心之源泉"[⑦]的观点。

---

① 陈黻宸：《独史》，《新世界学报》1902 第 3 期，第 5 页。

② 陈黻宸：《独史》，《新世界学报》1902 第 3 期，第 5 页。

③ 梁启超：《新史学》，《饮冰室合集》文集 9，中华书局，1989 年，第 4—7 页。

④ 梁启超：《新史学》，《饮冰室合集》文集 9，中华书局，1989 年，第 1 页。

⑤ 梁启超：《东籍月旦》，《饮冰室合集》文集 4，中华书局，1989 年，第 101 页。

⑥ 曾鲲化：《中国历史》首编，"总叙"第一章"历史之要质"。

⑦《浙江潮》，"介绍新著"，1903 年第 7 期。

夏曾佑是"史界革命"的倡导者和实践者。他与梁启超一样，也深明史学对现实有重大作用。他撰著的《最新中学中国历史教科书》(后改名《中国古代史》)^①就有着明确的政治目的。在该书的《序》中，他就表示，自己研究古代史是为了寻找拯救国家的经验和教训。他认为学习历史可以增进人的智慧，而智慧"莫大于知来，来何以能知？据往事以为推而已矣"^②。他正是为了当时维新变法的政治需要，才潜心于历史研究的。

章太炎是史学革命的积极拥护者，强调历史学可以激发民族意识和爱国主义。1906 年，他提倡"用国粹激动种姓，增进爱国的热肠"^③。主张通过习史"通史致用"来激发人们的爱国热情。他说："史之发人志趣，益人神智，其用实倍于经，非独多识往事而已。"^④把史学与激发国民的爱国主义结合起来，强调"通史致用"为救亡图存服务，这是章太炎历史观的一大特色。总之，"史界革命"提出的用历史学为爱国救亡服务的宗旨，已成为当时进步知识分子的共识。

（六）近代新史学的成就

"史界革命"的新成就主要体现在外国史研究、新式历史教科书的编撰等方面。

1. 外国史研究的成果。19 世纪末 20 世纪初，是中国社会变动最为剧烈的时期。帝国主义列强的侵略和掠夺严重地威胁着中华民族的生存，而清王朝的反动腐朽统治不仅没能有效地阻止列强的侵略，反而更加深了民族的危机。因此，日渐成长起来的资产阶级要求变法图强、要求革命的呼声，已经汇聚成时代潮流。在史学界代表着这一时代潮流的新史学家们在外国史研究上侧重于亡国史、变法史、立宪史和革命史的研究和介绍，其学术成就不仅代表着"史界革命"在外国史研究方面所体现的高度，而且还更多地反映着

---

① 该书于 1904 年至 1906 年分三册由商务印书馆排印出版。

② 夏曾佑：《最新中学中国历史教科书》第 1 册。

③ 章太炎：《演讲录》，《民报》第 6 号。

④ 章太炎：《中学国文书目》，《华国月刊》第 2 期第 2 册。

救亡图存、变法求强的时代特征。

（1）亡国史的研究和介绍。从中华民族的现实需要出发，通过总结一些国家亡国的历史教训来激发国人危机意识的这种"亡国史鉴"工作，应该说从维新变法时期起就由康有为、梁启超等人开始进行了。1898 年梁启超在为汤觉顿译《俄土战记》所作的叙中，分析了土耳其衰败的主要原因在于内政腐败和外交不慎，并指出，"其与今日中国之情实何相类也"。为此，他呼吁应把这类外国史著"悬诸国门，以为我四万万人告也"[1]，以启发国人的忧患意识。康有为在 1898 年戊戌变法期间曾向光绪帝进呈了《波兰分灭记》[2]一书。该书凡 7 卷，分为 10 章，叙述了波兰因政治腐败，从一个欧洲大国，渐至衰弱，终被强国瓜分灭亡的历史。提醒人们牢记前车之鉴，勿蹈波兰亡国覆辙。

梁启超到日本后，在《新民丛报》上继续撰写大量有关亡国史方面的文章，如《朝鲜亡国史略》《越南亡国史》《朝鲜灭亡之原因》等，激发国人的危机意识。从 1900 年以后，革命党人也开展了"亡国史鉴"方面的撰述宣传工作。因此，这类著作是当时有关外国史研究著作中数量较多的一类。据粗略统计，1900 年至 1911 年间出版的亡国史译著（包括杂志所刊）当在 50 种以上。[3] 其中流传较广的有殷鉴社编的《近世亡国史》、薛蛰龙（公侠）译的《波兰衰亡史》、章起渭译的《埃及近世史》（商务印书馆 1903 年本，日人柴四郎著）等。一些周边国家的亡国史尤引起了国人的关注。关于印度，出版有夏清馥编译《印度灭亡战史》（上海群谊社 1903 年本）、程树德译《印度史》（闽学会 1903 年本，日人北村三郎著）、汪郁年译《印度蚕食战史》（载 1901—1902 年《游学译编》，日人涩江保著）、钱瑞香《印度灭亡史》（载 1903 年《童子世界》）等多种；关于朝鲜，有李芝圃《朝鲜亡国史》、毛乃庸译《朝鲜近世史》（上海教育世界出版社 1903 年本）等；关于越南有《越南亡国惨话》（载《第一晋话报》1905 年第六期）、《安南亡国后之痛史》（载《东方杂志》1910 年第八期）和梁启超的《越南亡国史》等。总之，20 世纪

---

[1] 梁启超：《俄土战记叙》，《饮冰室合集》文集 3，中华书局，1989 年，第 33 页。

[2] 此书进呈本现藏北京故宫博物院。

[3] 参见胡逢祥、张文建：《中国近代史学思潮与流派》，华东师范大学出版社，1991 年，第 242 页。

初，亡国史编译和研究一时趋盛，从根本上说，是这一时期极度严重的民族危机激起的。这种直接为政治服务的史学具有较浓厚的宣传色彩，在开阔历史视野，了解世界，增强爱国心方面具有明显作用，同时也成为近代史学的一个重要领域，其影响是深远的。

（2）变法史、立宪史的研究和介绍。有关外国变法及立宪史的研究和介绍主要由维新派人士来进行。资产阶级维新派通过介绍国外立宪运动的成功经验来为自己的维新变法理论提供依据。康有为为了阐扬维新主张，刻意考求了各国变法史实，编写了好几部外国史著作，于戊戌变法期间进呈光绪帝。其中就有《俄国彼得变政记》和《日本变政考》两部。希望通过向光绪介绍各国变法史，来大力推行变法。

1901 年以后，维新派在编译研究国外立宪史方面又做了大量工作。其中有佩弦生译的《欧美各国立宪史论》、《英国制度沿革史》（广智书局 1902 年译印本）、麦孟华译《英国宪政史》（广智书局 1903 年本，日人松平康国著）、罗普译述《日本维新三十年史》、《日本国会纪原》（译书汇编社 1903 年译印本，日人细川广世著）、《普国变法中兴记》（载《京话报》1901 年第 6 期）、《俄国立宪史论》（载《宪政杂志》1906 年第 1 期），等等。从中可以看出，维新派对立宪史的研究，大多集中在英、日、德等君主立宪国，尤以英、日为盛。康有为在《日本变政考·跋》中所说中国变法"但采鉴日本，一切已足"一句最能说明学习日本的重要性。维新派通过这些著作极力宣传立宪致强，专制必亡的观点，同时为促使清廷早日立宪，他们还在外国史研究中列举种种史实，力陈因循守旧的危害，反复阐述立宪的好处，认为立宪则"举一国之君臣上下齐而纳之规律之中，虽有暴君污吏，亦皆缚厂规条，怵然不敢犯天下之不韪。其或强暴枭桀，悍然滥用其特权矣，然受其害者犹得起而抵抗，据宪法而力与之争，故匹夫穷民皆有所恃以自固，法治国与人治国其利害之悬绝如此"。且"自法自制，公此政权，则欧美革命之惊波或不横流于亚陆，而国家庶可永固"[①]。可见他们研究各国变法立宪史的用意，是为中国的政治变革提供具体方略。

[①] 佩弦生：《欧美各国立宪史论》，《新民丛报》，1902 年 23、24 日。

（3）革命史和独立史的研究和介绍。20世纪初，一些进步知识分子还编译出版了不少介绍外国资产阶级革命的著作，如《泰西革命史鉴》《美国独立史》《美国独立战史》《美国独立史别裁》《法兰西革命史》《意大利独立史》《意大利建国史》《荷兰独立史》《希腊独立史》《俄国革命战史》，等等。当时知识分子对外国独立史和革命史的编译和介绍，主要是为了从中寻找"救吾国之妙药"，如《浙江潮》在介绍青年会编译的《法国革命史》时指出：此书"欲鼓吹民族主义，以棒喝我国民，改订再三，始行出版。其中叙法国革命流血之事，慷慨激昂，奕奕欲生，正可为吾国前途之龟鉴云云。购而读之不觉起舞，真救吾国之妙药，兴吾国之主动机关也。爱国志士不可不各手一编，以自策励"①。如果说亡国史的研究体现了爱国人士在严重民族危机刺激下产生的急切救国愿望，立宪史的研究和介绍反映了维新派企图通过改良方式挽救民族危亡的愿望的话，那么，革命史和独立史的研究和介绍则反映了革命派欲通过革命手段，推翻帝制，建立资产阶级民主共和国的强烈愿望。

19世纪末20世纪初由于大批留学生出国，大量外国译著传入，促进了国内资产阶级知识分子群的产生和发展，使中国和近代世界之间的距离逐步缩小。一些外国史著作大多直接译自外文书籍，依据渐趋严谨，在深度和广度上都较从前有了很大发展。而此期的外国史编译和研究在传播新思想，特别是鼓动人们奋起救亡或革命方面的确起了相当积极的作用。

2. 新式历史教科书的编撰。新式历史教科书的编撰也是"史界革命"所取得的重要成就。随着19世纪末20世纪初新学校的兴起，学校教育的迅速发展，编写新的历史教科书已成为社会的普遍需要。1902年，文明书局推出丁宝书《中国历史》2册、陈懋治《中国历史》2册、秦瑞玠《西洋历史》2册和《东洋历史》1册、吴启祥译《万国通史教科书》2册。继后，商务印书馆出版庄俞《历史》4册、姚祖晋《历史》4册、姚祖义《最新高等小学中国历史教科书》2册等。在众多的教科书中较有影响的当推曾鲲化的《中国历史》、夏曾佑的《中学中国历史教科书》和刘师培的《中国历史教科书》。

《中国历史》是曾鲲化留日期间，参考东西洋名著及中国史籍编成的一

---

① 《浙江潮》1903年第7期。

部历史教科书。上卷于 1903 年由东新译社编辑出版，署名横阳翼天氏。内容广涉各时代教育、艺术、政治、外交、武备、地理、宗教、风俗、实业、财政、交通、美术等人类社会生活的各方面，尤致力于探讨人群进化之大势和盛衰隆替之原因。是书出版后，受到新学界欢迎。有人在《浙江潮》上撰文称其"体裁新辟，材料丰多，而又以民族主义为其宗旨，诚我国历史界开创之大作，而普通学教科书中稀有之善本也"[①]。夏曾佑所撰《最新中学中国历史教科书》为其一生中最重要也是唯一的史学著作，凡 3 册。该书贯以今文经学和历史进化论观点，将中国古代历史分为上古（自远古时代至周末）、中古（自秦至唐）、近古（自宋至清）三大时期和传疑、化成、极盛、中衰、复盛、退化、更化等七个小时期。书仅成隋以前部分，只能算半部通史，但因颇多创新，显示了与封建正史完全不同的面貌，故在当时享有一定声誉。1933 年，商务印书馆复将其改题《中国古代史》重排出版，列入大学丛书。刘师培的《中国历史教科书》，全书迄西周末，3 册，1905—1906 年间由国学保存会出版。此书比较注意社会生活的各个方面，如对古代田制、农器、商业、财政、工艺、宫室、衣服、饮食等经济发展过程，都列有专题论述。尤注重从古代礼俗及典章制度中考察社会变化状态。

综观这一时期的历史教科书，不仅数量日渐增多，而且种类繁富，除了一般的中外通史著作，亦出现了乡土历史、兵法史和时务掌故教科书等。从编纂形式来看，这一时期的历史教科书大多采用章节体，或以接近章节体的课为题的编写形式。它突破了封建传统史学体裁独占史苑的局面，推动中国历史编纂学向前跃进一大步。近代章节体日益受到人们的高度重视，也反映了以帝王为中心的封建旧史学的没落和资产阶级史学兴起后治史风气转换的趋势。此外，这一时期的教科书还表现出以历史教学救国的编纂思想。例如 1903 年商务印书馆出版的《中国历史教科书》的序谓："盖处今日物竞炽烈之世，欲求自存，不鉴于古则无以进于文明，不观于人则无由自知其不足，虽在髫龄不可不以此植其基也。其于本国独详，则使其自知有我以养其爱国保种之精神，而非欲谨明于盛衰存亡故矣。"这段论述典型地体现了这一思想。

[①]《浙江潮》1903 年第 7 期。

总之，试图利用宣传历史与爱国心的密切关系，以唤起人们的民族自尊心和自豪感，是这一时期教科书的编纂宗旨之一。清末历史教科书的编纂不仅促进了中国历史编纂学的发展，在中国传统史学近代化进程中起过重要作用，而且以史教救国迅即成为清末社会各阶层"教育救国"思潮的重要组成部分，并起了救亡图存的舆论先行作用。

二、科学史学范式

科学史学范式，是指20世纪30年代以中央研究院历史语言研究所为中心，以傅斯年为代表提倡用自然科学研究方法建设科学历史学而形成的研究范式。《历史语言研究所工作之旨趣》是科学史学范式形成的理论基础和纲领性文件。科学史学范式采用一系列自然科学方法，严格按照自然科学的规则建构现代历史学，有一大批历史学家认同并服膺这一指导思想，并产出一大批标志性成果。

（一）深受科学思潮影响

近代西方科学对中国近代学术界产生了深远影响，在五四新文化运动中，"科学"成为与"民主"并立的两大口号之一。《新青年》一直是现代知识分子宣传民主科学，主张向西方学习，从根本上改造中国传统文化的舆论阵地。而《科学》则是由中国人创办的第一份专门介绍科学事物的自然科学专刊，在它的周围聚集了一大批有留学背景的、从事自然科学研究的学人，以介绍"整个的科学思想"为己任，强调科学救国，希望中国的社会发展，也要"受科学之赐"。在1915年还发生了另一个极具象征性的标志，则是在《东方杂志》这一本在中国近现代史上有重要影响的杂志的第12卷第7号上发表了一篇由笔名"造五"撰写的《科学之价值》一文，系统地论述了科学的概念及价值，公开提出"科学为万能的"的口号。说明1915年是"科学"在中国生根发芽的标志性年份，科学观念及科学思想的输入已不再是个别人的努力，而已经进入通过有组织的群体力量，来进行有系统的输入、宣传并普及的时代。

　　傅斯年作为科学史学范式的主要创立者，直接参与了五四新文化运动，因受科学思潮的影响，也好谈"科学"。他强调科学不仅有物质的效用，还有"精神的效用"①。这一时期他初步构建起科学概念，即"以学为单位"，有明确的分工，分科治学，重逻辑，重实验，远离政治，尊重学术个性和个人思想创造，重个案精细研究与考证等内涵。1919 年底赴欧，他在欧洲著名学府近7 年的留学生涯中，主修了实验心理学，选修了物理、化学和数学等自然科学课程，这方面在写给胡适的信中有所表露："近中温习化学、物理学、数学等，兴味很浓。"强调自己"于科学上有些兴味"②，表达在英国恶补自然科学知识的经历。在写给蔡元培的信中也讲道，"斯年临去国时，已决心学心理学"，"近代欧美之第一流的大学，皆根基于科学上"③，表达了自己在欧洲大学首先选修自然科学的缘由。1923 年 9 月他转入德国柏林大学，专心选学了"相对论""比较语言学"课程，又利用余暇研究马赫的《感觉的分析》和《力学》等现代物理学理论著作，又深入研读了兰克学派的历史语言考据学。自他转到德国求学后，对科学、史学以及治史方法进行了一些成熟思考。留学生涯使他具备了西方自然科学背景，饱尝了西方近代科学文化精蕴，决定了傅斯年的历史眼光、国际视野和科学思维能力。自然科学知识为他提供了新的治史方法，国际视野决定了他要在中国建设"科学史学"的学术志向。回国后，傅斯年为"科学史学派"的形成提供了理论框架和历史新思维，傅斯年立志要在中国建立"科学的东方学之正统"，主张要按自然科学的模式建设历史科学，即要建"与天文、地理、物理、化学等同论"那样的历史学④。他自然成为该学派的精神领袖。

---

① 《时代与曙光与危机》，《傅斯年全集》第 1 卷，湖南教育出版社，2000 年，第 357 页。（注：下面引文凡引自《傅斯年全集》带 ×× 卷者，皆同此集；凡是引自《傅斯年全集》标注"×× 册"者，则为台湾联经出版事业公司 1980 年初版，全 7 册）。

② 傅斯年：《致胡适信》，《胡适来往书信选》（上），中华书局香港分局，1987 年，第 106 页。

③ 《致蔡元培》，欧阳哲生主编：《傅斯年全集》第 7 卷，湖南教育出版社，2000 年，第 16 页。

④ 这方面思想俱见他所写的《历史语言研究所工作之旨趣》《史料论略》《考古学新方法》《致王献唐》等论著、书信中。劳榦认为《历史语言研究所工作之旨趣》这篇文章是科学史学派形成的理论基础和纲领性文件，"决定了以后的时期历史研究应走的路线"，具有"奠定了中国现代历史学的基础"的意义。见劳榦：《傅斯年先生与近二十年来中国历史学的发展》，《大陆杂志》1951 年第 2 卷第 1 期。

（二）建构科学话语体系

傅斯年为科学史学建构了一套话语体系。他强调历史学是一门科学，一门如同自然科学一样纯客观的科学。因此，必须以纯客观的态度治史学，而不加以任何主观的成分。这种纯以史料为研究对象，必须是"一分材料出一分货，十分材料出十分货，没有材料便不出货"。对于材料的态度是"存而不补"，处置材料的态度是"证而不疏"，"材料之内，使它发见无遗；材料之外，我们一点也不越过去说"。傅斯年为此高呼："一、那些传统的或自造的仁义礼智和其他主观，同历史学和语言学混在一起的人，绝不是我们的同志！二、要把历史学语言学建设得和生物地质学等同样，乃是我们的同志！三、我们要科学的东方学之正统在中国！"[1] 这些观点反映出受西方近代科学观念影响的新派史家的主张。

他的使命就是要赋予传统史学以科学实质。他认为，把历史作为一门科学，就必须重视史料的挖掘和扩充。强调"凡能直接研究材料，便进步。凡间接的研究前人所研究或前人所创造之系统，而不是繁丰细密的参照所包含的事实，便退步"[2]。在他看来，史学研究最重要的是直接接触第一手资料，只有这样才是科学的研究。大如地方志书，小如私人的日记，远如石器时代的发掘，近如某个洋行的贸易册，这些都是"直接材料"，而"去把史事无论钜者或细者，单者或综合者，条理出来，是科学的本事"[3]。研究直接史料还不够，还必须不断地发现新史料，扩充新史料。为了达到不断发现新的直接史料，扩充新资料的目的，就必须像西洋人那样动手动脚到处去寻找新资料，随时随地扩大旧范围。"材料愈扩充，学问愈进步，利用了档案，然后可以订史，利用了别国的记载，然后可以考四裔史事。"[4] 学问的进步是与材料的扩充成正比

---

① 傅斯年：《历史语言研究所工作之旨趣》，《国立中央研究院历史语言研究所集刊》第一本第一分册，商务印书馆，1928年，第10页。

② 傅斯年：《历史语言研究所工作之旨趣》，《国立中央研究院历史语言研究所集刊》第一本第一分册，商务印书馆，1928年，第4页。

③ 傅斯年：《历史语言研究所工作之旨趣》，《国立中央研究院历史语言研究所集刊》第一本第一分册，商务印书馆，1928年，第5页。

④ 傅斯年：《历史语言研究所工作之旨趣》，《国立中央研究院历史语言研究所集刊》第一本第一分册，商务印书馆，1928年，第6页。

的，因此，为了不断地使史学发展、层累，就必须不断地收集资料、挖掘资料。"上穷碧落下黄泉，动手动脚找东西"一句，最能代表他的治史观点。

历史学作为一门科学，必须吸收一切自然科学或社会科学的方法。傅斯年已经看出科学研究方法是与时代俱进的："一时代有一时代的变迁，一时代有一时代的进步，在转换的时候，常有新观念、新方法产生。"[①] 历史学的发展就是要不断地依赖并不断地吸收各种新的科学方法来为其所用。正是在这一前提下，"凡一种学问能扩充他作研究时应用的工具的，则进步，不能的，则退步。实验学家之相竞如斗宝一般，不得其器，不成其事，语言学和历史学亦复如此"[②]。从这种意义上讲，傅斯年非常强调利用科学理论和方法对于历史学发展的重要。他说："现代的历史学研究已经成了一个各种科学的方法之汇集。地质，地理，考古，生物，气象，天文等学，无一不供给研究历史问题者之工具。"[③] 强调历史学应广泛地利用其他自然科学的研究成果和研究方法，不断地扩展史学研究领域和历史材料，强化史学研究的科学性。他还强调科学方法无所谓新旧的问题，凡是能用来获取新知识的，便是好方法。

傅斯年指出清代朴学方法是归纳的、实证的、经验的、怀疑的，很具有"科学的意味"[④]。至于从中外各门现代自然科学和相关科学中吸取成果以丰富研究手段，更为傅斯年所大力提倡，达尔文进化论则被他视为"历史方法之大成"。在他看来，将自然科学知识直接运用于历史领域，是能够解决一些历史疑难问题的，比如要知道《春秋》上记录的日食是否正确，只要用天文学的知识，计算一下就可以解决。再如考古发掘，"如果先有几种必要科学的训练，可以一层一层地自然发现，不特得宝，并且得知当年入土的踪迹"[⑤]。所

① 傅斯年:《考古学的新方法》,《史学》1930 年 12 月第 1 期。

② 傅斯年:《历史语言研究所工作之旨趣》,《国立中央研究院历史语言研究所集刊》第一本第一分册,商务印书馆, 1928 年, 第 6 页。

③ 傅斯年:《历史语言研究所工作之旨趣》,《国立中央研究院历史语言研究所集刊》第一本第一分册,商务印书馆, 1928 年, 第 6 页。

④ 傅斯年:《清代学问的门径书几种》,《新潮》1919 年第 1 卷第 4 号。

⑤ 傅斯年:《历史语言研究所工作之旨趣》,《国立中央研究院历史语言研究所集刊》第一本第一分册,商务印书馆, 1928 年, 第 6 页。

以研究古史的人，"在现在之需用测量本领及地质气象常识，并不少于航海家"①。地理学的方法本是纯粹自然科学的方法，应用于考察历史、地理，就开辟了"研究古史的一个道路"。统计学的方法本是一种数学的方法，引入历史学领域后，也"实在是件好事"，"研究历史要时时存着统计的观念，因为历史事实都是聚象事实"。总之，采用科学方法可以带动史学的进步，增强史学研究的科学化。

为建立以自然科学为楷模的"科学"的历史学，最重要的是必须保证历史学的"客观性"，排斥任何主观的存在。从这一价值观出发，他对历史学的范围作了严格的规定。首先，他强调"历史学不是著史"，因为"著史每多多少少带点古世中世的意味，且每取伦理家的手段，作文章家的本事"。旧式的著史，往往流于主观，如"欧阳修的五代史，朱熹的纲目，是代表中世古世的思想"，"纯粹不是客观的史学"。其次，历史学不是"史论"或"历史哲学"，因为"史论"或"历史哲学"往往"以简单公式概括古今史实"，"没有事实做根据，所以与史学是不同的"，它只"可以当作有趣的作品看诗"②。总之，在傅斯年看来，"著史""史论"或"历史哲学"以及"致用"的观念等都无不常有主观性，因而必须将其摒于历史学之外。为此，他提出了史学进步的三个条件：一是史的观念的进步，在于由主观的哲学及伦理价值论变做客观的史料学；二是著史的事业的进步，在于由人文的手段变成生物学、地质学等一样的事业；三是史学的对象是史料，不是文词，不是伦理，不是去扶持或推倒这个运动或那个主义。科学的史学就是科学的整理史料工作。他认为"推论"和"假设"都是不可取的。总之，傅斯年的"科学史学"新思维反映了中国 20 世纪初史学科学化的基本趋向，而他作为历史学自然科学化模式的倡导者和组织者，在中国现代史学科学化的进程中作出了许多有益的探索和尝试。因而，他的主张为"科学史学派"的形成奠定了理论基础。

---

① 傅斯年：《历史语言研究所工作之旨趣》，《国立中央研究院历史语言研究所集刊》第一本第一分册，商务印书馆，1928 年，第 6 页。

② 傅斯年：《夷夏东西说》，《傅斯年全集》第 3 册，台湾联经出版事业公司，1980 年，第 87 页。

（三）服膺科学范式学术群体的形成

傅斯年主张按照近代科学的理论模式创立"与天文、地理、物理、化学等同论"那样的历史学，称自己从事的史学研究为科学史学，主张把自然科学的一切方法、理论都应用在历史学研究中。在具体的研究活动中，确实有一大批学者尽可能地按照这一宗旨去做，努力搜寻第一手资料，建立较为科学的史料互证方法，开展考古学工作，利用近代自然科学方法从事历史地下、地上资料的探测和实验，较之以往的史学派别，应用了许多自然科学手段。如在考古发掘、方言的调查与音韵学的研究上还采用了近代的科学仪器等。我们熟知的陈寅恪、陈垣、顾颉刚、赵元任、李方桂、罗常培、李济、徐中舒、梁思永、董作宾等，都是这个群体的学术中坚。1927—1937 年是史语所的鼎盛时期，傅斯年收罗很多人才到史语所来，其中不少人后来成为大家，如陈磐、石璋如、丁声树、劳幹、胡厚宣、夏鼐、周一良、高去寻、全汉昇、邓广铭、何兹全、张政烺、傅乐焕、王崇武、董同和、马学良、张琨、周法高、严耕望等。这些由傅斯年收罗的人才"或多或少都受到过傅斯年的培养，都或多或少继承了他严谨的重材料、重考证的学风"[1]。在此，只扼要地介绍几位可以划分到"科学史学派"中的大师级人物。陈寅恪是一位学贯中西的学者，也是著名的国学大师和历史学家，曾长年留学日、美、英、德等国，精通十几种文字。[2]他在魏晋南北朝史、隋唐史、蒙古史和佛教史等方面都有精深的研究，例如他利用多种文字的史料以及长庆唐蕃会盟碑碑阴蕃文考证吐蕃彝泰赞普名号及年代，订正《唐书》《唐会要》等史乘的错误，此外，他对元代汉人译名、蒙古渊流的考证，解决了许多历史疑难问题。陈寅恪在史学的其他领域也有自己突出的贡献。

顾颉刚也是位著名的历史学家。他在学术上的最大贡献就是提出了"层累地造成了中国古史"一说。他在 1923 年大胆地提出该说，认为传统的所谓中国古史，完全是后人一代代垒起来的，并非客观真实的历史。以他为代表

---

[1] 何兹全：《傅斯年的史学思想和史学著作》，《历史研究》2000 年第 4 期。

[2] 罗家伦评价陈寅恪："除近世重要文字外，还有希腊、拉丁、梵文、巴理文、中波斯文、突厥文、满文、蒙文、藏文等，供他参考通用的总计不直十六七种。"

的这一疑古思潮发展到对于《尚书》《诗经》等古典重要历史文献的考证与辨伪，这实际上涉及对中国所有古史资料的全部审查工作。① 陈垣作为现代著名历史学家，曾系统总结传统的考证方法，在宗教史、元史、年代学、避讳学、校勘学的研究及学科建设方面成就瞩目。②

李济是著名考古学家，他在主持并参与 20 世纪二三十年代的安阳殷墟的一系列考古发掘中功不可没，有学者认为"李济在中国人类学、考古学界中的地位，相当于日本坪井五郎博士与浜田耕作博士的总和"③。梁启超的儿子梁思永也是一位著名的考古学家，他于 1930 年夏自美国学成归国后，即参加历史语言研究所考古组。他曾 5 次亲自主持安阳殷墟的发掘工作，尤其在龙山文化、安阳殷墟发掘报告的撰写上卓有建树。尹达评价说："当时在考古发掘方法上，思永先生起了积极的推动作用，使中国的青年考古工作者积累了比较丰富的中国田野考古的经验。"④ 此外，董作宾的甲骨学研究、劳幹的秦汉史和敦煌学研究、全汉昇的中古经济史研究、屈万里的经学研究、岑仲勉的唐史研究、严耕望的中古政治制度史研究等，都代表了当时学术界最高水平。

这个学派的成员采用了大致相同的理论方法和研究手段，遵从于共同的学术规范。20 世纪初正是西方科学主义思潮在中国学界大流行时期，当时许多人受其影响或自觉或不自觉地把西方近代自然科学观念和科学方法用在学术研究上。顾颉刚和傅斯年是北京大学同学，五四期间，就曾在一起办过《新潮》杂志。他还是"科学史学派"的核心成员，对此学术界似很少提及。目前史学界一个通行的说法是在 20 世纪 20 年代崛起了一个"古史辩"派，而其领袖人物就是顾颉刚。⑤ 其实"古史辩"不过是由不同观点组成的论辩集，顾颉刚是核心人物，固然不错，但它不过是当时"疑古思潮"影响下所

---

① 有关顾颉刚学术思想可参见《古史辩》1—7 册。关于"层累地造成的中国古史说"，可参见《古史辩》第 1 册，上海古籍出版社，1982 年。

② 有关陈垣的学术成就参见《陈垣学术论文集》《励来云书屋丛刻》等著作。

③ 宋文薰：《我国考古学界的老前辈》，《百科知识》1980 年第 6 期。

④ 尹达：《悼念梁思永先生》，《文物》1954 年第 4 期。

⑤ 尹达主编：《中国史学发展史》，中州古籍出版社，1987 年。

取得学术成果而已。而疑古思潮在当时已弥漫于进化论史学派、实证主义学派、马克思主义史学派等各个学派中。顾颉刚本人晚年在论及此问题时就说："《古史辨》本不曾独占一个时代；此考据方式发现新事实，推倒伪书史，自宋到清不断地工作，《古史辨》只是承接其流而已。"[1]

顾颉刚提出疑古思想，主要是他接受了社会学、考古学和历史进化论的知识，由于他深知这些科学知识是真理，所以敢向传统观念挑战，用考证的方式来推翻经书上的伪古史。他曾自述"我的性情竟与科学最近"，其理想则是以"现代科学家所用的方法"[2]来治史。有学者认为"正是以科学的方法为手段，顾颉刚对传统古史观大胆地提出了挑战。……这里不难看到科学观念对历史研究的统摄"[3]。陈垣在考据学方面所取得的成就也与采用自然科学的研究方法有关。蔡尚思就认为"陈师除了继承清人朴学风气之外，由于时代不同，当然受到科学的洗礼，会比清代学者高明"[4]。李济在考古学上曾取得了骄人的成就，更是借助于近代科学方法和科学仪器取得的，因为在当时有关人体测量方法、人骨的测量、鉴定动物骨骼以推断当时的生态环境、对地质年代的碳14测定等科学手段都用上了。有学者认为，李济的学术贡献"要从李济所服务的中央研究院历史语言研究所——中国新史学的发皇地的学风，以及该所创办人傅斯年的学术思想来综合分析才可能贴切"[5]。

总之，在20世纪上半叶以历史语言研究所为阵地形成了科学研究范式，产生了一个"科学史学"派，对20世纪上半叶中国史学现代化产生了深远影响。

（四）丰硕学术成果的取得

科学史学派以历史语言研究所为大本营，在傅斯年的带领下，埋头于学术研究取得了显著的成绩。正当史语所成立之初，国内正在开展中国社会性

---

① 中国哲学编辑部编：《中国哲学》第6辑，生活·读书·新知三联书店，1981年，第400页。
② 顾颉刚：《古史辨·自序》，《古史辨》第1册，上海古籍出版社，1982年，第95页。
③ 杨国荣：《史学的科学化：从顾颉刚到傅斯年》，《史林》1998年第3期。
④ 蔡尚思：《陈垣同志的学术贡献》，《北京师范大学学报》1980年第4期。
⑤ 杜正胜：《新史学与中国考古学的发展》，《文物季刊》，1998年第1期。

质问题论战、中国社会史论战、中国农村社会性质问题论战，傅斯年和史语所的人没有参加或很少参加。他们正在整理明清档案，在河南安阳殷墟、山东城子崖等地进行考古发掘，到全国各地调查方言和民俗，搜集《明实录》的各种版本进行校勘。"甲骨文、汉晋简牍、敦煌文书、明清档案"被称为20世纪史料的四大发现，该学派在这四个方面都曾作出过重大贡献。此外，他们通过自己的学术研究还解决了中国古代史中许多疑难课题。归纳起来，这个学派所取得的成就集中体现在如下三个方面。

一是抢救、整理内阁大库明清档案。清朝内阁大库的档案，内有诏令、奏章、则例、移会、贺表、三法司案卷、实录、殿试卷及各种簿册等，是极珍贵的第一手历史资料。从晚清宣统元年（1909）库房损坏搬出存放后，几经迁徙，几易主人，潮湿腐烂，鼠吃虫蛀，损失极为严重。经傅斯年多方努力，筹集巨资，由史语所将8000麻袋的内阁大库档案从造纸商手中买下，使这批珍贵史料避免了化成纸浆的厄运。[1] 随即组织人员进行分类整理，其中比较完整、重要的，先行刊布。至1937年为止，计出版《明清史料》甲编、乙编、丙编，每编10本，共30本。在整理明清内阁大库档案的过程中，发现明内阁进呈熹宗实录稿散页千余张，于是从1933年7月，开始校勘《明实录》，先后参加工作的数十人，历时39年才得以完整，校印本《明实录》是现存《明实录》中最完全的一个本子。[2] 此外，傅斯年还为史语所收集到居延汉简1.3万多片、金石拓片2.5万余种33万多幅以及许多敦煌卷册与善本书。

二是殷墟考古发掘。殷墟考古发掘工作，从开始筹划、具体工作到发掘报告的写作，都是在傅斯年的指导下进行，李济、董作宾、梁思永也都有自己的贡献。殷墟考古发掘从1928年到1937年共历时10年，先后发掘15次，得古器物10万件以上，刻辞甲骨约2.5万片。这些器物资料经专家长期研究，

---

① 何兹全认为"抢救下这批十分珍贵的档案资料，傅斯年是大有功劳"。见《傅斯年的史学思想和史学著作》，《历史研究》2000年第4期。

② 参见徐中舒：《中央研究院历史语言研究所所藏档案的分析》，《明清档案论文选编》，档案出版社，1985年；黄彰健：《历史语言研究所校印〈明实录〉的工作》，《"中央研究院"历史语言研究所四十周年纪念特刊》等文。

遂使人们对 3000 年前的殷代文化，由隐晦而日趋显明"于是中国信史向上增益将三百年"[①]！

三是学术研究工作。傅斯年经营史语所 22 年，虽经战乱等原因而历 9 次搬迁，仍拥有研究人员 58 人，刊行专业书籍 76 种，发表论文 500 多篇。许多专著都是传世之作，如陈寅恪的《隋唐制度渊源略论稿》、傅斯年的《性命古训辩证》、岑仲勉的《元和姓纂四校记》、全汉昇的《唐宋帝国与运河》、严耕望的《两汉太守刺史表》等。此外，在语言学资料和边疆少数民族原始文化等方面的调整与研究也积累了大批资料，形成了大量研究成果。无论怎样，以史语所为中心的"科学史学派"在当时形成的大量的具有科学性的研究成果，为现代历史学科的建设提供了深厚的基础。[②]

总之，傅斯年领导的"科学史学派"在中国现代学术史上影响近半个世纪之久，自然有它的理由。当然这个学派的理论也是有局限性的，这方面许多学者都已指出。但瑕不掩瑜，我们评价一个学派，固然要看到它的缺点，但更要看到它的成绩。因此，客观公正地评价傅斯年及其学派的历史地位，有助于我们对中国现代史学史的认识。

三、革命史范式

革命史范式是指在 20 世纪 50 年代在中国史学界最终确立的以马克思主义理论为指导，以阶级斗争为主线构建历史书写体系的一整套占统治地位的史学理论体系。因与国家政治意识形态相关联，遂成为史学界遵从的史学范式，对当代史学产生了深远影响。

---

① 傅斯年:《〈殷历谱〉序》，见 1935 年史语所专刊《殷历谱》；参见李济:《创办史语所与安阳考古工作的贡献》，《傅斯年》，学林出版社，1991 年；李济:《安阳——殷商古都发现、发掘、复原记》，中国社会科学出版社，1991 年；《本所发掘安阳殷墟之经过》，《傅斯年全集》第 4 册，台湾联经出版事业公司，1980 年，第 267、288 页。

② 参见劳幹:《傅孟真先生与近二十年来中国历史学的发展》，《大陆杂志》1919 年第 2 卷第 1 期；许冠三:《新史学九十年》上册，香港中文大学出版社 1986 年版；董作宾:《历史语言研究所在学术上的贡献》，《大陆杂志》1919 年第 2 卷第 1 期等文。

（一）以马克思主义革命理论为指导

革命史范式把唯物史观作为历史学的指导理论。马克思主义史学家认为，只有把唯物史观引进历史学才能去探索和发现人类社会历史发展的内在规律，才能把历史学提高到与自然科学等同的地位。引入马克思的社会形态学说，将中国历史划分为原始社会、奴隶社会、封建社会、资本主义社会、社会主义社会等几个相继发展的社会形态。用马克思的阶级分析方法来解释历史发展中的矛盾现象。认为自原始社会解体以后，全部社会的历史，都是剥削阶级与被剥削阶级、统治阶级与被统治阶级之间斗争的历史。"帝国主义侵略""封建主义压迫""阶级战争""革命""人民群众""工农专政""经济的决定因素"等成为这种叙事的基本主题，强调中国作为半殖民地国家被迫卷入世界资本主义体系的痛苦记忆，把中国近代历史看作帝国主义侵略、压迫中国，中国人民抵御西方侵略、扩张的反抗过程。突出了反帝、底层造反、革命组织、革命领袖人物的思想和领导力。认为人民群众是历史的创造者。在坚持"人民群众是历史的创造者"的前提下，去充分研究领袖个人在历史创造中的具体作用。强调史学的现实功用，为革命服务，是马克思主义史学的一个显著特征。从李大钊强调"为人生""为个体"，到十年内战时期的"为革命""为阶级"，一直到抗战时期的"为民族""为救亡"，再到新中国成立后的"为建设""为发展"的治史宗旨，都充分地体现了这一点。

（二）以革命构建整个历史框架

这个范式强调以唯物史观为指导，以人民反帝反封建的阶级斗争为主线，理解和把握近代历史发展的本质和主流，重在通过对近代中国社会政治经济结构变化的考察，揭示社会发展的客观规律；充分肯定人民群众在历史上的地位与作用。20世纪初马克思主义唯物史观的系统传入，为马克思主义史学派的形成提供了理论基础。李大钊是中国马克思主义史学的开创者和奠基人。此外，郭沫若、吕振羽、翦伯赞、范文澜、侯外庐等著名的马克思主义史学家都为革命史范式的建立作出过贡献。

革命史叙事范式产生于20世纪20—40年代，是瞿秋白、张闻天、何干之等马克思主义革命者，从苏联和日本左翼新理论中引入一系列概念和范畴，建构的一种对中国的现实、过去和未来的认识和解释体系。毛泽东有段论述："自从 1840 年的鸦片战争以后，中国一步一步地变成了一个半殖民地半封建的社会。自从 1931 年九一八事变日本帝国主义武装侵略中国以后，中国又变成了一个殖民地、半殖民地和半封建的社会。""帝国主义和中国封建主义相结合，把中国变为半殖民地和殖民地的过程，也就是中国人民反抗帝国主义及其走狗的过程。从鸦片战争、太平天国运动、中法战争、中日战争、戊戌变法、义和团运动、辛亥革命、五四运动、五卅运动、北伐战争、土地革命战争，直至现在的抗日战争，都表现了中国人民不甘屈服于帝国主义及其走狗的顽强的反抗精神。"① 这段论述成为"革命史范式"的叙事典范。

范文澜的中国近代史 1946 年以《中国近代史上编第一分册》的书名，由新华书店出版，受到学界推崇，出版后一再修订重印，至 1955 年由人民出版社印行第 9 版。他在该书中贯彻了毛泽东关于中国社会主要矛盾社会性质的论断，他把 80 年的近代史分为四段：第一时期为 1840 年至 1864 年，在这个时期内，鸦片战争开始了中国半殖民地的历史，太平天国运动开始了中国人民反帝反封建的历史。第二时期为 1864 至 1895 年，这一时期总的形势是封建势力依靠外国的援助，消灭太平天国运动的余波，清朝统治在国内得到稳定。洋务运动、中法战争、甲午中日战争先后发生在这一时期。第三时期为 1895 年至 1905 年，帝国主义经济政治压迫和军事掠夺，以《马关条约》为标志，以强占军港为信号，中国被瓜分的危机十分严重。中国人民在这个紧要关头，激起了爱国运动，如戊戌变法、义和团运动等内容。第四时期为 1905 年至 1919 年，是旧民主主义革命向新民主主义革命过渡时期。

该书以中国人民的反帝反封建斗争为基本线索，以阶级斗争为历史发展动力，上起 1840 年鸦片战争，下迄 1900 年义和团运动和八国联军侵华。它的出版，标志着以阶级斗争史观为指导的中国近代史研究体系的初步确立。

胡绳也是革命史范式主要奠基者，1981 年人民出版社出版的《从鸦片战争到五四运动》，是革命史研究范式的重要著作。他早在 1954 年就主张把阶级斗争作为划分历史分期的衡量标准，提出了中国近代史的"三次革命高潮"

---

① 《中国革命和中国共产党》，《毛泽东选集》第二卷，人民出版社，1991 年，第 626、632 页。

（太平天国运动、戊戌变法和义和团、辛亥革命）。他的这个观点在国内史学界产生了深远的影响，形成了"两大矛盾""三大高潮""八大事件"的叙述体例。

革命史范式基本内涵为"一个主线"（以唯物史观和阶级斗争为主线）、"两个过程"、"三次革命高潮"、"八大事件"所构成的近代史话语体系，用马克思主义关于社会基本矛盾的学说来建构自己的理论框架的，并认为在阶级社会里，两大对立阶级之间的矛盾，最集中地反映了该社会发展阶段的基本矛盾，按照这一理论框架，帝国主义与中华民族的矛盾，封建主义与人民大众的矛盾，乃是近代社会的两大基本矛盾。因此，争取民族独立以反对帝国主义，争取社会进步以反对封建主义，乃是近代社会发展的主要趋势，并以此作为评价历史事件、历史人物的主要书写标准。革命史范式成为新中国不同层次人们共同接受的思维模式。

（三）重点描述人民群众的革命史

在革命史范式下，以阶级分析方法，重点叙述人民群众的革命史，太平天国农民战争、义和团运动以及反教会斗争被高度评价，而洋务运动、戊戌维新则被不客观地贬低。

革命史范式下对于洋务运动的评价。洋务运动被认为是清政府失败的改革运动，多用"自强运动"称之。强调洋务派的目的是企图靠单纯引进西方的先进技术和设备来维护清王朝的封建统治，而不想进行制度改革，学习的都是些皮毛的东西，聘请的一些洋匠利用中国官员不懂技术，进行敲诈勒索，谋取私利，使企业难以发展。清政府内部的顽固派，仇视一切洋务，百般阻挠和破坏，使洋务运动步履维艰。强调清政府在甲午中日战争的惨败，宣告了标榜"自强""求富"的洋务运动的破产。对洋务运动的积极作用言及较少，且不承认其是中国早期现代化的开端。

革命史范式下对于太平天国的评价。认为太平天国运动是中国近代史上规模巨大、波澜壮阔的一次伟大的反封建反侵略的农民革命战争，它沉重地打击了清朝封建统治，勇敢地担负起反对外来侵略的历史重任，有助于推动中国社会的发展和历史的进步。对洪秀全等农民领袖给予了高度评价，对该政权的封建性和落后性谈及较少。

革命史范式下对义和团的评价。认为义和团运动是一次自发的农民反帝爱国运动，尽管不可避免地带有一些宗教迷信的色彩，并在清政府的欺骗、出卖和帝国主义列强的联合进攻之下失败了，但它的反帝爱国精神永不磨灭，义和团运动英勇斗争是 50 年后中国人民伟大胜利基石之一。义和团为资产阶级民主革命运动的高涨准备了条件，加速了清政府的最后崩溃。在中国人民为实现国家近代化而进行的斗争中，义和团运动起了重要的积极作用。对消极影响谈及较少。

革命史范式下对于戊戌维新的评价。一般认为戊戌维新运动代表着中国社会发展的趋势，具有爱国的、进步的性质，范文澜最早称之为"第一次改良主义运动"，胡绳又提出康有为等人"用改良主义的办法实现资本主义改革"。持戊戌变法为"资产阶级改良主义运动说"者最多，认为戊戌变法是自上而下进行改革的政治运动。这场运动的目标是走资本主义道路，却不想推翻封建统治，因此是改良主义运动。对戊戌维新在思想启蒙和文化建设等方面缺乏深入讨论。

革命范式下对清末新政的研究。"文化大革命"前基本不受重视，各种论著提到"新政"时，或语焉不详，或全面否定，大加批判。传统观点认为"新政"本意在于粉饰门面，欺骗群众。清朝统治者已不可能用任何办法来改变自己的腐朽的、卖国的、只能带给人民以灾难的形象。为了应付革命的危机，清政府安排了一套虚伪的维新和立宪的把戏，最终失败。

从上述采用革命史范式著述对部分近代史重大事件的论述中，大体可以了解其叙述话语方式，即以阶级斗争为叙事基调，以"革命"为理念，高度评价底层民众的革命事件作为近代史的主轴，批判、否定甚至贬低由清政府当政者、资产阶级启动或发动的任何改革措施或改良运动。

四、现代化范式

所谓现代化范式是以现代化理论为依托，重点从政治制度、经济活动、社会发展、文化变迁等角度探讨历史发展变迁的一种研究模式。改革开放后随着国家大政转向以经济建设为方针，提倡思想解放，科教兴国，随之在史学界兴起了现代化研究热潮。这一研究范式，打破了革命史范式的僵化状态，为史学注入了新的活力，大大推进了史学研究的进步。

（一）以现代化理论为底色

现代化理论从第二次世界大战结束后至20世纪六七十年代，以美国为中心形成了比较完整的理论体系，主要学者有社会学家布莱克、政治学家亨廷顿等。现代化进程一般指在生产力发展和科学技术进步推动下，人类社会从传统农业社会向现代工业社会转变，主要包括经济、政治、社会、文化等方面的发展与转变。

美国学者布莱克将现代化定义为："作为一个描述自科学革命以来人类事物发生迅速变革的过程的一般概念。"[①] "反映着人控制环境的知识亘古未有的增长，伴随着科学革命的发生，从历史上发展而来的各种体制适应迅速变化的各种功能的过程。这种适应过程发源于西欧一些国家并开始产生影响，在19、20世纪，这些变革延伸到所有其他国家，并导致了一场影响各种人际关系的世界性转变。"[②] 布莱克在其主编的《比较现代化》一书的导论中，认为现代化概念包括四方面内容，即在现代以前的社会中发展出来的与现代化有关的接受能力的重要性；主要反映在科学和技术革命中的知识进步的作用；一个社会在政治、经济和社会方面对知识进步所提供的发展可能性加以利用的能力；一个社会的政治领导人可能采取的各种政策以图根据现代化的要求改造传统的价值观念和制度并且有选择地向比较现代的社会借鉴的能力。[③]

亨廷顿概括现代化过程的九个特征：

（1）现代化是革命的过程。这是直接依据现代社会和传统社会两者的比较而推论出来的。这两种社会根本不同，从传统性到现代性的转变必然涉及人类生活方式根本的和整体的变化。

---

① ［美］C. E. 布莱克：《现代化的动力》，段小光译，四川人民出版社，1988年，第9页。

② ［美］C. E. 布莱克：《现代化的动力》，段小光译，四川人民出版社，1988年，第11页

③ ［美］C. E. 布莱克：《比较现代化》，杨豫、陈祖洲译，上海译文出版社，1996年，第6页。

（2）现代化是复杂的过程。不能将现代化过程简单地归纳为某一种因素或某一个范围。它包含的实际上是人类思想和行为一切领域的变化。它的组成部分至少包括工业化、城市化、社会流动、分化、世俗化、传播媒介的扩大，文化和教育的提高，参政范围的扩大。

（3）现代化是系统的过程。一个因素的变化将联系并影响到其他各种因素的变化。现代化的各种因素之所以极为密切地联系在成为现代社会过程中的社会。

（4）现代化是全球的过程。现代化起源于 15 世纪和 16 世纪的欧洲，但现在已经成为全世界的现象。这种情况的出现主要是通过现代思想和技术以欧洲为中心的传播，同时部分地通过非西方社会内部的发展。总而言之，一切社会一度都是传统社会，而现在的任何社会要么是现代社会，要么是正在成为现代社会过程中的社会。

（5）现代化是长期的过程。现代化所涉及的整个变化需要时间才能解决。

（6）现代化是有阶段的过程。一切社会进行现代化的过程有可能区别出不同的水平或阶段。它显然是从传统阶段开始，以现代阶段告终。

（7）现代化是一个同质化的过程。传统社会以许多不同的类型而存在。相反，现代社会却基本上相似。现代化在社会之间产生了集中的趋势。

（8）现代化是不可逆转的过程。

（9）现代化是进步的过程。从长远的观点来看，现代化不仅是不可避免的，而且是人心所向的。在转变时期，尤其是在转变时期的初期阶段，代价和痛苦是巨大的，但是，现代的社会、政治和经济秩序所取得的成就足以弥补，从长远的观点来看，现代化增加了全人类在文化和物质方面的幸福。①

概括来看，各家关于现代化概念在表述上千差万别，能够取得共识的在于如下内容：政治现代化主要指民主化和法制化进程，即从人治到法治，从专制政治到民主政治；经济现代化主要指工业化和市场化进程，即从传统农业到工业化、自然经济到市场经济等内容；文化现代化主要指科学化和大众化；社会生活现代化除物质生活的改善和提高外，主要是指城市化和社会组

---

① ［美］C. E. 布莱克：《比较现代化》，杨豫、陈祖洲译，上海译文出版社，1996 年，第 44—47 页。

织整合化等。此外还包括均富化、福利化、社会阶层流动化、教育普及信息传播化、人口控制化等。其中，政治民主化进程和经济工业化进程是两个主要内容，重点是把握人类历史纵向发展的历程。

在国内，罗荣渠是现代化理论的开拓者，著有《现代化新论——世界与中国的现代化进程》[①]《现代化新论续篇——东亚与中国的现代化进程》[②] 等著作，系统地论述了现代化理论。他认为，"现代化"作为一个世界历史范畴，是对第一次工业革命以来世界变革与发展的特殊进程的称呼。在这里，"现代"这个概念是以大生产力形态作为世界历史发展坐标的主轴对这个新时代的新定位。是否需要给"现代化"以明确的时代定位，是新的现代化理论与旧的现代化理论的重要区别。[③] "现代化的内涵包罗丰富……广义的现代化主要是指自工业革命以来现代生产力导致社会生产方式的大变革，引起世界经济加速发展和社会适应性变化的大趋势，具体地说，就是以现代工业、科学和技术革命为推动力，实现传统的农业社会向现代工业社会的大转变，使工业主义渗透到经济、政治、文化、思想各个领域并引起社会组织与社会行为深刻变革的过程。"[④] 他把"现代化"从一个超时空的空泛的概念确定为一个特定的历史发展阶段，从而变成一个可以明确界定的科学范畴。

西方现代化理论在 20 世纪 80 年代传入中国后，为国内史学界所接受，以现代化理论作为研究并书写历史的理论模式，把中国近百年的社会看成由传统农业社会向现代化工业社会转型和演变的过程，从而形成了现代化范式。

（二）现代化研究范式的确立

在中国，现代化范式的最早出现可以追溯到 20 世纪 30 年代，以蒋廷黻的《中国近代史》和陈恭禄的《中国近代史》的历史书写为标志，是"现代

---

① 罗荣渠：《现代化新论——世界与中国的现代化进程》，北京大学出版社，1993 年。
② 罗荣渠：《现代化新论续篇——东亚与中国的现代化进程》，北京大学出版社，1997 年。
③ 罗荣渠：《现代化新论续篇——东亚与中国的现代化进程》，北京大学出版社，1997 年，第 28 页。
④ 罗荣渠：《现代化新论——世界与中国的现代化进程》，北京大学出版社，1993 年，序言第 5—6 页。

化范式"的雏形时期，他们最早采用的是"近代化"①概念。蒋廷黻在《中国近代史》一书中提出："近百年的中华民族根本只有一个问题，那就是：中国人能近代化吗？能赶上西洋人吗？能利用科学和机械吗？能废除我们家族和家乡观念而组织一个近代的民族国家吗？能的话，我们民族的前途是光明的；不能的话，我们这个民族是没有前途的。因为在世界上，一切的国家能接受近代文化者必致富强，不能者必遭惨败，毫无例外。"②这段话一般被认为是"现代化范式"的简要表述。该书以鸦片战争为近代中国的开端，将洋务运动、戊戌变法在内的晚清自上而下的改革作为中国近代化的起点，阐述中国近代历史时，始终把现代化作为主线，被当时史学界所接受，其大体取得共识，初建一种新的现代化历史解释模式。

新中国成立后，在国家领导人的讲话中就曾多次提到现代化概念。周恩来早在1954年就明确指出要把我国建设成为"一个强大的社会主义的现代化国家"③。他在1963年的一次讲话中再次提出"要实现农业现代化、工业现代化、国防现代化和科学技术现代化"④。1978年邓小平在全国科学大会开幕式上的讲话中，明确强调指出："在20世纪内，全面实现农业、工业、国防和科学技术的现代化，把我们的国家建设成为社会主义的现代化强国，是我国人民肩负的伟大历史使命。"⑤国家领导人讲话中对于中国现代化的期盼，必然成为全国人民的共同目标，但由于一段时期内"左"的思想干扰，史学研究严重依附政治，现代化研究未能持续启动，直到改革开放后由于领导人的再次提倡引发热潮，现代化问题也自然成为学术界探讨的重要话题。

20世纪80年代以来，中国国内思想界拨乱反正，西方学术著作及其思想被大量引进大陆，形成了"文化热"，并对中国史学界产生了巨大的影响，中国近代史研究呈现出前所未有的活跃。当时国家层面也制定了社会主义现

---

① "近代化"是指工业化，在许多学术语境中，"近代化"等同于"现代化"。因现代化本身也是一个时代概念，它本身也是一个发展过程，因此，它可以包含"近代化"。

② 蒋廷黻：《中国近代史》，岳麓书社，1987年，总论第11页。

③《周恩来选集》下卷，人民出版社，1984年，第136页。

④《周恩来选集》下卷，人民出版社，1984年，第412—413页。

⑤《在全国科学大会开幕式上的讲话》，《邓小平文选》，人民出版社，1983年，第82页。

代化建设目标，必然也引发中国史学界对于现代化问题的探讨。美国杜克大学阿里夫·德里克（Arif Dirlik）教授自然也注意到了中国学术界出现的新动向，发表了中国近代史研究出现了"现代化范式"取代"革命史范式"的问题。以罗荣渠为代表的中国学者对此进行了回应。1996年，罗荣渠先生发表《走向现代化的中国道路——有关近百年中国大变革的一些理论问题》一文，认为应该有一个以"民族化、工业化、民主化"等作为衡量标准的"现代化范式"。"以现代化为中心来研究中国近现代史，不同于以革命为中心来研究中国近现代史，必须重新建立一个包括革命在内而不是排斥革命的新的综合分析框架，必须以现代生产力、经济发展、政治民主、社会进步、国际性整合等综合标志对近一个半世纪的中国大变革给予新的客观定位。"[①]他认为，在20世纪80年代后中国史学界出现的现代化范式，根由"探索具有中国特色的现代化道路及其所面临的种种问题"，"是从'现代化'的新视角对中国走向现代世界经历的社会巨变进行深刻的历史反思"[②]。当然也与改革开放后国家战略上实施经济建设国策有密切关系。

20世纪90年代，罗荣渠的《现代化新论》《现代化续论》等书为"现代化范式"的确立提供了重要的理论基础，提出了基于现代化理论基础上的"一元多线"世界历史发展观。"一元"，是指社会发展的物质基础是社会生产力，推动社会发展的根本力量是经济力的变革。物质生产的发展是第一性的，这是社会发展的"一元性"的中心意思。"多线"，是指在同一生产力状态下的不同社会的发展，因受复杂的自然因素和社会因素的影响而千差万别，但可以归纳成为不同的发展阶段、不同的发展模式和不同的发展道路；任何一种生产方式和社会形态都不是单向度的、静态的，而是多向度的、动态的。这就是社会发展的"多线性"的中心意思。一元性是社会发展的共性，多线性是社会发展的特殊性。两者在特定的历史过程中形成共性与特殊性的统一。这样，对于世界历史上形成的各种社会形态的分析就都是多维的、立体交叉

---

① 罗荣渠：《走向现代化的中国道路——有关近百年中国大变革的一些理论问题》，《中国社会科学季刊》（香港）1996年冬季卷，总第17期，第44—45页。

② 罗荣渠：《现代化新论续篇——东亚与中国的现代化进程》，北京大学出版社，1997，第13页。

的、网络式的。这样，对历史进化论的辩证的解释就代替了机械的、片面的和单线的解释。[1]

罗荣渠为中国近代史提供了现代化范式的解释框架。认为中国现代化经历了三次大的发展模式转换，出现了三次现代化的局部断裂，并从模式转换的新视角分析了中国现代化进程的发展脉络。

1. 19世纪下半叶到20世纪初，即从自强运动经过维新运动到立宪运动，大约半个世纪，这是中国现代化运动的初始阶段，是在旧王朝体制下探索资本主义发展取向的自上而下的改革时期。

2. 从1911年辛亥革命到1949年革命，这40年是中国内忧外患同时加深、半边缘化与革命化同步发展的时期。国家的实效统治断裂，现代化处于自发的游离状态，被挤压在一条窄缝中断续地进行。辛亥革命的最大成就是推翻两千年来的帝制而确立了适应世界潮流的共和制度。这是一次大的国家结构模式转换。但辛亥革命并不是西方模式的资产阶级革命，因为软弱的资产阶级并未取得政权。辛亥革命也不同于明治维新。明治维新开创了天皇制度、中央集权的新局面，而辛亥革命迎来的却是权威失落、地方割据与社会失序的局面。中国为重新建立新的政治统一，经历了近40年的大动荡才重新找到国家的重心。

3. 1946—1949年解放战争是中国两条道路的大决战。1949年革命的胜利带来了发展模式的一次全面大转换。这次模式大转换是在第二次世界大战结束后两大体系对立的特殊历史条件下进行的。因此是资本主义与社会主义两大思潮的国际斗争在中国的鲜明反映。这是中国早期现代化所没有的一个新的国际特点。[2]

罗荣渠认为，19世纪后期以来，中国适应现代世界生活的重大变革出现的兴办现代工业，建立民主共和体制，废除科举制和实行新学制，引进西方科学技术，发展铁路、公路、航空等现代交通运输与通信事业，改革旧礼俗

---

[1] 罗荣渠：《现代化新论续篇——东亚与中国的现代化进程》，北京大学出版社，1997，第55页。

[2] 罗荣渠：《现代化新论续篇——东亚与中国的现代化进程》，北京大学出版社，1997年，第108—111页。

与建立新风尚，等等。都是中国"现代化"出现的新事物。他还认为："中国现代化的最初启动可以上溯到 19 世纪 60 年代的自强运动。"[1]"现代化局部的慢启动。"[2] 这些观点都为"现代化范式"奠定了重要理路。

自 20 世纪 80 年代启动的"现代化范式"到 90 年代后确立并走向成熟，成为与"革命史范式"并列的重要学术研究范式。在改革开放初期，李时岳、章开沅等学者都是"现代化范式"的奠基者，许多学者都参与了研究和讨论，特别是新派学者大都成为"现代化范式"史学研究的追随者或实践者。该研究范式突破了阶级分析方法，并且将社会学、经济学、心理学等学科的研究方法与成果融入史学，进一步实现了历史学的跨学科的研究。不仅打破了政治史独霸的地位，兼顾了社会史、经济史、文化史、外交史、科技史、妇女史等领域的研究，还开辟了城市史研究、商会与绅商研究、学堂学生群体史研究、教会大学史研究、留学运动史研究、大众传播媒体史研究以及经济结构转型、意识结构转型、意识形态更新等新的研究领域。值得一提的是，由许纪霖、陈达凯主编的《中国现代化史》第一卷（1800—1949）一书，从社会经济景观、新思潮、工业化、士大夫的变革、社会经济结构、文化变迁与价值重建、军绅政权等角度进行专题论述，反映了多位学者的研究心得，是应用"现代化范式"解释中国近现代史的一种尝试。此外以现代化为题的成果甚多，已成学术研究大势。

（三）现代化范式的历史阐释及特点

在现代化范式的研究视域下，把中国自 1840 年的历史看成追求现代化的过程。在此试列举近代史中的重大事件，从中可以看出其历史书写与阐释与革命史范式的历史书写与阐释有很大不同。

现代化范式对于洋务运动的评价。多采用洋务运动，不采用"自强运动"的提法。认为洋务运动是中国早期现代化的开端，更多地强调着洋务运动的作用，如洋务派引进了西方资本主义国家的一些近代科学技术，培养了一批

---

① 罗荣渠：《现代化新论——世界与中国的现代化进程》（增订本），商务印书馆，2009 年，287 页。
② 罗荣渠：《现代化新论续篇——东亚与中国的现代化进程》，北京大学出版社，1997 年，第 109 页。

近代科技人才和技术工人，在客观上刺激了中国资本主义的发展。中国第一批近代企业在洋务派的倡导下开始出现。它对外国的经济侵略起到了一定的抵制作用；对本国封建经济的瓦解也起到了一定的促进作用；对洋务运动的负面作用也有讨论，但比较实事求是。

李鸿章是洋务运动的代表人物，也是中国近代史上不容忽视的人物。他参与镇压过太平天国运动，参与签订《马关条约》等丧权辱国的外交活动。若按革命史范式的评价标准，他是卖国贼。但是李鸿章作为洋务派的中坚人物，他的活动又促进了中国早期工业化的发展。按现代化范式的标准，他又在19世纪70年代至90年代的中国现代化事业中充当了主角，给予了很多正面评价。

现代化范式对太平天国农民运动的评价。肯定太平天国有一定进步意义，从现代化的角度高度评价洪仁玕的《资政新篇》中的现代化思想。同时，也从这个角度强调太平天国政权，沿袭了封建的君主制、等级制，它借用西方基督教的形式并将其中国化，在将其作为号召和发动农民的工具的同时，又建立了政教合一的专制政权。太平天国反对清王朝，只不过以一个封建王朝去取代另一个封建王朝。太平天国从宗教出发所采取的反孔政策，太平天国所引起的长达十几年的内战，对中国探求现代化的进程都产生了破坏性的冲击，这类评价在以往的革命史范式语境下是不可能有的。

现代化范式对于义和团运动的评价。对义和团运动多持否定评价，认为义和团并不反映历史的进步潮流。义和团运动的反帝固然有爱国的一面，但它采取的是极端排外手段。义和团敌视现代文明和盲目排斥外国人以及外来文化的极端愚昧行为，他们毁电线、毁学校、拆铁路、烧洋货、杀洋人和与外国人及外国文化有点关系的中国人，凡沾点洋气的物和人，必彻底消灭而后快。他们排斥近代资本主义的生产方式和科学技术，反对一切与"洋"有关的事物，想要保持封闭的、自给自足的自然经济。在这一点上，义和团运动是一种历史的倒退。

现代化范式下对戊戌变法运动的评价。认为，维新派追求的君主立宪，是要建立资产阶级政权，维新运动的实质是资产阶级向地主阶级夺权，是辛亥革命的一次预演。"百日维新"虽然失败了，但是由维新派所倡导的维新运动则是近代中国一次具有深远影响的思想启蒙运动，大大推进了思想文化现代化的进程。

现代化范式下对清末新政的评价。认为清末"新政"是清政府在义和团运动后为维护其封建统治，迫于国内外形势而采取的措施，是一次比较全面的改革，很大程度上改革了旧的封建体制。认为清末新政是中国现代化历史上一个重要的发展阶段，是一次具有资本主义性质的改革，符合历史潮流并产生积极影响。其中一些措施在客观上对传播文化和民主革命思想、发展工商业起了一定作用，有些措施激起了人民反抗，扩大了满汉矛盾，客观上促进了辛亥革命的到来。甚至有学者认为其重要性超过19世纪后期的洋务运动和19世纪末的戊戌变法。

从上述采用现代化范式著述对部分近代史重大事件的论述中，大体可以了解其叙述话语方式，即把整个中国近现代史看成是一个现代化的过程，并以现代化发展的视角去观察、评价历史事件与历史内容，将中国近代史置于人类近代历史发展大趋势下进行讨论，思域广阔，符合新时代潮流。

思考题

一、简述四种史学范式所依凭的理论及话语特点。

二、试述新史学范式的理论及内容。

三、试述科学史学范式的理论及内容。

四、试述革命史范式的理论及内容。

五、试述现代化范式的理论及内容。

第十四讲　历史概念与概念史学

概念史学是史学界最近兴起的新史学研究领域，重点从历史概念角度入手，探讨相关历史问题。历史上许多概念的形成与特定的社会运动及文化思潮有密切关系，因此，考证并追溯其产生的源流，自然成为历史研究的重要内容，相关研究可以大大推动历史学研究向微观化、精细化方向发展。

一、历史概念及内涵

本节重点讨论历史概念的生成及其定义，厘清历史概念与历史名词的内在联系及相互关系。历史概念的形成有两个来源，一是来源于历史实体并自然形成，如鸦片战争、甲午战争、新文化运动等；二是来源于历史学家出于研究之目的，对于历史研究对象的概括，如称 1910—1911 年东北大鼠疫为"庚戌鼠疫"即是，考察历史概念的由来及形成过程，对历史研究尤为重要。

（一）何为历史概念

所谓概念是人们对可以感知的客观事物外在形态、内在本质的一种抽象的高度概括。概念反映事物的本质，历史概念就是在历史时代产生的反映某一特定时期社会思潮、社会景观、阶级状态、社会群体状态、社会动向等人文关系的各种表象的抽象化表达，是事物最本质化的概括。历史上留下了大量各种各样的概念，有政治概念、经济概念、文化概念等。这些概念无论属于哪个方面，都反映了那个时代一些社会思潮、社会思想的变化。研究历史概念属于历史哲学范畴，它虽然不等于历史本身，却反映了对历史真实本质的一种认识。因此通过它来研究历史，通过概念的演进、变迁来考察历史，把概念产生的地点、时间、过程、背景作为一种考察对象，便可以清楚地把握住历史演进的某些内在规律。

历史概念涉及范围甚广，如政治概念是对历史上许多政治现象、政治制度、日常政治行为的一种高度的理论概括。历史概念的存在和形成，反映了那个时代的特征，但同时也是被同时代的人们所认同和接受。所以它往往反映了那个时代被人们认可的一种抽象化的形象理解，是浓缩的历史信息。如国家、法律这些政治概念，它实际上是历史上有关国家形成、国家本质的一种理论概括。国家概念产生于何时，我们不可考。但凡历史上所有的思想家、政治家在涉及有关国家体制和制度方面的讨论时，都要提到国家概念。自近代以来，国家这个概念经历了许多不同的时期，不断演进，具有强烈的阶级属性和国家政治属性。从这个角度就可以研究出历史上的许多问题。在近代，许多哲学家、历史学家认同国家的产生同天赋人权、社会契约有密切关系。他们强调天赋人权，人人平等，社会发展以后每个人有不同的社会分工，不可能处理全部的公共事务，这样，人们就聚集起来商议让渡一部分公共权利，由专门的公共人员来行使这些让渡的部分公共权利，代表人民处理公共事务，所以就形成了管理国家的政府。国家代表了他们的公共利益，所以人们就尽力维护所建立的这个国家，这就是国家形成的基本过程。国家具有三要素：土地、人民、独立的主权和治权。国家的本质就是为境内所有的百姓和人民服务，其主要职责是维护统治区域，管理行政区域内各民族、各阶层的和谐，协调各种各样的利益关系，发展生产，维护民众的利益；对外联络各国，促进国际贸易，加强各国的交往和友谊，保护国人在境外的安全，同时抵御外来侵略，压制破坏社会稳定的敌对势力。这是国家的本质。

马克思主义强调阶级斗争在社会演进发展中的作用，所以认为国家是阶级统治的工具，是一个阶级统治压迫另一个阶级的暴力工具。这种说法把原来国家的概念颠覆了，把国家的概念缩小了。国家不仅是暴力统治的工具，还应该是服务的工具、协调的工具；不仅是阶级统治的工具，更应是阶级调和的工具，如果我们这样思考，国家的概念就要更加完善一些。

历史概念中的内涵界定是历史话语体系中的重要组成部分，也是不同史学学派之间沟通的理解工具，概念不同，以概念为工具进行解释的历史内容就会不同，得出的结论也会不同。

（二）历史概念的类别

概念是对某一具体事物的一种形象的简洁的概括、抽象的表述，历史概念就是对历史上事物的一种简洁的概括表述。历史概念包括两方面，一是历史上形成的，具有历史时代特征的，有特殊的历史内涵的一些概念。像近代的洋务派、维新派都属于历史概念。还有很多历史上的流行语，比如摩登、复古、守旧、新青年、新女性、传教、自由主义、自由、平等、博爱、科学、生物学、进化论、唯物主义、唯心主义，等等，这都属于历史概念。可以看出，上面列出的这些概念，往往反映历史上某一个时代、某一个阶段的社会内容、社会现象。在五四时期，这个问题就更多了，各种各样的派，如新生活派、无政府主义、自由主义、社会主义、新生活运动等，都是历史概念，它们内容丰富，反映时代特征的主要内容。二是从历史上反映社会阶层变化、等级观念这样的历史概念。比如种姓制度、等级制度、歧视、平民、自由民、奴隶，等级制度中的婆罗门种姓，在日本有武士、贵族、贱民，在中国历史上也有贱民、平民、贵族、寒士、士大夫、商人，等等。当代出现的无产阶级、资产阶级、知识分子、黑五类、劳动改造者、臭老九，这都属于历史概念，反映时代特征，反映社会等级差异。历史上反映政治派别的概念有自由团体、议会、公民社团、洋务派、维新派、革命派、新文化派、共产党、国民党、法国大革命时期的第三等级大会，皇帝、总统、丞相等；反映社会变迁的流行性的概念，比如崇佛、废佛、摩登、时髦、时尚、流行、自由化时代、革命时代、专制时代等。上述这些名词都是历史上曾经出现，或曾经流行过的历史名词或历史概念。

历史概念，既包括历史上已经形成的已有的概念，又包括历史学家们对历史的一些概括，如对某些战争、战役的概括。

历史语言不等于历史概念，但与历史概念有关。历史语言是历史上使用的语言，这种语言是属于某一特定时代的，只能作为一种文化现象存在，比如某些民族语言已经不能使用了，其中满语最为典型，现在会说满语的人很少了，虽然还保存一些文字史料，但是在现代生活中已经不使用了，这是一种消亡的语言，只能在历史研究中作为资料使用。还有一些语言虽然部分保留下来，却已经融入其他主流民族语言中去了，可以在主体语言中找到一些语素，具有历史语言的一些特征。总之，历史语言只有作为历史阐释工具时，它才能成为历史概念。

概念化的地名可以算作历史概念，在历史地名方面也可以看到这种变化。许多地名还保留许多习惯称呼，现在俄罗斯境内有很多曾经是中国的土地，比如海兰泡、海参崴，俄国人占领后要用自己的名称来标注地名，像海参崴叫符拉迪沃斯托克，意味着征服东方，以时间为限，在占领远东之前，所遗留下中国的地域名称，表明中国人的长期居住，还有一些村落名称，考察这种历史地名就能证明地域变迁的历史。俄国占领中国领土后，把原名称废弃，改名，以此来表示自己的占有，但历史痕迹是不能抹去的，从遗留下来的已成为历史概念的地名中可以看出这一地区的历史演变，这就是历史语言。中国人难忘这段历史，在语汇中仍习惯称为"海兰泡""海参崴"，即说明历史事实。中苏友好期间，长春一条大街被命名为斯大林街，改革开放后，改名为人民大街，这都属于历史地名即历史概念的变迁，历史概念包含着一定的历史信息，具有特殊的意义，有一定的历史内涵，显示出某些历史的延续性。

有一些历史概念或历史名词，是历史研究者在研究历史过程中，把某一历史事件加以概念化、概括化，被大多数学者认同并使用而形成一种描述某种历史状态的概念化说法。如将1898年的维新变法，说成"戊戌变法"，将1910—1911年东北大鼠疫，说成"庚戌鼠疫"等即是。前面说过，历史概念来自两大方面，一方面是历史上形成的、后来被历史研究者使用的概念，比如洋务派、革命派、维新派、共产主义战士等，这都不是历史学家后起的名称，而是当时自称或当时形成的概念。晚清时期一批从事洋务工作的官员自称是洋务派，而从事维新变法的人士自称是维新派，革命派自称是革命派，这些都属于历史概念。还有很大一部分，历史上并没有这样的概念，只是历史学为研究某一事件，出于研究的方便，采用一种能够表达当时历史境况、历史状态的概念，由于表达简洁、准确，基本符合历史实际，而被学术界所采纳，从而成为理解某一历史事件概念。这方面的历史概念甚多，不再赘述。

二、概念史学及其方法

本节介绍概念史学及其方法、因何提出概念史学、概念史学的研究方法及史学价值若何等内容。

（一）概念史学的提出

概念史学，是以历史概念作为研究对象而形成的一门历史边缘交叉学科。我们知道，历史学作为一个母体，它有很多分支学科，每个分支学科的功能都不同，概念史学的分支学科是近年来产生的，而且还是在学术界已经蔚然成风的一门新型的边缘学科。作为一个学科，其必须有明确而固定的研究对象，有自己的学科体系以及独特的研究方法。概念史学的一个最重要的特点是以历史上的概念作为研究对象，考察某一个历史概念的形成和演进过程作为探讨历史的切入点，从而形成独特的学科意识、问题意识，这种史学研究非常有趣味，也很有价值。

人类在历史发展过程中创造了历史，每个人都是历史舞台中的一分子。人们在参与历史的过程中形成了各种各样的行为，产生了各种各样的历史现象，也创造了各种各样的理论，这种现象在当时人们就已经给起了名称。比如历史上的复古派、守旧派，人们在相互斗争中形成的各种派别、各种理念，自认是在等级观念中所确认的各种各样的身份的描述，这些都是历史概念。所以概念史学的研究范畴非常广泛，它和一般历史研究的不同之处在于：一般的历史研究是以材料为出发点，通过材料的考证来整理、梳理历史，我们称之为原历史；概念史学应属于反思的历史或者是哲学的历史，它不仅仅从一个材料的梳理中得出一种技术性层面的东西，还要从一些历史上的概念入手来探讨概念的产生、发展的缘由并由此展开历史讨论。

以近代史为例，洋务派是一个很明确的历史概念，通过对洋务派这个概念的深入研究和考察、考证，对深入了解历史有非常大的帮助。因为概念作为研究问题，它是在整体掌握材料的基础上产生的一种强烈的问题意识，支持从某一原点上突破性地讨论问题。在近代，凡是办洋务的都可称为洋务派，这不是后世历史学家的表述，而是当时人凡是参与洋务派，便自认为和那些保守派不同，是对自己这个群体的一种表述，当时就叫洋务派，就是办洋务者，也叫夷务派。我们通过这个历史概念的考察，就可以很具体地了解它的产生和它的背景。在东西方文化交流的背景下，在西潮东至过程中，特别是中国在两次鸦片战争期间与西方列强历次对抗战争都以失败告终，一些不得不与列强打交道的官员，更加深了对西方的了解，看到了西方的强大，承认西方船坚炮利，对西方的科学技术长处有了一个深入的认识，所以主张向西方科学技术学习，尽管他们也主张维持封建统治，主张中学为体、西学为用，但是他们毕竟在当时的情形下开辟了一种新的社会风气，开展了轰轰烈烈向西方学习的洋务运动，这批人即为"洋务派"。从这个概念入手，研究它的变迁、内涵、群体、思想及影响的演变，可以对历史有一个比较清楚的认识。

再比如对西方等级制度的研究，可以从政治、经济、文化、社会、军事等各个层面去考察，可以形成一个学科，就可以从"长子""骑士""自由民"等概念入手进行研究。

（二）概念作为史学研究工具

当代历史工作者很多的研究其实都涉及概念史学的内容。比如专门从某一个概念入手，如果专门研究庙会，庙会也是一种概念，由此可以研究庙会经济、宗教狂热、宗教狂欢、庙会狂欢，所以这个研究应该属于概念史学。在目前学术界，黄兴涛的《"她"字的文化史——女性新代名词的发明与认同研究》（福建教育出版社 2009 年版）一书属于概念史学的代表著作。在五四新文化运动前是没有"她"这个女性代名词的，只有"伊"，作者用了大量功力，考证了"她"字的使用来源以及流行的原因。此外，史学界对于中国近代史上某些口号的考证与研究，都属于此类。焦婕对民国时期的新名词"摩登"这个历史概念的研究形成了一篇硕士论文，也属于概念史学的标志性作品。"摩登"是非常有特点的新文化概念，它是西方强势文化涌入中国的背景下，对这种综合形成的传递西方最新文化事物的最典型的一种概括。通过对摩登概念的研究，将摩登现象归纳为一种社会文化状态，然后加以理论概括就为我们提供了一种显示度很强的、标志性西化的途径，所以这种研究是非常有价值的。

　　历史概念绝不是先验的，如果放到二三十年前，就会有人批评所谓概念史学是一种先验的唯心主义史学。我们认为，它仍然是一种客观史学，实际上是当代历史多元化背景下学科发展的一个新现象，是一种新近产生的边缘学科。历史概念是客观存在的，概念实际上是对历史现象的哲学的、理性的思考过程当中所产生的一种认识"映像"。我们语言的发展都是通过概念化的方式，对自然界、社会的各种自然现象、事物的一种最简洁的表达，这种简洁的表达被许多人认可，大家可以用共同认可的概念来命名某事物，可以用大家认可的概念形容某种社会现象，这就是概念的形成过程。概念是人类对现实中客观事物、印象一种抽象的概括和把握。人类文明的发展在某种意义上是概念化主观世界和客观世界的过程。早期原始人是不可能形成精确的概念的，随着人类文明的发展，各种各样的概念才会越来越精确、越来越丰富，对自然界及人类社会各个层面的表述也就会越来越细化和复杂化。人类使用概念来形容事物，获得一种特征性的、逻辑性的、简洁的表述，使人们之间能够使用概念表达意思。概念具有明确的指代性，否则我们就不能区分事物，所以一个事物区分于另一个事物的特性，使我们能够找到事物本质区别的，才是我们所说的概念。而借助历史概念，以之作为研究工具则会大大推进历史研究向精细化、微观化发展。

（三）概念史学的研究方法

　　概念史学作为历史学的一门新兴交叉边缘学科，由于它本身归属于历史学，所以它的基本研究方法遵从于历史学的基本研究方法。但由于概念史学本身的特殊性，它也有自己独特的研究方法。

　　第一，历史概念考证法。主要考证历史概念产生发展演变的历史过程，历史概念的产生可能是由某个人最早提出来的，由于被社会普遍接受与认可，得以在社会上流行。有些历史概念在某个特定的时代流行，然而由谁最先提出的，却不可考。只能说是某个特殊时期流行的概念，为大家所熟知，并成为口头禅。比如洋务派，也称夷务派，是指近代专门从事洋务外交的人对自己的称呼，首先他们自己认同，别人也是这么认为的。遂形成一种历史概念，我们现在也用这种概念来表征当时这群人的特征，凡是提倡中学为体、西学为用的人都可称为洋务派，所以我们对其内涵和外延都进行了研究，这里需要考证洋和夷的变迁，洋务派的形成、代表人物、指导思想等。

第二，历史概念概括提炼法。我们要选择历史上的相关概念进行界定和提炼，选择具有代表性的、具有时代特征的那些概念，我们要考虑这些概念是如何传播、如何被历史认同的，有时历史概念属于政治性的，最终变为历史，比如种族歧视、种姓隔离制度。古代有古印度时期的种姓制度，近代有南非的种族隔离，美国也存在着对黑人的歧视政策。概念有它的特指性，有明确的内涵与外延，这就要考察它的范围，它的国别性、普适性等问题，这都需要加以归纳和概括，所以历史概念有一个普适的、泛泛的东西，也有内在的特征。

阶级这个政治经济概念也变成历史概念了。在马克思主义政治理论中，阶级是有明确界定的，比如无产阶级、资产阶级，农民阶级、地主阶级，都有明确的指代和具体的内容。历史上不同阶级表现方式是不一样的，不能一概而论。阶级与种姓制度之间也有区别，在不同时代，二者的结合方式也是不一样的。在资本主义社会，资产阶级和无产阶级都是相对的概念，在自由竞争的环境下，有的无产阶级经过自己的奋斗，可能变成有产阶级了，有些有产阶级由于竞争失败或其他原因变成无产阶级了，这是一个自由流动的情况，但印度的种姓制度和南非的种族隔离制度则绝对不会出现这种情况。日本也有阶级的问题。自由、平等、博爱、民主等西方传来的概念，它们本来是政治概念，但实际上已经变成一种历史概念了，因为它是在特定历史时代中产生的，具有时代性，同时在历史中又发挥了重大的作用。又比如科学，东方人与西方人对科学的理解是有一定差异的。总之，概括提炼法，就是将历史内容概念化，并从概括提炼后的概念入手去研究历史的一种方法。

第三，历史概念追溯法。在研究历史过程中，对某一特定的历史概念是如何产生的，通过回溯历史，长时段考察其产生、发展、变迁，进行历史研究的方法。比如对"卫生餐法"的考察，通过对该概念的提出与演进过程，从微观层面深入中西方生活方式的互动与交融问题，其实质上是中国接受西方科学饮食方式的进步过程。通过考证历史概念，可以将某一历史问题的来龙去脉弄清楚。

第四，历史概念语义分析和解读方法。历史概念需要去解读，有些历史概念是统治者对一些人、一些事的歧视或者排他性称呼，在这种情况下我们就要进行语义分析。语义学是一门从语言学产生出来的新分支，重在分析词语本身的原意、引申意、借意、转借及深层的历史原因。历史概念有些是由某一群体传出来的，某一群体的自我认同或者是一群体对另一群体的概括，所以站在不同角度，历史概念在语义上是不一样的。有的是正面的、有的是反面的。比如对于维新派，有人说他们是"改良派"，也有人说他们是"保皇派"，这都需要结合特定的政治语义进行解读。还有一些历史误读问题，我们也需要讨论，还有概念的语义比较方法，虽然在历史时代，对一个事物的概括，不同人是有不同的概念的。比如朝鲜战争，国际上大都称"韩国战争"，我们一般习惯称"抗美援朝战争"，现在称"朝鲜战争"。实际上使用概念的不同，反映出所站立场的不同。不同的概念可以从不同的阶级背景、不同角度进行探讨，进行语义分析，可知来自不同群体的概念也完全是不一样的，虽然都指的是同一个历史事件，但概念内涵则完全不同。"摩登"一词也是这样，"摩登"一词在中国流行的过程中，其语义已被国人赋予了很多特殊的寓意，对这种特殊的寓意我们需要进行语义分析、比较和考证，才能挖掘出内在的东西。

还有语言识别法，历史概念是独特的话语结构，按照逻辑构架，处于特定历史内涵前提下，为大多数人接受和理解的概念，所以其语言要素需要有语言识别的功能，有许多历史概念在历史上是负面的，是被别人讽刺的、具有挖苦意味的。比如说臭老九，这样的历史概念有一定的侮辱性和讽刺性，我们应该从语言学的角度加以探讨，加以分析和解读。还有的历史概念是具有赞赏性的，是对群体内部人员的肯定，或者下层对上层的肯定，或者是后世对先世的肯定，这样的语言是褒义的。无论是褒义的还是贬义的，都要进行语义分析。

三、研究概念史学的意义

概念史学是历史学的一个边缘交叉分支学科，它是近几年随着历史学深入发展而产生的一门新学科，这个学科的研究是历史研究细分化和综合化的产物，它的产生及对它的研究皆有重要意义。

（一）拓展了史学研究新领域

它大大地拓展了历史学研究的新领域。在学术界，不要说过去，就是现在对这个问题也有争议。大家都认为概念史学的研究实际上是历史先验论的产物，属于唯心主义史学。因为从传统史学角度来看，研究者应该通过对材料的梳理、归纳，提出现实问题。当然，这种研究方法，我们并不反对，然而实际上这是一种实证史学的研究方法，已经涉及历史认识，涉及历史观问题了。历史概念作为历史研究的一个新领域，要通过概念的产生、演进、发展、影响的追溯来讨论历史过程，揭示历史内在的联系。从研究角度看，它大大拓展了传统史学的研究领域，这是不争的事实。

（二）强化了历史研究的问题意识

它强化了历史研究的问题意识。该研究领域表现出浓厚的问题意识，因为过去的历史研究多属于平面叙述，问题意识不强，缺乏哲学考虑。特别是微观的研究又有技术史学之嫌。实际上很多史学研究大多停留在技术层面，就是对某一个问题的研究，已经研究到非常精微的程度，由于未将此问题与周边相关问题进行联系，难以揭示事物本身的内在联系，缺乏一种宏观的历史思考，而概念史学的研究恰恰避免了这样的缺点。历史概念本身就是一个问题，它是历史上形成的对某种客观事物的抽象概括，本质地反映了事物的特征，抽象概念的背景后是具象化的内容，实际上是反映了一个特定时代历史当中的一种独特现象，这点我们要把握。所以，从概念角度出发研究问题，往往能给我们一种强烈的问题意识并扩展原有的思维方法。

（三）提供了一种新的思维方法

概念史学实际上为历史学研究提供了一种新的思维方法。在史学领域，历史概念无处不在，概念虽多，但过去却很少考虑。从概念讨论这个事物本身的内在联系，从这个思维角度出发，实际上打破了唯心唯物之争、宏观微观之争。它不去纠结于事物本身体系化的话语系统，它自身就是一种新的话语系统。这种话语系统的建立不同于以往的历史架构，从这种历史概念的角度系统化，它所展示的是一部深邃的历史，往往给人一种概括的、本质的、深入的、哲理的内容，其历史认识可以更好地精确地为现实服务。从概念史学的角度出发所建立的话语系统将会大大丰富历史研究的内容。比如"环境"也是一种历史概念，研究环境史，又能够打开历史学另外一片新天地。如果我们站在环境史学的角度来考察当时人对环境的感受能力、环境特征以及所处的各种不同的条件、人的受教育程度、不同人接受能力等的问题，可以深入探讨历史时代的人地关系问题。以环境为例，不同时代对环境概念的强调程度、某些历史语言的频繁程度，都是不一样的。我们知道工业革命以后，人类的环境压力越来越大，古代也有随着某些部族居住地区人口的增殖和对环境的破坏，气候的变化而出现越来越不适合人类居住的情况。但是近代以来工业革命对环境造成的破坏，是以往任何历史时期都不可比拟的。由于科学技术的发展，"人定胜天"理念的强化，人类对自然界无限的索取达到了顶点，所以人和环境的紧张局面也产生了，这样就产生了更多的与环境有关的历史概念。所以我们讲，破解这种历史概念的相互关系，找到历史概念的内在联系，历史概念产生的时代背景，不同群体产生历史概念的意义、特征等都是我们需要探讨的一个问题，这应该也是研究的一个意义。

概念史学对于传统史学还有开拓创新的意义。创新是一个学科的生命力，没有创新就没有发展。概念史学有重建和分析历史话语系统的意义。任何一门历史学都有着属于自己的一套独特的话语系统，从历史的概念到范畴都是独特的，按照自己独特的价值观建构的。马克思主义史学就建构了自己独特的一套话语系统，它和西方史学完全不同，西方史学的各个门派也都有自己专属的话语系统。概念史学对于分析各学派的话语系统的独特性、差别以及内涵，都能够起到借鉴和帮助作用。

概念史学可以使我们更清楚地了解和研究话语系统本身的一些特征和建构的基本要素，可以为历史学重建话语系统服务。因为系统的概念阐释及知识建构有其独特性，它从概念到范畴的研究实际上就是话语系统的研究，通过历史概念的收集、整理的专门研究，对于话语系统的建构能够提供一种独特的思维视角和研究方法，这个是过去不曾有过的。

从另一个意义上来看，概念史学对于重构历史学的话语系统以及解构原有历史学话语系统具有重要意义。从重构历史学话语系统的角度来看，它为新学科的发展、产生提供了一个清晰的理论范本和分析框架。任何一个学科的建构都是由范畴到概念的演化过程，一群同类的、同质的概念的集合就是范畴，所以从这个意义上来看，概念史学恰恰解决了历史学发展的"瓶颈"问题，也就是说这个概念史学不同于一般的分支学科，它实际上是一种基础理论史学，一种观念性的史学或者叫观念史学，它以历史上存在的概念为研究对象，与借助工具、精密的仪器和工具才能深化研究的某些实验科学的意味相似，代表着历史学的新跃进。历史学最原始的研究就是耳闻目睹、亲自实践，亲自到现实生活中把自己感受的、目睹的东西写下来，当然也要参考资料，一般被称为原历史。概念史学恰恰就是在以往历史学家和人们已经形成的研究条件的基础上进行梳理，借助原来已经形成的概念工具去分析历史，达到事半功倍的效果。以这种概念为核心来建构自己的话语系统，这是个新问题。

概念史学对原有的历史学也起到一种解构作用。古往今来，各种、各类、各门派、各国家的历史学分得很杂，种类繁多，数量众多，存在着各种各样的观念，对历史概念的界定也十分复杂，这就需要建立一种标准，去解构它，然而再按照历史真实的标准进行整合。概念史学所建立起来的标准恰恰能够帮助我们去完成上述史学发展愿景。

思考题

一、何为历史概念？谈谈历史概念的来源及形成方式。

二、何为概念史学？

三、试论研究概念史学的意义。

四、结合你熟知的历史概念进行讨论。

第十五讲　环境史学的理论与方法

　　环境史学是历史学与自然科学结合得最为紧密的一门新兴边缘交叉学科。其研究对象以人类与环境的互动，自然生态环境对人类活动的制约，人类活动对原生态自然环境的影响为主要内容，生态文明史观是核心指导理论。其研究方法在承续传统史学的研究方法外，大量借助于其他社会科学、自然科学的方法，其中，史实综合互证法、实地调查法、口述访谈法、计量统计法是最为有效的研究方法。该学科扩大了史学的研究领域，在增加科学要素、强化史学的公共性等方面发挥作用巨大。

　　环境史学是近十余年来崛起的历史学边缘交叉学科之一。许多学者，尤其是世界史学者在介绍美欧学者研究成果的过程中，对环境史学的概念、研究对象以及方法等问题都进行了探讨，贡献较大。同时，从事历史地理、灾荒疫病史研究的部分学者尽管研究环境问题较早，但受此影响，也明确地围绕着环境史学相关问题展开讨论，为中国环境史学的成立提供了学术基础。相关各方的讨论产生了不少成果，有争论也有共识。不过，当前环境史学研究还有一种倾向，即多奉西方史家的著作为旨归，以西方史家马首是瞻，在所取得的成果中以介绍西方的研究成果为多，而建立起中国人自己的话语系统，建立以中国自己的学科体系为指向的成果较少，不能不说是个遗憾。在当代史学研究高度国际化、综合化的今天，我们需要参考美欧的研究成果，但更要密切地结合本土的史学资源，以研究中国本土的生态环境为核心，建构起能获得国际共识的、中国本土的环境史学。即在环境史学的概念之下，各自从自己的研究角度或学术领域切入主题，形成的共识越多越好，也不怕分歧，最重要是为建设中国的生态文明提供历史背景、经验教训，为扩大公共史学领域，增加历史学的科学要素和人文内涵做出自己的贡献。

环境史学作为历史学的一门新兴学科，已被学界所肯定，但它还很不成熟，还处于发展过程中，从概念到研究对象还需要深入讨论。

一、环境史学的概念界定及研究动因

环境史学是新兴学科，有学者认为它是独立于历史学之外的学科，我们认为它仍是历史学的分支学科。这就涉及对环境史学概念的界定问题。至于研究的起因，乃是国内外环境问题日益严重，给人类提出了新挑战，迫使历史学工作者研究这一新问题，遂有环境史的研究与讨论。

（一）关于环境史学的定义

环境史学是历史学的一门新兴的边缘交叉学科，它主要是以历史上的环境问题作为研究对象而建构起来的新兴学科。它所关注的是人和自然的关系问题。环境包含的范围很广，作为边缘学科，我们只能将其限定在狭义上的人和自然的关系问题。学术界对于环境史学还没有统一的概念，从目前介绍的西方学者关于环境史学的概念就已经五花八门。而中国从事世界史研究的学者由于服膺西方学术派系之不同，在介绍和融汇其概念方面各有侧重，那些专门从事中国本土环境史研究的学者，由于研究的微观领域不同，也对环境史学概念在界定上存在着分歧。

目前，中国学术界公认环境史学作为一门历史学分支学科，首先诞生于20世纪70年代的美国。西方史学界以美国为代表，"环境史学"一词最早是由美国学者纳什（Roderick Nash）在《美国环境史：一个新的教学领域》中提出的。他认为，环境史学是"对环境责任的呼声的回应"，研究"历史上人类和他的全部栖息地的关系"。斯坦伯格（Theodore Steinberg）认为，环境史学要"探求人类与自然之间的相互关系，即自然世界如何限制和形成过去，人类怎样影响环境，而这些环境变化反过来又如何限制人们的可行选择"。斯图尔特（Mart Stewart）认为，环境史学是"关于自然在人类生活中的地位和作用的历史，是关于人类社会与自然之间的各种关系的历史"。麦克尼尔（John McNeill）认为，环境史学研究"人类及自然中除人以外的其他部分之间的相互关系"[①]。唐纳德·沃斯特（Donald Worster）给环境史学定义为："环境史并非新的分支学科，而是对历史及其核心问题的广泛的、新的再想象。"[②] 威廉·克罗农（Willam Cronon）对环境史学的界定较有代表性，他在其代表作《土地的变迁》的引言部分，给环境史界定为："环境史就是这样一种历史，它把研究范围从人类制度（经济的、阶级的和性别的制度，政治组织、文化礼仪）扩大到给这些制度提供舞台的自然生态系统。这种历史必然要把一系列非人类的因素置于历史舞台的核心。"在《环境史的作用》中又定义为："（传统）历史研究范围以外的自然生态环境，研究经济、阶层政治等社会属性在自然生态环境中发生作用"；"探讨某一特定地区的特别之处和正在变化的生态系统内人类社会的活动；探讨不同文化中有关人类与自然关系的思想；对环境政策的研究。"[③] 上述西方学者关于环境史学概念的界定各有侧重，对中国环境史学的研究具有极强的借鉴及示范作用，且对中国环境史学者都曾产生了重要影响。

在上述所列西方环境史专家所提出的较有代表性的观点中，纳什的概念明确强调了人地关系，强调了环境史学的主要任务是解答环境保护运动所提出的环境史课题。斯坦伯格的概念重点在于强调人与自然的相互关系，即人类如何影响了环境，反过来环境如何影响人类的历史问题。麦克尼尔则重点放在"除人以外的其他部分之间的相互关系"，强调非人的"荒野"在历史研究中的意义。唐纳德·沃斯特认为有多少学者就会有多少关于环境史学的定义。而且，他还否认环境史学是历史学的新的分支学科，只是对历史核心问题的"广泛的、新的再想象"。显然，他的定义隐含着环境史学是一种新的研究方法和思考方法的蕴意。威廉·克罗农则把自然生态系统作为环境史学的

---

① 高国荣：《什么是环境史》，《郑州大学学报》（哲学社会科学版）2005 年第 1 期。

② 包茂宏：《唐纳德·沃斯特和美国的环境史研究》，《史学理论研究》2003 年第 4 期。

③ 陈林博：《重解"荒野"：威廉·克罗农的环境史学思想述评》，东北师范大学硕士学位论文，2012 年 6 月，第 12 页。

重要内容加以考量的。我们从中国当代环境史的论著中可以明显地发现西方学者学术思想的影子，甚至连环境史学的概念界定都是以西方史学家的概念为模板的。

在西方有关环境史学的所有概念中，以美国环境史学会提出的概念最具有代表性："环境史研究历史上人类与自然之间的关系，它力求理解自然如何为人类行动提供选择和设置障碍，人们如何改变他们所栖息的生态系统以及关于非人类世界的不同文化观念如何深刻地塑造信念、价值观、经济、政治以及文化，它属于跨学科研究，从历史学、地理学、人类学、自然科学和其他许多学科汲取洞见。"[1]这个概念综合并吸收了上述相关史家所下定义的相关内容，突出强调了历史上人与自然的关系以及研究人类如何改变了栖息地的生态系统，强调了环境史学的跨学科特性。总括而言，西方学者对于环境史学在定义上包括如下内容：研究历史上人类与其全部栖息地的关系；研究传统史学研究范围外的自然生态系统；研究不同民族文化中人与自然关系的思想政治；环境思想以及它的跨学科性。

中国学者对于环境史学的理解以及在概念上深受西方学者的影响。不过，不同的学者由于学科专业素养和研究倾向迥异，故在界定环境史学概念方面仍有不同差异。景爱认为，"环境史就是人类与自然的关系史"，它的对象"不是环境变迁，而是人类与自然物质交换、能量交换的历史过程及其结果"[2]。包茂宏认为，"环境史就是以建立在环境科学和生态学基础上的当代环境主义为指导，利用跨学科的方法，研究历史上人类及其社会与环境之相互作用的关系"[3]。王利华认为，"环境史运用现代生态学思想理论并借鉴多学科方法处理史料，考察一定时空条件下人类生态系统产生、成长和演变的过程。它将人类社会和自然环境视为一个互相依存的动态整体，致力于揭示两者之间双向互动（彼此作用、互相反馈）和协同演变的历史关系和动力机制"[4]。

---

① 高国荣：《什么是环境史》，《郑州大学学报》（哲学社会科学版）2005 年第 1 期。

② 景爱：《环境史：定义、内容和方法》，《史学月刊》2004 年第 3 期。

③ 包茂宏：《环境史：历史、理论和方法》，《史学理论研究》2004 年第 4 期。

④ 王利华：《生态环境史的学术界域与学科定位》，《学术研究》2006 年第 9 期。

"环境史是历史学的一个分支。它既是一个新史学领域，更是历史研究的一种新思维。"① 他主张把"人类生态系统演变作为环境史研究的基本内容"。他还承认"我们内心更愿意将环境史当作一种新的历史认识方式和解释体系"②。高国荣认为，环境史学是"以生态学为理论基础、着力探讨历史上人类社会与自然环境之间的相互关系以及以自然为中介的社会关系的一门具有鲜明批判色彩的新学科"③。梅雪芹认为，环境史"是研究由人的实践活动联结的人类社会与自然环境互动过程的历史学新领域"④。环境史研究要"紧紧围绕'人及其社会与自然环境的关系史'来展开，不仅要具体地、历史地研究人与自然环境之间错综复杂的关系，而且要深入认识和揭示这一关系背后的人与人之间历史的、现实的关联与矛盾"⑤。上述所列中外学者有关环境史学的概念，恐有挂一漏万之嫌，只是选出较有代表性的概念来表述，以利于进一步论证之需要。

中国环境史学者在学术研究理路特别是在概念界定上深受西方学者影响，这大概是不争的事实：第一，目前国内从事环境史研究的相关学者中大多是从事世界历史研究的学者，故美欧环境史学思想大都是由相关学者率先向国内介绍引进，所以在学术上自然深受西方话语系统的影响亦有其必然性；第二，不管中外学者对环境史学如何认识，对学科概念如何界定，在环境史学作为历史学一门分支学科这点上具有共识性。由此，关于环境史学讨论中的学术共识部分甚多。我们讨论的目的就是要在更大的范围内争取达成更多的共识，以利于学术之进步。

值得一提的是，在中国学者中，王利华对环境史学概念的界定最有代表性。综其要点有二：他主张把人类生态系统作为环境史研究的主要内容；认为环境史学是一种新的认识方法和解释体系。如果按其所说，那么历史研究就全变成环境史研究了，也就没有其他的分支学科了。他在《作为一种新史

① 王利华：《浅议中国环境史学建构》，《历史研究》2010年第1期。

② 王利华：《中国环境史学建构的几点设想》，《中国社会科学报》2009年9月22日B02版。

③ 高国荣：《什么是环境史》，《郑州大学学报》（哲学社会科学版）2005年第1期。

④ 梅雪芹：《环境史学与环境问题》，人民出版社，2004年，第46页。

⑤ 梅雪芹：《从环境的历史到环境史：关于环境史研究的一种认识》，《学术研究》2006年第9期。

学的环境史》一文中更认为，在近百年中所演绎的两次"新史学"之一的当代的"新史学"中，环境史学具有"将自然科学理论方法引入历史研究的倾向"，其"新""主要表现在史学领域的进一步拓展及其科学性质的进一步强化"①。因此环境史学也可以称为现时代的"新史学"体系，以示别于传统史学。大有把环境史学作为历史学在新时代的科学历史主义代名词的倾向，而不是把它作为历史学的一个边缘交叉学科来考量的。这种认识固然反映了其对环境史学的认识，相关表述亦有其一定的合理性，彰显了其学术的独特性，但同时也极易引起学术争议。从目前学术界对环境史学的研究成果来看，大有涵盖历史学研究的倾向，故常为学术界所诟病，为此，必须对环境史学做进一步的限定。尽管有学者称，有多少研究者就会有多少种环境史学概念，其固能说明环境史学本身的丰富性和多歧性，但是，相关讨论越充分，共识的部分越大，学术对话也就越容易。

基于此点，在综合中外各家有关环境史学概念的基础上，试就环境史学定义问题提出界定：环境史学是以历史上与人类相关的环境作为研究对象，以生态文明史观为指导，借助于生态学等多学科研究方法，对人们所关心的环境问题进行历史的考察而形成的一门历史学新兴边缘交叉学科。这个概念有如下几层意思：第一，环境史学是历史学中的一门边缘交叉学科，是历史学的分支学科，而不是别的学科。第二，每一个学科都有自己固定的、稳定的研究对象，学科始得成立。环境史学的研究对象则是历史上与人类相关的"环境"，强调人与环境的互动关系。第三，任何一门学科都会有自己独特的理论与方法，而环境史学的指导理论则是生态文明史观，它吸收了当代世界通行的人类共有一个地球、共有一个家园，保护环境就是保护人类自身，是发展延续文明的思想。而在研究方法上，除了历史学科固有的行之有效的研究方法外，更多地吸收了生态学的研究方法和其他一切自然科学中有利于历史研究的新科学方法。第四，环境史学是历史学中最具有现实应用性的部分，它着重于对那些人们关心的环境问题背后的成因进行历史追溯，以探讨其利害得失，总结经验教训，提高人们的环境意识，丰富人类的思想宝库。

---

① 王利华：《作为一种新史学的环境史》，《清华大学学报》（哲学社会科学版）2008 年第 1 期。

（二）关于环境史学的研究动因

环境史学为什么能在 20 世纪 90 年代以来异军突起并成为历史学中的"显学"，其崛起原因和研究动因皆值得探讨。在当代中国学术界，环境史学的崛起和研究动因：一是中国国内的环境问题已日益凸显，给学术界提出了新课题，需要史学界以历史追溯的方式来回答现实提出的环境问题，满足于当下对历史经验教训借鉴的现实需要；二是在历史学科全面振兴，史学面临着综合化、电子信息化、微观化（也称为破碎化）的趋势时，史学自身如何更好地适应时代发展与进步要求，完成自身的华丽转身，这就需要构建起有中国特色、有中国人话语权的史学体系，包括建构环境史学理论体系。

近代科学技术的发展特别是西方工业文明的发展，使"人定胜天"的思想占据了统治地位。人类无限制地向自然索取，以满足自身的欲望，结果破坏了自然原有的生态平衡，也使我们人类处于与自然的矛盾冲突之中。大规模森林的砍伐，土地的过度开垦，农业发展的过程中违背地球自然形成的气候带向草原进军，过度地破坏草原，造成了荒漠化。工业的发展、人口的集聚、大气的污染、"三废"的排放，严重破坏了我们的生活环境。人类自身亦深受其害。这一切都引发了我们的反思，这是环境研究成为热点的重要原因之一。

20 世纪六七十年代的美国也是一个污染很严重的国家之一，除了传统的污染外，高科技的滥用所导致的新的污染，如核放射性尘埃污染、杀虫剂污染的严重后果在美国表现得最为典型。故引发了环境保护运动的兴起，而环境史学就是美国历史上的自然资源保护运动与战后环境保护运动发展的产物，同时它与自然科学特别是生态学思想的发展和普及也有直接的关系。其学科创建以 20 世纪 70 年代中期美国环境史学会和《环境评论》杂志的创办为标志。①

在欧洲，环境史研究作为学术界对生态危机和环保运动的一种积极回应，首先在 20 世纪 70 年代末期的德国兴起。在 80 年代中期以来的瑞典、芬兰、

---

① 高国荣：《环境史在美国的发展轨迹》，《社会科学战线》2008 年第 6 期；高国荣：《环境史学与跨学科研究》，《世界历史》2005 年第 5 期。

英国、德国等国，环境史研究更关注于工业化及城市化带来的环境问题，这种关注在 1986 年的切尔诺贝利核泄漏事件之后达到了顶点。长期的空气污染所导致的森林枯萎以及北欧湖泊的酸化等，使历史学家越来越意识到人与自然的互动值得研究。其本质是历史学者对公众要求的一种回应。①　总之，相关论著都明确讲到了环境史学是在战后环境保护运动的推动下兴起的历史边缘学科。我们认为，环境史学之所以在美国、英国那样的西方国家首先产生，这除了与其学术体系开放，学术探讨无禁区，易于产生学术的多样性有关外，更主要的还是与欧美社会高度的工业化及其所带来的严重的环境问题引发了人们的普遍关心有关。

　　环境问题催生了环境史学的崛起，这条规律也同样适用于中国，即中国环境史学的崛起也是由于中国自身环境问题的日益严重引发的。我们不认同环境史学在中国的产生并引发讨论仅仅是个别学者从西方引进的结果。环境史学在中国的崛起，固然也有西方环境史学研究的示范效应，但主要还是由中国本土日益严重的环境问题引发的。20 世纪 90 年代后，在片面追求经济增长效应的推动下，中国已成为名副其实的"世界工厂"。随之而来的是，江河污染、空气污浊、酸雨、灰霾天气频现，环境恶化严重困扰国人。癌症村的出现更反映出某些局部地区环境恶化已达到了极点。环境问题对整个民族的生存发展都带了严重的危害，已成为整个社会普遍关心的社会公共问题。遂引发了学术界的广泛参与，即这种严重关注必然要投射到学术研究中来。它不仅仅局限于某一具体学科或某一具体的人，而是几乎所有学科都纷纷参与。如不是环境问题的日益严重并引发了全社会的关注的话，也就不可能引发中国史学界这么大的兴趣。历史学家并不是生活在真空里，他要解决现实提出的问题。尽管历史学家们要研究的学术问题千千万万，然而只有使历史学家感兴趣的那部分内容才会引发他们大规模地投入精力物力去研究。其中，由于环境史学的研究所受关切度高也就自然成为近年来史学界一个新亮点了。否则，没有社会需要和需求，没有中国环境问题给学术界提出的挑战和课题，也就不会有学术界的应战和研究。中国的环境史学的研究固然受到外国学术

---

① 高国荣：《环境史在欧洲的缘起、发展及其特点》，《史学理论研究》2011 年第 3 期。

界的影响，但20世纪八九十年代环境问题受到中国史学界的重视，也是由于这一时期中国环境问题日益凸显出来之故。如果我们没有环境问题的切肤之痛，也不会在学术界形成潮流，不会形成研究热点。例如，2003年"非典"发生后，受流行疫病给社会带来的灾难和混乱的现实刺激，史学界很大一部分学者开始转向灾疫史的研究，以寻求借鉴历史上的经验教训，故此时史学界有关疫病史研究成果的大量出现，就最能说明问题。

在这里还要特别强调的是，环境史学在当代中国的崛起有着丰富的本土渊源。即环境史学在中国并不是建筑在空中楼阁之上，而是有着深厚的学术土壤，否则单靠几个人的引进也只能昙花一现。到底中国环境史学的兴起是直接承继本土学术渊源，还是在西方环境史学的启示之下，在学术界已引起不同看法，并展开过相关学术讨论。与从事世界史研究学科背景的学者强调环境史学外来说不同，中国史学者则认为，20世纪30年代历史地理学在兴起与发展的同时也孕育并催生了环境史研究。朱士光指出："改革开放以来中国环境史的兴盛，虽然也受到国外，当然包括英、美等国环境史学家们学术思想与研究方法的影响。但毋庸置疑，其渊源还在中国自身蕴含的丰厚的史学以及20世纪30年代兴起并发展成熟的历史地理学的激发。"[1] 明确强调了当代环境史学的兴起直接继承了历史地理学。

虽然我们同意朱士光关于环境史学在当代中国的崛起有着深厚的本土学术渊源的观点，但是我们还是主张从更广阔的学科背景去思考更为准确，即中国环境史学的兴起并结出硕果，是建立在本土学者共同努力的基础上的。如气象学家竺可桢1922年就讨论了地理对于人生的影响问题[2]，1973年6月发表的《中国五千年来气候变迁的初步研究》一文，被认为是环境史学的代表作品。历史地理学家文焕然对于野象地理分布及迁徙的研究也是环境史学的典型问题，具有代表性。

此外，从事农学、水利、社会史以及灾荒史研究的学者，都曾为这个学

---

① 朱士光：《关于中国环境史研究几个问题之管见》，《山西大学学报》（哲学社会科学版）2006年第3期；梅雪芹：《中国环境史的兴起和学术渊源问题》，《南开学报》（哲学社会科学版）2009年第2期。
② 竺可桢：《地理对于人生之影响》，《科学》1922年7卷8期。

科的产生做出过贡献。以农学史、林学史及灾害史为例，在 20 世纪 30 年代中国诞生的许多农林专业杂志，如《农报》《农林新报》《农声》《中华农学会丛刊》《农事双月刊》等，以及非农林专业的《科学世界》《东方杂志》《新人周刊》《新生命》《工业安全》等杂志上，就曾发表了大量属于环境史学方面的文章。如黄瑞采译的《中国北部森林之摧残与气候变为沙漠状况之关系》，徐善根的《陕北之飞砂问题》，祖逖的《二化螟虫为害与环境之关系》，凌道扬的《我国及广东之荒地问题》，徐宗士的《中国灾荒问题之考察》，方正三的《农业灾荒与农业气象》，祝锡元的《环境与疾病》，天明的《自然环境与中国历史》，叶在和的《从自然环境影响社会谈到云南文化之落伍》，胡山源的《开封的风沙》，史维新的《我国燃料问题》，哲生的《都市与煤烟》，毅贤的《摧残都会健康的煤烟及其预防法》，邓远澄的《大都会的煤烟防止问题》，成聚的《黑烟笼罩下的鞍山》等，都可以看作环境史学方面的文章。

自 20 世纪 70 年代以来，最早从事历史地理学的一批学者转向历史环境问题的研究并与从事灾荒史的学者共同构成了研究历史环境问题的基本力量。中国水利、气象等部门的研究人员近几十年所编辑的《清代江河洪涝档案史料丛书》《中国近五百年旱涝分布图集》《中国历史大洪水调查资料汇编》等，为环境史学提供了可靠的气象资料。国内灾害史的研究兴起于 20 世纪 80 年代，中国第一届全国灾害学学术会议 1987 年 5 月召开，2011 年 1 月 6 日—8日，已经召开了 8 次，发表了大量灾害史方面的论著。由李文海主编的全 12册的《中国荒政书集成》是迄今为止较为重要也是最有分量的环境灾荒史方面的文献资料集。灾荒史本身就是环境史的一个重要组成部分，其研究的边界与外延都比较明确。

总之，自 20 世纪 30 年代以来，本土学者也在有意无意地从事于广义的环境史学研究。尽管在 1990 年以前，中国本土学者是在"环境概念缺失"的情况下进行研究的，但是有些内容也已涉及近代工业文明对于环境破坏这类准现代意义的环境史学内容了。1990 年以后，由于中国的环境问题日益突出，近代工业范式背景下的生产生活方式日益显现出它的致命缺陷之时，一部分对现实环境问题较为敏感的史学工作者便更加自觉地从事于环境变迁史的研究。在中外学术交流大开放的今天，世界史学者更多地提供了西方环境史学者的学术理念和研究范式；中国史学者则借助更多的研究中国本土的环境史案例，两者共同成就了当下环境史学的进步。

作为一个学科，环境史学是历史学的一个边缘分支学科，它是随着近年来环境问题的日益明显化，作为历史学的一个新研究课题而提到日程上来，从而产生的一门新型边缘交叉学科。环境史学于20世纪70年代在美国最先兴起，也是因为在20世纪六七十年代美国的环境问题特别突出，从而引发了美国史学界的高度重视。所以笔者认为没有必要什么事都以外国为准。实际上人类对环境问题的关注很早，可以说早在古代就已经关注此类问题，只是那个时候的环境问题没有现在这么严重而已。古代史书上说："蜀山兀，阿房出。"为了修建华丽的宫殿而把四川的山林都砍光了，把山削平了就是对生态的破坏。黄土高原变成现在这种状态，也是由于几千年来不断地对其生态破坏所导致的后果。此外，灾荒灾异救助的问题在中国的古代典籍当中多有述及，古代典籍上皆存有大量的关于灾荒灾异对于人们生活环境影响方面的材料，说明环境问题早已进入古代人的视野了。近代以来，国人对环境问题的关注应早于20世纪70年代的美国，只是将其作为一个学科比较系统完善地关注方面，我们晚于美国，在学术方面，我们受到欧美环境史学理论与架构的影响较深。

构建有中国特色、有中国人话语权的环境史学科理论体系，亦是当代史学界的重要学术动力之一。中国有着悠久的治史传统，传统史学材料异常丰富。然而为封建王朝服务的传统史学"君史"，在近代，随着建立近代国家的需要而受到"叙一群人相交涉、相竞争、相团结之道，能述一群人所以休养生息、同体进化之状"的"民史"的挑战而被迫向近代史学体系转型。自近代100多年来中国"民史"的建构过程中，在史学的指导理论、表述体系等方面都深受西方史学的影响，其话语系统也基本实现了与国际史学界的对接。在保存中国传统治史风格，吸收西方史学元素，拓展、研究并关照中国本土史学问题等方面，表明史学工作者在本土史学适应社会进步方面已做出了巨大的努力。在当代，史学的本土化又获得了巨大进步。一是中国史学体系日渐完善，各种史学边缘交叉学科的出现大大拓展了原有史学研究空间；二是在关乎国家政治、经济、民生、环境等重大历史问题上，都有史学工作者发声，产生了丰富的资政育人的研究成果。总之，改革开放 40 多年来，史学界在经历了移植、吸收、消化西方史学要素过程后，建构中国本土的现代化史学体系的时机已经成熟。

环境史学作为以研究人类生存环境问题为领域的学科，是历史学介入现实生活的重要窗口。在环境问题日益引起国人关注、人们对自身的健康日益重视的今天，以历史地考察环境问题为己任的环境史学的重要性日益凸显出来，并成为历史学科中的"显学"部分，自然受到史学工作者的重视。20 世纪 90 年代以来，史学界对中国历史上水旱、瘟疫等灾荒史，人为因素影响之区域江河湖泊变迁研究之大量成果的出现，说明史学工作者对于研究环境问题的重要性已形成共识，因此，把分散的研究进行系统的整合，把各种环境问题的研究升华为通用的概念和理论，就成为当下环境史学学科建构的急迫任务了。近年来史学工作者对环境史学从概念到研究范式的不厌其烦的讨论，恰好反映了建构中国特色、具有中国话语权的环境史学的现实需要。

二、环境史学的研究对象及边界

学科的划分或依研究对象、研究领域，或依独特的研究方法而定。环境史学作为历史学的一门新兴的分支学科，也必然有其固定的研究对象。不过它的研究领域或研究对象不应是涵盖整个历史学的研究内容，即只能是历史学研究的某一局部或某一部分。我们以为，环境史学应以历史上与人类直接或间接相关的环境作为研究对象或固定的研究领域。且作为环境史学研究对象的"环境"，也就是我们人类在地球上生存的空间状态，即以人类的生存标准的优化作为判断，以对人类的优劣危害程度作为客观标准而认识的环境。环境所涉及的内容非常广泛，有自然环境、人文环境、政治环境、经济环境、社会环境、道德环境、法律环境等。这里所讲的环境主要是狭义上的人和自然相互关系所产生的环境问题。从大的方面可分为自然环境与"人造环境"两大部分。这里有几点必须强调：一是该学科所研究的"环境"是历史上的环境，不是现实的环境。不过现实环境可以提供一种参照，可对其做历史的考察。二是这种环境必须是直接或间接与人类相关联的，非此则不可作为研究对象。三是生态学、气象学等自然学科的成果和研究方法，可以拿来为环境史学所用，亦可将其整合到历史学的知识体系中去。四是环境史学不等于生态学或气象学，不能相互取代。否则，环境史学便失去了独立存在的意义。

（一）以原始自然环境对人类的制约因素为研究对象

所谓自然环境即指先于人类而存在的环境。如地形（平原、山地丘陵、崇山峻岭、沙漠、江河湖泊等）、土壤肥瘠、温度高低、水质优劣、空气清浊，一年四季、寒暑昼夜等皆为自然环境的构成要素。人类依赖自然环境而得以生存，自然环境往往规定着特定地域民族的生产生活方式及民族习性。[①]

西方思想家孟德斯鸠、黑格尔都曾讨论过环境对人的影响问题。孟德斯鸠认为，人们在寒冷的气候下有较充沛的精力，而在闷热的地方，则会感觉到"心神非常萎靡"。"在寒冷的国家，人们对快乐的感受性是很低的；在温暖的国家，人们对快乐的感受性就多些；在炎热的国家，人们对快乐的感受性是极端敏锐的。"[②] 总之，他认为地理气候对人的身体、性格、行为均有影响，并间接地导致了各地法律内容的差异。

黑格尔也强调地理自然环境对早期人类文明的塑造作用。"干燥的高地，同广阔的草原和平原"，其特点是"实体的、不变的、金属的、高起的区域，闭关自守，不易达到，但是也许宜于把冲动送到其他各地"；"平原流域——是巨川、大江所流过的地方"，其特点是"文明的中心，而且还没有开发的独立性"；"和海相连的海岸区域"，其特点是"表现和维持世界的联系"[③]。基于此种认识，黑格尔强调由于平原流域有肥沃的土地，这里的居民生活所依靠的农业，获得了四季有序的帮助，农业也就按照四季进行；"土地所有权和各种法律关系便跟着发生了"，所以"在这些区域里发生了伟大的王国，并且

---

① 焦润明：《地理环境与文化变迁》，《中国地名》1998年第3期。
② 孟德斯鸠：《论法的精神》上册，张雁深译，商务印书馆，1995年，第229页。
③ 黑格尔：《历史哲学》，王造时译，上海书店出版社，2001年，第91页。

开始筑起大国的基础"。而在海岸区域生活的民族则富于冒险，"大海给了我们茫茫无定、浩浩无际和渺渺无限的观念；人类在大海的无限里感觉到他自己的无限的时候，他们就被激起了勇气，要去超越那有限的一切。大海邀请人类从事征服，从事掠夺，但是同时也鼓励人类追求利润，从事商业。平凡的土地、平凡的平原流域把人类束缚在土壤上，把他卷入无穷的依赖性里边，但是大海却挟着人类超越了那些思想和行动的有限圈子"①。黑格尔强调了地理环境对人类的思想行为方式的影响。由于地理环境的不同，形成了游牧民族、农业民族、渔猎海洋民族之别，并形成了不同的生产生活方式及思想观念。

人依存于环境，人离不开环境。在生产力比较低下的时代，人主要是环境的奴隶。人的生存首先要适应环境，从而产生了一系列相应的风格不同的生产生活方式和文化模式，形成了一系列的观念符号系统。譬如中国人强调人应顺应自然环境，于是就产生了天人合一、人和自然共生的文化理念。在其他民族中，也有强调人与自然相处的文化理念。

在远古时代，人类只有适应环境才能生存，而生存条件恶劣（如严寒、酷热等）、资源匮乏的环境是不适合人类居住的，故早期人类居住地都是在环境优美、雨量充沛、四季分明的温暖的河谷地带，这里取水方便，食物供给丰富，较适合人类居住。而那些高山峻岭、寒冷地带或热带则不适合人类居住，更无益于人类文明的发展。为什么在地球北半球的温带、半温带地区的都是发达国家？这里很能说明地理自然条件对于人类发展的重要性。在温带、半温带这种环境中，较适合人类居住，但是人类如果不劳动就不得温饱，所以需要人类劳动，而劳动则是创造一切财富发展文明的重要前提。然而在热带雨林地区，由于一年四季常青，天然食物供给丰富，人类不必进行复杂的劳动就可以获取生存条件，所以在这一地区不易发展新的文明，这就是为什么热带地区即使在现在也是原始社会居多的生活环境。因为衣食不愁，不用劳动就可以生存。那么在极寒之处，人类生存较为困难，同样也发展不了文明，如爱斯基摩人，直到现在仍然过着几乎原始的生活。由此我们可以得出

---

① 黑格尔：《历史哲学》，王造时译，上海书店出版社，2001年，第92—93页。

结论，只有在酷热、严寒这两者之间交叉的地带，才比较适合人类生存，食物比较充足，但是如果想生存得好，人类就需要劳动，故在这一地区较易发展新的文明。这也是环境史学需要考虑的问题，也就是所谓的生存环境，即自然生存环境对人类生存条件的制约和规定。

（二）以"人造环境"或"人为环境"的影响为研究对象

人类在改造自然环境的过程中还形成了"人造环境"或"人为环境"，这是人类活动反作用于自然界所产生的成果。凡是人类给自然环境打上的人为烙印，皆可称之为"人造环境"或"人为环境"。有学者把人造环境专指为运河的挖掘、城市的修建等，这还远远不够，应当泛指人类参与的对地球原始生态环境所施加的影响及改造。人类改造自然是为了满足自身的生存需要，但其结果往往起到的是破坏作用。人类对地球原有生态环境所施加的影响，自远古时代就开始了，只是在远古时期，这种影响微乎其微，几乎可以忽略不计。在中古时代和近古时代，随着人口的增加以及技术方面的有限进步，人们为满足生存发展的需要而开展的对自然界的索取，在局部和个别地区，已出现了原有生态环境遭到破坏的情况。最为严重的是自近代工业革命以来，随着科学技术的进步以及人对环境的参与和改造能力增强，人们可以在违背自然环境的情况下营造出一种小的人工环境。譬如有些蔬菜和水果不能在冬天生长，我们可以利用现代技术让它在冬天照样生长。再譬如现代建筑及供暖设备的完善，为人类营造了一个冬暖夏凉的生存环境，使人类可以到接近北极的苦寒之地居住，不过，这一切都需要煤、石油等不可再生能源的支撑。这就是人造环境。现在的空气污染主要是人造污染，人对自然环境的破坏，反过来又对人造成危害。

人类许多运用科技手段形成的大工程，如大运河的开凿、大型水库的修建、大规模城市建设以及运用现代科技以使人类的生活更为舒适为目的而形成的各种各样的"人造环境"，尽管极大地改善了人类自身的生存条件，但也带来了诸多灾难。杰里米·里夫金等在《熵：一种新的世界观》一书中就指出了"人造环境"是极其脆弱的。"1965 年 11 月 9 日晚，加拿大安大略一家发电厂的一个小小的继电器发生了故障。几分钟内，几乎整个美国东北北部停电。成千上万的人被困在电梯和地铁里。街道红绿灯全部熄灭，整个东海岸交通堵塞。夜幕降临后，那些地区便陷入了一片黑暗。没有电灯，没有暖气，他们赖以生存的技术社会的其他许多设施全都没有用了。"① 高度现代化的社会过分仰赖电力等能源，没有了电现代城市就无法运转，这在现在社会具有普遍性，这也正是"人造环境"的脆弱之处。

恩格斯对人类破坏环境并反过来遭受自然报复的问题有几段非常精彩的论述。他说："人也反作用于自然界，改变自然界，为自己创造新的生存条件。……地球的表面、气候、植物界、动物界以及人本身都发生了无限的变化，并且这一切都是由于人的活动。"② 他强调指出："只有人才办得到给自然界打上自己的印记，因为他们不仅迁移植物，而且也改变他们居住地的面貌、气候，甚至还改变了动植物本身，以致他们活动的结果只能和地球的普遍灭亡一起消失。"③ 他还列举了人对环境破坏的事例来说明他的论断，"西班牙的种植场主曾在古巴焚烧山坡上的森林，以为木灰作为肥料足够最能盈利的咖啡树施用一个世代之久，以致后来热带的倾盆大雨竟冲毁毫无掩护的沃土而只留下赤裸裸的岩石"④。"希腊的山羊不等幼嫩的灌木长大就把它们吃光，它们把这个国家所有的山岭都啃得光秃秃的。"⑤ "我们已经看到：山羊怎样阻碍了希腊森林的恢复；在圣赫勒拿岛，第一批扬帆过海者带到陆地上来的山羊和猪，把岛上旧有的一切植物几乎全部消灭光。"⑥ "在欧洲传播栽种马铃薯的人，并不知道他们随同这种含粉的块茎一起把瘰疬症也传播进来了。"⑦ 恩格斯在这里讨论了人们一旦违反自然规律就会遭受惩罚的道理。在历史上由于人为的原因破坏生态环境而遭受报复的例子不胜枚举。因破坏自然界早已

---

① ［美］杰里米·里夫金、［美］特德·霍华德：《熵：一种新的世界观》，吕明、袁舟译，上海译文出版社，1987 年，第 83 页。
② ［德］恩格斯：《自然辩证法》，《马克思恩格斯选集》第四卷，人民出版社，1995 年，第 329—330 页。
③ ［德］恩格斯：《自然辩证法》，《马克思恩格斯选集》第四卷，人民出版社，1995 年，第 274 页。
④ ［德］恩格斯：《自然辩证法》，《马克思恩格斯选集》第四卷，人民出版社，1995 年，第 396 页。
⑤ ［德］恩格斯：《自然辩证法》，《马克思恩格斯选集》第四卷，人民出版社，1995 年，第 379 页。
⑥ ［德］恩格斯：《自然辩证法》，《马克思恩格斯选集》第四卷，人民出版社，1995 年，第 381 页。
⑦ ［德］恩格斯：《自然辩证法》，《马克思恩格斯选集》第四卷，人民出版社，1995 年，第 383 页。

形成的食物链而形成的生态灾难，以19世纪70年代北美对于野牛的猎杀最为典型。疯狂猎杀几乎使大平原的野牛灭绝，狼则开始以家畜牛羊为捕食对象，而对狼的灭绝性捕杀又造成了食草动物鹿、野牛等的大量繁殖，破坏草场。在当代中国，鲤鱼在其水系的迅速繁殖也给当地鱼类的食物链带来严重影响。

尽管人类为了自己的生存在很大程度上改变了居住地的生态环境，为了自己的贪欲甚至破坏遥远地区的自然生态，但是每次对自然界的破坏都必然地遭到报复。恩格斯论述道："我们不要过分陶醉于我们对自然界的胜利。对于每一次这样的胜利，自然界都报复了我们。每一次胜利，在第一步都确实取得了我们预期的结果，但是在第二步和第三步却有了完全不同的、出乎预料的影响，常常把第一个结果又取消了。美索不达米亚、希腊、小亚细亚以及其他各地的居民，为了得到耕地，把森林都砍完了，但是他们梦想不到，这些地方今天竟因此成为荒芜不毛之地，因为他们使这些地方失去了森林，也失去了积聚和贮存水分的中心。阿尔卑斯山的意大利人，在山南坡砍光了在北坡被十分细心地保护的松林，他们没有预料到，这样一来，他们把他们区域里的高山畜牧业的基础给摧毁了；他们更没有预料到，他们这样做，竟使山泉在一年中的大部分时间内枯竭了，而在雨季又使更加凶猛的洪水倾泻到平原上。"① 人类往往按照自己的愿望改造自然，然而其结果却往往事与愿违，自然界往往以更为残酷的方式报复人类。随着生产力的发展，人类的大规模活动往往能够在局部甚至在整体上改变自然环境的运动规律。现在出现的极端天气气候事件，有很多正是我们人类自身行为所造成的。

从局部来看，人类这种环境的破坏更是清晰可见的。从历史到现在莫不如此，历史上许多国家，由于人口的繁殖对自然界的破坏，沙漠化、气候的异常还造成了亡国的惨剧，楼兰王国的覆灭就是一个典型事例。中国西部很多地区在历史上曾经是水草肥美的草原、森林或者拥有着适于农业的肥沃土壤。可是随着环境的破坏现在变得荒漠化了，某些地区竟成为寸草不生的荒漠。一到春天就风沙肆虐，成为沿海地区风沙的主要策源地之一。以辽宁为

---

① ［德］恩格斯：《自然辩证法》，《马克思恩格斯选集》第四卷，人民出版社，1995年，第383页。

例，辽宁西部地区在历史上就曾经是水草肥美、森林茂密的原始森林，动物繁多，鸟语花香。但是经过了数世纪，特别是最近 100 多年的开发，那里已成为荒山秃岭、水土流失严重、灾害频发的贫瘠之地。尽管近几十年来我们做出了很大的努力，但想恢复原始自然状态是非常困难的。再有，东北地区的许多城市是随着近代工业发展而崛起的，像阜新、鞍山、抚顺、本溪等。随着资源的疯狂开采，目前皆已成为资源枯竭型城市。尽管这些年已下功夫治理，但那里的环境问题依然非常严重，并不是在短时间内就能马上恢复的。

（三）以环境意识和环境观念为研究对象

人类对环境的破坏有时是基于一个民族优先追求生存发展的需要而发生的。以发展为先，无暇考虑环境影响问题。有时则是基于人定胜天的好大喜功，缺乏对自然的敬畏，纯粹是由于人类的无知无畏造成的。因此有关人类与自然环境紧张动因背后的环境意识和支持这种行为的政府环境政策也应在环境史学的研究框架之内。人类对环境问题的认识有一个过程，而且这个过程往往是以频发的环境灾难的警示为代价的。以中国为例，在 20 世纪五六十年代，正处于急于实现工业化、"赶英超美"的特殊时期，那个时候在观念上仍将烟囱冒烟、马达轰鸣作为工业繁荣的标志；而且环境问题除了还没有像现在这样突出外，更重要的是尚没有形成保护环境的意识。所以就不可能有系统的保护环境的政策出台。改革开放后，以经济建设为中心，拼命发展经济，逐步形成了向全世界贩卖以中国资源为基础的工业品的经济发展模式。这种以对自然资源无限索取为代价的经济增长方式，尽管带动了经济发展，人民生活获得了一定程度的改善，但是对自然生态环境的破坏却超过了以往数世纪破坏的总和。而自然界给人类报复以荒山秃岭、泥石流、干旱和洪水；草原过度放牧带来的是沙漠化、沙尘暴；土地过分开垦、化肥农药大量使用造成土地板结和土地荒漠化；矿物资源的过度开采造成了资源枯竭、生态破坏；工业废气、汽车尾气的大量排放，造成了空气污染和灰霾天气；工厂废水、城市生活废水的大量排放，造成了江河污染。此外工业垃圾、城市生活垃圾、废弃电池等有害化学工业品的倾倒，不仅严重污染了城市周边环境，还造成了更大范围、更持久的污染。上述这些环境污染源不仅在某些局部地区对人民的身体健康构成了威胁，从长远来看也成为社会经济发展的制约瓶颈。当代对环境问题的热议，反映了国人对环境污染问题的反思意识。我们曾经以高楼林立、黑烟蔽日、马达轰鸣作为一个工业繁荣的象征，现在看来这个观念已经落后了。现在人类对优美自然环境的需求越来越迫切。建设环境优美、人与自然和谐、经济持续发展、人民生活富足的生态文明社会已成为国人的迫切追求。这也给历史学家提出了很好的课题，要从历史的角度提供经验教训，这也是环境史学应运而生的前提。

概言之，关于环境史学研究对象及边界的界定，从大的方面而言，原生自然环境和人造环境是环境史学的基本研究对象。细分化可包括如下子项：（1）原始自然环境对早期人类文明的形成及影响。早期人类各民族所形成的文化式样、行为方式、风俗习惯，皆为适应所生存环境而产生之结果。（2）人类行为作用于自然环境而产生的影响，人口集聚、大规模移民、土地开发、森林砍伐等方面形成的泥石流、大洪水、土地荒漠化、沙尘暴等的影响。（3）大规模工业化、煤等矿物资源的大规模开采、汽车在全世界的流行，其所排放的废水废气及光化学污染对人类居住生态环境的影响。（4）战争、异民族统治及疯狂掠夺资源、人员跨国境往来疫病传播所造成的环境灾难问题。（5）历史上各种与自然环境相关联的生活方式、习俗文化的研究。（6）对已往各种环境思想和环境理念的研究。（7）历史上与环境相关的政治制度、社会组织、法律法规的研究等。

环境史学的边界非常清楚。凡是历史上与环境相关的事物皆可作为环境史学的研究对象，不过，有些研究却不应当包括在环境史学的研究框架中，如具体地测定每部机器的污染量，汽车排放量，研究疫病流行病本身的治疗方案，研究森林病虫害的防治，研究受污染土壤有害物质的含量，等等。环境史学可以把环境学、生态学以及其他自然科学的研究成果、所得出的相关数据拿来为我所用，却不应取代自然科学相关学科的具体职能。此外，环境史学也不能取代史学其他学科的职能，只能将自己定在人与自然环境相互关系史这个层面。这样一来，环境史学的边界外延就非常清晰了。

三、环境史学的理论与方法

任何学科都有自己的理论和方法，环境史学也不例外。但它作为历史学的分支学科，除有历史学所共有的理论与方法之外，还有自己独特的理论与方法，生态文明史观理论是它的指导理念，而环境学的一些方法也可以作为环境史学的研究方法。

（一）环境史学理论

任何一门学科都要有自己的专属理论，环境史学也不例外。有学者主张把生态学理论作为环境史学的理论，我们以为，生态学理论与环境史学理论两者不应简单地等同或叠加，我们当然可以借鉴相关学科的理论，但环境史学应有自己独特的理论。我们主张把"生态文明史观"理论作为环境史学的核心理论。[①]"人类共有一个地球"应当是生态文明史观的重要理念。地球的资源有限，只有爱护我们的地球，保护我们的生存环境，人类才能可持续地生存和发展。全球史视野也应是环境史学理论架构的重要范式。因为空气的污染、水的污染、疫病的传播都是跨国界的，因此，环境史的描述已不可能完全限定在某一国的范围内，而且在世界高度一体化、各国关联度极高的现代社会，发生在任何地点的重大环境灾难问题，都不仅仅是局部的问题，它的发生和治理都必须是国际化的，需要国际合作。从环境史问题的研究看也是如此，只有站在全球视野才能把环境事件发生的由来、过程、影响说清楚。

从理论的内在构成来看，熵的定律即热力学第二定律，应成为生态文明史观的核心构成理论。而杰里米·里夫金、特德·霍华德所著的《熵：一种新的世界观》一书，为我们初步搭建了生态文明史观的基本框架。其基本理论是："热力学第二定律即熵的定律告诉我们，物质与能量只能沿着一个方向转换，即从可利用到不可利用，从有效到无效，从有秩序到无秩序。热力学

---

① 马克思主义史学的指导理论是历史唯物主义和辩证唯物主义。从发展的角度看，生态文明史观也应是历史唯物史观的重要组成部分。

第二定律实质上就是说宇宙万物从一定的价值与结构开始，不可挽回地朝着混乱与荒废发展。熵就是对宇宙某一子系统中由有效能量转化而来的无效能量的衡量。根据熵的定律，无论在地球上还是宇宙或任何地方建立起任何秩序，都必须以周围环境里的更大混乱为代价。"[1] 热力学第二定律"它告诉我们每当能量从一种状态转化到另一种状态时，我们会'得到一定的惩罚'。这个惩罚就是我们损失了能在将来用于作某种功的一定能量。这就是所谓的熵"[2]。

长期以来我们都是恪守热力学第一定律，因为这个定律告诉我们，宇宙中的物质与能量是守恒的，既不能被创造也不能被消灭。它们只有形式的改变而没有本质的变化。这一定律使我们对世界抱乐观主义态度，并为我们无限制地向自然界索取提供了理论后盾，反映在历史观上，就是认为人类社会永远会不断进步。不幸的是，热力学还有第二定律，即"熵定律"否定了这一切。"熵的定律摧毁了历史是进步的这一观念。熵的定律也摧毁了科学与技术能建立起一个更像有秩序的世界这一观念。"[3] 熵定律否定了自洛克、亚当·斯密以来的经济发展模式，因为从生态学角度看"洛克不给地球上每条河流安上水坝，不让每个自然之谜一览无余，不把每座高山敲成碎片榨出石油，他是不会罢休的"[4]。因为这种在当代仍居主流的发展模式不支持未来的可持续发展模式。

杰里米·里夫金、特德·霍华德两人在著作中强调："熵定律是无法逃脱的。这个宇宙最高物理定律存在于我们生活的每一方面。……熵定律便成为人类一切活动的基础。"[5] "我们应当牢记的最重要的一点，就是我们不能创造

① ［美］杰里米·里夫金、［美］特德·霍华德：《熵：一种新的世界观》，吕明、袁舟译，上海译文出版社，1987年，第4页。

② ［美］杰里米·里夫金、［美］特德·霍华德：《熵：一种新的世界观》，吕明、袁舟译，上海译文出版社，1987年，第29页。

③ ［美］杰里米·里夫金、［美］特德·霍华德：《熵：一种新的世界观》，吕明、袁舟译，上海译文出版社，1987年，第4页。

④ ［美］杰里米·里夫金、［美］特德·霍华德：《熵：一种新的世界观》，吕明、袁舟译，上海译文出版社，1987年，第22页。

⑤ ［美］杰里米·里夫金、［美］特德·霍华德：《熵：一种新的世界观》，吕明、袁舟译，上海译文出版社，1987年，第218—219页。

能量。从来就没有人创造过能量，也永远不会有人能创造。我们力所能及的只是把能量从一种状态转化成另一种状态。……世间万物的形态、结构和运动都不过是能量的不同聚集与转化形式的具体表现而已。一个人、一幢摩天大楼、一辆汽车或一叶青草，都是体现了从一种形式转化成为另一种形式的能量。高楼拔地而起，青草的生成，都耗费了在其他地方聚集起来的能量。高楼夷为平地，青草也不复生长，但它们所包含的能量并没有消失，而只是被转移到同一环境的其他所在去了。"[1]任何能源在本质上都是一种能量。地球本身贮备的能量对人类来说，一种是在对人类有意义的时间内可以再生的能源，另一种是只在地质学意义上的时间内可被再生，因而对人类来说只能被看成是不能再生的能源。物质虽然可以循环再生，但必须以一定的衰变为代价。比如我们从地底下挖出一块金属矿石并将它冶炼成一件餐具。在餐具的使用期内，由于磨损，金属分子不断地离开这件餐具。这些离开了餐具的金属分子并没有被消灭，它们最终又回到了土壤中，但它们现在是零零星星地散失在土地里，而不是处于一种聚集状态，因而已不能再像原来那块金属矿石一样被有效地使用了。也许我们可以找到一个方法来收回这些四处散失的金属分子，但在同时我们又要付出更多的能量，这种回收已毫无意义了。熵定律的一个最重要观点，就是一种物质形态转变成另一种物质形态的时候具有不可逆性。例如原始森林被砍伐后，再重新栽树，即使树木长大成材了，那也不是原来的原始森林了。一种矿产在理论上是不可再生的。例如我们把地球上的煤、石油都采光、挖尽了，这种矿产在地球上就再也没有了，即在人类存在的时间内再也不会生成了。这就是熵定律。

在杰里米·里夫金他们看来，每一项新技术的发展的确加快了能量的提取和流通的过程。不过这种新技术所体现的所谓效率的提高，实际上只是加快了能量的耗散过程，增加了世界的混乱程度。因为"在狩猎—采集型社会被迫过渡到农业社会以前，人们花了好几百万年才耗尽了环境中的能量。然而，农业环境从开始到最后'不得不'过渡到工业环境，却只有几千年的时

---

[1] ［美］杰里米·里夫金、［美］特德·霍华德：《熵：一种新的世界观》，吕明、袁舟译，上海译文出版社，1987年，第28—29页。

间。只过了短短几百年，人们又耗尽了工业环境的能源基础（即非再生的能源），开始面临一个新的熵的分界线。"①里夫金阐述了一个事实，就是随着技术的进步，人类从自然界获取资源的速度大大加快了，更重要的是人类自身人性的贪欲，不惜以破坏自然界的平衡为代价来获取财富，追求所谓GDP的进步。

应该说，《熵：一种新的世界观》与《增长的极限——罗马俱乐部关于人类困境的研究报告》在学术思想和发展观念上如出一辙。《增长的极限——罗马俱乐部关于人类困境的研究报告》是由1968年4月成立的罗马俱乐部提出的第一个研究报告，该报告在丹尼斯·米都斯（Dennis L. Meadows）的主持下完成，于1972年公开发表。其核心观点是，"地球是有限的，任何人类活动愈是接近地球支撑这种活动的能力限度，对不能同时兼顾的因素的权衡就变得更加明显和不可能解决"②，因为"如果在世界人口、工业化、污染、粮食生产和资源消耗方面（按）现在的趋势继续下去，这个星球上增长的极限有朝一日将在今后一百年中发生"③。强调指出传统西方式的以大量消耗自然资源、高消费、高污染的发展模式已经走到了尽头。与此相比，《熵：一种新的世界观》把这一观点更加系统化和理论化，讲得更为透彻。明确讲到了当代世界各国各民族之间资源占有的不平衡性，是世界秩序混乱的根源之一，"只要我们美国继续每年消费掉世界资源的三分之一，第三世界就不能过上稍稍像样的生活。……如果哪个第三世界领袖允许工业化国家继续掠夺他们的自然资源，那这个人必定是个大傻瓜"④。强调"熵定律打破了我们的物质进步的观念。它从根本上改变了经济学的基础。它转变了时间和文化的观念，并剥掉

---

① ［美］杰里米·里夫金、［美］特德·霍华德：《熵：一种新的世界观》，吕明、袁舟译，上海译文出版社，1987年，第59页。

② ［美］丹尼斯·米都斯：《增长的极限——罗马俱乐部关于人类困境的研究报告》，李宝恒译，四川人民出版社，1983年，第95页。

③ ［美］丹尼斯·米都斯：《增长的极限——罗马俱乐部关于人类困境的研究报告》，李宝恒译，四川人民出版社，1983年，第19页。

④ ［美］杰里米·里夫金、［美］特德·霍华德：《熵：一种新的世界观》，吕明、袁舟译，上海译文出版社，1987年，第170—171页。

了技术的神秘外衣"①。指出人类要有意识地尊重地球的"资源极限"，因为"我们的生存，以及所有其他形式的生命的生存，都取决于我们与自然和解、与生态系统和平相处的决心了。如果我们能够做到这一点，能够给自然再生过程以足够的时间来医治我们给地球带来的创伤，那么人类和其他所有形式的生命在这个地球上居留的时间就能更长一些"②。总之，人类不应把自己看成主宰自然的生物，反而应当尊重自然秩序，对自然界规则持有敬畏的精神和态度。只有在不破坏自然生态环境条件下的发展，才会可持续发展。

上述相关理论无疑构成了生态文明史观的基本框架。科学技术在按照人的需要改造自然的过程中也极大地改变了人类自身的生存状态。科学技术本身无可指责，关键是我们如何使用科学技术，持什么样的发展道路，采用什么样的经济发展模式的问题。其实质上涉及什么是生态文明的根本问题。文明是文化发展的高级阶段和进步状态。文明有精神文明、物质文明、政治文明之分。现在还应当加上环境文明或生态文明。环境文明或者叫生态文明是超越于技术之上的，是人类的物质文明和精神文明在生存价值意义上的最高体现。它要求处理好人与自然的和谐关系，在不破坏自然和谐的背景下发展自己的文明，同时这个文明也将能保证人类的健康和可持续的发展。换言之，就是在维护延续发展自己文明的同时，保护赖以生存的客观自然环境。生态文明观的本质就是合理地有节制地使用自然资源，在维护自然生态平衡的前提下，着眼于为我们子孙后代留下可持续发展资源的一种文明观。用这种文明观来考察历史也就成为一种新的生态文明史观了。

基于以上论述，我们认为，生态文明史观是以热力学第二定律——熵定律为科学基础，着眼于人类共有一个地球的理念，以维护人和自然和谐为宗旨，以保护生态环境为价值取向，站在全球视野上来审视、认识和评价历史上人与环境互动关系的一种历史观念。只有在这样一种历史观的指导下，我

---

① [美] 杰里米·里夫金、[美] 特德·霍华德：《熵：一种新的世界观》，吕明、袁舟译，上海译文出版社，1987年，第218—219页。

② [美] 杰里米·里夫金、[美] 特德·霍华德：《熵：一种新的世界观》，吕明、袁舟译，上海译文出版社，1987年，第61页。

们才能建构具有全球视野的、为各国学术界同仁所公认的环境史学；才能在研究中摆脱传统政治史、经济史的思维模式，在肯定追求人类文明进步的同时，还要考量以人与自然的和谐作为审视和评价历史的基本准则。

（二）环境史学方法

任何一门学科都要有自己的研究方法。环境史学作为一门新兴的历史学科，它首先要用历史学的研究方法。然而由于环境史学作为一门综合性较高的边缘交叉学科，其与生态学、环境学、地质学、地理学、水文学、气象学、生物学、考古学、民族学、人类学、社会学、经济学等学科都有交叉关系。因此，它在研究方法上也应是多元的，即凡是有利于环境史学建设的研究方法皆可拿来为我所用。

从研究方法来看，环境史学至少应有以下几种基本研究方法。

第一，史实综合互证法。中国传统典籍里保留有大量水旱、灾疫、虫病、饥荒等灾异记录，为我们今天研究历史环境变迁问题提供了线索。然而，这些自然天象灾异的记录比较简单，难以了解全貌和细节。这种情况就需要参照气象学、天文学或考古学、地质学的相关研究成果进行补充证明。竺可桢在《中国近五千年气候变迁的初步研究》一文中，对中国五千年历史上文化繁盛、经济繁荣或民族战争、灾害连绵所对应的气候气象等自然环境问题进行了研究。[1] 这篇较为经典的气象学论文，证明了盛唐的繁荣与温暖的气候有关，而极度的社会动荡则与极度的严寒和大旱有关。例如，17 世纪气候的极度寒冷和大旱导致了明朝末年的社会动荡。黄河流域从 1627 年到 1641 年出现了前所未有的连续 14 年的严重干旱，从而激发了明朝社会的剧烈震荡，诱发了李自成农民起义，明朝覆灭，满族入关建立清朝。[2] 如果相关研究不借助于竺可桢的学术成果便会缺少科学证明。

需要说明的是，在古代有关灾异气象方面的资料主要以文字描述为主，

---

[1] 竺可桢：《中国近五千年气候变迁的初步研究》，《考古学报》1972 年第 1 期。

[2] 关于中国五千年气候变迁与历史互动关系，蓝勇在《唐代气候变化与唐代历史兴衰》（《中国历史地理论丛》2001 年第 16 卷）一文中的观点显然都受到竺可桢气象学成果的影响。

基本没有涉及雨量分布、气温气压、干旱程度等科学化、数据化的资料。利用科学仪器检测所得到的气象资料，在欧洲也是近代才开始系统建立的，我国在 20 世纪初才有相关记录，但很不完备。因此，前近代时段的相关研究还要借助于日记、地方志等加以补充。现当代的气象资料已较为完备，可以为我们研究沙尘暴、灰霾天气、水灾、旱灾提供科学数据的支撑。故环境问题研究除了依然使用传统史料外，更应尽可能多地利用有关天文、气象、水文、地质、农田、森林、工业、经济等统计数据和各种科学报告来丰富相关研究。

第二，实地调查法。社会学也叫田野调查法。环境史的研究单靠文字记载还远远不够，还需要辅之以实地调查。历史上发生的任何一场环境灾难，无论是自然的水旱、瘟疫灾害还是人为的化学污染、重大环境事故，都会留下灾害痕迹。这正是实地调查成立的前提。一场大水过后，农田被冲毁留下大量沙土碎石，这都是现场的，可以根据泥沙碎石情况判断灾害程度。历史上环境灾难在地质上形成的痕迹，如土壤中放射性物质的含量，某个特定海域中的鱼或贝类某些有害元素的含量，这些都是研究某区域环境污染的重要证据。再譬如对某一地区较为集中发生的特种恶性疾病的实地考察也很重要的。中国很多地区发现有癌症村、癌症乡现象，对此，可以实地调查当地的环境污染原因，如工厂设立的历史、当地的生活方式、当地的水质、土壤、空气质量以及当地植物标本等。一般来说，当某一地区恶性疾病的发生已超出正常值并出现极端情况之时，说明这一地区的污染已相当严重。癌症村的周围一定有很多的化工厂，喝的水是被污染的水，呼吸的空气是被污染的空气，吃的食物是受污染的食物；此外，某种职业病还与特定高污染行业的从业人员相关联。

煤矿一线工人由于长期吸入大量煤粉尘，尘肺病发病率非常高。此外水泥厂、铝厂、铅厂、钢铁厂、化工厂等一线工人都有专属行业的职业病。对此都可以实地调查，实地了解有关行业的污染情况。

实地调查法应用的范围非常广泛。许多环境问题需要很长时间才能显现出来，只有长时段的史学考察方式才能把环境问题从发生到产生实际影响的来龙去脉搞清楚。如沙尘暴、灰霾天气等都需要实地考察，获得亲身感受，才能深知其危害。

第三，口述访谈法。学术界对口述访谈法的论述较多，所用程序大致相同。首先要选定具体研究的环境灾难事件，寻找当时亲身经历的当事人或目击者进行访谈。在访谈之前应做好准备工作，如录音、录像设备，笔、纸等，还要设计好访谈的问题，如向当事人询问事件发生的时间、原因、经过、灾难程度、个人经历感受等，谈得越细越好。口述资料由于其内容鲜活，有现场感而为学界所看重，但由于口述当事人文化程度、当时的身份及个人感受等原因，口述史料在真实性方面存在缺陷，故使用相关口述史料时，还要与具体档案记载及其他文字记载进行互证，方可使用。

第四，计量统计法。所谓计量统计法，就是运用数量方法、统计学的方法来研究分析历史事件的一种研究方法。以研究某一特定城市的环境污染为例，在现代城市中各种各样的污染都是随处存在的。譬如研究城市灰霾天气情况，就可以某一城市近 10—20 年为时间段，利用气象资料中灰霾天气的记录进行统计，然后就可以得出该城的大气污染程度情况。恶性病的统计也很能说明问题。若某城市或地区发生的某种恶性病具有统计学意义，即在该地区或该城的居民中患某恶性疾病的人群在某一特定时段呈现多发状态，出现了超出正常值的极端状态，就说明该城区的环境污染相当严重，具体方法可以择取医院病志进行统计，可以获得发病死亡人数、病情状态以及病人居住地分布等信息。这使环境史问题的研究获得了可信的事实证明。在对特定污染行业职工职业病的研究中都可以使用计量统计法。还可以有针对性地对在化工厂等高污染企业周围居住的居民发病率进行统计，以此来判断环境污染程度并对该地的污染历史进行评估判断。

上述所列方法只是环境史学中几种常用的研究方法，自然科学中还有很多有效的研究方法可以用于环境问题研究，环境史学毕竟属于历史学的一个边缘交叉分支学科，那么它首先应以历史学的研究方法为主。

四、环境史学的研究意义及存在价值

环境史学是人类为应对环境问题而建构起来的知识体系的重要组成部分。

也是在自觉地建设生态文明这一文化自觉意识推动下发展起来的一门新兴学科。其在拓展史学研究领域，增加史学的科学要素，扩大公共史学领域等方面具有重要研究意义和存在价值。

（一）环境史学拓展了史学的研究领域

传统史学主要研究历史上人与人、人与社会的互动关系，至于历史上人与自然环境、人类社会与自然环境的互动关系，基本不在主流研究范围之列。尽管中国古代典籍中有大量关于自然灾异等环境问题的记载，且时间较早。但有意识地用一种理论和方法使之形成一门学科并且专门从事这方面研究的，在古代还没有形成。另外，在改革开放以来的很长时期里，由于现实社会之需要，经济、法律等学科获得了迅速发展，相关学科的膨胀逐渐压缩了历史学原有的学科空间，诸如经济史、法律史等都被纳入其他相关学科中去，历史学只剩下干瘪的躯干了。只是近十余年来史学学科的空间布局稍有改观，特别是以环境史学为代表的一批史学新兴学科的崛起，在拓展史学的新研究领域方面发挥了巨大作用。这方面，环境史学贡献尤大。

首先，涉及范围广阔的环境问题被纳入史学的研究范畴中来，大大扩展了史学研究空间。环境史学涉及的范围相当广泛，凡是人与自然所产生的互动关系问题都是环境史学研究的内容。古代由于人口的增加以及不良的生产生活方式对环境造成的破坏自不必说，尤其是近代以来，伴随着工业革命而来的是人类对于自然的攫取、掠夺所造成的环境破坏，超过了历史上数千年人类对自然环境破坏的总和。土地沙化、荒漠化、沙尘暴、泥石流、极端暴风暴雨、光化学污染、灰霾天气、水污染、食品污染，等等，这些都是历史上很少出现或未曾出现的环境问题，相关问题纳入史学研究范围，无疑大大扩展了史学的研究范围。总之，环境史学大大扩展了传统史学的历史思阈和空间思阈，增强了历史学参与社会现实问题的能力，增加了历史学关注环境问题的重要部分。

其次，史料的运用范围较之前更为广泛。环境史学所使用的基本史料，如环境数据、环境监测报告，历史上水灾、旱灾、瘟疫报告，灾荒记录，地质资料，气象资料，这些都是过去传统史学不用或不常用的史料，现在则变成了经常性的、不可须臾离开的重要史料。所以单就材料来讲，它就大大地突破了传统历史学的研究范围。由于环境史学尽可能多地要运用一切自然科学的方法，科学数据，环境报告以及天文、气象、地质、水文、森林等各种报告为研究服务，所以材料的取舍明显和过去不同，具有多样性。此外，个人回忆录、笔记小说中经历的某次灾荒体验等口述史料都是环境史研究所需要的。所以史料的运用已较前大为扩展。

再次，扩大了史学的研究手段。环境史学扩大并丰富了历史学原有的研究手段。传统历史学的方法，如考证、辨伪、归纳、分析、概括等，固然仍有其有用性，然而，由于环境史学所面对的特殊的研究对象，逼迫我们不得不利用、不得不使用我们过去不大重视的那些统计数据，不得不依靠科学的研究方法。如果我们不采用地质的、气象的、生态学的这些方法，那我们就不能在研究环境史中获得进展。这表明环境史学与其他社会科学、自然科学的研究手段结合得更为紧密，采用范围更大。

最后，环境史学的研究还大大丰富了历史工作者的人文素养以及对人类前途命运的终极关怀情结。研究环境与人类互动关系的终极目的是为了人类自身生存的幸福安康。故它首先就要求研究者应有人文关怀，关注人和自然的和谐问题。既对人类的生存价值，对人类的幸福感，人与自然之间的关系，都要有所关怀。如果从事环境问题研究的历史工作者不具有这些条件的话，那就不能很好地阐释环境与人类的和谐边界。

其实很多环境问题皆为人类自身造成的，人类对自然界无限的攫取、破坏是造成人类自身生存条件恶化的根源。人类的贪欲，对金钱无限的追求以及不良制度（有些制度本身强化了对自然界的破坏和索取）、征服民族对被征服民族资源的掠夺和破坏，都是造成环境恶化的根源。尤其是某一民族对自己千百年来生存的土地进行无情的掠夺和破坏，为了一代人的幸福不惜牺牲子孙后代的幸福去掏空本已不甚丰富的资源，如森林、矿藏、石油、煤炭，污染了新鲜的空气和洁净的水源，那么这个民族是没有希望、没有未来的。环境史学本身的价值追求要求研究者必须站在生态文明史观的高度，对历史上破坏自然生态环境的行为进行鞭挞和批判，对保护自然生态的行为进行褒奖，总结历史上的经验教训，资政育人。尽管这些本是历史学中应有之意，但是从来也没有像环境史学这样，使历史学工作者对人类前途命运的思考达到了前所未有的高度，强化了史学人文系统中的价值导向作用。

（二）环境史学加强了史学的科学性

环境史学是历史学科中利用科学手段和科学资料最多的学科之一，由于其运用自然科学原理和方法较多，且与自然科学结合较紧密，在客观上大大加强了史学的科学性。要把史学建设成为像天文学、地理学、生物学那样的科学，这是 20 世纪 20 年代末傅斯年代表中央研究院史语所提出的奋斗目标。[①] "科学史学"派在历史研究中大量借助自然科学理论和方法的努力，使历史学中的科学成分大量增加，使历史学作为一门科学的信念增强。而环境史学的产生，可以说是中国史学与自然科学结合的第二次跨越。环境史学将大量科技成果引入人文学科中，增加了历史学科的科学性和实验性。历史学原有的对史料的考据方法，已经很接近科学意义了，然而，环境史学直接运用自然科学的方法来研究历史，其研究中涉及的每一个问题都要用科学的数据，用大量的经济数据、环境数据来说明，使用科学资料来说话，所以环境史学更接近于科学。

不过，历史学毕竟不是自然科学，它除了有科学知识系统外，还有一套与之平行的人文系统。它的学术研究又以提高人类的幸福为旨归，融汇了人文关怀和道德评价，所以这种研究是别的学科不可代替的。它对环境的综合研究也是其他学科不可代替的，它补充了其他学科的缺陷，使研究具有综合化特征。利用自然科学技术和统计数据，利用多种学科综合研究这是史学的一大特征。环境史学在充分利用自然科学方法和资料的基础上大大丰富了人类对自然环境问题的历史思考，客观上丰富了人类思想宝库。它在总结人类环境问题上的经验教训，在建设生态文明，学会与自然和谐相处等方面起到了积极的推动作用。

① 参见傅斯年：《历史语言研究所工作旨趣》，《国立中央研究院历史语言研究所集刊》第一本第一分册，商务印书馆，1928 年。

（三）环境史学扩大了公共史学领域

历史学作为人文社会科学的基础学科，它除了提供学理和知识背景外，在塑造人的精神世界，增加人文素养，培养民族意识和国家观念以及资政等方面亦具有独特功能。按照我们的理解，史学有基础史学与应用史学之分。史学可以有五个层面。最高层面，即第一个层面是历史学精神、历史哲学及一般史学理论；第二层面是历史学的技术层面也就是历史方法；第三个层面是历史学的具体学科；第四个层面是历史知识；第五个层面是史料。这五个层面是有机联系在一起的，只能在学理层面进行分类，却不能在具体运作中分开。哪怕在最低层面的操作中，史学的核心价值、史学理论和方法也会同时发挥作用。以史料为例，史料只有经过史学工作者的加工并赋予其意义才能转化为对人们有益的知识，能不能转化成为普通百姓接受的信息符号并且融入日常生活知识当中，对人生的丰富和发展起作用，这就有一个历史观、人文精神在里边起什么作用的问题。这也是历史学科走向公众生活的重要路径问题。

带有公共性质的历史内容甚多，如历史上的灾疫应对、公共卫生防疫、城市发展、公众参与、社会福利等皆是，其中环境史学即公共史学中的重要组成部分。公共性本是历史学的本质属性。历史学不是国家或意识形态的专利，更不是职业历史学家的专有垄断品，公共历史要求归还两样原本属于它的东西：一是历史的真实性即科学性，人们要求了解历史真相；二是再释历史的合法性，即民众书写其所亲见亲闻历史的合法性。过去这两样东西只属于国家史学，即国家意识形态政治化了的历史学，而不属于依据公民文化自觉的公共史学。环境史学由于其直面民众所关心的历史热点问题，故它能很好地解决公共历史阐述中的科学性、真实性和合法性问题。

环境史学所研究和讨论的大多是公共历史问题。历史上发生的几乎所有的环境问题和环境事件都是公共问题或公共事件。无论是水灾、旱灾还是瘟疫、流行病，抑或水污染、空气污染、转基因问题，其受影响的范围都是某一地区性或群体性的，属于公共层面的内容。相关研究涉及国家的环境政策、法律法规、环境治理以及受害者赔偿等问题。特别是在环境问题日益突出的当代中国，因环境问题关乎整个民族健康，且人们的环境意识普遍觉醒，公民要求对环境问题有知情权和参与权。互联网的发展在很大程度上解决了公众的知情和参与问题，更使环境问题成为公共话题，因此，相关研究不仅能使历史学更深入地介入公共事务，研究公共领域的历史问题，同时其研究成果亦能为大众所关注所了解。当此之时，历史学家们有意识地借助于公共环境问题的研究，向公众介绍历史上环境灾难的经验教训，培养其尊重自然生态的文明意识、历史认识，便是在客观上强化了历史学的公共性，提高了人们对公共史学的认识。

总之，公共性是历史学的本质属性，公共历史是其关注的重要领域，这个领域包括环境史学。因此，将史学从学院式的研究传播方式中解放出来，使之走向社会，走向公众，参与现实生活，更好地发挥史学的公共性，在这方面，环境史学具有不可替代的优势，它搭建了史学走向公众的桥梁，客观上增加了史学的公共部分，扩大了公共史学领域。

思考题

一、试述环境史学的概念与研究动因。

二、试述环境史学的研究对象。

三、试论环境史学的理论与方法。

四、试论研究环境史学的意义。

五、谈谈你对环境史学与历史学关系的认识。

第十六讲　历史书写与史学话语体系建设

本讲重点论述历史书写与史学话语体系建设相关问题，这些问题也是当前史学界讨论的热点问题，阐述了历史书写的概念以及历史书写的目的和原则。关于史学话语体系，重点讨论了史学话语体系的概念，马克思主义史学话语体系的特点，强调了建设史学话语体系的重要性以及如何建设等问题。

一、历史书写的理论及原则

何为历史书写？历史书写就是人们构建历史知识体系的写作实践。"我们在书写历史"和"我们在历史书写"两句在语义是完全不一样的，"我们在书写历史"，表达的是我们在创造历史，我们正在创造一种新的客观的历史，会产生一些客观的结果；可是"我们在历史书写"，则是表达我们正在把这个客观历史过程，通过文字的方式来表达出来，其表现的是我们正在进行历史知识体系创作的过程，这个写作过程叫历史书写。据此，我们就可以推论历史书写概念本身的语义，并由此展开讨论。

（一）历史书写的概念

历史书写，是对历史进行记录、叙事以及解释、分析和建构的过程。可以把历史书写分成历史记述和历史研究两大类，历史记述是对历史的一种记录和叙事，处于历史知识生产的初级阶段。而历史研究则是在历史记述的基础上，对历史进行分析和建构，它处于历史知识生产的高级阶段。历史书写是对历史问题的研究，以事实为依据，能够合理地阐明历史由何而来，又能合理地推测历史由何而去。历史书写具有双重意义：一是制造历史，二是讲述历史。历史书写就是用文字形式表达的某种主观的历史知识建构过程。历史书写形式多样，从古到今，随着史学的不断发展出现了编年体、纪传体、典章体、章回体、学案体等多种书写形式。

历史书写具有时空连续性。历史书写在时空角度上为古代和现代建立了一座联系的桥梁，通过古代史学家对历史的书写，今人才能够了解千百年前环境、社会与人等全方位内容，现代史学家的历史书写也为今天与未来建立了一座桥梁。通过研读前人书写的历史，学习人类如何从过去走到现在，才能为从现在走向未来指引方向。另外，历史书写也为不同地域的人们建立了联系，通过不同地域史学家对本地域历史的书写，为人们了解不同地域、不同社会环境呈现出一个不同的思维角度，搭建了一个共同交流的平台。历史书写一方面保存集体的类属记忆，寻求类属身份的认同；另一方面通过对历史事实的书写和评价，搭建起连接过去和现实的桥梁。

史学研究者在进行研究的过程中，把自己的研究成果或者一些理论心得用文字表达出来，就是在进行历史书写。每代历史工作者中的每个人都在进行历史书写，这个行为无时无刻不在进行中，每一代人以自己的方式来考察和阐释历史，共同构建了人类生存体验的整体历史过程。

在历史书写的过程中，对同一人物或者同一事件，随着史家的生活境遇的改变和思想观念的改变，会出现前后完全不同的评价或者内容的变化，甚至是对人物评价和事件分析部分，会出现两种完全相悖的结论。很可能是历史学家所处的政治环境发生了改变，他不得不改变立场，或者由于新史料的发现以及对历史事件或历史人物的进一步理解，不得不改变原来的评价，从而产生了在后期的历史书写与前期的历史书写形成完全不同的结论。

（二）历史书写的目的

历史到底为谁而书写的问题，是为历史书写目的。历史是由谁来书写和怎样书写？这都是我们要讨论的问题。首先是谁来书写历史的问题，是个人书写，还是集体书写？是官方书写，还是民间书写？事关价值考量。谁书写历史，谁就有建构历史的话语权，谁就会建构一个他自己理想化的，有自我取向的历史学，这是我们在历史研究当中不能不充分考虑的问题。历史书写既然存在着主观性，由于历史事实的逻辑特征，必然要突出历史书写主体的主观性因素，也就是说历史书写离不开历史学家主观意识的参与，任何一个史家在书写历史时都不可能是完全相同的，很多史家在进行历史书写时都是带有一定的目的性的。

历史书写具有主观性和客观性兼具的特点，历史书写本身应该是真实的、无可怀疑的，从专业的角度对历史、对人物评价、对历史事实的厘定都应当是客观的。但是，由于历史书写者处于不同的时代、不同的国度、不同的民族、不同的文化，所以不同人、不同时代、不同民族的历史书写会建构在不同民族精神和伦理道德基础之上，一定与相应的时代、民族与文化相呼应。比如哈佛中国史、剑桥中国史以及其他学者对中国历史的编撰，在表述上都是不同的，因为时代和国度的不同，书写的内容在构建方面也不相同，对同一个历史事件的评价自然也会不同。

近代西方学者涉华的历史书写具有鲜明的目的性，他们的中国历史书写及其路径演进，一般将中国的地理封闭性与所谓历史的停滞性联系起来，以西方进化史观为价值基准，着力刻画中国发展固化的图景。这样，不仅为中西方在近代的接触和交流提供政治正确性，还最终为殖民主义的暴力扩张提供了话语支持和道德依据。从某种意义上讲，这种历史书写无疑给西方各国对中国进行殖民主义扩张提供了一个合法化的充分理由，更能体现出西方史家在书写历史中的强烈目的性。

西方列强对后进国家所进行的几百年殖民历史过程中，给被殖民国家带来的是血与火的历史，但是，他们又把自己的殖民历史说成是对外国的教化，殖民者被自己国家尊奉为英雄。西方殖民者给后进国家带来的是无限的屈辱和国家灾难，但他们却认为是文明的传播，在他们的历史书写中对外开疆拓土的殖民者都成了民族英雄。显然，谁掌握了历史话语权，谁就会传播有利于自己的历史价值观。

历史书写的主要目的是掌握历史话语权。从专业角度看，会存在对人物评价和事实厘定产生的不同意见，历史书写主体不同就会出现各种不同的版本，各国学者都有权利去编写关于中国的历史书，我们要重视他们的研究成果。但是也应该强调的是，中国的历史教科书应该由我们自己的学者来编写，反映真实的中国历史和中国人民的根本利益。历史教科书不同于学术著作，没有一个国家的历史教科书的编写权是掌握在别人手中的。

因为书写的动机不同，历史话语权被不同意识形态的人所掌握，这些因素难免会投射到历史的书写中。在中国历史上，国家历史的书写，往往是后一个朝代书写前一个朝代的历史，也就是胜利者书写失败者的历史，既然是胜利者在书写历史，他又拥有话语权，那他一定会站在有利于自己的立场。所以，后一个朝代书写前一个朝代的历史，就不可能完全按照历史的原貌去书写，难免会在历史书写过程当中加入伪造或篡改的内容，难以做到完全的客观性。我们应认识到历史书写主体在事实上是不能摆脱所在时代主流意识形态的羁绊的，不能无视统治阶级的喜好及意识形态，不能忽视当时社会底层民意和社会舆情。也就是说历史书写要满足所在时代统治阶级的需要和社会大众的意愿，这就是历史书写所必须表达的目的所在。

历史书写，是书写主体从某种特定语境出发，带有目的性的历史再现或历史建构。历史学家通过历史书写呈现主体表达的价值体现，历史书写与历史叙事有所不同，历史书写侧重将孤立的事实放在一起，产生一个有意义的整体；而历史叙事，则侧重如何将这些特定意义的单元组合起来，再展现组合这些历史事实，事实存在着种种转换操作，历史书写则是认同并建构历史的过程。

历史书写常常带有政治的特性，史家由于受自己生活环境和政治环境的限制，在书写历史时，常常都要受当时的特定条件影响，而且在不同的时期，对于同一人物，大多会有不同的历史书写，而大多都受到当时特定环境和特定背景的影响。

（三）历史书写的原则

历史书写是有原则的，在进行历史书写时必须尊重历史事实。我们正在经历的存在，称为现实。历史和现实之间没有停止不动的分界线，而随着社会发展，现实就会不断变成历史。客观历史是无法被伪造的历史。人类之所以需要专门研究，就是因为历史的真实性并不是唾手可得的，需要文献整理、地下发掘、历史考证，而且需要多学科的配合，才能显示出历史学科成为科学的重要性。历史书写的宗旨，在于对纷繁复杂的生活现象和社会状态进行理性的逻辑整合与普遍性的理论建构，以实现历史知识的阐释。历史本身并不能自我呈现，必须通过历史研究来重构，而科学的历史书写，就是使客观历史中所蕴藏的一些规律和内在的连续性、继承性和因果性，通过历史事件、历史人物以及彼时彼地人民生产生活方式的书写，被人们所理解、掌握和应用。

要遵循历史书写的真实性原则。在历史书写过程中，首先要收集大量一手史料，在研究的范围内尽可能全面地收集有关历史各方面的史料，不能浅尝辄止，草率书写。同时，收集史料的时候，也应该摒弃门户之见和个人好恶，尽可能多地收集各种史料，例如档案、书信、日记、报纸等。应该合理地对史料进行整理解析，慎重表达自己的见解。当我们尽可能多地收集史料后，针对掌握的史料，需要根据自己的历史书写内容，对史料进行整理，在整理的同时还需要对史料做进一步的辨析，考证史料。在史料的辨析过程中，不但要知道史料的来源、产生原因以及产生过程，还需要通过史料的形式、文本、注入方式等多方面对其进行真伪的考证。在运用史料的过程中，不能单纯地堆砌史料，仅仅将掌握的史料罗列出来还远远不够。也不能根据自己预设，随意剪裁史料，而是应该通过多种史料互证，依据真实的史料作出论断。当然也不应完全被史料左右，其实史料也是前人历史书写的一种形式，也会隐藏着当时的特定历史观，尊重历史真实是历史书写的第一要义。

历史书写追求可信性，探求历史事实，是历史学家一直以来追求的目标，马克思主义史学家从唯物史观的立场出发，探索有关国家起源问题，就只能采用一些科学的和可信的历史叙事来阐明问题。历史书写的客观性，更多的是人们对历史书写所达到的历史真实程度的评价。我们追求真实反映客观历史的历史书写，那么如何处理历史的客观性与历史书写的客观性两者之间的关系，就是目前史学研究的一个关键问题。

历史书写是对历史问题的研究，是以问题为导向来探究历史规律的。历史书写也要重视细节，尤其是对解决历史问题，包括人物、事件等具有关键作用的细节。因此，历史书写必须要以事实为依据，只有在真正明了历史事件的因果关系后，才能真正洞悉历史的变迁过程，从而做到通贯古今，合理地阐明历史。

在历史书写中必须坚持唯物主义的基本原理，以重返正确的历史阐释论为价值诉求，充分整合并且吸纳中国传统和西方现代的优秀理论资源，以科学的态度、方法和标准来展示史学的真实现场。阐明思想的演进谱系，回归历史的真实性、真理性和知识性。在阐释历史图谱中，应该秉持历史真实性，书写真实的历史生活场域、文化语境、思想逻辑，在此基础上构建历史的知识体系。

在国家历史书写中要遵循民族主体发展线索原则。过去我们书写中国历史时，是按照朝代叙述，即二十四史的叙述体例，按照朝代叙述有它的合理性。现在的书写方式基本上是按照上古史、古代史、中古史、近世史、近代史、现代史、当代史的划分方法进行书写，基本摆脱了王朝更替演进的正统历史观束缚，有它的进步性、时代性。当然，即使按照这种时代划分方式来书写，也要遵循书写原则，即应该以主体民族所承载的主流文化、主流价值观为核心来书写。这里还涉及历史正统性问题，以朝代更替为主线书写，同时结合当时民族历史发展的大趋势，如清朝时期应以清朝的兴衰演变为核心兼及近代世界历史发展大背景以及主体民族汉民族的发展动向；讲1949年之前的民国史，应该以当时的民国政府为核心来书写，以共同认同的掌握法统的民国政府来书写，这是一个国家历史书写的正统问题。

我们在世界史的书写过程中，要遵从人类社会的整体发展进步趋向，遵从人类普适的基本道德和价值准则。中国人书写其他国家的历史不能完全站在中国的立场，也不能站在对方国家的立场，必须站在人类不断发展的基本条件上进行书写。对于一个民族中的某一个局部地区比如说分裂成不同的国家，也要站在一个平等的立场上加以讨论，应以通行的国际准则来进行书写。

二、史学话语体系建设

什么是话语体系？就是比较成体系的语言表达方式。历史话语系统，就是历史学家依据自己的历史价值观所使用的表达历史认识的言说系统。话语系统是有阶级属性和时代属性的，体现出为谁服务的特征。当代史学话语系统具有鲜明的意识形态特征，在中国，马克思主义史学属于国家主流史学。

（一）中国史学话语体系变迁

中国史学话语体系，经过了四次大变迁，第一次是20世纪初"史界革命"的提出及实践。梁启超"史界革命"的提出，开启了近代史学家构建新的史学话语体系的先河。严复引入了西方的进化论，梁启超等人将其引入史学，作为新史学的理论指导思想，以"进化"作为社会历史演进的主轴，引入了国家、民族、社会、国民或族群等一些新的概念，构建新史学的话语系统。新史学家认为历史应该是国史、民史、群体之史，新史学的任务，在于叙述人群进化之理，激起国民这种善群、爱群之心。据此批判旧史学，否定正统史观，期待以这种新史学塑造具有国家观念、群体意识以及拥有爱国热情的新国民。这个观点的提出，标志着一个旧时代史学话语体系的终结。

不能否认，新史学理论体系的建构，显然深受西方的影响，它的意识形态依据的是西方的进化论和天赋人权思想，这套话语体系的指导理论是西方进化论理论，主干词汇如族群、国民等许多历史词汇来自西方，许多社会生活概念意象也深受西方文化影响，其目的是消解传统君史，否定传统历史观，构建新国民史观，为建立君主立宪制度，建设近代国家服务。

第二次是20世纪30年代科学史学的兴起，主张把自然科学的一些相关的理念也引入历史的学科中来。在傅斯年等人的倡导下，许多自然科学理论方法及科学手段应用到历史研究中，也建立起了一套"科学史学"的话语体系。

第三次是20世纪三四十年代以来随着中国革命进程的进一步发展，马克思主义史学崛起。至1949年新中国成立，马克思主义史学确立了牢不可破的正统史学地位。其史学指导思想来自马克思主义史学理论，由阶级斗争理论、社会形态学说以及相关的概念组成了独特的话语体系。

第四次则是改革开放以来，现代化范式史学以及各种史学流派的纷纷出现，最重要的标志就是通俗史学或者是公共史学等民间史学兴起。这类非主流史学的兴起有一个逐步发展形成的过程。从新中国成立到改革开放初期，学术界在表达这个概念的时候，使用更多的是历史知识的普及，到改革开放以后出现通俗史学，主要强调史学工作者应运用通俗易懂、形象生动的语言，把历史知识描述得富有趣味，能够让民众可以轻松地接受和理解。但它的写作者仍是专业史学工作者，对象则为大众。但到 20 世纪 90 年代以后，大量非史学专业人员介入，撰写历史文学作品，许多非专业人士利用互联网，撰写发表自己的作品，面向公众。在当代中国，又崛起了"公众史学"，它的生产者和参与者不单单是职业的历史学家，更多的是其他领域的一些人员，共同形成了当代中国史学的生态语境。

近百年史学话语体系的发展，首先，由新史学话语体系构建，到科学史学，再到马克思主义史学话语体系的建设，话语体系的思想及观念几乎都来自西方文化，这是由中国近百年以来文化的从属性决定的。至今，马克思主义史学作为国家史学仍占有绝对的统治地位，但在解释中国历史中存在着程序化、教条化以及过度政治化倾向，不利于史学多元化发展。改革开放后，随着国家战略的调整，放弃以阶级斗争为纲，转向了以经济建设为中心，史学界开始对原有话语体系进行部分修正和完善，吸收了现代化范式的某些话语概念。20 世纪 90 年代以后，新史学研究领域异军突起，采用的史学理论五花八门，原有的史学领域被拓宽，产出成果丰富。伴随着互联网普及而来的民间史学发展势头迅猛，虽不能成为正统，但在民众中间广泛传播，形成了新的史学景观。现在到了建设具有中国特色史学话语体系的发展阶段，已经到了重构中国特色新史学话语体系的时代了。

（二）马克思主义史学话语体系特点

马克思主义史学以唯物史观为指导，运用马克思主义社会形态理论来考察中国历史发展线索。它以人民群众为主体，以经济为主干，以阶级斗争为动力，从社会经济的角度揭示中国历史的变化，从生产力和生产关系的矛盾运动所引起的社会经济结构的变化，进而推动了社会形态的更替这个角度来解释历史演进。马克思主义史学话语体系着重突出人民群众的历史地位，重点强调劳动人民的活动和人民群众反抗斗争的历史意义。

新中国成立后，马克思主义史学地位得到巩固，学科体系日益完善，但话语体系仍然是以阶级斗争、人民革命斗争为主线。由阶级斗争、社会形态理论、生产力、生产关系等概念相结集及运用建构一套革命范式话语系统，所用的词汇都具有明确的意识形态内涵。在中国古代史话语体系中，把农民起义作为推动中国几千年历史发展的革命动力，高度歌颂农民起义。把活生生的中国历史变成了阶级斗争史、儒法斗争史，农民革命史，其中，阶级斗争、经济发展、生产关系、人民群众斗争等概念，都成为历史话语体系中的核心概念。

革命范式话语体系在中国近代史著作中表现得最为明显。"革命"是革命史学话语系统当中的核心词汇。革命是代表进步的，你革命，你就是进步的；你不革命，你就是落后的，你就是反革命。所以在这样的话语系统下，可以明显看到革命范式历史阐释的特征，太平天国革命是农民革命，义和团运动是反帝斗争。洋务运动叫自强运动，洋务派是维护封建专制统治的，只是有限地向西方学习。戊戌变法是自上而下的变法，维新派叫改良派，叫保皇派。讲辛亥革命，讲五四运动都有一套话语系统。这套话语系统有一个革命和先进递进过程，即谁比谁先进，谁比谁落后。地主阶级改革派是地主阶级中的先进分子；洋务派比顽固派要先进；改良派保皇派比洋务派先进；革命派比保皇派要先进；革命派当中还有激进派，还有左派和右派。五四新文化派要比革命派先进；早期共产主义者要比五四新文化派先进；最后是共产党最先进。按照这个话语系统最后进行的历史逻辑推导得出的结论就是，没有共产党，就没有新中国；只有社会主义才能救中国。用中国近代史来证明革命的合法性，论证理论的合理性。马克思主义史学话语体系的特点，是将政治与学术两者交织在一起，也就决定了这个马克思史学话语体系具有革命性和科学性的双重品格，也就形成了革命性与科学性相结合的中国马克思主义史学话语体系的独特品格。

到了 20 世纪八九十年代以后，史学研究者开始反思马克思主义史学话语体系中的一些弊端，并且在此基础上，力图建立一个具有中国风格和中国气派以及中国特色的史学话语体系，不再用之前的社会形态理论，或者是西方的一些理论作为划分中国历史特征的指导思想，探讨的方式或为族群形态的中国，或为地理国家形态的中国，或者是作为文明形态的中国，或者是中国世界，完全按照中国历史的发展历程来进行区分，力图实现建立一个具有中国特色的新马克思主义史学话语体系。现代化范式话语体系的建设反映了史学界的探索和努力。

在当代，中国史学话语体系的核心词汇日益丰富，分支学科异军突起，环境史、灾荒史、生活史异彩纷呈，具有中国特色和风格的史学话语体系日渐成型。

（三）建设史学话语体系的重要性

为什么我们要重视史学话语体系的建设？因为涉及谁掌握史学话语权的问题。谁掌握了史学话语权，谁就有史学发言权。遗憾的是，到现在为止，以西方为中心所构成的史学话语体系，仍然在中国史学话语体系中占据着支配地位。想要打破这个现状，想要建成话语体系，就需要哲学社会科学工作者多做扎实的基础资料工作和理论创新工作。历史学作品需要用材料说话，要经得起推敲，才能留存于世。

现在中国史学话语系统的核心，仍然是西方中心论等西方话语体系的核心话题。特别是世界史体系，仍然难以改变欧洲文明中心说的话语系统。因为，近代工业文明、科学文明等概念都是从西方来的，近代工业化、现代化、信息化，这些都是欧洲文明系统当中的重要概念，也是世界史话语体系必须使用的概念，这些东西我们要吸收，要整合起来。有关文明、半开化、野蛮等概念定义的标准，整个世界历史是按照这个来叙述的，我们现在要构建人类命运共同体，就得接受人类文明中具有普世价值的东西，有些东西可以扬弃，有些东西必须吸收。我们应有自己的文化自信，但说到底，学术的发展也是要以实力为后盾的。

需要认识到中国史学话语体系建构是一项长期工作。我们需要对传统文化的精华，进行浓墨重彩式地吸收，要特别宣传中国传统文化对西方文明的发展所做出的贡献，比如说印刷术和造纸术这些对文艺复兴及其传播的贡献、指南针对地理大发现的影响。与此同时，我们也要把欧洲中心论对中国历史文化的抹黑予以清理。驳斥那些缺乏历史依据的评论和观点，这是构建中国史学话语体系的基本目标。因此，中国史学话语体系的建构，必须以国家实力为基础，需要对中西方历史进行重新认识，才能突破西方中心论的理论体系，然后，在我国综合国力提升的基础之上，去建立我们自己的史学话语体系。

主流史学的基调是弘扬主旋律，它表达的主要是统治者的一种历史话语，它的目的就是维护国家政治利益和意识形态，就是为了说明现行政权的一种合法性和合理性。在当代中国的具体语境中，主流史学是马克思主义史学体系，这是一种共识。

中国特色史学理论体系和话语体系的建设，是一项难度巨大的系统工程。目前史学界在历史理论研究方面严重缺失，并没有为唯物史观适应新时代需要的发展提供坚实的基础，这也是唯物史观传统解释体系没有实现与时俱进，且对历史学的指导地位被边缘化的一个主要原因，马克思主义史学如果想继续保持主流地位，那就必须不断进行理论创新。中国历史话语体系的建设也应该从这个科技进步、经济发展和国力提升的角度来进行思考，加强历史理论研究，为构建具有中国特色的、适应新时代需要的唯物史观解释体系提供思想资源，以求实现唯物史观与时俱进的发展，才是当前重要课题。

历史话语体系带有主观色彩，有明确的目的性、时代性、身份性和主观性。话语系统的意义就是服务现实，服务社会。西方话语体系对中国话语体系的冲击非常大，怎样去解构西方话语体系，建构中国特色、中国气派、中国风格的话语体系，这是我们当前要思考的问题。要建构符合国家利益的话语体系，自觉认知，理性认识，为中华民族伟大复兴而服务，服务于民族认同，服务于传承中华文明，要建构经世致用的话语体系，使史学对政治社会发挥重要作用。

（四）如何建构历史话语系统

首先要明确历史话语系统建构的原则。必须坚持唯物史观指导。中国史学的最大特色就是以唯物史观为指导。要重塑唯物史观的指导地位，就必须构建适应新时代需要的对重大历史和现实问题具有解释力和说服力的话语体系。从苏联借鉴来的唯物史观的解释体系，是在战争与革命的时代主题下开展的，是适应社会主义革命和社会主义改造的需要而构建的。其中心思想是强调通过阶级斗争争夺政权，通过改变落后的生产关系，建立先进的社会主义生产关系，以此来促进生产力的发展。但是，进入 21 世纪以来，和平与发展成为时代主题，中国特色社会主义建设，中华民族伟大复兴和构建人类命运共同体，已然成为学界应予优先阐释的课题。而面对研究内容的扩展和研究主题的转换，传统的以阶级斗争为主导的解释体系，就呈现出了相对滞后的状态，很难给出令人满意的阐释。由于迟迟未能构建出一套适应新时代需要的唯物史观解释体系，中国学界在面对国际社会已经转换的时代主题和中国特色社会主义建设所取得的伟大成就的阐释上并没有交出令人满意的答案。所以说，构建新时代的唯物史观话语体系，就成为学界亟待完成的一项任务。

只有产生唯物史观新的话语体系，才能够回应新时代主题和中华民族取得的伟大成就，并进行更加全面而深入的阐释。

要坚持历史理性原则，客观理性地看待历史，将历史看成时代的延续，可以回到人们的生活、世界本体、人们的心理活动场景中去感受历史。应以历史主流去建构话语系统，近代史就是以反帝反封建作为话语主题的。所以，持续地打造主题词汇，丰富历史话语的内容至关重要。立足于传统，以人为本，批判地吸收西方史学思想，促进各学科的发展。借助于若干重大历史事件来建构历史话语系统，用旧民族主义、新民主主义这两个概念来概括近代历史发展过程，用半殖民地半封建社会等来描述近代中国社会性质，已取得丰硕成果。这方面还应不断丰富和发展，利用若干重大历史事件和概念工具来建构这个历史话语系统还有待创新。

凝练历史经验贡献中国话语系统。历史话语系统是复杂的和多样的，以史为鉴，要善于总结国家治理中的经验教训，运用概念工具，扩充研究视角，打破以西方中心论为中心建构的西方话语体系。为此，要逐渐改造既往的不适应新时代潮流的话语体系，建构中国气派、中国风格和中国特色的历史话语体系。

思考题

一、何为历史书写？谈谈历史书写的目的。

二、试述历史书写的原则。

三、何为史学话语体？简述中国史学话语体系的变迁。

四、试述马克思主义史学话语体系的特点。

五、为什么说史学话语体系重要，如何建构史学话语体系？

后　记

余主讲辽宁大学历史学硕士生史学理论专题基础课20年矣。本史学理论专题教程就是在此讲义的基础上修改扩充而成。20多年来国内史学理论发展迅猛，诸说迭出，异彩缤纷，每接触新说，辄满心欢喜，不能自持。每次学习皆有收获，并急于吸收到教案中来，唯恐落后。每次上课，看到来自全国各地的硕士研究生，那种渴望的神态，抱着期盼的心情，希望能在辽宁大学有收获的那种愿望，时刻鞭策自己，在讲授中务必时时跟踪最新理论动态，满足学生们的求知愿望。与此同时，作为老师也希望诸生的理论素养，伴随着讲授而有所提高。20年间，每次讲授，都务求新意。平时每有心得体会也会立即记录下来，不知不觉竟有几十万字之多。我一直有一个愿望，希望能有机会将其以正式出版物的形式呈现出来，展示自己在史学理论领域的一些思考，为史学理论研究的进步添砖加瓦。

本教程由十六个专题组成。理论上是按照每学期十六周课，每周一讲的进度安排。当然，每个史学专题的文字量主要依据理论主题的立意及宽厚深浅来决定。十六个专题大体反映了当前史学理论的走向及热点问题。书稿绝大部分内容为作者原创，有些是在阅读他人史学理论著作过程中感悟而成，有一些则是与博士生们在课堂进行过讨论。在写作过程中参考了学界相关成果，在此表示感谢。

该教程能够付诸出版，还要感谢辽宁大学中国史一级学科博士点发展基金的支持，感谢历史学部王铁军主任的统筹安排。王主任就任现职以来，加大了对博士点学科的建设力度，立足于利用有限资金出版一批较成熟的硕士生核心基础课教程，选择的标准就是由资深教授长期讲授的课程，并且有成熟的书稿。这使我有机会将自己多年的学术积累奉献出来，以展示辽宁大学学人的学术追求及其成果。同时也要感谢辽宁人民出版社诸位领导的认可以及本书编辑贾勇的精心编辑、认真打造，才使本书得以较为完美的形式展现出来。

　　本书主要为教学之用，因认识局限，难免还会有所不足，敬请读者批评指正，希望在今后的教学与研究工作中不断完善。

焦润明

2022 年 12 月 8 日